Stanley Stewart · Flugkatastrophen, die die Welt bewegten

Stanley Stewart

Flugkatastrophen, die die Welt bewegten

Bernard & Graefe Verlag

Die Originalausgabe ist bei Ian Allan Ltd, Shepperton, Surrey (Großbritannien) erschienen. © der englischen Ausgabe bei S. Stewart 1986.

Übersetzung aus dem Englischen: Marianne Miehe, Berlin

Bildnachweis

Geoffrey Chamberlain   8, 20 (3), 29, 35
John Stroud   55 (oben), 60 (oben und Mitte), 100 (2), 101 (3), 145 (oben), 157 (2), 161 (oben), 211 (oben), 216 (oben)
Ruby Thain   80 (3), 81 (2)
Middlesex County Press 111 (3)
Alan J. Wright   115 (2)
McDonnel Douglas   145 (unten)
BEA   60 (unten)
Associated Press   146, 159, 161 (unten), 196 (unten), 216 (unten), 240
Boeing   211 (2)
Marianne Miehe   214 (unten)

Rest Archiv des Verfassers

© für die deutsche Ausgabe Bernard & Graefe Verlag, Koblenz 1989

Lithos: Repro GmbH, Landshut-Ergolding
Satz: Gruber, Regensburg
Druck und Bindung: Wiener Verlag, Himberg
Herstellung: Walter Amann, München
Printed in Austria

ISBN 3-7637-5859-3

Inhalt

Danksagung

Bevor ich dieses Buch zu schreiben begann, waren gründliche und umfangreiche Nachforschungen unerläßlich. So bin ich vielen Menschen, die mir ihr Wissen zur Verfügung stellten und mich mit Rat und Tat unterstützten, zu Dank verpflichtet. Ihre Bereitschaft übertraf meine kühnsten Erwartungen. Insbesondere sage ich Dank:

John Stroud, Autor zahlreicher Flugzeugbücher und Berater auf diesem Gebiet, für seine unschätzbare Hilfe und Unterstützung. Ohne ihn wäre ich kaum in der Lage gewesen, dieses Buch zu schreiben.

Sir Peter Masefield, Industrieller, Flugverkehrsexperte und Autor. Sein monatelanges Mühen um die Aufklärung des Absturzes des Luftschiffs R 101 und seine Aufzeichnungen – wie auch sein Buch »To Ride the Storm« und seine Beiträge im Aeronautical Journal, die das Ergebnis einer dreißigjährigen Forschungsarbeit sind – waren für mich von außerordentlichem Wert. Ohne Sir Peters Unterstützung hätte ich die seinerzeitigen Geschehnisse, wie sie sich tatsächlich ereigneten, nicht nachvollziehen können.

Andrea Thomas, die unermüdlich meine Manuskripte redigierte, meine Ausdrucksform verbesserte und dem Buch die nun vorliegende Sprachform verlieh.

Sara Phillips, die sorgfältig die Schreibarbeiten durchführte.

Mein Dank gilt aber auch *Geoffrey Chamberlain* (Airship Cardington); *John Sturgeon,* der als pensionierter Wissenschaftler aus Farnborough wertvolle Beiträge für die »Abstürze der Comets« lieferte, und *Gordon Haydon,* einst Flugingenieur auf der »Comet«, sowie *Monty Montague* und *Doug Williamson,* Ausbilder für Fliegendes Personal bei der Fluggesellschaft British Airways.

Ich danke *Frau Ruby Thain,* Witwe von Kapitän James Thain, für die mir zur Verfügung gestellten Informationen und Fotos zur »Tragödie von München«; *John Sturgeon,* Kapitän *Deryk Ford* (ehemalige »Trident«-Piloten), Copilot *John Scott* (ehemals auf der »Trident«), *Chris Howells* (erfahrener Pilot von Leichtflugzeugen) für ihre Unterstützung bei der Aufklärung des »Trident«-Falles.

Weitere Beiträge stellten Flugingenieur *Tony Haig* (British Airways-Beobachter beim Absturz der DC 10 in Paris) und insbesondere Kapitän *Gordon Vette* (Autor des Buches »Impact Erebus«), der meine Recherchen bezüglich des DC 10-Absturzes am Mount Erebus unterstützte, zur Verfügung.

Für Unrichtigkeiten oder Fehler, die sich möglicherweise in dieses Buch eingeschlichen haben, trage ich die alleinige Verantwortung.

Abkürzungen und Spezialausdrücke

AINS	Flächenträgheits-Navigationssystem
ASR	Flächen-Rundsichtradar
ATC	Flugverkehrskontrolle
BEA	British European Airways
CVR	Cockpit Voice Recorder (Gesprächsaufzeichnungsgerät)
FDR	Flugdatenschreiber
F/I	Flugingenieur
FIR	Fluginformationsgebiet
F/T	Funktelefonie (Sprechverkehr, im Gegensatz zum Tastverkehr)
GMT	Greenwich-Zeit
HF	Kurzwelle
IFR	Instrumentenflugregeln
IMC	meteorologische Instrumentenflugbedingungen
INS	Trägheits-Navigationssystem
KLM	Niederländische Flugverkehrsgesellschaft
kt	Knoten
MHz	Megahertz
NDB	ungerichtetes Funkfeuer
nm	nautische Meilen
phonetic Alphabet	ein für ein klares und verständliches Buchstabieren verwendetes Alphabet. Es dient ebenfalls für Kürzel bei Flugzeugen, so wird G-ARPI »Papa India«
QNH	Einstellung des Drucks, bezogen auf Meereshöhe
RFC	Reconstruction Finance Corporation
rpm	Umdrehungen pro Minute
V_1	Entscheidungsgeschwindigkeit – der Entscheidungspunkt, um zu starten oder den Start noch abzubrechen
V_2	minimale Sicherheitsgeschwindigkeit, die nach dem Start erforderlich ist, falls bei V_1 ein Triebwerk ausfallen sollte
VFR	Sichtflugregeln
VHF	Ultrakurzwelle
VMC	meteorologische Sichtbedingungen
VOR	UKW-Drehfunkfeuer
Zeit	bezieht sich in diesem Buch auf 24 Stunden. So steht für 16.16 h 4.16 pm, und 16.16.23 bedeutet 23 Sekunden nach 4.16 pm (nachmittags)

Einführung

Wenn dieses Buch auch von Luftfahrzeugkatastrophen handelt, die sich in der Vergangenheit zutrugen, so führten doch die daraus gewonnenen Erkenntnisse zu Maßnahmen, die Unglücke dieses Ausmaßes für die Zukunft vermeiden helfen sollten; es wurde mehr Sicherheit geschaffen.

Aber nicht nur der Verlust von Luftfahrzeugen ist Gegenstand dieses Buches, es beschäftigt sich vielmehr ebenso mit dem Schicksal der Menschen, die ihr Leben verloren, unter ihnen bemerkenswerte Persönlichkeiten. Sie weilen zwar nicht mehr unter uns, aber ihr Ansehen, ihr Mut und ihre Tapferkeit leben fort. Der drohenden Gefahr sahen sie unerschrocken entgegen, sie haben – wenn auch vergebens – um ihr Leben gekämpft, aber dennoch haben sie ihr Leben nicht umsonst verloren. Erkenntnisse erwuchsen aus den Unfällen, neue Technologien, die sich insbesondere mit der Sicherheit befaßten, fanden Eingang in das Flugwesen.

Gemessen an der Zahl der Toten, die bei Luftfahrtkatastrophen umkamen, seit es überhaupt eine Statistik gibt, war das Jahr 1985 das schwärzeste Jahr. Ein Rundfunkreporter sah sich zu einer Sendung mit dem makabren Titel: »Ein sicherer Weg zum Sterben« veranlaßt, welch ein böser Zynismus – aber die Zahlen sprachen dafür. Dennoch: Fliegen ist die risikoärmste Art des Reisens. Statistiken wurden erstellt, die bewiesen, daß eine Bahnreise am sichersten ist, gefolgt von einer Busreise, und erst an dritter Stelle rangierte das Flugzeug. Aber hier muß man zwischen Privatfliegern und der Verkehrsfliegerei unterscheiden. Unfälle in der Privatfliegerei sind häufig, die unterschiedlichsten Gründe sind verantwortlich. Mangelnde Erfahrung, kein Treibstoff mehr im Tank, unzulängliche Wartung, Überschätzung des Könnens eines Piloten unter widrigen Wetterbedingungen.

Ein Durchschnittsbürger verbringt immerhin mehr Zeit im Auto als im Flugzeug, die Risiken schlüsseln sich anders auf. In Großbritannien, beispielsweise, sterben über 6000 Menschen pro Jahr im Straßenverkehr, in den Vereinigten Staaten liegt diese Zahl bei über 30000, und in anderen Ländern sieht es nicht viel besser aus. Weltweit, so wurde errechnet, sterben im Straßenverkehr mehr als eine Viertelmillion. Die Opfer von Flugzeugunfällen bewegen sich gemessen daran in der Minderheit. So kann man durchaus schlußfolgern, daß Passagiere, die zu einem Flugplatz gefahren oder von ihm abgeholt werden, auf der Flugreise das geringste Risiko eingehen.

Schaut man sich einmal die Statistiken der zurückgelegten Entfernungen eines Flugpassagiers pro Jahr an (vgl. Sir Peter Masefield und »Royal Society for the Prevention of Accidents«) ist eine Flugreise immer noch der sicherste Beförderungsweg. So läßt sich leicht für den einzelnen berechnen, wie lange und wie weit er mit einem Verkehrsmittel reisen kann, bis ihn der Unfalltod ereilt. Im Verkehrsflugzeug kann man beispielsweise 940 Jahre risikolos reisen. Demgegenüber stehen Busse und Lastkraftwagen mit 600 Jahren, die britischen Eisenbahnen mit 550 Jahren, Charterflüge mit 220 Jahren, Taxen mit 150 Jahren. Schlechter hingegen schneiden schon Privat-Pkw mit 95 Jahren, Privatflugzeuge mit 20 Jahren, Radfahrer mit zehn

Jahren ab, und ganz schlimm bestellt ist es um die Motorradfahrer mit fünf Jahren. Diese rein statistischen Werte sind jedoch kaum mit der Realität in Einklang zu bringen, denn wer wird schon 3200 Kilometer im Jahr auf dem Fahrrad zurücklegen? Aber dieser Vergleich soll ja nur zeigen, daß der schnellste und sicherste Weg über lange Entfernungen hin immer noch das Flugzeug ist.

Denn eine Gegenüberstellung der bei Flugzeugunglücken ums Leben gekommenen Menschen mit anderen Risikofakten zeigt, daß allein in Großbritannien jährlich etwa 100000 Menschen an den Folgen des Rauchens sterben, ein Laster, das mehr Menschenleben als seinerzeit die Pest im Mittelalter fordert. Auch die Zahl der Menschen, die pro Jahr einem Herzinfarkt oder Schlaganfall erliegen (140000), entspricht einem vollbesetzten Jumbo-Jet, würde jeweils einer pro Tag abstürzen!

All dies ist jedoch kein Trost für die Hinterbliebenen von Flugzeugopfern; aber dennoch gebührt der Industrie ein Lob, daß so wenig Opfer zu beklagen sind. Aus Versäumnissen hat man gelernt, sich neuer Technologien bedient, das Fliegen noch sicherer gemacht.

Immer wieder hat es bei der Erprobung von Neuerungen Opfer gegeben. Am 17. September 1908 wurde Leutnant Thomas C. Selfridge getötet, als – wegen Absplitterns eines hölzernen Propellers – Wrights Flugzeug abstürzte; Wright selber kam mit einem gebrochenen Bein davon. Selfridge war das erste Opfer eines Flugzeugabsturzes. Die Öffentlichkeit nahm Anteil an diesem Unglück, sie stellte Fragen bezüglich der Sicherheit von Fluggästen im Passagierverkehr. Aber erst im Ersten Weltkrieg, als Flugzeuge mehr und mehr ein gewohnter Anblick wurden, beschäftigte man sich mit dem Problem der Senkung der Unfallrate. Zur Verbesserung ihres Wissensstandes tauschten Flieger nun Berichte über Zwischenfälle aus. Eine Studie der RFC zeigte, daß Unfälle während der letzten drei Monate des Jahres 1917 eine Unsumme gekostet hatten (317 Pfund, 10 Shilling und 6 Pence). Auf die Straße geworfenes Vermögen, das ausgereicht hätte, für jeden Piloten, Navigator und Ingenieur neue Stiefel und anderes zu kaufen. Schon zum damaligen Zeitpunkt wurde eine »Anweisung zur Flugsicherheit« veröffentlicht. »Fliegen als solches ist nicht gefährlich, aber im Gegensatz zum Meer wiegt jede Verletzung der Sorgfaltspflicht, Unaufmerksamkeit oder Unfähigkeit weit schwerer!« Auch heute, in unserer Zeit, ist diese Vorschrift noch genauso gültig wie damals. Daß sich wieder und wieder Fragen der Sicherheit ergeben, verwundert nicht: Das Flugaufkommen nimmt weiter zu und somit das Risiko, dennoch ist der »Himmel« durchaus sicher. Vor 30 Jahren war das Absturzrisiko zehnmal so hoch wie heute. Aber heute ziehen die Jets am Himmel ihre Kondensstreifen hinter sich her, ausgefeilt bis ins kleinste Detail, versehen mit Elektronik – die Technik denkt, der Mensch lenkt! Was einst die Pioniere in Wind und Wetter zu leisten hatten, ist mit dem heutigen Stand der Technik nicht mehr vergleichbar.

Heute ziehen überall Flugzeuge ihre Bahnen am Himmel. Von Juli 1982 bis Mai 1984 beförderten amerikanische Fluggesellschaften allein mehr als 500 Millionen Passagiere auf acht Millionen Flügen rund um den Erdball, ohne daß es auch nur einen Toten gegeben hat. Dennoch ereigneten sich Unfälle. In den Jahren 1980 bis 1984 wurden jeweils durchschnittlich 940 Menschen getötet. Im Jahre 1984 starben 451 Menschen, die niedrigste Todesrate seit Einführung der Statistik. Schlechter schon war es um 1985 bestellt. Insgesamt verloren 2129 Menschen bei 40 Unfällen weltweit ihr Leben, wobei allein die beiden »Jumbo«-Abstürze (Air India und Japan Airlines) mit 849 Toten besonders gravierend waren. Im Jahre 1980 hatte es vergleichsweise 44 Unfälle mit 1329 Opfern gegeben.

Aber die Unfälle haben auch positive Auswirkungen gehabt: Mehr denn je sind die Fluggesellschaften bestrebt, ihr Flugpersonal sorgfältig auszuwählen und auf ihre Aufgaben vorzubereiten. Alle Flugzeuge werden regelmäßig gewartet. Jedem einzelnen wird Sicherheitsbewußtsein im höchsten Maße abverlangt. Aber die moderne Fliegerei ist ein kompliziertes Gebilde. Menschen machen manchmal Fehler, Technik kann versagen, und das unglückliche Zusammentreffen beider Faktoren lauert außerdem noch ständig im Hintergrund. Kommt es dann zu einem der seltenen Unfälle, verbreitet sich die Schreckensmeldung wie ein Lauffeuer um die Welt. Je mehr Opfer zu beklagen sind, um so größer das Aufsehen. Dann scheinen die Statistiken, die das Fliegen als so sicher darstellten, Lügen gestraft zu werden. Aber Flugzeugunfälle heute haben nicht nur *eine* Ursache: Sie beruhen vielmehr auf der Verkettung widriger Umstände, die letztendlich im »Desaster« enden, wie die Berichte dieses Buches beweisen.

Der Alltag sieht anders aus: Flugingenieur, Bodeningenieur, Flugberater, Flugbegleiter oder Kapitän unterstehen einem festgelegten Ritual, das nichts anderem als der Sicherheit dient.

Wenn dieses Buch zum Nachdenken anregt, ob nicht doch noch einiges zur Sicherheit der Passagiere getan werden könnte, habe ich es nicht umsonst geschrieben.

Vielleicht sollte man sich an Rudyard Kipling orientieren, der »Das Geheimnis der Maschinen« (man könnte es übertragen auf den Autopiloten, auf »Fly by wire«) so kommentierte:

> »Wir können ziehen und schleppen und heben und fahren,
> Wir können drucken und pflügen und weben und heizen und beleuchten,
> Wir können laufen und rasen und schwimmen und fliegen und fahren,
> Wir können sehen und hören und zählen und lesen und schreiben ...
> Aber bitte, erinnere Dich des Gesetzes, nach dem wir leben:
> Wir sind nicht gebaut, um Lüge zu verstehen.
> Wir können weder lieben, noch bedauern noch vergeben –
> Wenn Du uns falsch handhabst, wirst Du sterben.«

Zehn der schwersten Unfälle

1 Teneriffa: Zusammenstoß der KLM und PanAm 747 (1977). 582 Tote

2 Japan Air Lines 747 stürzt nahe Tokio ab (1985). 520 Tote

3 Paris: Absturz der türkischen DC 10 (1974). 346 Tote

4 Air India 747 verschwindet vor der irischen Küste (1985). 329 Tote

5 Saudi TriStar fängt Feuer in Riad (1980). 301 Tote

6 Chicago: Absturz der DC 10 der American Airlines (1979). 271 Tote

7 Abschuß der koreanischen 747 (1983). 269 Tote

8 Air New Zealand DC 10, Mount Erebus (1979). 257 Tote

9 Air India 747 stürzt vor der Küste Bombays ab (1978). 213 Tote

10 Charterflugzeug DC 8 in Colombo, Sri Lanka (1974). 191 Tote

Die Katastrophe des Luftschiffs R 101

Auf dem kleinen Dorffriedhof von St. Mary in Cardington, in der Nähe der Stadt Bedford, ruht die 48köpfige Besatzung des Luftschiffes R 101 gemeinsam in einem schon überwucherten Grab. Sie waren die Helden eines großen Empire, Opfer eines gescheiterten Traums; die Welt verlor diese tapferen Männer, die im Herbst des Jahres 1930 ein großes Wagnis auf sich genommen hatten. Für Großbritannien endete in diesem Jahr ein ehrgeiziges Luftschiff-Programm, das den Luftverkehr revolutionieren und Langstreckenflüge mit bis dahin nie dagewesenem Komfort und Geschwindigkeiten Wahrheit werden lassen sollte.

Auf der königlichen Luftschiff-Werft, in Sichtweite von der Ruhestätte dieser wagemutigen Luftschiffer, befinden sich noch heute zwei große zerfallene Hangars, die in der Geschichte des Luftschiffs eine bedeutende Rolle spielten. Seite an Seite, wie riesige Kathedralen, markieren sie den Ort einer Geschichte, die acht Jahre vor der Katastrophe des Jahres 1930 ihren Anfang genommen hatte. Dieses Kapitel hier berichtet von einem wunderbaren Traum, der das in aller Welt verstreute Empire durch ein Luftschiff vereinen sollte, es berichtet vom Enthusiasmus für dieses Vorhaben, von der Kühnheit und Besessenheit der Männer, die diesen Traum verwirklichen wollten.

Eine wichtige Rolle in diesem Drama spielte der Staatssekretär für Luftfahrt, Christopher Thomson, der die treibende Kraft des im Jahre 1922 begonnenen ehrgeizigen Luftschiff-Programms war.

Sein engster Freund, Ramsay Macdonald, Premierminister der ersten sozialistischen Regierung und im Jahr 1924 an die Regierungsspitze gekommen, hatte ihn in den Lordstand erhoben. Thomson nahm den Titel Cardington an, um so sein aufopferndes Engagement für die Entwicklung eines Luftschiffs zu demonstrieren.

Die Zukunft der Luftfahrt schien im Bau eines Luftschiffs zu liegen, da Luftschiffe – im Gegensatz zu heutigen Flugzeugen – geradezu prädestiniert für Non-Stop-Flüge auf Langstrecken erschienen. Das britische Empire witterte hieraus einen ungewöhnlichen Vorteil, denn seine Kolonien lagen weit verstreut in der Welt.

Das im Jahr 1924 ausgearbeitete Versuchsprogramm sah den Bau zweier Luftschiffe vor: das private Unternehmen R 100, das für Kanada ausersehen war, und in Howden durch »The Airship Guarantee Company« (eine Tochtergesellschaft der Vickers Ltd.) durchgeführt werden sollte. Das zweite Projekt – R 101 – unterstand dem Luftfahrtministerium; das Luftschiff sollte die Verbindung zu Indien herstellen. Für den Bau waren die Royal Airship Works in Cardington ausgewählt worden. Die Regierung wollte beide Projekte unabhängig voneinander unterstützen, um – auch aus Wettbewerbsgründen – öffentlichen als auch privaten Interessen Rechnung zu tragen. Hierdurch ergab sich eine gewisse Garantie für den Fall, daß eines der Luftschiffe verunglückte. Es waren intensive Forschungsarbeiten erforderlich, darunter eine Studie der neuen Wissenschaft »Meteorologie« über die Streckenführung zum Indischen Subkontinent. Hangars und Maste sollten in England, Ägypten, Indien und Kanada errichtet werden.

Das Luftschiffprogramm – zusammen mit anderen Projekten – bildete die Grundlage für eine begeisternde Luftfahrtpolitik, die Großbritannien an der Spitze der Luftfahrt der Welt halten würde. Lord Thomson widmete sich der Luftschiff-Entwicklung mit großen Erwartungen für die Zukunft. Gedacht war an ein Luftschiff mit einer Zuladung von 30 Tonnen (100 Passagiere, 14 Tonnen Gepäck sowie 16 Tonnen Fracht), das nonstop über Entfernungen bis zu etwa 5600 km mit einer Geschwindigkeit von etwa 116 km/h unter allen im jeweiligen Einzugsbereich herrschenden Wetterbedingungen flugtüchtig war. Die erforderliche Gaskapazität des Luftschiffs würde sich auf 142000 Kubikmeter belaufen und damit zweimal höher als bei früheren Konstruktionen sein. Aus diesen Berechnungen ergab sich ein Startgewicht von etwa 150 Tonnen. Selbst im Vergleich zu heutigen Großraumflugzeugen wirkte das entstandene Luftschiff mächtig. Als es schließlich fertig war, belief sich die Gesamtkapazität von R 101 (R bezieht sich auf die starre Struktur des Luftschiffs) auf 155760 Kubikmeter. Zur Auskleidung der Gasbehälter wurden eine Million Goldschlägerhäute (die äußere Umhüllung des Dickdarms eines Ochsen) herbeigeschafft, die äußere Hülle erstreckte sich über 20234 Quadratmeter, die endgültige Länge nach Fertigstellung betrug 236,8 Meter (dreieinhalb Mal länger als die Boeing 747 mit einer Länge von 68,6 m), die Höhe belief sich auf 42,4 Meter (mehr als zweimal so hoch wie die Boeing 747 mit 59,6 Metern) und die Breite auf 40,14 Meter (etwa zwei Drittel der Spannweite der 747). Alle, die jemals diesen Mammut in der Luft gesehen haben, der in einer Höhe von etwa 300 m über dem Boden flog, waren von staunender Ehrfurcht ergriffen.

Zum Auftrieb des britischen Luftschiffs benutzte man als Gas Wasserstoff, da zu diesem Zeitpunkt Helium noch rar und kein handelsgängiges Produkt war. Helium wurde natürlich schon bei Ölbohrungen in den Vereinigten Staaten als Nebenprodukt gewonnen und als Auftriebsmittel bei einigen Luftschiffen in den Vereinigten Staaten verwendet, aber damals gehörte Helium noch nicht zu den Exportgütern der USA. Um die Sicherheit der britischen Luftschiffe zu erhöhen, ein Faktor übrigens, der von Beginn des ganzen Unternehmens an vorrangige Bedeutung hatte, verwendeten die Ingenieure in der Luftschiffahrt den in Deutschland entwickelten Dieselmotor, der den Erfordernissen entsprechend angepaßt wurde. Dieselöl war sicherer zu transportieren, es war in heißen Klimazonen problemloser, denn Benzin könnte unter gewissen Klimabedingungen gefährliche Dämpfe entwickeln. Auch war Dieselöl preiswerter und der Verbrauch geringer, so daß sich aufgrund niedrigerer Brennstofferfordernisse eine Verringerung des Gewichts des Luftschiffs ergab.

Die erste sozialistische Regierung in Großbritannien hielt sich nicht lange, sie wurde bereits im November 1924 gestürzt. Lord Christopher Thomson jedoch, obwohl weniger als ein Jahr im Dienst, hatte die Grundlagen für eine gefestigte Luftfahrtpolitik geschaffen, die seinen Rücktritt überlebte und den künftigen Weg der Luftfahrt im Lande wies. Erst nach fünf Jahren, als die Labour Regierung im Jahre 1929 erneut an die Macht kam, kehrte Lord Thomson in sein ursprüngliches Amt als Staatssekretär für die Luftfahrt zurück. Der Bau der Luftschiffe R 100 und R 101 hatte jedoch auch während seiner Abwesenheit Fortschritte gemacht. Rückschläge hatten aber zu Verzögerungen geführt: Das ganze Programm war um drei Jahr zurückgeworfen worden. Dennoch war der Glaube an die Zukunft der Luftschiffahrt niemals geschmälert, und das Vertrauen in die Zukunft war von Großbritannien, den USA und Deutschland durch Weiterführung des Luftschiffbaues bekräftigt worden, wenn auch alle drei Länder Rückschläge hinnehmen mußten. Im Vergleich zu der gerade flügge gewordenen Flugzeugindustrie lief das Luftschiffgeschäft glänzend. Innerhalb der elf Jahre von 1919 bis 1930 hatten sieben erfolgreiche Atlantiküberquerungen stattgefunden, ohne Verlust auch nur eines einzigen Menschenlebens. Eine gewaltige Leistung, wenn man sich vor Augen führt, daß bei 27 versuchten Altantiküberquerungen mit dem Flugzeug 16 fehlschlugen und 21 Menschen ums Leben kamen.

Das Luftschiff-Programm für 1924 sah einen Rückflug aus Indien für Anfang 1927 vor, aber im Werk hatten sich Verzögerungen ergeben, so daß der beabsichtigte Indienflug nun wohl erst im Jahre 1930 stattfinden würde. Als Lord Thomson im Sommer 1929 in sein Amt zurückkehrte, hatte er nicht nur »das Boot nicht verpaßt« oder besser das Luftschiff. Alle seine Hoffnungen und Bestrebungen bezüglich der Entwicklung eines Luftschiffs lagen in seinen Händen. Er wurde gebraucht und konnte sich sofort seiner Arbeit widmen. Die Zeit hatte nicht gegen ihn gearbeitet.

Beide Luftschiffe näherten sich nun ihrer Fertigstellung, R 100 in Howden, Yorkshire, unter der Gesamtführung von Barnes Wallis, unterstützt von Nevil Shute Norway, der später in der Welt der Literatur als Nevil Shute erfolgreich war; R 101 in Cardington, Bedfordshire, unter der Gesamtführung des stellvertretenden technischen Direktors, Oberstleutnant Vincent Richmond, unterstützt von Squadron Leader Michael Rope, der einen Namen als genialer Konstrukteur hatte. Für beide Luftschiffprojekte war als oberster Dienstherr der Direktor der Luftschiff-Entwicklung, Wing Commander Reginald Colmore, zuständig, ein begeisterter Luftschiffer, technisch versiert und ein exzellenter Verwaltungsmann. Für fliegerische und Ausbildungsbelange zeichnete der stellvertretende Direktor für die Luftfahrt, Major George Scott, ein Veteran mit Erfahrung auf starren und nichtstarren Luftschiffen, verantwortlich. Sein erstes Kommando bekam Scott auf dem nichtstarren britischen Marineluftschiff Nr. 4 im Jahre 1915, später kommandierte er das königliche Luftschiff Nr. 9, das im Jahre 1917 als erstes starres Luftschiff in Großbritannien gestartet war. Scott sonnte sich im Ruhm seines ersten gelungenen Rückflugs über den Nordatlantik im Jahre 1919 mit dem Luftschiff R 34. Es war in der Tat ein historisches Ereignis gewesen.

1929 war Scott jedoch nicht mehr der Mann, der er in früheren Jahren gewesen war; ob begründet oder nicht: seine Reputation war angeschlagen! Unter seinem Kommando hatte es einige Mißlichkeiten gegeben, die sein Ansehen schädigten, und nun zweifelten seine Kollegen an seiner Kompetenz. Aber sein stetiges Bemühen bei der Entwicklung des Luftschiffs und sein früheres Ansehen als erfahrenster britischer Luftschiffkommandant machten ihn in Cardington unentbehrlich. Major Scotts Kommando unterstanden die beiden Luftschiffkapitäne, Squadron Leader Ralph Booth vom Luftschiff R 100, seine Freunde nannten ihn respektlos »Mouldy« (Schimmelpilz), und Flight Lieutenant H. Carmichael Irwin vom Luftschiff R 101, der sich als Athlet bei den Olympischen Spielen den Spitznamen »Bird« eingehandelt hatte, weil er wie ein Vogel rannte. Beide Luftschiffer erfreuten sich eines guten Rufs, und »Bird« Irwin wurde als einer der besten Luftschiffkapitäne geachtet.

Im Herbst 1929 wurde es jedoch offenbar, daß R 101 unter einem Gewichtsproblem litt. Für Versuchszwecke waren Beardmore Tornado-Schwerölmotoren geliefert worden, die jedoch weniger Pferdestärken als erwartet hergaben. Auch wogen sie doppelt soviel, als man ursprünglich geschätzt hatte. Trotz geringerer Treibstoffzuladung durch die Dieselmotoren wogen die Motoren zuviel, so daß sich die Techniker und Ingenieure mit der Nettogewichtszunahme abzumühen hatten. Die Berechnungen des Gesamtgewichts für R 101 ergaben schätzungsweise 113,4 Tonnen. Dieser Wert lag um 23,4 Tonnen über dem ursprünglich berechneten von 90 Tonnen. Dies beruhte allerdings nicht nur auf dem höheren Gewicht der Motoren, sondern war auch durch die starke Struktur der Luftschiffzelle und der komfortablen Ausstattung der Passagierkabine bedingt. Die höchste Abhebkapazität unter atmosphärischen Standardbedingungen lag bei 146,3 Tonnen, wobei nur noch ein brauchbarer Auftrieb von etwa 33 Tonnen blieb. Die ursprünglichen Berechnungen waren um die Hälfte gemindert. Für einen Langstreckenflug waren erforderlich: 30 Tonnen Treibstoff, 20 Tonnen Wasserballast, Vorräte, Besatzung und Ersatzteile, 14 Tonnen für etwa 100 Passagiere mit Gepäck. Bei diesen Werten und bei allem Respekt vor dem Versuchsschiff R 101 mußten sich die Konstrukteure erneut ans Werk machen, um das Luftschiff den Anforderungen neu anzupassen. Selbst ein Demonstrationsflug nach Indien wäre unter diesen Gegebenheiten unmöglich und erst recht nicht wirtschaftlich! Es mußten Wege zu einem geringeren Gewicht und mehr Auftrieb gesucht werden!

In der Zwischenzeit wurde R 101 in der vorliegenden Konstruktionsweise weiter getestet. Die Gasbehälter wurden gefüllt, und das Luftschiff schwebte von seinem Gestell im Hangar weg. Um das Gleichgewicht herzustellen, wurden 16 Tonnen Wasserballast auf 28 Behälter im Luftschiff verteilt. Im Notfall konnte man sich schnell gut der Hälfte entledigen. Der Treibstoff wurde gleichermaßen einheitlich verteilt; er konnte durch Druckluft von Tank zu Tank umgepumpt werden, wenn ein Austrimmen des Luftschiffes während des Fluges erforderlich wurde. Das Wasser mußte wegen der Temperaturschwankungen zwischen Tag und Nacht umgepumpt werden, um das Luftschiff im Hangar im Schwebezustand zu halten.

Wegen ungünstiger Wetterverhältnisse verzögerte sich für R 101 der »Weg ins Freie«. Am 12. Oktober 1929 besserte sich das Wetter endlich, und das Luftschiff wurde zum ersten Mal aus dem Hangar gezogen. Die zahlreichen Schaulustigen brachen in Freudengeschrei aus, als das Luftschiff am 65 Meter hohen Mast vertäut wurde. Zwei Tage später glitt R 101 vom Mast in Cardington zum Jungfernflug und kurvte südlich in 500 Meter Höhe im Triumphflug über den Buckingham Palace, Westminster Abbey, die St. Pauls Kathedrale und die City von London. Lord Thomson verfolgte das Geschehen vom Dach des Luftfahrtministeriums aus. Das Luftschiff kehrte nach knapp 6stündigem Flug nach Cardington zurück. Der erste Flug war erfolgreich verlaufen. An Bord befand sich das gesamte Personal der Royal Airship Works und hochrangige Mitarbeiter des Luftfahrtministeriums. Mit der Besatzung waren es insgesamt 48 Personen. Heute würde man auf einem Erprobungsflug keine Passagiere mitnehmen, um sie keinem Risiko auszusetzen. Aber im Jahr 1929 machte sich keiner der Beteiligten hierüber Gedanken.

Das Luftschiffprogramm erregte allseitig Aufsehen in der Öffentlichkeit, sowohl die Presse als auch Schaulustige machten sich auf den Weg nach Bedford, um das Luftschiff R 101 am Mast gleiten zu sehen. Wie damals das Luftschiff wird heute noch die »Concorde« bestaunt. Am 18. Oktober versammelten sich wiederum die Menschen, um dem Abflug von R 101 zum zweiten Erprobungsflug beizuwohnen. Dieses Mal befand sich Lord Thomson an Bord. Die Presse war nahezu vollständig vor Ort erschienen, um am nächsten Tag über das Ereignis zu berichten. Aber zuvor hat sich – ungewohnter Weise – die Presse recht feindselig verhalten und die Vor- und Nachteile der Luftschiff-Entwicklung eingehend »zu Papier« gebracht. Luftschiffe konnten nur bis zu 500 Meter hoch fliegen, aber auf wirtschaftliche Aspekte richteten die

Beteiligten kein Augenmerk. Trotz früherer Erfolge wurde Transportmitteln dieser Art aufgrund lauernder Gefahren Mißtrauen entgegengebracht. Wenn Luftschiffe auch überwiegend über See flogen, hegte man wegen ihrer geringen Höhe über Grund Zweifel. Die Öffentlichkeit hatte die aufgetretenen Schwierigkeiten eifrig verfolgt, und das »Übergewicht« von R 101 war spöttisch belächelt worden.

Als R 101 nach seinem zweiten Flug nach Cardington zurückkehrte, erwartete den Staatssekretär eine wißbegierige Reporterschar. Nachdem sich Thomson eingehend über Flugeigenschaften und Bordkomfort ausgelassen hatte, fuhr er fort: »Ich will es noch einmal deutlich machen, daß wir uns noch im Versuchsstadium befinden, wie ich es erläuterte, als ich das Programm 1924 vorstellte. Solange ich mit diesem Projekt befaßt bin, wird kein Druck auf die Techniker oder irgendjemand anders ausgeübt, Langstreckenflüge zu riskieren, bis nicht auch das letzte Problem aus der Welt geschafft ist.«

Ob sich Lord Thomson tatsächlich an seine Worte hielt oder nicht doch unnötigen Druck auf die Verantwortlichen ausübte, steht bis heute zur Diskussion. Allerdings schien er sich bereits selbst Prioritäten gesetzt zu haben, denn er fuhr fort: »Ich hoffe, daß es mir möglich sein wird, während der Parlamentspause zu Weihnachten mit R 101 nach Indien zu fliegen.«

Lord Thomson war natürlich über die Probleme, die noch zu lösen waren, völlig informiert, und so schien seine Andeutung bezüglich des Indienfluges in wenigen Monaten nicht sehr weise. Hatte er die Schwere der anstehenden Probleme nicht erkannt oder hatten die stolzen Luftschiffer geschwiegen? Aber bei dem Ehrgeiz des Lord konnte auch ein Trick zur Beruhigung der Presse im Spiel gewesen sein. Immerhin hatte das Luftschiff-Programm bis zu diesem Zeitpunkt eine Menge Geld verschlungen, mit nur wenigen greifbaren Ergebnissen.

»Aber«, so schloß Lord Thomson, »ob dies möglich ist oder nicht, die Devise des Luftschiff-Programms ist: ›Sicherheit und nichts als Sicherheit‹.« Große Worte fürwahr, wenn man sich vor Augen hält, was dann geschah.

Immer noch gab es Ärger mit R 101, dennoch war die Besatzung von den Flugqualitäten des Luftschiffs höchst beeindruckt. Die Fähigkeiten des stellv. Direktors »Luft«, Major Scott, waren weniger geschätzt. Frühzeitig geäußerte Zweifel an Scotts Urteilsvermögen begannen sich zu erhärten, und die ersten äußeren Anzeichen von Zwistigkeiten zwischen dem Major und Kapitän Irwin sowie den anderen Offizieren waren nicht mehr zu übersehen. Scott war nicht fähig, das Luftschiff einwandfrei am Mast anzudocken, und dies hatte er bei mehreren Gelegenheiten demonstriert. Bei der Rückkehr nach Cardington mit Lord Thomson an Bord übernahm er das Kommando von »Bird« Irwin und saß dann in der Patsche: Es dauerte zwei Stunden und zwanzig Minuten bis das Luftschiff endlich am Mast hing. Major Scott war diesem schwierigen Manöver nicht mehr gewachsen. Erfahrung allein ist weder Beweis für Tüchtigkeit, noch eine Garantie für Leistungsfähigkeit. Kapitän Irwin und sein Erster Offizier, Noel Atherstone, waren über diesen Vorfall höchst beunruhigt, der nicht der einzige bleiben sollte.

Die Erprobungsflüge wurden fortgesetzt, die Prominenz kletterte weiterhin trotz unnötigen Risikos an Bord. Einmal war sich die Besatzung sogar darüber einig, daß der Flug unter gar keinen Umständen hätte stattfinden dürfen, schon gar nicht mit prominenten Passagieren an Bord. R 101 forderte immer noch die volle Aufmerksamkeit der Besatzung, sowohl in der Luft als auch beim Andocken am Mast. Die Erschöpfung hinterließ bei den Männern Spuren. Wieder und wieder wurden Scotts

Eingreifen und mangelndes Urteilsvermögen offensichtlich, weitere unliebsame Zwischenfälle blieben nicht aus. Die Offiziere ließen ihrem Mißmut freien Lauf.

Als am 11. November R 101 am Mast ankerte, erhob sich ein Sturm mit solcher Heftigkeit, daß die Küstenschiffahrt nahezu zum Erliegen kam und Gebäude am Ufer beschädigt wurden. Als der Sturm mit Böen bis zu 145 Stundenkilometern dahinfegte, das Schlimmste, was einem Luftschiff zustoßen konnte, schwebte R 101 am Mast, rollte leicht, war aber unter Kontrolle. Das Luftschiff hatte sich im Sturm bewährt, aber, wie sich bei näherer Inspektion zeigte, hatten die Gaszellen sich während des Rollens verschoben und Beschädigungen verursacht. Die Zellen hatten an den Metallträgern der Hülle gescheuert, wodurch sich eine Vielzahl Leckstellen ergeben hatte, durch die das Gas austrat. Wäre das Luftschiff während des Fluges in derartige Turbulenzen geraten, hätten die Folgen katastrophal sein können. Diese Erfahrung verhieß für die Zukunft nichts Gutes.

Mit R 101 wurden in seiner ursprünglichen Konstruktion sieben Probeflüge durchgeführt, ehe das Luftschiff zum Umbau in den Hangar zurückkehrte. Trotz des übermäßigen Gewichts und dem damit erforderlichen höheren Auftrieb waren alle Flugversuche gut verlaufen, das Luftschiff ließ sich einwandfrei steuern, die Treibstoffberechnungen stimmten. Das Team der Konstrukteure in Cardington machte sich nun mit vereinten Kräften daran, dem Gewichtsproblem beizukommen und den Auftrieb zu verbessern. Eine Liste zur Gewichtsverringerung enthielt nicht weniger als 20 Punkte. Die Entscheidung fiel, die Gaszellenumkleidung zur Volumenvergrößerung zu lockern, um so den Auftrieb zu verbessern. Aber auch das Problem des Scheuerns an den Metallträgern war zu überwinden. Der stellvertretende Konstrukteur Rope schlug vor, die die Gaszellen umgebenden Drahtnetze an bestimmten Zellen zu verzurren. Aber mit all diesen Vorschlägen waren die Probleme dennoch nicht überwunden. Höherer Auftrieb war das Hauptproblem. Um ein Scheuern zu verhindern, konnte man die Metallträger abpolstern, dies war aber das geringste Problem.

Zur Gewichtseinsparung, dahin ging der Vorschlag, sollten zwei Wasserballasttanks, zwei Toiletten, die Stützholme am Bug, das Servolenkgetriebe und Teile der Küchenausstattung entfernt werden. Auch hatten die Konstrukteure in Betracht gezogen, die Kabinen mit Doppelkojen von 28 auf 16 zu verringern. Mit diesen Maßnahmen wäre das Gewicht um drei Tonnen gesenkt worden. Was den Auftrieb betraf, so ergaben Trimmversuche im Hangar, daß R 101 eine Tragkapazität von 148,6 Tonnen besaß. Würden die Gaszellenumhüllungen gelockert, würde die Tragkapazität auf ungefähr 3,2 Tonnen erhöht werden: Die Gesamttragkraft beliefe sich somit auf 151,8 Tonnen. Schließlich ergab sich eine verfügbare Tragkraft von rund 42 Tonnen, die immer noch ziemlich unzureichend war. Selbst wenn R 101 den vorgesehenen Bestimmungsort Karatchi (damals noch in Indien) mit einer Zwischenlandung zum Auftanken in Ismailia (Ägypten) erreichen konnte, wäre ein Rückflug wegen des Auftriebsverlustes in der sehr warmen Luft unmöglich gewesen. Auch dann, wenn man die heißesten Monate gemieden hätte.

Die Lösung dieses Problems lag in der Erhöhung der volumetrischen Kapazität des Luftschiffs. Dies konnte nur durch Einbau einer weiteren Zelle sowie eine Verringerung des Motorgewichts erreicht werden, um die Tragkraft auf 55 Tonnen zu erhöhen. Den Konstrukteuren war kein Zwang auferlegt, sie hatten völlig freie Hand, das Luftschiff zu verlängern, und der entsprechende Vorschlag wurde Lord Thomson vorgelegt. Diese Umbauarbeiten würden aber frühestens im Frühsommer des Jahres

1930 beendet werden können, weitere Verzögerungen behinderten das Programm. Der zu dieser Zeit in Indien einsetzende Monsun verbot von sich aus einen Erprobungsflug während der heißen Sommermonate, und so bot sich der späte September als wahrscheinlicher Zeitpunkt für den Flug an. Dieser Zeitpunkt war insoweit günstig, als R 101 vor Einbruch des Winters nach Cardington zurückkehren könnte.

Zwar enttäuscht, wenn auch nicht überrascht, stimmte Lord Thomson den Vorschlägen zu. Auch kam ihm ein Flug nach Indien im September nicht ungelegen. Die »Imperial Conference« sollte im Herbst 1930 stattfinden, auf der nicht nur Erfahrungsberichte der R 100 und R 101, sondern auch ein regelmäßiger Überseeverkehr mit Luftschiffen zur Debatte stand. Im Sommer 1929 hatte Ramsay Macdonald seinen Freund Lord Thomson gebeten, den Posten des Vizekönigs von Indien in Betracht zu ziehen, was allerdings der Zustimmung des Königs bedurfte. Dieser Posten würde mit Ablauf der Amtsperiode des jetzigen Vizekönigs Anfang 1931 neu zu besetzen sein. Welcher Triumf wäre sein Erscheinen vor der »Imperial Conference«, um seine Ernennung zum Vizekönig bekanntzugeben, noch dazu gerade nach Rückkehr von einem erfolgreichen Erstflug nach Indien.

Inzwischen näherte sich in Howden der Jungfernflug des Luftschiffs R 100. Bereits in einem sehr frühen Stadium war die geplante Umstellung der gebrauchten Rolls-Royce-Condor-Motoren von Benzin auf ein Wasserstoff-Kerosin-Gemisch als ungeeignet ad acta gelegt worden. R 100 war nicht für Tropenflüge vorgesehen. Man trug sich mit dem Gedanken, die Flüge des konkurrierenden Luftschiffs im Winter auf Ägypten und im Sommer auf Kanada zu beschränken. Alle Vorbereitungen liefen für den Probeflug von R 100 nach Kanada und für R 101 nach Indien.

Am 16. Dezember wurde das Luftschiff R 100 aus dem Hangar gezogen und flog unter dem Kommando von Major Scott mit dem für R 100 berufenen Kapitän, Squadron Leader Booth, der zeitweilig den Platz des Ersten Offiziers einnahm, von Howden zu seinem neuen Standort in Cardington, das von Howden etwa 250 Kilometer entfernt gelegen war. An diesem Jungfernflug nahmen 14 Passagiere teil, unter ihnen alle leitenden Angestellten aus Howden. Während des Fluges traten Probleme auf, die äußere Verkleidung trennte auf und riß an mehreren Stellen. Am folgenden Tag setzte der Bruch eines Paneels in der Leitfläche dem zweiten Probeflug ein Ende. Das Jahr ging zu Ende, und beide Luftschiffe standen friedlich Seite bei Seite in ihren Hangars der Royal Airship Works. Überholungen waren vonnöten, nachdem R 101 sieben und R 100 zwei Probeflüge absolviert hatten.

Die Probeflüge des R 100 wurden im Januar nach Instandsetzungen der äußeren Verkleidung wieder aufgenommen, das Ergebnis war jedoch beunruhigend. Die Verkleidung riß erneut an mehreren Stellen, die Gaszellen durchnäßten, das elektrische System brach nahezu zusammen. R 100, da gab es keine andere Wahl, mußte in den Hangar zurück. Dort blieben beide Luftschiffe bis etwa Ende April. Auch bei R 101 hatten die Techniker festgestellt, daß die äußere Verkleidung während des schweren Sturms Anfang November des vergangenen Jahres undicht geworden war, das Material war arg zerschlissen und wurde mit Gewebebändern verstärkt. Die Ingenieure hatten außerdem das Lockern der Gaszellenumhüllung nicht im Griff, es wurden noch Veränderungen am Motor notwendig. Die Angestellten im Konstruktionsbüro beschäftigten sich indes schon mit einer zusätzlichen Zelle sowie der geplanten neuen Generation größerer und komfortabler Luftschiffe, dem R 102 und R 103.

R 100 nahm die Probeflüge Ende Mai wieder auf, aber ein Materialfehler am zuge-
spitzten Schwanzabschnitt verbannte das Luftschiff sogleich wieder in den Hangar.
Als aus Kanada der Wunsch übermittelt wurde, den Flug bis nach den kanadischen
Wahlen am 28. Juli aufzuschieben, da viele Parlamentarier in Montreal Zeugen der
Ankunft des R 100 sein wollten, atmete man in Cardington erleichtert auf. Die
gewonnene Zeit kam den Ingenieuren sehr gelegen.

Auf den dringenden Wunsch des Chefs des Luftstabes wurde am 23. Juni – das
Luftschiff mußte sieben Monate aus dem Verkehr gezogen werden – R 101 schließlich
zur Vorbereitung eines kurzen Intermezzos bei der RAF-Flugschau in Hendon aus
dem Hangar gezogen. Die Drahtnetze und die Gaszellen waren inzwischen gelok-
kert, aber dennoch waren die Beteiligten immer noch über den Auftrieb enttäuscht,
wenngleich über zwei Tonnen Gewicht abgebaut werden konnten. Immer noch
fehlte eine zusätzliche Zelle, die übrigen Konstruktionsarbeiten hingegen waren fast
zum Abschluß gekommen. Doch der Zustand der äußeren Verkleidung gab Anlaß zu
Besorgnis, und als das Luftschiff schon am Mast schwebte, zeigten sich weitere
Risse. Aber der Flugtag stand bevor, irgendwie mußten diese Risse aus der Verkleidung verschwinden. Im Juni waren dann insgesamt drei Flüge erfolgt, darunter ein
Überflug bei der Flugschau der Royal Air Force (RAF) in Hendon. Dennoch waren
nicht alle Störungen behoben. Das Luftschiff verlor an Höhe und mußte wieder
hochgezogen werden. Zu Ende des Monats stand R 101 erneut im Hangar. Eine eingehende Untersuchung bestätigte die Vermutungen: Die Gaszellen hatten an den
Schraubenmuttern, Bolzen und verjüngt zulaufenden Stiften der Flugzeugzelle gescheuert; dies hatte zu zahlreichen Leckstellen geführt. Das Abpolstern von nahezu
vierhundert Verbindungsstellen brachte keine Lösung des Problems. Die neue Zelle
war nicht eingesetzt. Die Probleme mußten zweifellos zu weiteren Verzögerungen
führen. Bis zum geplanten Flug nach Indien blieben nur noch drei Monate, und unter diesen Umständen erschien der Flug höchst unwahrscheinlich. Lord Thomson
hatte auf der Flugschau von Hendon die Pressevertreter um sich geschart und erneut
betont:

»Die verantwortlichen Männer für dieses außergewöhnlich große Luftschiff-Expe-
riment werden nicht zu etwas gedrängt, das gegen das Prinzip ›Safety First‹ verstößt,
nicht solange ich auf meinem Posten bin. Dieses Luftschiff wird nicht starten, solange
noch der kleinste wahrnehmbare Fehler existiert.«

Die Nation und der Schatzmeister machten ihrem Unmut Luft, sie verlangten nun
nachdrücklich greifbare Ergebnisse.

Der vom Aeronautical Inspection Department bei den Royal Airship Works beauftragte Inspektor, Frank McWade, schrieb einen Brief an das Luftfahrtministerium, in
dem er seine Besorgnis über die Lage der Dinge unverhohlen mitteilte. McWade, ein
Experte auf dem Gebiet der Konstruktion starrer und nichtstarrer Luftschiffe, nahm
kein Blatt vor den Mund. Er teilte dem Ministerium ohne Umschweife mit, daß er
das Luftschiff R 101 für fluguntauglich halte und er keineswegs bereit sei, weitere
»Fluggenehmigungen« zu erteilen. Der auf dem Gebiet der Luftschiff-Konstruktion
wenig bedarfte Luftfahrtminister setzte sich unverzüglich mit dem Direktor für Luftschiff-Entwicklung, Wing Commander Colmore, ins Benehmen. Colmore, aus welchen Gründen auch immer, wischte die Bedenken McWades vom Tisch und gab
»grünes Licht« für eine Polsterung der Luftschiffzelle, wenn auch trotz der bereits
erfolgten Aufpolsterung tausende von Löchern verblieben waren. Aber die nassen
Gaszellen schepperten weiterhin gegen die feuchte Polsterung und machten alles
nur noch schlimmer. Das Luftfahrtministerium maß diesen durch Scheuern und

Schaben verursachten Leckstellen wenig Bedeutung bei. Lord Thomson wurde nie informiert, und auch McWades Bericht kam ihm nie zu Gesicht.

Sir John Higgins, gleichermaßen mit dem Gaszellenproblem nicht vertraut, war ständiges Mitglied des Air Council für Luftschiffe. Er schrieb an Lord Thomson, daß die Arbeiten zum Einbau der neuen Zelle bis zum 22. September abgeschlossen sein sollten, so daß nur noch ein Probeflug vor dem Flug nach Indien Ende September erforderlich wäre. Am 14. Juli gab Sir John eine Erklärung ab. Er schlug vor, R 101 für den Fall in Reserve zu behalten, daß der Flug mit R 100 nach Montreal in Frage gestellt sei, weil dann nicht mehr genug Zeit zum Einbau der neuen Zellen bliebe. Lord Thomsons Antwort war kurz und bündig:

»Wenn das Luftschiff R 101 für den Flug nach Indien in der letzten Septemberwoche zur Verfügung steht, können wir mit dem Einbau der Zelle warten. Ich bestehe auf der Einhaltung des Termins für den Indienflug, da ich meine Pläne entsprechend getroffen habe.«

Wie aber war diese Erklärung zu interpretieren? War sie mit seiner früheren Erklärung in Einklang zu bringen, daß »kein Druck auf die Belegschaft ausgeübt werden würde«? Vielleicht hatte die Begierde auf den Indienflug den sonst so besonnenen Lord Thomson verwirrt. War sein Traum, in sein Geburtsland Indien im nächsten Jahr zurückzukehren, um an Bord seiner neu eröffneten Luftschifflinie den Posten des Vizekönigs zu übernehmen, zu einem Alptraum geworden? Oder wollte er sich einfach in seinem Bemühen, das Programm termingemäß durchzuführen, bestätigt wissen? Wie auch immer seine Stellungnahme auszulegen war: Sir John beeilte sich, Wing Commander Colmore in Cardington unverzüglich in dieser Angelegenheit zu konsultieren.

Einige der leitenden Bediensteten bei den Royal Airship Works betrachteten Thomson mehr als Gott denn als Staatssekretär. Von Anbeginn hatte er sie mit Enthusiasmus und Inspiration beflügelt, so waren seine Wünsche gewissermaßen ein Befehl. Aber vor allem spielte das Wetter eine entscheidende Rolle. Konnte der Zeitplan des Abflugs von R 101 nicht eingehalten werden, wäre eine Verzögerung des Fluges um mehrere Monate unvermeidlich, bis der Winter Europa aus dem eisigen Griff gelassen hatte. In Cardington jedenfalls war man in weitere Zeitnot geraten.

In den frühen Morgenstunden des 29. Juli 1930 glitt R 100 in Cardington vom Mast – auf dem Weg nach Montreal. Vor diesem Flug hatte nur ein einziger Probeflug stattgefunden, der sich durchaus nicht als zufriedenstellend erwiesen hatte. Die äußere Verkleidung saugte weiter Wasser auf, eine der Gaszellen hatte ein bedenkliches Leck. Im letzten Moment wurde noch ausgebessert. Dann beeilten sich die Verantwortlichen, das Luftfahrtministerium davon in Kenntnis zu setzen, daß Colmore alle Voraussetzungen für eine Atlantiküberquerung als gegeben betrachte. Die Besatzung vertraute auf das Luftschiff. Major Scott würde fliegen, seine offenkundigen Schwächen hatte man damit aus dem Weg geräumt, daß er nun als »Admiral ohne Befehlsgewalt« das Steuer übernehmen würde. Squadron Leader Booth war zum Kapitän erkoren, wenn er auch den Optimismus Colmores durchaus nicht teilte; am Abend vor dem Abflug war Booth in gedrückter Stimmung.

Nach einem nicht reibungslosen Flug traf R 100 in den frühen Morgenstunden des 1. August in Montreal ein. In der äußeren Verkleidung waren wiederum zahlreiche Risse aufgetreten, die ständig repariert werden mußten. Auch war das Luftschiff bei der Atlantiküberquerung von heftigen Böen geschüttelt worden. Am

Abend des 13. August, das Luftschiff war einige Tage – erneut am Mast vertäut – repariert worden, schloß sich ein Flug über Ottawa und Toronto an, bei dem ein Motor – nicht mehr reparierbar – ausfiel. Am gleichen Tag schickte sich R 100 (das Luftschiff besaß fünf Motoren) dennoch zum Rückflug nach Cardington an. Kaum war das Luftschiff über dem Atlantik, geriet es in einen heftigen Regensturm, der die äußere Verkleidung durchtränkte, die Aufenthaltsräume für die Besatzung unter Wasser setzte und einen Kurzschluß in den elektrischen Leitungen und dem Heizungssystem verursachte. Kabine und Essen blieben für den Rest des Fluges kalt. Südlich von Irland löste ein junger Mechaniker, namens Patterson, den völlig ermüdeten Höhensteuermann ab, dem die wenig attraktive Aufgabe zukam, die Höhe des Luftschiffs über längere Zeiträume ohne eine Atempause zu halten. Doch schon eine Stunde später wurde Patterson von Müdigkeit übermannt und nickte ein. Das Luftschiff sackte augenblicklich aus einer Höhe von 650 auf 180 Meter ab. Im letzten Moment griff Kapitän Booth ins Steuerrad und zog das Luftschiff aus dem Sturzflug hoch. Beinahe wäre es zu einer Katastrophe gekommen.

Am Sonnabend, den 16. August um 11 Uhr dockte R 100 am Mast an. Schaulustige drängten sich auf der oberen Plattform des Mastes, die Besatzung und Lord Thomson sowie der Direktor für Zivilluftfahrt, Sir Sefton Brancker, wurden stürmisch begrüßt. R 100 war zwar im Triumph, nicht jedoch ohne erhebliche Probleme sicher zurückgekehrt. Die äußere Verkleidung und die Gaszellen befanden sich in einem entsetzlichen Zustand, auch die Motoren waren arg in Mitleidenschaft gezogen worden. In der Frühe des darauffolgenden Morgens wurde R 100 vom Mast abgesenkt, in den Schuppen Nr. 2 geschoben – um niemals mehr zu fliegen.

Die Neuausrüstung für R 101 hatte drei Monate in Anspruch genommen, ehe das Luftschiff am Sonnabend, dem 27. September 1930, endlich der fliegenden Besatzung übergeben wurde. Die neue Zelle war eingebaut worden, wodurch sich die Länge des Luftschiffs von 223 auf 236,8 Meter erhöht hatte. Die Gesamtauftriebskraft belief sich auf nunmehr 167,2 Tonnen, das Festgewicht auf 117,9 Tonnen, die verfügbare Auftriebskraft hatte um 49,3 Tonnen zugenommen. Mit Ausnahme einiger Flächen am Bug und Heck, die ursprünglich nach der Montage lackiert und als stabil erachtet wurden, war die Außenverkleidung erneuert worden. Zur Erneuerung der gesamten Verkleidung blieb keine Zeit mehr. Die Verbindungsträger waren mit Textilbändern ausgepolstert, gegen die selbst der argusäugige Chefinspektor Frank McWade in Cardingtons nichts einzuwenden vermochte. Es waren zwei neue, umsteuerbare Motoren für das Andocken eingebaut, die Gaszellen verstärkt und repariert worden. R 101 befand sich in einem besseren Zustand, als beide Luftschiffe je zuvor gewesen waren.

Das Wetter hatte sich verschlechtert, und so wartete R 101 im Schuppen auf eine Wetterberuhigung. Endlich, am 1. Oktober war es soweit: Das Luftschiff wurde am Ankermast vertäut, alle Vorbereitungen für den Flug liefen auf Hochtouren. Die Monteure schoben nun R 100 aus dem Schuppen 2 zum größeren Schuppen 1, um auch hier eine neue Zelle zu montieren. Es war das einzige und letzte Mal, daß sich beide Luftschiffe im Freien befanden.

R 101, nun am Mast schwebend, hatte sich zu einem neuen Schiff gemausert. Aber es hatte vor der geplanten Indienreise – immerhin über 5000 Meilen! – nur ein Probeflug stattgefunden. Eigentlich hätten mehrere Testreihen unter den unterschiedlichsten Wetterbedingungen stattfinden müssen! Aber Sir John Higgins hatte Lord Thomson bereits im Juni in Sicherheit gewiegt, indem er erklärte, daß nach dem

R 101 am Vertäuungsmast.

Faksimile des Flugtauglichkeitszeugnisses von R 101. (S. 22)

Steuergondel-Befehlszentrale für die
Besatzung im Bug des Luftschiffs.

Steuergondel-Motorentelegraphen.

21

GREAT BRITAIN.

AIR MINISTRY.

CERTIFICATE OF AIRWORTHINESS No. L/A 6

(*Airships.*)

FIRST PART.

FULL NAME, ADDRESS AND NATIONALITY OF OWNER OR OF OWNING COMPANY.

1. Surname of owner (or name of Company) : **The Air Council.**

   Christian name :

2. Address : **Whitehall, London, S.W.1.**

3. Nationality : **British**

NAME OF CONSTRUCTOR.

4. Name : **Air Ministry (Royal Airship Works)**

NATIONALITY AND REGISTRATION MARKS.

5. .... **G-FAAW**

DESCRIPTION OF AIRSHIP.

6. Type **R.101.**   Constructor's No. **—**

7. Place of construction and year of completion of airship : **Cardington, 1929.**

8. Usual Station : **Royal Airship Works, Cardington, Bedford.**

9. Class of Airship **Rigid**
   (Non-rigid, semi-rigid or rigid)

10. Classification of Airship   Category : **Special**
    Subdivision : **(v) Research or experimental**

11. Maximum Gas Capacity : **5,508,800 cubic feet.**

12. Overall length of airship : **777 ft 2½ inches.**

13. Overall height of airship (with and without landing shock absorber) : **141 ft. 7 inches** **139 ft. 1 inch.**

14. Overall width of airship : **131 ft. 9 inches.**

22

Umbau lediglich ein Probeflug vonnöten sei. In Cardington hatte dem niemand widersprochen, und es wurde auch keine Stimme nach weiteren Probeflügen laut. Ursprünglich war ein Probeflug von 24 Stunden anberaumt worden, aber inzwischen hatte Luftvizemarschall Hugh Dowding die Nachfolge von Sir John im Luftrat angetreten. Dowding hatte es eilig, nach Cardington zurückzukehren, da er dort ein wichtiges Treffen hatte. So wurde der Probeflug auf ein Minimum verkürzt, obwohl Dowding zuvor gegenüber Colmore versichert hatte, daß seinetwegen keine Verkürzung des Probefluges stattfinden solle.

Am 1. Oktober eröffnete Premierminister Ramsay Macdonald in Indien die »Imperial Conference« mit der Ankündigung, daß R 101 nach bestandenen Tests vom Ankermast in Cardington nach Indien schweben würde. An jenem Nachmittag erhob sich R 101 unter ausgezeichneten Wetterbedingungen mit 75 Personen an Bord zum ersten und einzigen Testflug. Honoratioren waren an Bord, unter ihnen Luftfahrt-Vizemarschall Dowding, der Mann, dem die Verantwortung für die Luftschiffe oblag, obwohl er während seiner gesamten Laufbahn niemals ein Luftschiff aus der Nähe betrachtet hatte! Nach 16 Stunden ankerte R 101 erneut in Cardington; seitens des Luftfahrtministeriums war man von dem Luftschiff begeistert und stellte eiligst das Flugtauglichkeitszeugnis aus. Aber Tatsache war, daß R 101 niemals Probeflüge unter widrigen Wetterbedingungen, in Turbulenzen durchgeführt hatte, niemals Belastungstests unterworfen war, und schon gar nicht Hochgeschwindigkeitstests absolviert hatte, obwohl zu einem früheren Zeitpunkt durch einen Defekt am Ölkühler ein Motor hatte abgestellt werden müssen. Dennoch fand der Flug unter nahezu idealen Bedingungen statt, es war eine reine Vergnügungsreise. Um technische Einzelheiten scherten sich die Verantwortlichen wenig. Ein Jahr zuvor hatte Fliegerleutnant Irwin höchstpersönlich eine Checkliste für Luftschiff-Probeflüge erstellt, der jedoch niemals Beachtung geschenkt wurde.

Der Abflug für die Reise nach Indien war auf den 4. Oktober, 19 Uhr, anberaumt worden. Lord Thomson und seine erlauchte Gesellschaft hatten rechtzeitig eine Einladung erhalten, in der geschrieben stand: Man möge 45 Minuten früher, nämlich um 18.15 Uhr, in Cardington zur Stelle sein. Den ganzen Tag über herrschte Hektik, R 101 wurde beladen, aufgetankt, mit Gas gefüllt und – wie konnte es auch anders sein – in letzter Minute schnell noch repariert. Das Gepäck war gewichtsmäßig begrenzt, und nun vor dem Abflug wurde jedes Stück umständlich gewogen. Für eine Reichweite von errechneten 3 200 nautischen Meilen hatte man fünfundzwanzig Tonnen Treibstoff an Bord. Bei Einstellung der Motoren auf Langstrecken-Reisegeschwindigkeit ergab sich bei einem durchschnittlichen Gegenwind von 20 Knoten ein Bereich von 2 420 nautischen Meilen, und die Entfernung, die unter ungünstigsten Bedingungen errechnet worden war, machte noch immer die Strecke von Cardington nach Ismailia in Ägypten aus. Zunächst war die Wettervorhersage äußerst günstig, später wurden für den Abend einige Störungen vorausgesagt. Ein Tiefdruckgebiet westlich von Irland schob sich ostwärts vor und brachte widrige südwestliche Winde mit 24 Kilometern pro Stunde, sich anschließender Regenfall war vorausgesagt, doch die Besatzung hoffte, vor diesem Wettereinbruch den Start erfolgreich hinter sich gebracht zu haben. Squadron Leader Johnston, der Chefnavigator, hatte einen Kurs nach London, dann über Kent nach Hastings und über den Kanal aufgetragen. Der geplante Flug sollte sodann über Frankreich nördlich von Paris in Richtung Toulouse und westlich über das Rhône-Tal verlaufen. Das Luftschiff würde Frankreich an der Südküste bei Narbonne verlassen. Beim Abdrehen gen Osten würde die Besatzung die vorausgesagten Gegenwinde umgehen, und das Luftschiff könnte unter ruhigen Wetterbedingungen das Mittelmeer erreichen.

Am Abend gegen 18 Uhr war die Beladung abgeschlossen, die Besatzung kletterte an Bord. In Cardington hatte sich eine riesige Menschenmenge versammelt, um den Abflug von R 101 in die aufkommende Dämmerung hinein zu beobachten. Ganz Eifrige hatten bereits in der Nacht zuvor ihr Lager in der Nähe des Mastes aufgeschlagen, um nichts zu verpassen. Um 18.15 Uhr erschien die Limousine Lord Thomsons am Fuß des Mastes, gefolgt von seinem Gepäck in einem Lieferwagen des Ministeriums. Dieses Gepäck brachte nicht weniger als 115 kg auf die Waage, darunter befanden sich zwei Champagnerkisten im Gesamtgewicht von 24 Kilogramm sowie ein Perserteppich, der immerhin 59 kg wog. Diesen Teppich hatte Thomson in seiner Eigenschaft als RAF-Kommandant im Irak anläßlich eines offiziellen Besuchs 1924 in Kurdistan zum Geschenk erhalten. Thomson wollte die Champagnerkorken im Speisesaal des R 101 beim formellen Festmahl, das sowohl in Ismailia als auch in Karatchi geplant war, knallen lassen. Sein Gepäck wurde an Bord verstaut, Schwierigkeiten gab es jedoch mit dem Teppich, der immerhin 17 Meter lang war. Die für das Verladen des Gepäcks zuständigen Angestellten gerieten ins Schwitzen und legten ihn schließlich im vorderen Teil des Flugzeugs gleich neben dem Gang aus. Währenddessen posierten unten am Turm die übrigen Passagiere – der Konstrukteur Oberstleutnant Richmond, flankiert von Lord Thomson und Sir Sefton Brancker, dem Direktor der Zivilluftfahrt – für ein letztes Photo der drängelnden Pressephotographen. Der Start stand bereits kurz bevor, als, so unglaublich es klingen mag, das Lufttauglichkeitszeugnis in letzter Minute an Bord gebracht wurde.

Fliegerleutnant Irwin hatte soeben die Ladekarte unterzeichnet, das Flugtauglichkeitszeugnis entgegengenommen und erklomm den Lift, um zum letzten Mal an Bord zu gelangen. Die Besatzung des Luftschiffs belief sich auf 54 Menschen, unter ihnen sechs Passagiere, sechs leitende Angestellte der Royal Airship Works, fünf Offiziere und siebenunddreißig Besatzungsmitglieder. Als alle fünf Motoren ansprangen, erglühte das Luftschiff in den Flutlichtern des Ankermastes. Um 18.36 Uhr GMT wurde das Haltetau gekappt, das Luftschiff neigte sich nach unten – ein Anzeichen für seine Nasenlastigkeit – sollte Thomsons Perserteppich gar Schuld daran sein? Ein feiner Wassernebel entwich vom angestrahlten Luftschiff, als der vordere Ballast mit Ausnahme zweier Halbtonnen-Ballastsäcke, die nur vom vorderen Teil des Luftschiffs abgeworfen werden konnten, nach unten schwebten, um Auftrieb zu gewinnen. Begleitet vom Freudenschrei der Menge erhob sich R 101 vom Mast in Cardington und verschwand langsam am Himmel. Das Luftschiff flog die traditionelle Ehrenrunde über Bedford und ging sodann im aufkommenden Regen und auffrischenden Wind auf Südwestkurs auf seinen Weg nach Ägypten und Indien.

Aber kaum waren 30 Minuten seit dem Gleiten vom Ankermast vergangen, als am Motor Nr. 5 in der hinteren Gondel Öldruckprobleme auftraten, so daß der Motor stillgelegt werden mußte. Sofort machten sich die Techniker an die Reparatur des ausgefallenen Motors, doch schon verschlechterte sich das Wetter zusehends. Recht niedrig brummte R 101 mit einer durchschnittlichen Geschwindigkeit über Grund von 63 Stundenkilometern durch die Nacht, um einerseits den Gasverlust so niedrig wie möglich zu halten und andererseits den auffrischenden Winden zu entgehen. Das Luftschiff flog in einer Höhe von kaum 300 Metern, und Tausende stürzten aus den Häusern, um seiner ansichtig zu werden. Gerade hatten sich die wenigen Privilegierten an Bord zum kalten Abendessen niedergelassen, als die Besatzung erneut

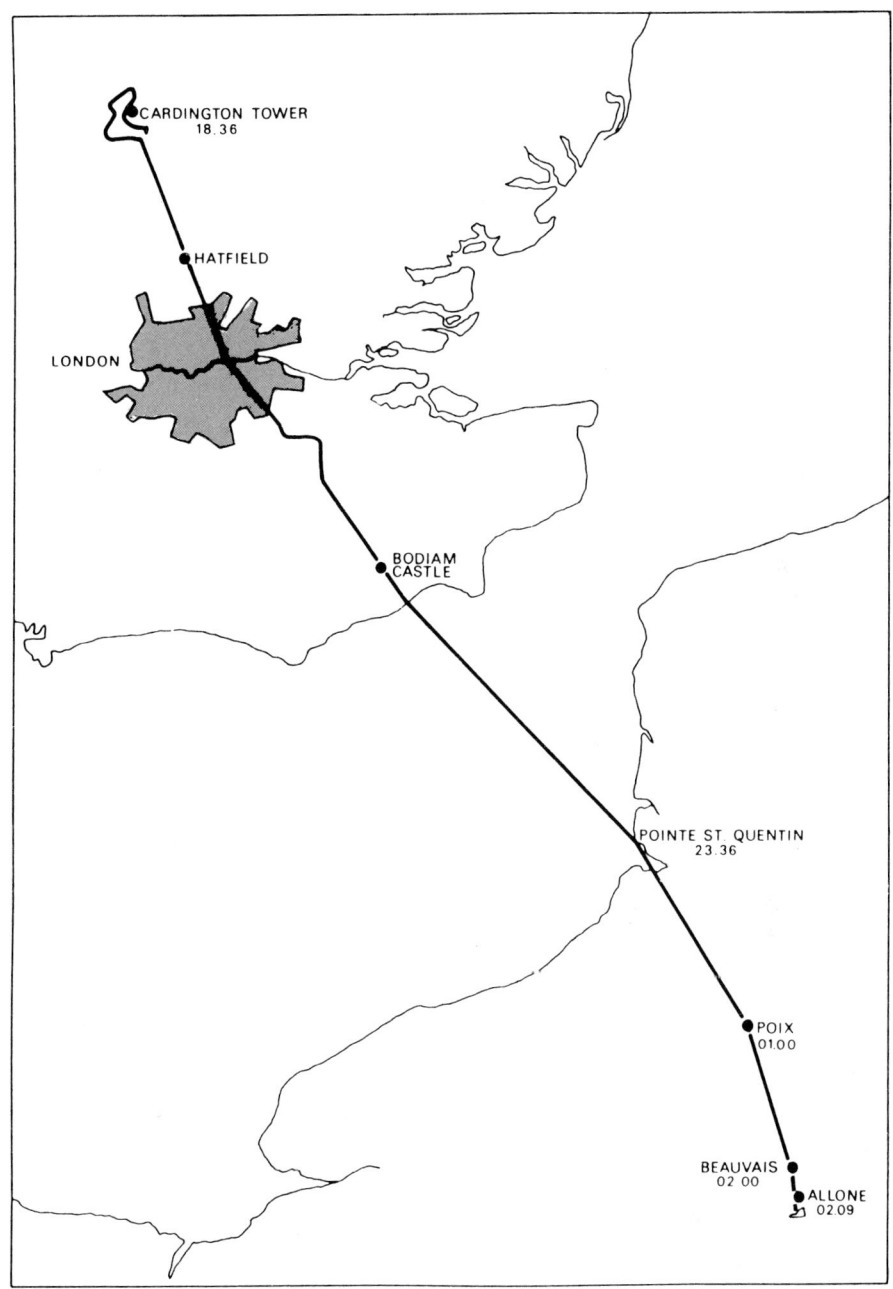

CARDINGTON TOWER
18.36

HATFIELD

LONDON

BODIAM
CASTLE

POINTE ST. QUENTIN
23.36

POIX
01.00

BEAUVAIS
02.00

ALLONE
02.09

Der Kurs des letzten Fluges von R 101.

versuchte, den Motor Nr. 5 zu starten – doch ihr Bemühen war vergebens. Um 20.21 Uhr GMT meldete sich das Luftschiff unter Voranstellen seiner Kodierung: »Über London. An Bord alles wohlauf. Mäßiger Regen. Wolkenuntergrenze 500 Meter. Wind aus 240 Grad mit 25 Meilen pro Stunde. Kurs jetzt auf Paris. Flugroute Paris, Tours, Toulouse, Narbonne. Ende.« Im strömenden Regen flog das Luftschiff nun über das Royal Naval College in Greenwich.

Als das Luftschiff R 101 kaum zwei Stunden auf der Reise war, London hinter sich gelassen hatte und ein Motor ausgefallen war, geriet es in unwirtliches Wetter. Starke böige Winde, Turbulenzen und heftiger Regen beutelten das Luftschiff, durchtränkten die Außenverkleidung, wodurch sich das Gesamtgewicht in Sekundenschnelle um mehr als drei Tonnen erhöhte. Aber es sollte noch schlimmer kommen. Die neueste Wettervorhersage aus Cardington sagte für Frankreich Regen, tiefhängende Wolken und Winde bis zu 80 Stundenkilometern voraus. Hätte Kapitän Irwin das Sagen gehabt, wäre er aus Sicherheitsgründen nach dieser ungünstigen Prognose wahrscheinlich nach Cardington zurückgekehrt, er hätte damit eine mutige, wenn auch umstrittene Entscheidung getroffen. Major Scott hingegen war starrköpfig, beschleunigte zudem den schnellen Reiseflug, um aus dem Unwetter so schnell wie möglich herauszukommen. Er hatte es zwar geschafft, aus dem Sturmtief herauszukommen, jedoch hatten bei diesen hohen Geschwindigkeiten erhebliche Belastungen auf die Flugzeugzelle und die Außenverkleidung – zudem noch in Turbulenzen – eingewirkt. Aus den seitlich am Luftschiff eingebauten Ventilen trat Gas aus, R 101 verlor wertvollen Auftrieb.

Das Luftschiff überflog die englische Küste wenige Kilometer östlich von Hastings. Auf den Klippen standen in sturmgepeitschter Nacht Menschen, um R 101 zu sehen. Was die Schaulustigen erspähen konnten, waren Passagiere, eingerahmt in den Aussichtsfenstern, die es sich gütlich sein ließen. Es war ein majestätischer Anblick. Die Zeiger der Uhr standen auf 21.35 Uhr GMT, drei Stunden und eine Minute waren nach dem Abflug in Cardington vergangen. Das Luftschiff hatte eine Entfernung von etwa 215 Kilometern mit einer durchschnittlichen Geschwindigkeit über Grund von etwa 68 Stundenkilometern zurückgelegt.

Draußen über dem Kanal, in stockfinsterer Nacht ohne jeglichen Bezugspunkt am Boden, ging Chefnavigator Johnston zur Berechnung der Position auf die Koppelnavigation über. Als Navigationshilfe befanden sich in einer Kiste in einem Regal der Steuergondel hochentflammbare Kalziumfackeln, die in regelmäßigen Abständen ins Meer geworfen wurden. Beim Inberührungkommen mit Wasser entzündeten sich diese Fackeln und entwickelten eine orangefarbige Rauchfahne, anhand derer Johnston seine Berechnungen aufgrund der Drift anstellte. Als Fackeln während der Kanalüberquerung abgeworfen wurden, machte sich zumindest ein Beobachter auf dem entfernten Kliff wegen des orangefarbigen Lichtscheins Gedanken und alarmierte über Telefon die Rettungsmannschaften.

Für die Besatzung sah es so aus, als würde sich das Luftschiff den ungünstigen Wetterbedingungen anpassen, die Gaszellen schienen sich trotz der Turbulenzen in einwandfreiem Zustand zu befinden. Aber das Luftschiff selbst wurde in diesen Turbulenzen hin- und hergeschüttelt. Den Berechnungen lag ein Gasverlust durch Lecken, einem durch Brennstoffverlust bedingten Gewichtsverlust zugrunde, aber die Besatzung erkannte die Ursachen nicht, weil nämlich der Wasserballast durch den Regen aufgefüllt wurde. Man hielt dieses einzigartige Rinnensystem auf der Oberseite des Luftschiffs als Wasser-Sammelsystem für ideal, aber genau das Gegenteil war der Fall. Die Besatzung ging dennoch von der Annahme aus, daß R 101 mit etwa drei Tonnen Übergewicht flog, ohne sich der Ursache klar zu werden. Denn das Luftschiff war nun wesentlich schwerer, als die gesamte Tragkapazität der Gaszellen. Die Besatzung hatte einen Trugschluß gezogen in der Annahme, daß durch den aerodynamischen Auftrieb des Rumpfes dies bei Reisegeschwindigkeit ausgeglichen werden könnte. Solange durch ausreichende Leistung die Geschwindigkeit beibehalten wurde, war der Auftrieb gesichert. Tatsächlich hatten die Erbauer anhand früherer Berechnungen festgestellt, daß das Luftschiff auch bei Entleeren einer vorderen Gaszelle dann noch einwandfrei steuerbar wäre, wenn genügend Motorleistung zur Verfügung stand.

Aber auch die angestellten Brennstoffberechnungen waren ermutigend. Selbst wenn sich das Wetter nicht bessern würde, könnte man mit den verfügbaren Treibstoffreserven unbeschadet Ismailia erreichen. Die Besatzung war zuversichtlich. Aber der Wind nahm zu, und R 101 kam vom vorgesehenen Kurs nach Paris östlich ab. Das Luftschiff hatte in diesem schlechten Wetter seine Bewährungsprobe zu bestehen, was immer kommen sollte. Vorsorglich hatten die Franzosen einen Helferstab auf dem damaligen Militärflughafen Orly postiert, um im Falle irgendwelcher Schwierigkeiten sofort eingreifen zu können.

Kurz vor 22.00 Uhr GMT empfing R 101 in rascher Aufeinanderfolge zwei meteorologische Durchsagen aus Cardington: Von Paris bis zur französischen Südküste gutes Wetter, aber Rückenwind. An Bord des R 101 atmete man erleichtert auf. Mitten über dem Kanal waren die Reparaturarbeiten am Motor 5 abgeschlossen, und zu Ende der ersten Nachtwache um 23.00 Uhr wurde der Motor wieder gestartet. Nun flog R 101 mit voller Motorleistung. Der Kapitän fällte die Entscheidung, den Flug fortzusetzen, nichts würde ihn nun noch aufhalten können.

»Bird« Irwin löste den Ersten Offizier Atherstone ab und wechselte in die Mittelwache. Auch er war, wie seine Kameraden, nach den langen Dienststunden aufgrund der langwierigen Vorbereitungen vor dem Abflug und der ersten Flugphase völlig erschöpft. Er freute sich schon jetzt auf seine wohlverdiente Ruhepause zu Ende seiner dreistündigen Wache. Es wurden Funkpeilungen von Le Bourget und Valenciennes zur Positionsbestimmung eingeholt. Seit dem Abflug waren fünf Stunden vergangen, als R 101 um 23.36 Uhr die Küste Frankreichs am Pointe de St. Quentain an der Somme-Mündung überquerte. Nun war eine genaue Positionsbestimmung möglich. Es stellte sich heraus, daß das Luftschiff 20 Meilen vom Kurs abgekommen war. Navigator Johnston errechnete einen Steuerkurs von 200 Grad, um genau auf Paris zuzusteuern. Die geplante Flugroute führte etwa vier Meilen westlich an Beauvais vorbei, eine ungenaue Windberechnung ließ das Luftschiff jedoch weiter in östlicher Richtung abdriften, als es gerade über den kleinen Ort Allone mit dem davor liegenden Wäldchen »Beauvais Ridge« flog. Diese Gegend war einem der Erlauchten, nämlich Sir Sefton Brancker, nicht unbekannt. An Bord einer »Argosy« der Imperial Airways war er in der Gegend von Beauvais seinerzeit in einen Wolkenbruch und Winde aus gleicher Richtung geraten. Passagiere wurden gegen die Decke geschleudert, Sitze zerbrachen, ein Ausstieg riß ab.

Kurz nach Mitternacht zeigte eine weitere Peilung von Le Bourget, daß das Abdriften stärker als angenommen war, aber die Besatzung in der Steuergondel war so von Müdigkeit übermannt, daß sie es unterließ, eine Kurskorrektur vorzunehmen. Irwin übermittelte gegen Mitternacht folgende Meldung nach Cardington: »Position: 15 Meilen südwestlich von Abbeville. Kurs und Geschwindigkeit seit 18.30 Uhr gut. Verschiedene Steuerkurse und 33 Knoten. Wind: 245 Grad, 35 Meilen pro

Stunde. Höhenmesserablesung: 1500 Fuß. Lufttemperatur: 11°C. Wetter: zeitweise Regen. Wolken: Nimbus in 500 Fuß. Lage seit Abflug: kaum verändert. Temperatur: gleichbleibend. Besondere Vorkommnisse: nach einem exzellenten Abendessen rauchten unsere distinguierten Gäste eine letzte Zigarre und begaben sich nach Besichtigung der französischen Küste zu Bett. Service funktioniert ausgezeichnet. Besatzung führte übliche Routinearbeiten aus. Ende!«

Gegen 1 Uhr kehrte Squadron Leader Johnston nach einer kurzen Verschnaufpause in die Gondel zurück, um den Flugverlauf zu überprüfen. Ein Spalt in den Wolken gab ihm die Chance zu einer schnellen und genauen Positionsbestimmung. Das Luftschiff befand sich über der Stadt Poix, die Johnston von früheren Flügen her kannte. Seine Positionsbestimmung bestätigte unbarmherzig das weitere Abdriften nach Osten. R 101 hatte den vorausberechneten Kurs von der französischen Küste nach Paris um 15 Meilen verfehlt. Der Steuerkurs wurde korrigiert, um das Luftschiff auf dem genauen Kurs nach Paris Orly zu halten. Die Routenführung wurde von Beauvais Ridge bestätigt. Im Fluglog verzeichnete Irwin die genauen Daten, soweit es die Gegebenheiten zuließen:

Mittelwache: 23.00 bis 2 Uhr	Wachoffizier: H.C. Irwin
Zeit: 1 Uhr GMT	Zeitspanne vom Start: 6.24 Std.
Höhe: 1500 Fuß	Druckhöhe: 1500 Fuß
Temperatur: 10°C	Kurs: 168° rechtweisend
Windrichtung: 226° rechtweisend	Windstärke: 49 Meilen pro Std.
Kurssteuerung: 209° rechtweisend	Motoren: fünf mit 825 U/min.
Wahre Eigengeschwindigkeit: 54 Kts.	tatsächliche Geschwindigkeit über Grund 30,15 Knoten
Position:	Geflogene Entfernung:
1 Meile nordwestlich von Poix	193 nautische Meilen
Verbrauchter Brennstoff: 2,56 t	verbleibender, brauchbarer Brennstoff: 22,33 Tonnen
Verbliebener Ballast: 6,5 Tonnen	
Wetter: mäßiger Regen	Wolkenuntergrenze: 1000 Fuß.

Kurz vor 1.30 Uhr erhielt Johnston eine Kreuzpeilung von Le Bourget (347° rechtweisend) und eine von Valenciennes (228° rechtweisend), die den Kurs bestätigten. Johnston war zufrieden, daß er den ungestümen und auffrischenden Winden die Stirn geboten hatte. Bei der jetzigen Eigengeschwindigkeit über Grund würde R 101 in etwas mehr als 2¼ Stunden Paris Orly erreicht haben. Als sich das Luftschiff der Stadt Beauvais etwa 51 Kilometer nordwestlich von Paris näherte, war es fast 2 Uhr, und die erschöpfte Besatzung würde in Kürze von der Morgenwache abgelöst werden. Wenige Minuten später überquerte R 101 in niedriger Höhe die Stadt, und viele Bewohner stürzten aus ihren Häusern, um das Spektakel aus nächster Nähe zu erleben. Flaggoffizier Maurice Steff, einer der wenigen erfahrenen Luftschiff-Offiziere, erschien pünktlich, um den völlig erschöpften Kapitän Irwin abzulösen, der sich sogleich zur Ruhe legte. Die Morgenwache übernahmen neben Steff der Chefsteuermann Hunt, der verantwortliche Steuermann Foster und Obersteuermann Mason. Nachdem die beiden Steuermänner die nächtlichen Aufzeichnungen studiert hatten, vollzog sich auf allen Stationen der Schichtwechsel. Hoch oben im Gerippe von R 101 turnte gleichzeitig eine andere bekannte Persönlichkeit herum. Kein anderer als der gewiefte stellvertretende Konstrukteur Michael Rope, der gewissenhaft die Zellen und die vordere Außenverkleidung auf Verschleißerscheinungen hin untersuchte.

28

Neben dem Gaslecken aus den empfindlichen seitlich angebrachten Ventilen hatte sich während der schweren Turbulenz ein weiteres Problem eingestellt: Aus der vorderen Gaszelle war plötzlich Wasserstoff ausgetreten. Aber ein beispielloses Belüftungssystem fächelte einen Luftfluß durch das Luftschiff, um dem Einfluß des Außendrucks auf die Hülle entgegenzuwirken. So wurde jegliches Auftreten eines gefährlichen Wasserstoff/Luft-Gemisches ausgeschaltet. Durch diesen inneren Luftfluß waren die vorderen Zellen gewissermaßen einem Blasebalg-Effekt ausgesetzt, wodurch die Ventile ausgelöst wurden. Dennoch stellte das ständige Lecken aus den vorderen Gaszellen bei R 101, das nach dem Einbau der neuen Zelle stark nasenlastig geworden war, eine Gefahr dar, der die volle Aufmerksamkeit der Besatzung galt.

In der Steuergondel war inzwischen Ruhe eingekehrt, wie man es unter den gegebenen Umständen erwarten konnte, und die Besatzung trug nun die Flugdaten in das Logbuch ein:

Morgenwache: 2.00 bis 5.00 Uhr
Wachoffizier: M.H. Steff
Zeit: 2.00 Uhr GMT
Flugzeit ab Start: 7.24 Stunden
Höhe: 1200 Fuß
Druckhöhe: 1500 Fuß
Temperatur: 10°C
Kurs: 108° rechtweisend
Windrichtung: 225° rechtweisend
Windstärke: 50 Meilen pro Stunde
Kurssteuerung: 209° rechtweisend
Motoren: fünf mit 825 U/min.
Wahre Eigengeschwindigkeit: 53 Knoten
Tatsächliche Geschwindigkeit über Grund: 29 Knoten
Position: Beauvais
Geflogene Entfernung: 215 nautische Meilen
Verbrauchter Brennstoff: 3 Tonnen
Verbleibender Ballast: 6,5 Tonnen
Wetter: mäßiger Regen
Verbleibender, brauchbarer Brennstoff: 21,88 Tonnen
Wolkenuntergrenze: 1200 Fuß.

Wenige Minuten nach 2.00 Uhr bahnte sich die bevorstehende Katastrophe unweigerlich an. R 101 wurde im Regen von schweren Böen geschüttelt. Die völlig übermüdeten Männer kämpften gegen den starken Wind, ohne noch Sichtkontakt mit dem Boden zu haben. Die Männer stierten angespannt in die Dunkelheit und nahmen kaum mehr etwas wahr.

Das Luftschiff befand sich zu diesem Zeitpunkt in weniger als 500 Fuß über dem 774 Fuß hohen Beauvais Ridge. Das Wäldchen lag südwestlich vom Kurs und war für seine berüchtigten Abwinde bekannt.

Es hatten sich schwerwiegende Probleme eingestellt, die schließlich zum Absturz führten. Risse befanden sich nicht nur in der äußeren Verkleidung und an einer Gaszelle an der Luftschiffnase. Hatte Squadron Leader Rope bei seiner intensiven Kontrolle der Luftschiffzelle nicht den langen Riß nahe dem überbeanspruchten oberen Nasenabschnitt in der Außenverkleidung gesehen? Die hohe Reisegeschwindigkeit hatte ihr übriges beigetragen. Es lagen ja nicht nur Risse in der Außenhaut vor, nein, auch die Gaszellen waren stark in Mitleidenschaft gezogen worden. Das Luftschiff wurde nasenlastig, wodurch der Gasaustritt beschleunigt wurde. Die Ereignisse überstürzten sich nun. R 101 tauchte mit dem Bug scharf nach unten ab, das Luftschiff sank unaufhaltsam. Die noch Wachgebliebenen waren erschrocken. Auch ein Abwind auf der Leeseite des Wäldchens »Beauvais Ridge« hätte keine Rettung mehr gebracht. Sofort wurde Ballast abgeworfen, um mehr Auftrieb zu bekommen. In der Steuergondel wurden die Ventile zum Abwurf des Wasserballasts geöffnet. Just in diesem Augenblick steckte Squadron Leader Rope, von seinem Inspektionsgang zurückkehrend, den Kopf in die Steuergondel. Er berichtete von der schweren Beschädigung am Bugteil des Luftschiffs. Eine akute Gefahr stand unmittelbar bevor. Chefsteuermann Hunt stürzte aus der Steuergondel, um vorne Ballast abwerfen zu lassen und um die übrige Besatzung über die gefährliche Lage zu informieren. Auf seinem Weg begegnete er Rigger Church, der die einhundert Meter entlang der Laufbrücke eilte, um einen Ballasttank mit einem Gewicht von einer halben Tonne am Bug zu lösen. Der Höhensteuermann reagierte unverzüglich auf die veränderte Situation

R 101 am Vertäuungsmast 1930.

und drehte das Steuerrad auf volles Höhenruder zurück, weiterer Ballast schwebte zur Erde. Zwar hätte dies die Lage von R 101 verschlechtern können, aber nach Ansprechen des kraftvollen Höhenruders begann das Luftschiff zu steigen. Der Kapitän fing es in etwa 165 Meter Höhe im Geradeausflug ab. Der Sturzflug hatte etwa 30 Sekunden gedauert, das Luftschiff befand sich nun scheinbar wieder im Gleichgewicht. Doch diese Annahme beruhte auf einem Trugschluß. Hätte man die Motorleistung nicht verringert, wäre trotz aller Mißlichkeiten alles noch einmal gut gegangen. Wer letztendlich den Befehl zur Drosselung gab, ließ sich später nicht mehr klären. Das Schicksal des stolzen Luftschiffs R 101 war besiegelt. Kurz nach 2.07 Uhr klingelten die Motorentelegraphen, die die niedrigeren Umdrehungszahlen anzeigten. Jeder Versuch, die einzelnen Motorengondeln anzurufen, schien ohnehin sinnlos, weil es wenigstens einige Sekunden gebraucht hätte, bevor die Ingenieure in den Gondeln reagiert hätten. Weitere kostbare Zeit wäre vergeudet worden. Die Drosselung der Motorenleistung führte zum Verlust des aerodynamischen Auftriebs, der Steigeffekt ging verloren, der Sturzflug begann erneut und führte diesmal unweigerlich ins Verderben. Auch Lord Thomsons Teppich, mit seinem Gewicht von 59 kg im Bug verstaut, konnte nichts mehr zur Rettung beitragen.

In diesem Moment hatte Hunt auf dem Weg zum Mannschaftsquartier den Schalterraum erreicht.

»Jungs, wir sind erledigt, wir sind erledigt, Jungs!« rief er.

Er sagte es einfach so in den Raum, es entstand keine Panik, kein Schrei ertönte, nicht einmal Hektik kam auf. Hunt war bewußt geworden, was geschehen war, und daß es keine Rettung mehr gab.

Der Höhensteuermann hielt das Steuerrad krampfhaft auf vollem Höhenruder, aber es sprach nicht mehr an. R 101 fiel einem Stein gleich vom Himmel. Ein erfahrener Kommandant hätte die drohende Gefahr erkannt. Er hätte das Luftschiff mit einigem Geschick durch »volle Kraft« gerettet. Aber an Bord des R 101 schienen alle Verantwortlichen wie gelähmt.

Spätere Berechnungen ergaben, daß R 101 durchaus ein derartiges Manöver überstanden hätte.

Kurz nach 2.08 GMT sprach der hintere Motor auf die Telegraphenorder an und verringerte die Antriebskraft. Nachdem alle Motoren auf »langsame Fahrt« eingestellt worden waren, neigte sich der Bug des R 101 weiter der Erde entgegen. Zwar sprachen die Höhenruder noch an, aber nichts mehr hielt den Sturzflug auf! Die Zeiger standen genau auf 2.09, als sich das Luftschiff in einem Winkel von etwa 12° im Windschatten des »Beauvais Ridge« nahe der Ortschaft Allonne im starken Gegenwind mit viel zu geringer Geschwindigkeit in den Boden bohrte. Beim Aufschlag wurde das Luftschiff zum Teil zermalmt, nicht aber total zerstört. Die Tragstruktur wurde ziehharmonikaartig bis zu 26 Meter nach innen gedrückt. Die Steuergondel zerbrach unter der Belastung, und Wasser auf den durchtränkten, matschigen Feldern durchnäßte die Kiste mit den hochentflammbaren Kalzium-Fackeln, die nun über den Boden rollten und explodierten. Die Flammen loderten in den Himmel, eine weitere Explosion erfolgte, als sich das Wasserstoffgas mittschiffs entzündete. Wenig später explodierte das Luftschiff.

Ein Mann namens Woillery, der auf der Nordwestseite von Beauvais etwa 4½ Kilometer von der Aufschlagstelle entfernt wohnte, hatte zuvor seine Kinder geweckt, um das Luftschiff vorüberziehen zu sehen. Vom Fenster aus konnten sie die Lichter des die Stadt östlich kurz hinter der Kathedrale überquerenden Luftschiffs sehen.

Um 2.05 verschwand das Luftschiff hinter einem anderen Haus. Herr Woillery schickte seine Kinder wieder zu Bett, aber seine 14 Jahre alte Tochter ging zum Fenster zurück, als Woillery das Zimmer mit seinem Sohn bereits verlassen hatte, und . . .

»Ich sah die Lichter des Luftschiffs wieder hinter dem Haus auftauchen. Ich sah nur einen Lichtschimmer, der sich nach unten zu bewegen schien. Im nächsten Augenblick war der Himmel hell erleuchtet, und es folgte ein Geräusch wie ein Donnerschlag. Als sich die Explosion ereignete, glaubte ich die Umrisse des Luftschiffs oder wenigstens Teile davon zu sehen, es hatte sich seitlich geneigt. Der Himmel war von brennenden Wrackteilen übersät, die dahinschwebten und langsam zur Erde sanken. Der große Blitz dauerte nur einige Sekunden, dann erhellte ein bleibendes Licht den Hügel westlich der Stadt.«

Im Rauchsalon an Bord des R 101 drückte Harry Leech, ein Werkmeister aus Cardington, gerade die letzte Zigarette aus, als das Luftschiff abstürzte.
»Innerhalb von zwei Sekunden nach dem Aufschlag gab es einen blendenden Feuerschein, der sich meines Erachtens direkt über der Steuergondel entwickelte. Die Tür des Rauchsalons sprang durch den Aufprall auf, und durch diese Öffnung sah ich das Flammenmeer. Dann beobachtete ich den Zusammenbruch des oberen Passagierdecks, die Polsterbänke schossen kopfüber in den Rauchsalon; mir blieb nur ein Überlebensraum von einem Meter Höhe. Der Raum füllte sich sofort mit beißendem Rauch, aber ich sah keine Flammen. Ich hörte sowohl aus den Mannschaftsräumen, als auch vom explodierenden Passagierdeck Menschen schreien und stöhnen. Ich schob eine der Polsterbänke von den Spanten weg und kroch durch die Öffnung; ich befand mich sodann innerhalb der Luftschiffhülle an der Steuerbordseite. Zu diesem Zeitpunkt war bereits die äußere Kleidung mit Ausnahme der Cellon-Fenster völlig ausgebrannt. Die Fenster glühten noch, und ich suchte meinen Weg aus dem Inferno hinaus.«

In der Motorgondel Nr. 4 war Arthur Cook gerade zur Wachablösung erschienen und blickte durch die Gondeltür nach unten, als sich der Aufschlag ereignete:
»Meine Gondel sank kurz nach dem Aufprall des Luftschiffs zu Boden. Aber ich hatte tatsächlich noch Zeit, den Motor abzuschalten. Ich erinnere mich, daß Bauelemente auf und um die Gondel herum fielen. Mein erster Versuch zu entkommen, schlug fehl, aber schließlich, nach einigem Kampf, entkam ich dem brennenden Wrack.«

In der hinteren Gondel Nr. 5 hatten die Ingenieure Binks und Bell mehr Glück als die anderen. Joe Binks:
»Absturz! Motor sofort abgeschaltet. Explosion und Feuer. Die hintere Gondel berührte den Boden nur weich, aber als sich das Luftschiff wie eine Ziehharmonika zusammenschob, wurde die Gondel über den Boden geschleift, sie wurde eingedrückt; eine Flamme schoß durch die Öffnung. Nun scheint alles aus zu sein, Bell!

Aber nein. Obgleich das Gondellicht schon erloschen war, vermißten wir es nicht, das gleißende Licht des Feuers züngelte um die Gondel und erhellte alles rundherum. Wir versuchten die durch den Boden der Gondel aus dem Benzintank emporzüngelnden Flammen zu ersticken. In diesem Tank befanden sich noch etwa 55 Liter Benzin. Wir fürchteten, daß der Tank bersten könnte. Aber er hielt, unsere Chance dem Inferno zu entkommen, erhöhte sich. Die Hitze machte sowohl Bell als auch mir zu schaffen. Zu dieser Zeit hatten wir alle Hoffnung aufgegeben, durch den Aus-

32

stieg der Gondel zu entkommen, denn wir waren vom Feuer eingeschlossen. Die Gondel war vom Rauch eingeschlossen, wir fürchteten zu ersticken. Ein besserer Tod als geröstet zu werden, Bell. Uns kamen die unmöglichsten Gedanken in den Sinn. Wir dachten an unsere Familien, an unsere Freunde, ja, wir diskutierten sogar noch, was es für die Cardington Works für eine Schlappe war, wenn man dort immer behauptet hatte, R 101 könne kein Feuer fangen. Was für ein Trugschluß! Aber dann kam plötzlich die Wende. Eine wahre Sintflut brach herein, der Himmel hatte seine Schleusen geöffnet.

Wir konnten nun Dank dieses wunderbaren und barmherzigen Wassers unsere Köpfe aus dem Gondelausstieg strecken und sahen, daß der größte Teil der Tragstruktur auf und um die Gondel herum verstreut war. Vielleicht aber waren wir auch beim Aufprall des Schiffes nach oben geschleudert worden, denn die Stützträger, an denen die Gondel befestigt war, waren auf die Gondel herabgedrückt worden. Ein Träger lag quer über dem Schiff direkt neben dem nach unten geneigten Ausstieg.

Ich bin sicher, daß mein Kollege Bell gleich mir erstaunt über die Deformation unseres Schiffes gewesen sein muß. Wir waren stolz und hatten Vertrauen in unser Luftschiff, wenn es auch nicht direkt unser Zuhause war. Aber wir verdienten auf dem R 101 unser tägliches Brot, es gab unserem Leben einen Inhalt.

Über den Backbord-Ausstieg konnten wir hinwegsehen und auch durch die Seite des Schiffs, aber was dahinter war, entging unseren Blicken. Mir persönlich war es einfach egal, denn wir mußten einen klaren Kopf behalten. Die Chance, uns zu retten, war zum Greifen nahe. Mit nassen Tüchern vor Mund und Nase verließen wir die Gondel; Bell voran und trotz zahlreicher Hindernisse erreichten wir die Schiffsseite und ließen uns auf die Einfriedung einer Schonung fallen.

Gleich links auf der Backbordseite achtern des Schiffs lagen wir im hohen Gras, der Regen prasselte auf uns nieder, und ein frischer Wind blies vom Steuerbordbug über das Schiff. Unsere Gesichter wurden vom herübergetriebenen Rauch geschwärzt. Die Einrichtungsgegenstände des Luftschiffs standen in Flammen.«

Bell berichtete:
»Das erste was mir zum Bewußtsein kam, als die Gondel auf dem Boden aufschlug, war, daß um uns herum überall Flammen loderten. In der unerträglichen Hitze und dem uns einhüllenden Qualm hatten wir uns schon selbst aufgegeben. Etwas später rann Wasser aus den Ballasttanks über die Motorgondel, und dieses Wasser rettete uns zweifellos das Leben, das sich mit dem Regen vermischte. Im Flammenmeer machten wir Gassen aus und schafften es, wie weiß ich nicht mehr, herauszukrabbeln und vor dem Feuer zu fliehen. Mr. Leech und andere entkamen mit uns dem Inferno.

Die Aufenthaltsräume der Passagiere standen in hellen Flammen, aber am Bug und Heck des Luftschiffs sahen wir nur Feuernester.«

Acht Männer entkamen dem brennenden Wrack, zwei starben später im Krankenhaus. Insgesamt überlebten nur sechs Menschen die Katastrophe, die als zweitschlimmste in die Geschichte der Luftfahrt einging. Das schlimmste Unglück hatte ein Luftschiff der französischen Marine ereilt, das vom Blitz getroffen wurde und 50 Menschenleben gefordert hatte.

Einer der Überlebenden, der Elektriker Arthur Disley, rief von einem nahegelegenen Telefon aus das Luftfahrtministerium an und gab die entsetzliche Nachricht über den Absturz des Luftschiffs R 101 weiter. Einzelheiten über die Tragödie wurden schon bald an alle Stationen entlang der Strecke gemorst: Malta, Kairo, Baghdad, Basra und Karatschi. Im Hauptquartier der 203. Flugboot-Staffel, nahe Basra, saß der Fahrer John Buchanan zu später Stunde in der abgelegenen Funkstation mit seinen Freunden, den Funkern Carruthers und Nash zusammen. Plötzlich tickten Morsezeichen in ihren Kopfhörern, sie trauten ihren Ohren nicht, ihre Unterhaltung brach jäh ab.

»Mein Gott, es ist R 101 – es ist abgestürzt.« Fahrer Buchanan griff nach der Mitteilung und rannte hinaus, um seinen Kommandanten zu wecken. »Es ist unten, Sir«, keuchte er, »R 101 ist abgestürzt!«

Das Königreich und mit ihm die ganze Welt war fassungslos.

Die Toten kehrten an Bord der HMS Tempest über den Kanal nach England zurück, am 10. Oktober wurden sie in der Westminster Hall aufgebahrt. Die Menschen bildeten eine unübersehbare Schlange, um diesen tapferen Männern die letzte Ehre zu erweisen. Am darauffolgenden Tag wurden die Särge in einer feierlichen Prozession durch die Straßen Londons zur Euston Station getragen und in einem Sonderzug nach Bedford überführt. Vor dem Bahnhof in Bedford standen die Lafetten bereit. Alle Opfer wurden auf dem Friedhof der Kirche St. Mary zur letzten Ruhe bestattet. Einen Steinwurf entfernt lagen verlassen die Royal Airship Works in Cardington, wo erst kurz zuvor der hoffnungsvolle Start des R 101 seinen Ausgang nahm.

Am 28. Oktober 1930 wurde die Gerichtsverhandlung durch Sir John Simon eröffnet, der die Krone vertrat. An die Versammelten richtete er die folgenden Worte: »Ich glaube, es würde sich geziemen, wenn wir uns nun einen Augenblick im Gedenken an die Tragödie und die Toten von unseren Plätzen erheben, ehe wir in die Beweisaufnahme gehen. Unser Mitgefühl gilt vor allem den Angehörigen der Toten und all jenen, die ihnen nahestanden.«

Es schloß sich eine Schweigeminute an.

Die Verhandlung wurde im Vergleich zu heutigen Untersuchungsverfahren lückenhaft geführt, nicht einmal der Streckenführung des R 101 wurde Aufmerksamkeit geschenkt. Die auf dem Gebiet der Unfalluntersuchung wenig versierte Kommission kam zu dem Schluß, daß ein beträchtlicher Gasverlust in den Turbulenzen, verschärft noch durch einen Abwind, die wahrscheinliche Absturzursache war. Es war eine unbefriedigende Aussage, wenn man die Einzelheiten in Betracht zog, die die Probleme und Hintergründe deutlich werden ließen.

Das Luftschiff-Programm wurde zu den Akten gelegt. R 100 wurde im Schuppen zerlegt, und das Wrack von R 101 nach London zurückgebracht; auf einer Auktion erbrachte es 440 englische Pfund.

Hätten zu jener Zeit schon die strengen Sicherheitsbedingungen in der Luftschiff-Entwicklung wie heute vorgelegen, welch eleganter Reisestil hätte sich wohl mit diesen stolzen Luftschiffen entwickelt? Die Flugzeugkonstruktion schritt unaufhaltsam fort. Vielleicht wäre ein königlicher Luftschiffverkehr nur von kurzer Dauer gewesen, obwohl Luftschiffe auf anderen Gebieten Nutzen gebracht hätten. Die heutige Luftschiffentwicklung geht weiter, allerdings mit bescheideneren Programmen und kleineren Luftschiffen. Ob der Absturz des R 101 der Luftschiffindustrie einen Vorwand zum Abbruch der Weiterentwicklung bot, bleibt dahingestellt. Diese Tatsache war Anlaß zu Spekulationen, warf Fragen auf und wurde zur Streitfrage, die bis zum heutigen Tage keine Lösung fand.

Liste aller Personen, die sich an Bord von R 101 befanden

(Die Namen der Überlebenden sind kursiv gedruckt)

Passagiere:

Brigadegeneral Lord Thomson (Staatssekretär für die Luftfahrt)
Sir W. Sefton Brancker, Direktor für Zivilluftfahrt
Major P. Bishop, Chefinspektor für Unfalluntersuchung
Squadron Leader W. Palstra, Repräsentant der Australischen Regierung
Squadron Leader O'Neill, Stellvertretender Direktor für Zivilluftfahrt, Indien,
    Repräsentant der Indischen Regierung
Mr. James Buck, Kammerdiener des Staatssekretärs für die Luftfahrt

Leitende Angestellte der Royal Airship Works:

Wing Commander R. B. B. Colmore, Direktor für Luftschiff-Entwicklung
Major G. H. Scott, Assistenzdirektor (Flug), verantwortlicher Beamter für das Flug-
    wesen
Oberstleutnant C. Richmond, technischer Assistenzdirektor
Squadron Leader F. M. Rope, Assistent des technischen Direktors
Mr. A. Bushfield, Inspektionsdirektor für Aeronautik
Mr. H. J. *Leech,* Leitender Ingenieur

R 101 Offiziere:

Fliegerleutnant H. Carmichael Irwin, Kapitän
Squadron Leader E. L. Johnston, Navigator
Leutnant N. G. Atherstone, Erster Offizier
Flaggoffizier M. H. Steff, Zweiter Offizier
Mr. M. A. Giblett, Offizier der Meteorologie

(die meisten dieser Männer waren Inhaber von Titeln und Orden des Britischen
    Empire)

Besatzungsmitglieder des R 101:

Chef-Höhensteuermann: G. W. Hunt
Höhensteuermänner: Flugfeldwebel W. A. Potter, I. F. Oughton, C. H. Mason
Steuermänner: E. G. Rudd, M. G. Rampton, H. E. Ford, C. E. Taylor, A. W. J. Norcott,
    A. J. Richardson, P. A. Foster, W. G. Radcliffe (gestorben am 6. 10. 1930 in
    Beauvais), S. Church (gestorben am 8. 10. 1930 in Beauvais)
Erster Ingenieur: W. R. Gent
Leitende Ingenieure: G. W. Short, S. E. Scott, T. Key
Ingenieure: R. Blake, C. A. Burton, C. J. Fergusson, A. C. Hasting, W. H. King,
    M. F. Ittlekit, W. Moule, A. H. Watkins, A. V. *Bell,* J. H. *Binks,* A. J. *Cook,* V. *Savory*
Cheffunker: S. T. Keeley
Funker: G. H. Atkins, F. Elliott, A. *Disley*
Chefsteward: A. H. Savidge
Stewards: F. Hodnett, E. A. Graham
Küchenjunge: J. W. Megginson.

R 101: durchgeführte Flüge

Anzahl der Flüge	Datum	Fahrplan etc.	Flugdauer Std./Min.
	12.10.29	Schiff aus dem Schuppen gezogen	
1	14.10.29	Rundflug über London	5.38
2	18.10.29	Midlands	9.38
	21.10.29	Schiff im Schuppen	
	1.11.29	Schiff aus dem Schuppen gezogen	
3	1.11.29	Norfolk	7.15
4	2/3.11.29	Isle of Wight	14.02
5	8.11.29	Lokal	3.04
6	14.11.29	Lokal	3.09
7	17/18.11.29 (Dauerflug)	England, Schottland, Irland	30.41
	30.11.29	Schiff im Schuppen	
	23.06.30	Schiff aus dem Schuppen gezogen	
8	26.06.30	Flug nach Umrüstung	4.35
9	27.06.30	Probeflug für RAF Ausstellung	12.33
10	28.06.30	RAF Schauflug	12.21
	29.06.30	Schiff im Schuppen, neue Zelle eingesetzt	
	1.10.30	Schiff aus dem Schuppen gezogen	
11	1/2.10.30	erster Probeflug mit Extrazelle	16.51
12	4/5.10.30	Cardington-Beauvais	7.24
		Flugzeit insgesamt	127.11

Absturzstelle von R 101 nahe der Ortschaft Allone.

Die Abstürze der »Comet«

Mit dem Ende des Zweiten Weltkrieges traf der britische Flugzeughersteller de Havilland Aircraft Company die mutige Entscheidung, mit dem Bau des ersten Passagier-Düsenflugzeugs zu beginnen. Die während des Krieges beim Bau der »Vampire«-Düsenkampfflugzeuge gewonnenen Erkenntnisse und Erfahrungen zahlten sich nun in Friedenszeiten bei diesem revolutionären Vorhaben aus. Bereits noch im Kriege hatten die Amerikaner auf nationaler Ebene im kommerziellen Bereich die absolute Führung übernommen; die ehrgeizigen Pläne de Havillands sollten Großbritannien wieder eine Führungsstellung in der Flugzeugtechnologie bringen.

In den Vereinigten Staaten waren neue Flugzeugtypen – wie die mit Druckkabine ausgestattete Douglas DC 6 mit verbesserter umsteuerbarer Luftschraube – in den Dienst gestellt worden. Alle Hersteller orientierten sich jedoch noch an diesen bislang herkömmlichen Modellen und bemühten sich um deren Modernisierung. Gegen die amerikanischen Hersteller in einen Wettbewerb zu treten, erschien sinnlos, und die Zukunft der britischen Luftfahrt lag völlig im Ungewissen. Auf einem Gebiet war allerdings die europäische Entwicklung der Düsentriebwerke mit den Arbeiten Sir Frank Whittles in Großbritannien und Ernst Heinkels in Deutschland den amerikanischen Entwicklungen voraus. Während das amerikanische Düsenkampfflugzeug vom Typ P 84 1946 in Kalifornien einen Geschwindigkeitsrekord mit etwa 977 km/h aufgestellt hatte, experimentierten die Briten schon mit einer zweistrahligen »Lancastrian«, um die beiden Propellertriebwerke bisheriger Typen zu ersetzen. Diese geschickte »Kreuzung« zeigte gute Düsentriebwerkleistung, sie war 100 km/h schneller als andere »Lancastrians«.

Das Ansehen der de Havilland Company ob ihrer Weitsicht und ihres Mutes, sich auf ein solch abenteuerliches Programm in der Entwicklung der Düsentriebwerke schon so frühzeitig einzulassen, wurde indes durch sich anbahnende Ereignisse überschattet. Das vorgesehene Düsenflugzeug sollte fast zweimal so schnell und hoch wie die bereits im Verkehr befindlichen Maschinen fliegen; es würde die Gesellschaft in noch völlig unerforschte Bereiche der Fliegerei vorstoßen lassen. Von Düsentriebwerken war bekannt, daß sie bei hohen Umdrehungszahlen pro Minute wirtschaftlich arbeiteten, doch waren solche Umdrehungszahlen nur in großen Höhen ohne übermäßigen Schub zu erreichen. Bekannt war auch, daß sich die Triebwerkleistung mit zunehmender Höhe verringert, da die Luft dünner wird; gleiches traf auch auf den Strömungswiderstand – der Kraft der Luft, die der Flugzeugbewegung entgegenwirkt – zu. So würde ein Leistungsverlust beim Betrieb eines Düsentriebwerks in großer Höhe durch Verringerung des Strömungswiderstandes und bessere Triebwerknutzung mehr als ausgeglichen werden.

Düsenflugzeuge könnten schneller und höher fliegen; sie erbrachten damit einen großen Vorteil gegenüber herkömmlichen Flugzeugtypen. Aber die noch zu überwindenden Schwierigkeiten stellten an die Konstrukteure enorme Anforderungen. Für ein Fliegen mit Geschwindigkeiten von rund 850 km/h würde ein vollständig neues aerodynamisches Konzept mit ausgefeilter Gestaltung der Flugzeugzelle und nach hinten gepfeilten Tragflächen erforderlich sein. Die Luftlast auf den Steuerflächen erforderte eine Entwicklung neuer Flugsteuersysteme. Beim Flug in Höhen bis zu 39000 Fuß (etwa 13300 m) war eine funktionsfähige Druckkabine unerläßlich, neue Metallverbindungstechniken mußten für eine starke, leichtgewichtige Flugzeugkonstruktion entwickelt werden. Das Unterdrucksetzen von Flugzeugkörpern war zwar nichts Neues, aber in dem nun erforderlichen Maß noch nicht erprobt worden. Im Flugzeugrumpf befand sich die Druckluft für die Kabine; Vorkehrungen waren zu treffen, um deren Austreten in die dünne Atmosphäre zu verhindern. Die bisherige Flugzeugstruktur aber hätte die hierdurch bedingten Belastungen nicht aufnehmen können. Alle diese nie zuvor dagewesenen Faktoren mußten bei der Konstruktion berücksichtigt werden.

Schon im Jahre 1942 – als Großbritannien bereits auf den Sieg hoffte – wurde unter Vorsitz von Lord Brabazon of Tara ein Komitee zur Konzipierung einer nationalen Nachkriegs-Luftfahrtpolitik ins Leben gerufen. Ein besonders ehrgeiziges Projekt war dabei die Entwicklung eines Düsenpostflugzeuges für die Nordatlantikroute. Das Flugzeug sollte den Namen Brabazon IV tragen, es würde eine Ladung von einer Tonne Fracht ohne Passagiere aufnehmen können. Doch schon im Jahre 1944 hatte man ein neues Konzept für ein Passagier-Düsenflugzeug für den Betrieb innerhalb Europas entwickelt. Auch Nordatlantikflüge schienen im Rahmen des Möglichen zu liegen. Als noch im gleichen Jahr British Overseas Airways Corporation (BOAC) Interesse am Kauf von 25 Brabazon IV-Typen zeigte, inspirierte dies die erfolgreiche de Havilland Company zur Entwicklung des Düsenflugzeugs. Das ursprünglich geplante Konzept für die »Brabazon« sah ein 14sitziges Flugzeug mit einer Reichweite von 1360 km vor, aber de Havilland hatte bereits eine Version für 24 Passagiere unter Einbau von vier Halford H2-Turbojets mit einem Schub von 2250 kg aus eigener Herstellung auf dem Reißbrett – unter der Hand war das »de Havilland Geister-Triebwerk« bereits in aller Munde. Schon im Jahre 1945 begann Chefkonstrukteur Ronald Bishop mit der Konzipierung der DH 106, das Projekt unterlag strengster Geheimhaltung. Die Entwicklungsingenieure dachten an ein schwanzloses Flugzeug. Eine Versuchsmaschine des Typs DH 108 mit einem um 40° nach hinten gepfeilten Flügel war unter Zuhilfenahme eines »Vampire«-Flugzeugkörpers konstruiert worden.

Während eines Testflugs am 27. September 1945 zerbrach der Prototyp während eines steil nach unten gerichteten Sinkflugs, und der Pilot, Geoffrey de Havilland jr., wurde getötet. Es wurden andere Steuersysteme erprobt, doch keines entsprach den Anforderungen. Zwei weitere Testflugzeuge gingen zu Bruch, auch deren Piloten überlebten den Absturz nicht. Dennoch zeigte sich ein erster Erfolg, als ein Flugzeug die Schallmauer durchbrach, zum ersten Mal in der Geschichte der Luftfahrt überhaupt. Aber der Aufwand hinsichtlich Stabilität und Steuerung war einfach zu groß, das Projekt wurde schließlich ad acta gelegt. Nachdem sich die Hoffnungen mit der schwanzlosen DH 108 nicht erfüllten, wandte man sich dem Projekt DH 106 zu. Ende 1946 stand das Standardmodell bereit: die Tragflächenpfeilung war von 40° auf 20° reduziert worden, wodurch eine erhöhte Zuladung – jedoch bei verringerter Reisegeschwindigkeit – möglich war. Eine 32sitzige Maschine mit vier Düsentriebwerken und einer Reichweite von etwa 2720 km hatte das Düsenzeitalter eingeläutet. Beeindruckt von den Testergebnissen, bestellte die britische Beschaffungsbehörde sofort zwei Maschinen vom Reißbrett. Das Flugzeug war genau das, was die erlahmende britische Flugzeugindustrie brauchte. Die BOAC war gleichermaßen fasziniert und bestellte 14 Maschinen. Bei einem Verkaufspreis von rund sechs Millionen

Mark pro Stück, verfügte die höchst zufriedene de Havilland Gesellschaft bereits über ein Auftragsvolumen von rund 100 Millionen Mark, ehe überhaupt ein Flugzeug die Werkhalle verlassen hatte.

Gegen Ende des Jahres 1947 wurde die Entwicklung der DH 106, die dann den Namen »Comet« tragen sollte, unter größtmöglicher Geheimhaltung fortgesetzt. Aber es dauerte noch bis zum April 1949, ehe das Flugzeug der Öffentlichkeit vorgestellt wurde. Am 7. Juli hob der Prototyp der Comet G-ALVG (unter dem alten phonetischen Alphabet als Victor Georg bekannt) in Hatfield zum Jungfernflug ab: er war eine Sensation für die ganze Welt. Seine geschmeidigen Linien waren eine Augenweide, die Statik beeindruckte die Fluggesellschaften. Schon befanden sich größere und leistungsfähigere Varianten der »Comet« auf dem Reißbrett, und zwar mit größerer Ladekapazität und größeren Reichweiten. Die Amerikaner waren um Jahre zurückgeworfen und aus dem Gleichgewicht geraten. Nun endlich hatten die Briten das Feld erobert, ihr ehrgeiziges Ziel schien zum Greifen nahe.

Während der Sommermonate fanden ständig ausgedehnte Testflüge statt. Das Ergebnis gab Anlaß zur Hochstimmung. Im September 1949 wurde die »Comet« auf der Flugschau in Farnborough von Testpilot John Cunningham »abgesegnet«, die Aufträge aus aller Welt häuften sich. Im folgenden Jahr war ein zweiter Prototyp der »Comet« fertiggestellt worden. Beide Flugzeugtypen bestanden erfolgreich eine Reihe von Testflügen und brachen Geschwindigkeitsrekorde, wo immer sie auch am Himmel auftauchten.

Das erste Serienflugzeug, die Comet 1, flog im Januar 1951 mit nur einer geringfügigen Abwandlung vom Prototyp. Anstelle eines Einzelradfahrgestells hatte man vier Räder vorgesehen. Die Comet 1 konnte mit 36 bis 44 Passagieren bei einer Geschwindigkeit von 833 km/h (Reisegeschwindigkeits-Machzahl 0.74) über eine Reichweite von 2800 km mit Höchstlast fliegen oder 6175 km bei maximaler Treibstoffbeladung. Das äußerste Startgewicht betrug 47500 kg mit einer Gesamt- Treibstoffaufnahme von 18000 kg. Bei der Konstruktion war eine neue leichte Aluminiumlegierung verwandt worden, doch noch immer waren die Konstrukteure mit dem Problem der Metall-an-Metall-Verbindung beschäftigt. Die Haut und Zelle der Tragflächen wurde am Rahmenwerk mit Redux-Kunststoffkleber, einem sehr haftfesten Metallklebstoff, befestigt. Bei einer Flughöhe von etwa 36000 Fuß entsprach der Luftdruck in der Kabine etwa einer Höhe von ca. 2400 Metern. Die Druckdifferenz von Innen- und Außendruck auf die Flugzeugzelle belief sich auf 0,6 kg/cm². Aber das Flugzeug war nur am Boden getestet worden, während des Fluges in großen Höhen würden andere Bedingungen herrschen, wenn auch die Kabine Druckbelastungen entsprechend den internationalen Vorschriften unterworfen worden war.

Aber mit Erfolg machte sich de Havilland anhand der ausgearbeiteten Pläne an die Herstellung der »Comets«. Im Februar 1951 hob sich die Comet 2X – ausgestattet mit Rolls-Royce-Avon-Axialfluß-Triebwerken – in die Lüfte. Der gestreckte Flugzeugkörper gestattete höhere Nutzlasten, ein verbesserter Treibstoffverbrauch führte zu größeren Reichweiten. Jedenfalls versprachen sich die Hersteller von der Comet 2 viel.

Am 2. Mai 1952 wurde die mit einem »Geister«-Triebwerk ausgestattete Comet 1 G-ALYP (Yoke Peter – heute Yankee Peter) – unter dem Kommando von Kapitän Majendie – auf der Strecke London – Johannesburg in Dienst gestellt. Flugplanmäßige Zwischenlandungen zum Auftanken waren in Rom, Beirut, Khartum, Entebbe und Livingstone vorgesehen. Am Londoner Flughafen hatte sich eine riesige Menschenmenge versammelt, um Zeuge des ersten »Comet«-Starts zu sein, der den ersten regelmäßigen Passagierdienst auf einem Düsenflugzeug einleiten würde. Für die britische Flugwelt war dies ein bedeutendes Ereignis.

Die »Comet« sonnte sich im Erfolg. Prinzessin Margaret und die Königinmutter nahmen an der Reise teil. Das Flugzeug hatte bald die Gunst der Passagiere gewonnen, und BOAC wurde von anderen Fluggesellschaften mit Neid verfolgt.

Im September des gleichen Jahres wurde die Comet 3 für Transatlantikflüge mit einer Reichweite von 5 000 km bei Höchstbelastung angekündigt. Das maximale Startgewicht betrug 65 830 kg. Der Flugzeugrumpf war weiter gestreckt worden, so daß 58 bis 76 Passagiere Platz fanden. Als Antriebselemente dienten vier Rolls-Royce-Avon RA 26-Triebwerke, von denen jedes einen statischen Schub von 4 086 kg lieferte. Die britische Beschaffungsbehörde bestellte auch diesmal sofort einen Prototyp der Comet 3, BOAC und Air India orderten fast gleichzeitig. Da die Amerikaner nichts gleichwertiges zu bieten hatten, gesellte sich im Oktober auch PanAm zu den Comet 3-Käufern: Es wurden drei Maschinen bestellt und auf sieben weitere eine Option genommen.

Am 26. Oktober, es waren kaum sechs Monate nach Indienststellung vergangen, ereilte das Schicksal die erste »Comet«. Die Maschine des planmäßigen BOAC-Fluges von Johannesburg nach London stürzte beim Start mit 35 Passagieren an Bord kurz nach einer Zwischenlandung auf Roms Flughafen Ciampino ab. An diesem feuchten Abend erzitterte das Flugzeug plötzlich, und der Kapitän entschied sich, allerdings zu spät, zum Startabbruch. Das Flugzeug schlitterte von der Startbahn, geriet in eine Erdkuhle, wobei das Fahrgestell abgerissen wurde, ehe das Flugzeug zum Stehen kam. Glücklicherweise fing die stark beschädigte Maschine kein Feuer, so daß alle Passagiere sicher evakuiert werden konnten. Als Ursache wurde Pilotenirrtum festgestellt, der Kapitän verlor seine Lizenz. Etwas später fand in Entebbe bei der Landung ein Zwischenfall statt, als eine Comet 1 über die Landebahn hinausschoß und einen Flughafenarbeiter tötete, er war das einzige Opfer.

Am 3. März des gleichen Jahres stürzte eine andere Comet 1 beim Start ab, diesmal in Karatchi. Das Flugzeug, »die Empress of Hawaii«, gehörte der Fluggesellschaft Canadian Pacific und befand sich auf dem Überführungsflug von Sydney, Australien, wo eine neue Pazifik-Strecke über Honolulu eröffnet werden sollte. Im Dämmerlicht des frühen Abends kam die Maschine nicht von der Startbahn weg, krachte durch einen Zaun und schlitterte in eine hohe Böschung, wo sie in Flammen aufging. Die noch völlig neue »Comet« wurde vollständig zerstört, die fünfköpfige Besatzung sowie sechs Techniker an Bord fanden den Tod. Wiederum schob man den schwarzen Peter dem Piloten zu. Der Kapitän war mit Düsenflugzeugen noch wenig erfahren und verfügte auch nicht über Tropenerfahrung. Canadian Pacific stornierte ihre Aufträge für zwei weitere Flugzeuge dieses Typs.

Von der Comet 1 wußte man, daß während Start und Landung wenig Raum für Mißgriffe blieb, aber die beiden Abstürze, neben einer weiteren Zahl verwandter Zwischenfälle schienen zu beweisen, daß mehr als nur ein Bedienungsfehler seitens der Piloten im Spiel war. So war beispielsweise bekannt, daß beim zu schnellen Anheben der Nase die Tragfläche aufgrund ihrer Pfeilung überzogen werden konnte, bevor das Flugzeug überhaupt den Boden verlassen hatte. Auch die Steuersysteme der frühen »Comet« konnten bei diesem riskanten Manöver nichts ausrichten. Eine direkte physikalische Beeinflussung der Steuerflächen eines Passagierjets liegt außerhalb menschlicher Kraft, denn die Steuerorgane der »Comet« wurden hydraulisch betrieben. Um für die Piloten das »Erfühlen der Steuerorgane« unter aerodynamischen Bedingungen zu erleichtern, war auf der Comet 1 ein einfaches, künstliches, unter Federbelastung stehendes »Fühl-System« eingebaut worden. Hiermit konnte der Pilot zwar den Druck auf die Steuersäule, nicht jedoch die Geschwindigkeit beurteilen. Beim Start war es natürlich einfach, die Nase scharf hochzuziehen, aber in der Nacht war es schwierig, den richtigen Steigwinkel einzuschätzen. In späteren »Comets« wurde dann eine als »Q-Gefühl« bekannte Vorrichtung eingebaut, die auf die Fühleinheiten an der Steuersäule der Piloten Belastungen übertrug, die sowohl Unregelmäßigkeiten beider Steuerflächen als auch die Fluggeschwindigkeit »erfühlen« ließ. Die Gestaltung der Führungskanten der Tragflächen erfuhr eine Modifizierung, um dem Überziehproblem entgegenzuwirken. Möglicherweise, und dies sei hier angemerkt, war der für den Unfall in Rom verantwortlich gemachte Kapitän völlig unschuldig, weil nämlich das Flugzeug einfach falsch reagierte.

Am 2. Mai 1953, es war der erste Jahrestag der Indienststellung moderner Düsenflugzeuge für den Passagierverkehr, ereignete sich ein weiterer Unfall mit einer »Comet«, der 43 Menschenleben forderte.

Comet 1 G-ALYV (Yoke Victor) flog für BOAC auf der Westroute von Singapur nach London unter dem Kommando von Kapitän M. Haddon. Das Flugzeug zerbrach während eines heftigen Monsuns auf der Teilstrecke nach Neu Delhi in der Luft. Sechs Minuten nach Überflug über Kalkuttas Dum-Dum Flughafen, beim Durchflug durch 9000 Fuß, hatte Yoke Victor noch einen Funkspruch absetzen können: »Wir gewinnen an Höhe!« Augenzeugen aus dem Dorf Jugalgari, etwa 50 km nordwestlich von Kalkutta im Hooghly Bezirk, berichteten, daß »ein Flugzeug vom Sturm heruntergedrückt worden sei«. Sie bekundeten, einen »roten Blitz« am Himmel gesehen zu haben, als das Flugzeug im Gewittersturm Feuer fing. Was den Beobachtern als »tragflächenloses Flugzeug« erschien, stürzte rassant zu Boden, es blitzte, als das Flugzeug – niedrig über die Bäume rasend – explodierte, bevor es am Boden zerschellte und in einem Flammenmeer verglühte. Die Wrackteile waren über mehr als 20 Quadratkilometer verstreut, die Tragflächen und die Triebwerke lagen über 6 km voneinander entfernt.

Eine indische Untersuchungskommission stellte fest, daß der linke Höhenruderholm an der Tragfläche in Höhe der siebenten Rippe gebrochen war, als das Flugzeug außer Kontrolle geriet. Schon während der Entwicklungsarbeiten für diesen Flugzeugtyp hatte man bemerkt, daß sich bei Metallermüdungstests an den Tragflächen zahlreiche Schadstellen an der gleichen Stelle zeigten. Die Konstrukteure nahmen sich dieses Problems an und nahmen entsprechende Modifizierungen vor. Beim steilen Abstieg waren übermäßige Belastungen aufgetreten, denen dieser Flugzeugtyp nicht widerstand. Durch Überbeanspruchung gewisser Teile des Flugzeugs ergab sich eine Metallermüdung, die zu Schäden führte. Dies aber kam auch unter normalen Belastungen vor. So widmeten sich die Herstellerfirmen als »oberstes Gebot« dem Erkennen jedweder Ermüdungserscheinungen.

Die indische Untersuchungskommission kam jedoch zu dem Schluß, daß Yoke Victor während des Steigflugs im Gewitter schweren Sturmböen mit so hohen Windgeschwindigkeiten ausgesetzt gewesen war, daß jedes Flugzeug hierdurch gefährdet worden wäre. Die Vermutung ging dahin, daß der Pilot während der heftigen Turbulenzen eine Überkorrektur vorgenommen hatte, die zum Bruch des Höhenruderholms geführt hatte. Die im Wrack gefundenen Schubhebel lagen in halbgeöffneter Stellung vor, was ein Indiz dafür war, daß sie beim Sturzflug zur Geschwindigkeitsverringerung gedrosselt worden waren. Wahrscheinlich hatte der Pilot das Flugzeug während des Sturzfluges hochgezogen, wodurch die Höhenruder zu starken Belastungen ausgesetzt wurden, was er aufgrund des seinerzeit noch primitiven Systems nicht »erfühlen« konnte. Die Untersuchungskommission empfahl jedenfalls, dieses »Fühlsystem« zu verbessern. Das Wrack wurde zur Analyse zum Royal Aircraft Establishment (RAE) nach Farnborough gebracht. RAE hatte hinreichende Erfahrungen in der Analyse von Flugzeugunfällen, so daß man sich auf eine gründliche Untersuchung verlassen konnte. Schon 1930 hatte die gleiche Kommission die Untersuchung übernommen, als ein Ganzmetallflugzeug vom Typ Junkers F 13 in der Luft zerbrochen war. Das Flugzeug hatte sich am 21. Juli 1930 in den Wolken über Meopham, Kent, in seine Bestandteile zerlegt. Die Dämpfungsflosse brach in einer Turbulenz und hatte das Leitwerk mitgerissen, wodurch der linke Hauptflügel und die Flugzeugzelle auseinanderbrachen. Alle Insassen wurden getötet. Der Bericht der Untersuchungskommission empfahl:

1. Das Phänomen des »Schüttelns« sollte untersucht werden.
2. Es sollten Schritte unternommen werden, um Turbulenzen auf wissenschaftlicher Basis zu messen.
3. Jegliches Entfernen von Wrackteilen durch Souvenirjäger müsse unterbunden werden.

Schließlich wurden nur einige wenige Wrackteile der »Comet« aus Kalkutta nach Farnborough gesandt. Als weitere Teile angefordert wurden, stellte sich heraus, daß die Inder den verbliebenen Rest restlos beseitigt hatten. Aber wenn auch den RAE-Leuten der Untersuchungskommission alle Wrackteile von Yoke Victor zur Verfügung gestanden hätten, so war kaum voraussagbar, ob sich zu diesem frühen Zeitpunkt ein Beweis für übermäßige Metallermüdung hätte erbringen lassen. Während der Untersuchung wäre dies möglicherweise festgestellt worden, zweifelhaft war jedoch, ob man den Dingen damals nachgegangen wäre. Die indische Untersuchungskommission kam zu dem Schluß, daß bei dem Unfall eine Überbeanspruchung der Steuerorgane im Spiel war. Der Beweis einer Metallermüdung an den Tragflächen wurde niemals erbracht, und so geriet diese Vermutung bald in Vergessenheit.

Die britische Flugregistrationsbehörde (ARB) hatte bereits strengere Belastungstests in der Zivilluftfahrt zusammen mit den RAF-Methoden gefordert, und de Havilland nahm daraufhin zusätzliche Versuche auf. Teile der Kabine wurden Ermüdungsbelastungstests – weit über die Forderungen der ARB hinausgehend – unterzogen, um einen genauen Anhaltspunkt bezüglich der Betriebsdauer der »Comet« zu erlangen. Diese Untersuchungen waren im Herbst des Jahres 1953 abgeschlossen. Die Haut der Flugzeugzelle zeigte Ermüdungserscheinungen an einem Fenster-Eckrahmen, nachdem er wiederholt außergewöhnlich starken Belastungen ausgesetzt worden war. Diese Versuche erachteten die Zuständigen jedoch als so extrem, daß die Ingenieure es für unmöglich hielten, daß Brüche dieser Art jemals während der normalen Betriebsdauer eines Flugzeugs hätten auftreten können. Schon das nächste Jahr zeigte hingegen, daß sich die Wissenschaftler gehörig geirrt haben sollten.

De Havilland und BOAC, beide über die Ereignisse zutiefst beunruhigt, gaben eine gemeinsame Erklärung ab. Der Unfall der »Comet« in Kalkutta mußte völlig geklärt werden, nur mit Vermutungen über die Absturzursache von Yoke Victor wollten sich die Fachleute nicht zufrieden geben. Die »Comets« flogen weiter, aber es sollte nicht lange dauern, bis ein weiteres Flugzeug der Serie verunglückte. Eine Comet 1 der französischen Fluggesellschaft wurde zerstört, als sie über die Landebahn Dakars im Senegal hinausschoß. In nur 18 Monaten nach Indienststellung der »Comet« hatten sich fünf schwere Unglücke ereignet. Die Unfallberichte schienen nicht für die Comet 1 zu sprechen.

Am Sonntag, dem 10. Januar 1954 hob BOACs Streckenflug mit der Comet 1 von Singapur nach London (BA 781) um 9.31 GMT (10.31 Ortszeit) in Rom zur letzten Etappe ab. Der Flug ging nach Westen, es war ein Sonderflug, der planmäßig zum Auftanken in Rangun, Kalkutta, Karatchi und Beirut zwischengelandet war. Der Morgen war für einen Wintertag im Mittelmeerraum typisch, sonniges Wetter mit einer dünnen Wolkenschicht. Hoch oben blies ein starker Wind gleich einem stark fließenden Luftstrom – auch als Jetstream bekannt – der zu einigen »Clear Air« Turbulenzen führte, dennoch waren die Flugbedingungen außerordentlich günstig. Die Comet 1 G-ALYP (Yoke Peter), die im vergangenen Jahr schon den Jungfernflug eröffnet hatte, stieg schnell auf ihre Reisehöhe in 36 000 Fuß. Unter dem Kommando von Kapitän Gibson führte der Flug nordwestlich bis zur italienischen Küste, an den vorgeschriebenen Meldepunkten wurden Funksprüche abgesetzt. Insgesamt sieben Funksprüche wurden abgesetzt, darunter zwei Positionsmeldungen. Um 9.34 GMT meldete Yoke Peter das Überqueren des Funkfeuers bei Ostia an der Küste beim Durchflug von 6 500 Fuß. Bei Civitavecchia meldete das Flugzeug um 9.42 GMT eine Höhe von 19 000 Fuß. 19 Minuten nach dem Start, es war 9.50 GMT, meldete sich Yoke Peter über dem Funkfeuer von Orbetello und war inzwischen – frei von Wolken – durch eine Höhe von 26 000 Fuß gestiegen. Das Flugzeug befand sich noch im Steigflug auf 36 000 Fuß. Sodann kurvte es auf die Insel Elba zu und ließ das italienische Festland hinter sich.

Vor dem Abflug hatte ein Gespräch zwischen Kapitän Gibson und dem Kapitän einer BOAC-»Argonaut« stattgefunden. Die »Argonaut« war zehn Minuten vor Yoke Peter gestartet, hatte jedoch vor dem Abflug um Informationen über die Wolkenhöhe gebeten. Die Comet 1 würde das Geschäftsflugzeug unterwegs überholen und zwei Stunden früher in London sein. Kapitän J. Johnson auf der »Argonaut« stellte die Wolkenuntergrenze mit 10 000 Fuß fest und funkte an Yoke Peter, um die Höhe der Wolkenobergrenze zu erfragen. Um 9.52 GMT übermittelte die »Comet« die erbetene Information, erhielt von der »Argonaut« jedoch keine Antwort. Yoke Peter versuchte eine erneute Kontaktaufnahme.

»George How Jig von George Yoke Peter, haben Sie meine Übermittlung erhalten . . . ?«

Die Comet 1 fiel während des Fluges in einer Höhe von etwa 27 000 Fuß auseinander, tausende von Wrackteilen übersäten eine weite Fläche. 29 Passagiere und sechs Besatzungsmitglieder kamen ums Leben. Unter den Toten befanden sich zehn Kinder, die nach einem Besuch bei ihren Eltern in Übersee während der Weihnachtsfeiertage nach England zum Schulbesuch zurückkehrten.

Ein mit seinem Partner auf See befindlicher Fischer aus Elba, Giovanni Di Marco, beobachtete die Katastrophe und informierte als erster die Polizei in Porto Ferrajo auf Elba von dem Absturz. Berichte wurden an die Behörden in Pisa weitergeleitet. Die beiden Männer hatten südlich der Insel ihre Netze und Angeln ausgeworfen, als sie über sich in den Wolken das Aufheulen eines Flugzeugs vernahmen. Man hörte drei aufeinanderfolgende Explosionen, dann war Stille. Plötzlich sah Marcos mehrere Kilometer entfernt ein silbernes, qualmendes Teil aus den Wolken aufblitzen, das ins Meer stürzte. Aus dem Meer stieg eine Wasserfontäne empor. Die Fischer ruder-

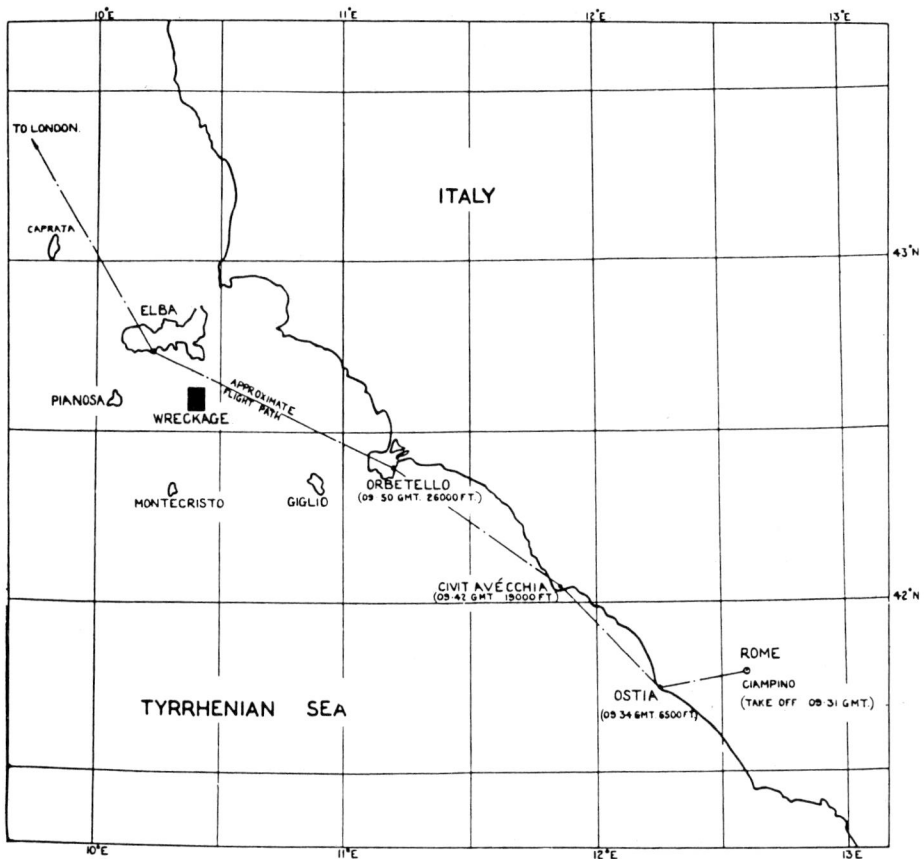

Flugplan der G-ALYP, 10. Januar 1954.

ten eilendst zum Ort des Geschehens, aber ihre Hilfe kam zu spät. Sie bargen einige
im Wasser treibende leblose Körper, dann kehrten sie nach Elba zurück und schlugen Alarm. In den nordöstlichen Bergen Elbas, hinter Porto Ferrajo gelegen, berichtete ein auf einen Hügel zum Schießen hinausgegangener Bauer seine Beobachtung: »Ich hörte das Geräusch eines Flugzeugs, kümmerte mich jedoch nicht darum.
Doch plötzlich hörte ich ein Aufheulen und bemerkte deutlich in der Richtung, aus
der das Geräusch kam, zwei Flugzeugteile, das kleinere in Flammen, die fast parallel
zueinander ins Meer stürzten.« Ein weiterer Zeuge berichtete ebenfalls von einem
»aufheulenden Geräusch wie Donner. Ich schaute in die Richtung, aus der das
Geräusch kam, es kam vom Meer her. Ich sah einen Feuerball, der – sich drehend –
auf die See zufiel. Ich sah ihn aufs Meer aufschlagen, am Himmel stand eine Rauchwolke.« Ein Traktorfahrer hatte eine Anzahl Explosionen und ein lautes heulendes
Geräusch gehört. »Ich drehte mich um und sah Flammen ins Meer fallen, eine spi-
ralförmige Rauchwolke lag darüber.«

45

Die Italiener leiteten unverzüglich Rettungsmaßnahmen ein, doch alle Mühe war vergebens. Eine kleine Armada Fischerboote, begleitet von drei italienischen Schiffen und einem Suchflugzeug aus La Spezia und Pisa fanden keine Überlebenden. 15 Leichen wurden geborgen. Bei Einbruch der Nacht hatten die Suchmannschaften nur einige Sitzkissen, verstreutes persönliches Habe, einige Postsäcke und Wrackteile gefunden.

Die Nachricht von dem Unglück bestürzte die britische Öffentlichkeit erneut. Die bildschöne, revolutionäre »Comet«, gedacht als Welterfolg, schien wiederum – vom Pech verfolgt – vom Himmel gefallen zu sein. Ein bedeutsames Marktpotential glitt den Briten aus den Händen. Kein anderes Land, auch nicht Amerikaner, waren in der Lage, ein anderes Düsenflugzeug zu bauen. Doch die potentielle Kundschaft hegte Zweifel an der Comet 1 von de Havilland.

Am nächsten Tag nach dem Unglück, Montag 11. Januar, beeilte sich BOAC die folgende Erklärung abzugeben:

»Als Vorsichtsmaßnahme wird der normale ›Comet‹-Passagierdienst vorübergehend eingestellt, um eine genaue und nicht unter Zeitdruck stehende technische Untersuchung sämtlicher Flugzeuge der Comet 1-Flotte auf dem Londoner Flughafen durchzuführen.«

»Sir Miles Thomas (Präsident von BOAC) hat sich höchst persönlich entschlossen, das ›Comet‹-Unglück zusammen mit Sir Geoffrey de Havilland – die höchsten Autoritäten in England überhaupt – zu untersuchen. Seine Entscheidung wird von dem Wunsch bestimmt, den guten Ruf der ›Comets‹ wiederherzustellen.«

Das Lufttauglichkeitszeugnis blieb in Kraft, und BOAC ließ seine »Comet«-Flugzeuge aus freiem Entschluß am Boden. Schwankend zwischen Furcht und Hoffnung sprach man von Sabotage. Finstere Elemente, sowohl in Beirut als auch in Rom waren durchaus fähig, Sprengstoff an Bord eines Flugzeuges zu bringen. Sir Miles gab bekannt, daß »die Möglichkeit von Sabotage« nicht auszuschließen sei. Er stellte in Aussicht, daß »speziell ausgebildete Sicherheitsbeamte entlang der Streckenführung nach Fernost entsandt werden würden«.

Die zur Beweissicherung ernannte italienische Kommission entledigte sich bereits einige Tage nach der Tragödie der Verantwortung für das Erforschen der Unfallursache; sie gab die ganze Angelegenheit an die Regierung ab. Vielleicht war es sogar der vernünftigste Weg, denn die britische Herstellerfirma verfügte über die besten Erfahrungen. Unverzüglich wurde ein Ausschuß unter dem Vorsitz von Mr. C. Abell, Betriebsdirektor von BOAC (Ingenieurabteilung), gebildet, um erforderliche Verbesserungen an den »Comets« vorzunehmen, bevor sie wieder fliegen würden. Weiteren Risiken wollte sich de Havilland nicht mehr aussetzen.

Die wenigen, an der Absturzstelle geborgenen Wrackteile hatte man zur Analyse zur RAE gesandt; die Königliche Marine wurde gebeten, bei den Bergungsarbeiten zu helfen. Auf dem Meeresboden begann eine ausgedehnte Suche, aber wegen der erschwerten Arbeitsbedingungen konnten nur wenige Wrackteile gehoben werden. Das Beweismaterial war mager, und so tappte der Abell-Ausschuß wegen etwaiger Funktionsstörungen völlig im dunkeln. Steuerausschläge, Versagen der Hydraulik, Steuerverlust und zur Katastrophe führender Triebwerkausfall gehörten zu den Mutmaßungen, die den Absturz verursacht haben könnten. Vergleiche wurden zwischen dem Absturz von Yoke Victor in Kalkutta und Yoke Peter bei Elba in der Hoffnung gezogen, einen noch nicht entdeckten Zusammenhang zu finden. Beide Flugzeuge waren gewissermaßen während des Fluges auseinandergefallen und brennend abgestürzt. Könnte vielleicht irgendeine Schwächung des Höhenruderholms oder der

Tragfläche im Inneren der Struktur trotz umfangreicher Tests verborgen geblieben sein? Der Kalkutta-Unfall hatte sich in einer Höhe von etwa 10000 Fuß im schweren Gewittersturm ereignet, während das Flugzeug bei Elba in etwa 27000 Fuß möglicherweise in einer »Clear Air«-Turbulenz auseinanderbrach.

In Italien hatten inzwischen die Pathologen mit der Autopsie der geborgenen Leichen begonnen. Eine Bombenexplosion mit anschließendem Feuer in der Kabine oder ein explodiertes Triebwerk hätten bei den Passagieren schwere Verbrennungen verursacht, aber die italienischen Mediziner kamen zu dem Schluß, daß Sabotage oder ein Triebwerkschaden nicht vorgelegen hatten. Im Falle von Yoke Peter hatten die Mediziner, obgleich Verbrennungen nachgewiesen werden konnten, eindeutig bewiesen, daß diese Verbrennungen erst **nach** dem Tod der Passagiere aufgetreten waren. Verletzungen, die die Passagiere erlitten hatten, rührten von einem explosiven Druckabfall in der Kabine her. Die meisten Passagiere fanden den Tod, als sie in der Kabine herumgeschleudert wurden. Die italienischen Pathologen kamen in ihrem Bericht schon frühzeitig zu der Erkenntnis, daß das Auseinanderbrechen der Flugzeugzelle für den Absturz verantwortlich war. Aber wie hatte dies geschehen können? Yoke Peter war nur 3681 Stunden geflogen, und die Flugzeugzelle und die Tragflächen waren vor der Inbetriebstellung umfangreichen Tests unterworfen worden. Die Kabine war so gebaut, daß sie Druckbelastungen des Zweieinhalbfachen über dem Normalwert widerstehen konnte. Frühere intensive Versuche hatten gezeigt, daß die unter Druck stehende Zellenhaut nahe der Ecke eines Kabinenfensters störanfällig war, jedoch brach der Rahmen nur unter wiederholten extremen Belastungen. Metallermüdung kann zur Schwächung der Kabinenwände führen, kam aber hier kaum in Betracht, weil das Flugzeug seit Indienststellung viel zu wenig geflogen worden war.

Vor der Südküste Elbas gingen die Sucharbeiten nach Wrackteilen durch die Königliche Marine weiter. Eine stattliche Schiffsflotte war eingetroffen, darunter die HMS Barhill und das Bergungsschiff Sea Salvor aus Malta, zwei Tiefseekutter Ravilla und Carmelina, die von der Anglo-Mediterranen Bergungsgesellschaft gechartert worden waren, sowie die HMSS Wrangler und Sursay aus England. An Bord befanden sich Greifer, Greiferkräne, Beobachtungskammern und zum ersten Mal eine Unterwasser-Fernsehkamera. Das Marineteam fischte wochenlang verzweifelt in den tiefen Gewässern, aber mit nur mäßigem Erfolg. Trümmer lagen in Tiefen zwischen 150 und 200 Metern auf dem Meeresboden, sie waren über eine weite Fläche verstreut. Nachdem der Hafenmeister von Porto Ferrajo Zeugen auf Elba, in Piarossa, Monte Christo und auf dem Festland vernommen hatte, folgerte hieraus, daß Teile der Comet 1 über ein Gebiet von 259 Quadratkilometern verstreut sein mußten. Es schien ein hoffnungsloses Unterfangen. Durch einen Zufall war jedoch kurz nach dem Absturz eine Luftaufnahme gemacht worden, die Bedeutung erlangte. Ein Besatzungsmitglied an Bord eines »Skyways«-Streckenfluges nach dem Mittleren Osten hatte nicht nur einen Schnappschuß von der Bergung der Leichen durch Fischerboote gemacht, auch das Wrack und eine Spitze Elbas waren auf dem Foto zu sehen, anhand derer die Schiffsbesatzungen die Position hatten bestimmen können.

Stürme suchten das Unglücksgebiet heim und behinderten die Suche. Der vom Meeresboden aufgewühlte Schlamm machte den Einsatz der Fernsehkamera zunichte. Sonarausrüstungen an Bord der U-Boot-Ortungsfregatte dienten dem Auffinden von Wrackteilen, während die Kutter Schleppnetze über den Meeresboden zogen, und ein anderes Schiff die bereits abgesuchten Flächen durch Bojen markierte. Mitte Februar, es war kaum ein Monat nach der Tragödie vergangen, lokalisierte das Sonargerät größere Wrackteile. Schließlich sichtete auch die Fernsehkamera die Teile, und Ende Februar/Anfang März wurden die ersten Überreste von Yoke Peter geborgen. Ein großer Abschnitt des Heckteils des Flugzeugs wurde vom großen Zahngreifer der Sea Salvor an die Oberfläche gehievt. Die stupide Arbeit begann sich auszuzahlen. Schon bald folgten die hintere Hälfte der Flugzeugzelle und des Schwanzes mit dem kreisförmigen Druckdom, der das hintere Kabinenteil abdichtet. Es wurden auch einige Sitze, die Toiletten und die Bar geborgen, in der erstaunlicherweise nicht eine einzige Flasche zerbrochen war.

Weitere Stürme zwangen die Bergungsflotte in den Hafen, nur die große Sea Salvor blieb auf See. Am 15. März beruhigte sich das Wetter, und ein Taucher konnte in der Beobachtungskammer abgesenkt werden. Er fand den hinteren Holm, das starke Kreuzglied, das sich durch die Tragflächen und die Flugzeugzelle erstreckt. Der Holm lag nur einen halben Kilometer von dem schon geborgenen Schwanzabschnitt entfernt. Mit 20 Meter Länge und etwa sechs Meter Höhe war er das größte geborgene Flugzeugteil. Nahe dem vorderen Holm wurden die beiden Triebwerke, das Mittelteil und die Verankerung für die Tragflächen gefunden. Später wurden auch die anderen beiden Triebwerke sowie das Fahrgestell an die Oberfläche gefördert. Diese Bergungsarbeiten übertrafen alle Erwartungen. Dennoch fehlten noch viele Teile der »Comet«, die gehoben werden mußten, um Aufschluß über das Unglück zu erlangen.

In England hatten in den neun Wochen nach dem Absturz intensive Untersuchungen an den aus dem Verkehr gezogenen »Comets« stattgefunden, die jedoch wenig zur Klärung des Problems beitrugen. Viele Gründe konnten für das Unglück verantwortlich sein, aber der Abell-Ausschuß schlug immerhin fünfzig mehr oder minder bedeutsame Änderungen vor, denen der Hersteller Rechnung trug. Als wichtigste Verbesserung wurden um die Triebwerke herum Panzerplatten eingebaut. Jeder zur Katastrophe führende Triebwerkschaden wäre damit gebannt, da gebrochene Turbinenschaufeln nicht mehr in die Treibstofftanks oder die Kabine würden eindringen können.

Vor Elba fanden sich, entgegen allen Vermutungen, keine weiteren Wrackteile mehr, die über die Unglücksursache hätten Aufschluß geben können. Die Unfall-Experten gerieten in eine Sackgasse; sie schrieben den Absturz einer Verkettung unglücklicher Umstände zu. Aufgrund dieser Gegebenheiten sprach nichts dafür, die »Comets« weiter am Boden zu halten.

Von Anbeginn lag die Durchführung der Untersuchung im Verantwortungsbereich der Unfalluntersuchungsabteilung (AIB) des Ministeriums für Verkehr und Zivilluftfahrt. AIB-Repräsentanten leiteten die Suche vor Elba, untersuchten die Wrackteile vor Ort und veranlaßten ihren Transport nach Farnborough. Wenn sie auch keine Mitglieder des Abell-Ausschusses waren, so nahmen sie an allen Treffen teil und waren mit dem Ablauf der Ereignisse voll vertraut. Da von der Regierung kein Gerichtsverfahren angeordnet wurde, war der beim AIB zuständige Chefinspekteur für Unfälle für den formellen Bericht verantwortlich. Der Abell-Ausschuß, in Zusammenarbeit mit der Luftregistrationsbehörde (ARB) und der Luftsicherheitsbehörde (ASB), erachtete ein weiteres am-Boden-halten der »Comets« bis zur Veröffentlichung dieses Berichts nicht für notwendig. BOAC hatte die Comet 1-Flotte freiwillig am Boden gelassen und dadurch pro Woche rund 675 000,- Mark verloren. Weitere Verluste konnte und wollte die Gesellschaft nicht hinnehmen. Am 23. März

1954 flog die Comet 1 mit ministerieller Genehmigung wieder, der Unfall lag nur zehn Wochen zurück. Die Fluggesellschaft hatte immerhin rund sieben Millionen eingebüßt. Die Öffentlichkeit hatte sich bezüglich der Tragödie vor Elba auf Sabotage eingeschworen, für das Unglück in Kalkutta machte sie starke Turbulenzen verantwortlich. In die »Comet« hatten die Menschen weiterhin Vertrauen, und so fand der erste Flug nach der Aufhebung des Startverbots, wenn auch mit weniger Ladung an Bord, von Johannesburg aus statt.

Vor Elba ging die Suche nach Teilen von Yoke Peter zum Teil erfolgreich weiter. Am 4. April wurde die vordere Flugzeugzelle von den Tragflächen bis zur Nase mit dem vollständigen Cockpit aufgespürt. Es war ein außergewöhnlich wichtiger Fund.

Zwei Wochen lang lief der »Comet«-Betrieb ohne Zwischenfälle, und so schien auch die Entscheidung gerechtfertigt, die Flüge wieder aufzunehmen. BOACs Vertrauen in das Flugzeug wie auch das der konkurrierenden Gesellschaften schien bestätigt. South African Airways, der Konkurrent auf der Strecke London – Johan-

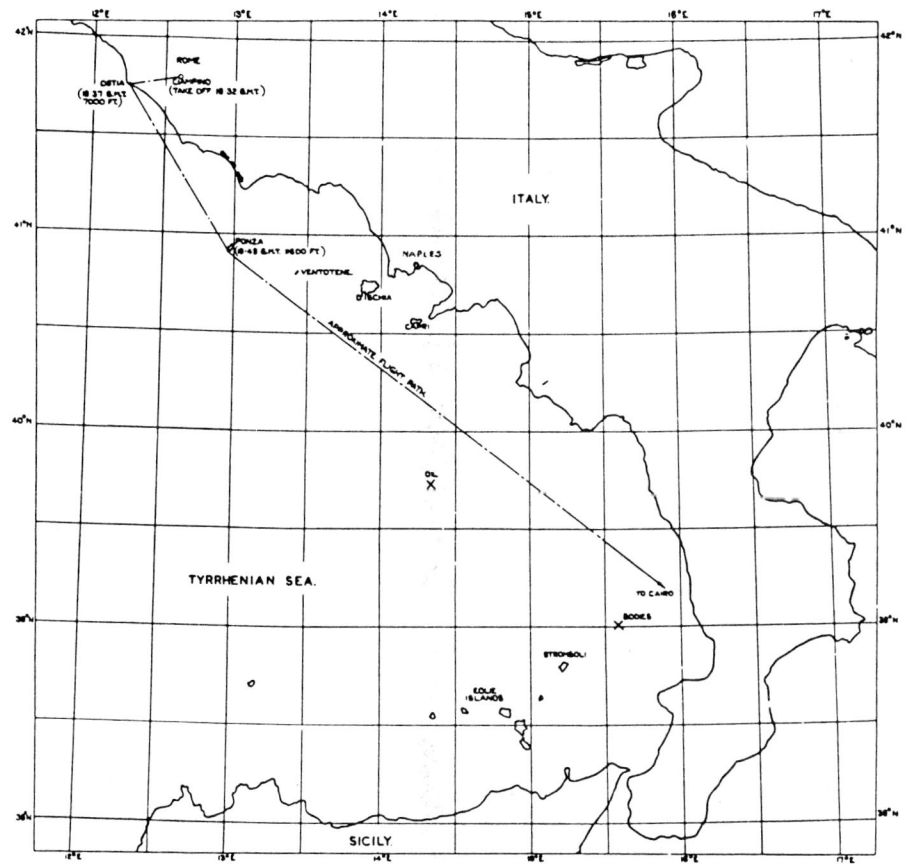

G-ALYY-Flugplan, 8. April 1954.

nesburg, charterte eine Comet 1. Am 7. April 1954 flog die Comet 1 G-ALYY (Yoke, Yoke) um 15.00 GMT mit der Flugnummer SA 201, gesteuert von einer südafrikanischen Besatzung, auf der ersten Streckenführung nach Johannesburg von London nach Rom.

Flug SA 201 landete mit 2½ stündiger Verspätung um 17.35 GMT sicher in Rom. Bei einer Routineprüfung während der Zwischenlandung auf Roms Flughafen Ciampino entdeckte ein Ingenieur, daß sich 30 Bolzen in einem Tragflächenpanel der linken Tragfläche gelöst hatten. Die Schuld war am Londoner Flughafen zu suchen, wo das Panel nur wenige Tage zuvor ausgewechselt und noch dazu falsch eingepaßt worden war. Weiterhin trat ein Problem mit der Treibstoffanzeige auf, das vor dem Weiterflug behoben werden mußte. Die für die Reparaturarbeiten erforderliche Zeit verzögerte den Abflug um 25 Stunden, aber am Abend des 8. April, einem Donnerstag, war das Flugzeug endlich flugtauglich. Die nächste Zwischenstation war Kairo.
    Unter dem Kommando von Kapitän W. Mostert hob Yoke Yoke um 18.32 GMT mit 14 Passagieren und sieben Besatzungsmitgliedern an Bord ab und stieg schnell in der Dunkelheit auf die vorgegebene Flughöhe von fast 35 000 Fuß. Die Besatzung meldete sich beim Durchflug durch 9 000 Fuß über dem Funkfeuer von Ostia um 18.37 GMT. Das Wetter war gut, Turbulenzen waren nicht vorausgesagt, es herrschte nur aufgelockerte Bewölkung. Um 18.49 Uhr folgte bei Ponza ein weiterer Funkspruch, nachdem das Flugzeug 11 600 Fuß durchquert hatte. Um 18.57 Uhr meldete die Besatzung den Überflug des Funkfeuers Neapel. Noch im Steigflug nahm man um 19.07 Uhr auf Langwelle Kontakt zu Kairo auf und gab die geschätzte Ankunftszeit mit 21.20 GMT an. Dann herrschte Stille! Das Flugzeug zerbarst am einsamen Nachthimmel in einer Höhe von etwa 30 000 Fuß. Niemand an Bord überlebte das Geschehen. Von Yoke Yoke hörte man nichts mehr. Das Flugzeug war seit seiner Herstellung nur 2 704 Stunden geflogen. Wiederholte Versuche, sowohl von Rom als auch von Kairo aus Kontakt aufzunehmen, blieben erfolglos; schließlich wurde Alarm ausgelöst. Eine auf der Frequenz mithörende deutsche Radiostation fing die Übermittlung auf und gab sie an die Presse weiter. Sogleich machte die Neuigkeit die Runde um die Welt, daß eine weitere Comet 1 verloren gegangen sei.
    BOAC reagierte sofort und wieder freiwillig, die Fluggesellschaft zog alle »Comets« aus dem Verkehr. Italienische Rettungsmannschaften für Luft- und Seeunfälle machten sich in der Dämmerung auf die Suche. Die Königliche Marine wurde in Alarmbereitschaft versetzt; der Flugzeugträger HMS Eagle und der Zerstörer HMS Daring erreichten am frühen Morgen des 9. April die Absturzstelle südlich von Neapel. Kampfflugzeuge stiegen vom Flugzeugträger auf und suchten zusammen mit italienischen, britischen, amerikanischen und skandinavischen Flugzeugen, unterstützt von zwei britischen und einem italienischen Schiff, das gesamte Gebiet erfolglos ab. Später ging eine Meldung eines »Elizabethan«-Flugzeuges von British Airways ein, das einen großen Ölfleck etwa 100 km vor der Küste Neapels sowie Wrackteile und Leichen etwa 50 km nordöstlich von Stromboli gesichtet hatte. In der Dämmerung wurden fünf Leichen und Treibgut an Bord der HMS Eagle gehievt. Eine sechste Leiche wurde an der Küste angeschwemmt. Die Überbleibsel von Yoke Yoke waren über 1000 Meter tief im Meer versunken und für immer verloren.

Seit der ersten Indienststellung der »Comet« mußten 111 Menschen ihr Leben lassen. Nun war die »Comet« wegen ihrer Sicherheitsmängel endgültig in Verruf geraten. An diesem Abend zog Minister Lennox-Boyd das Flugtüchtigkeitszeugnis der Comet 1 ein. In London, Colombo und Kairo standen die »Comets« am Boden. Aber auf der Südafrika-Route waren alle »Comets« der BOAC für die nächsten drei Monate völlig ausgebucht. Die Abstürze stellten für die verantwortlichen Männer von de Havilland eine äußerst peinliche Sache dar, die Stornierungen von Aufträgen häuften sich, und die Gesellschaft verlor 40 Millionen Pfund Sterling. Aber wo lag die Lösung des Problems? War es nicht bald zu lösen, ergaben sich für die britische Luftfahrtindustrie verheerende Folgen.

Von den drei im Flug abgestürzten Flugzeugen war eines in relativ geringer Höhe in schweren Turbulenzen auseinandergebrochen, während die beiden anderen bemerkenswerter Weise unter ähnlichen Umständen verloren gingen. Beide waren in großer Höhe, etwa 50 km von Rom entfernt, zerbrochen. Sollte Sabotage im Spiel gewesen sein, so könnte Roms Flughafen Ciampino eine Schlüsselstellung einnehmen, da er nicht gerade zu den sichersten Flughäfen zählte. Die Untersuchung der südlich von Neapel aus dem Meer geborgenen Leichen nach dem Yoke Yoke Absturz ergab die gleichen Verletzungen wie bei den vor Elba geborgenen Leichen von Yoke Peter. Wieder deuteten die inneren Verletzungen der Opfer darauf hin, daß sie einem explosionsartigen Druckabfall ausgesetzt worden sein mußten. Bei einem schnellen Druckverlust dehnt sich die Luft im Körper sofort aus. Alle Getöteten zeigten schwere Lungenschäden. Nahm man die medizinischen Berichte ernst, sprach in beiden Fällen nichts für Sabotage. Im Hinblick auf die eingebauten Panzerplatten schied nun auch ein Triebwerkausfall aus. Der medizinische Befund deutete vielmehr wiederum auf ein unmittelbares Zusammenbrechen der Kabine hin.

Unter Aufbietung der besten Köpfe des Landes wurden gründliche Untersuchungen eingeleitet. Die Antwort lag bei der Comet 1 und ihren Teilen tief auf dem Grund des Mittelmeeres selbst. Das Wrack von Yoke Yoke lag in Wassertiefen, die einer Bergung nicht mehr zugänglich waren, so wurde die Suche vor Elba in der Hoffnung intensiviert, soviel Wrackteile wie möglich von Yoke Peter an die Oberfläche zu bringen.

In Farnborough ging die Arbeit unverdrossen unter der Aufsicht eines brillianten jungen Mathematikers aus Cambridge, Arnold Hall, weiter. Er war mit knapp 36 Jahren Direktor bei der RAE und trug die volle Verantwortung für die Untersuchung, die ihm später den Ritterschlag eintrug. Während das Wrack von Yoke Peter bis ins kleinste Detail untersucht worden war, wurde die Comet 1 G-ALYU (Yoke Uncle) aus der BOAC-Flotte abgezogen und zu Testversuchen freigegeben. Die Triebwerke der vor Elba geborgenen »Comet« wurden untersucht, wiesen jedoch keinerlei Schäden auf. So konnte nun auch ein zur Katastrophe führendes Triebwerkversagen von der Verdachtsliste gestrichen werden.

Metallermüdung rückte in den Vordergrund, obwohl sie von den Wissenschaftlern nach einer so kurzen Betriebsdauer der zerstörten »Comets« für unwahrscheinlich gehalten wurde. Sollte dem so sein, wäre ein Störfaktor der Tragfläche zu vermuten, aber auch dies mußte erst bewiesen werden. Yoke Uncle wurde unter simulierten Flugbedingungen getestet, wobei sowohl die Tragflächen als auch die Kabine gleichzeitig wiederholten Belastungstests unterworfen wurden. Durch dieses Verfahren konnten mögliche Ermüdungserscheinungen beschleunigt und die Ergebnisse analysiert werden. Das Unterdrucksetzen der Kabine mit Luft bis zum Bruchpunkt wäre einer Explosion einer 200 kg Bombe gleichzusetzen und verbot sich von selbst. Um das Flugzeug herum wurde ein riesiger »Swimmingpool« mit Abmessungen von etwa 37 Meter Länge und sechs Meter Breite sowie einer Höhe von fünf Metern gebaut, aus dem die Tragflächen seitlich hervorsprangen. Die Arbeiten nahmen sieben Wochen in Anspruch. Zum Schluß wurden die Tragflächen an ihren hervorspringenden Seiten mit vulkanisiertem Gewebe überzogen, und der Tank wurde mit Wasser gefüllt. Nun konnte die Einwirkung wiederholten Unterdrucksetzens der Kabine simuliert werden, indem unter Druck stehendes Wasser in die Flugzeugzelle gepumpt wurde, wobei der Druck bei $0{,}60\,kg/cm^2$, entsprechend demjenigen der Reiseflughöhe, gehalten und sodann nach kurzer Zeit auf Null reduziert wurde. Gelegentlich wurden bei den Tests der Druck auch auf $0{,}77\,kg/cm^2$ erhöht. Jeglicher Zerfall der Flugzeugzelle würde von dem im Tank befindlichen Wasser aufgefangen werden. An den Tragflächen waren hydraulische Winden befestigt, die, elektrisch gesteuert, die Flugbelastungen durch Manipulation simulierten. Hierdurch konnten die auf die Struktur während eines dreistündigen Fluges ausgeübten Kräfte in fünf Minuten nachvollzogen werden. Schon bald hatte sich eine Anzahl »Flugstunden« in relativ kurzer Zeit im Tank akkumuliert, die Yoke Uncles tatsächlich absolvierten Flugstunden vor dem Außerbetriebsetzen zugerechnet wurden.

Der Tank wurde rund um die Uhr überwacht, und man hoffte während der wochenlangen Tests auf Erfolg. Die Angestellten der RAE arbeiteten sechs Monate lang regelmäßig 80 Stunden pro Woche, und viele Wissenschaftler, natürlich auch Arnold Hall, brachten es sogar auf 100 Stunden in der Woche. Wie vermutet, zeigten sich die ersten Anzeichen einer Metallermüdung in den Tragflächen, und eine nähere Betrachtung ergab Risse, die am hinteren Ende der im Flug das Fahrgestell aufnehmenden Schächte auftraten. Nach weiteren 130 Stunden vergrößerten sich die Risse rechtsseitig auf mehr als 20 cm, sie wurden als bedenklich genug erachtet, um die Tests abzubrechen. Reparaturen wurden vorgenommen, die Testergebnisse ausgewertet. Hätten sich derartige Risse im Flug ergeben, wären die Auswirkungen verheerend gewesen. BOAC hatte jedoch gleich zu Beginn der Indienststellung der »Comet« ein Inspektionsprogramm für die Tragflächen eingeführt, das zweifelsohne Risse dieses Ausmaßes vor einem endgültigen Bruch angezeigt hätte. Der Grund für die Katastrophen schien andere Ursache zu haben.

Ende Mai traf Yoke Peters Heckteil in Farnborough ein und wurde, wie ein gigantisches Puzzle, zu den anderen Teilen gelegt. Der hintere Höhenruderholm, der beim Unfall in Kalkutta eine Rolle gespielt hatte, wurde niemals gefunden. Von Augenzeugenberichten war jedoch bekannt, daß der Heckabschnitt beim Auseinanderbrechen des Flugzeugs bereits abgetrennt war, aber gründliche Detektivarbeit bewies das Gegenteil. Beim Zusammensetzen der Einzelteile hinter den Tragflächen kam ein blauer Farbstreifen zutage, der sich an der linken Seite der Flugzeugzelle von vorne nach hinten erstreckte und am Schwanz endete. Hieraus schlossen die Wissenschaftler, daß irgendein Gegenstand nach hinten gerollt sein mußte, die Flugzeughaut aufschlitzte und die linke Höhenflosse getroffen hatte. Eine chemische Analyse ergab, daß die Farbe derjenigen der Flugzeugsitze entsprach. Ein kleines Teppichstück, das sich in einer Spalte der Höhenflosse befand, erhärtete die Vermutung. Es wurden auch Kratzer auf der linken Tragfläche gefunden, die von der Zelle aus zur Spitze verliefen. Man entnahm in den Kratzern abgelagerte Farbreste und stellte fest, daß sie genau denjenigen an der Flugzeugzelle entsprachen. Bei beiden vom Meeresgrund geborgenen Tragflächen waren die äußeren Abschnitte abgebrochen. Hier lag nun der eindeutige Beweis, daß die Tragflächen intakt gewesen waren, als sich das Flugzeug in seine Bestandteile auflöste. In der dritten Juniwoche traf in Farnborough ein Stück von der linken Seite der Flugzeugzelle ein. Die rauhen

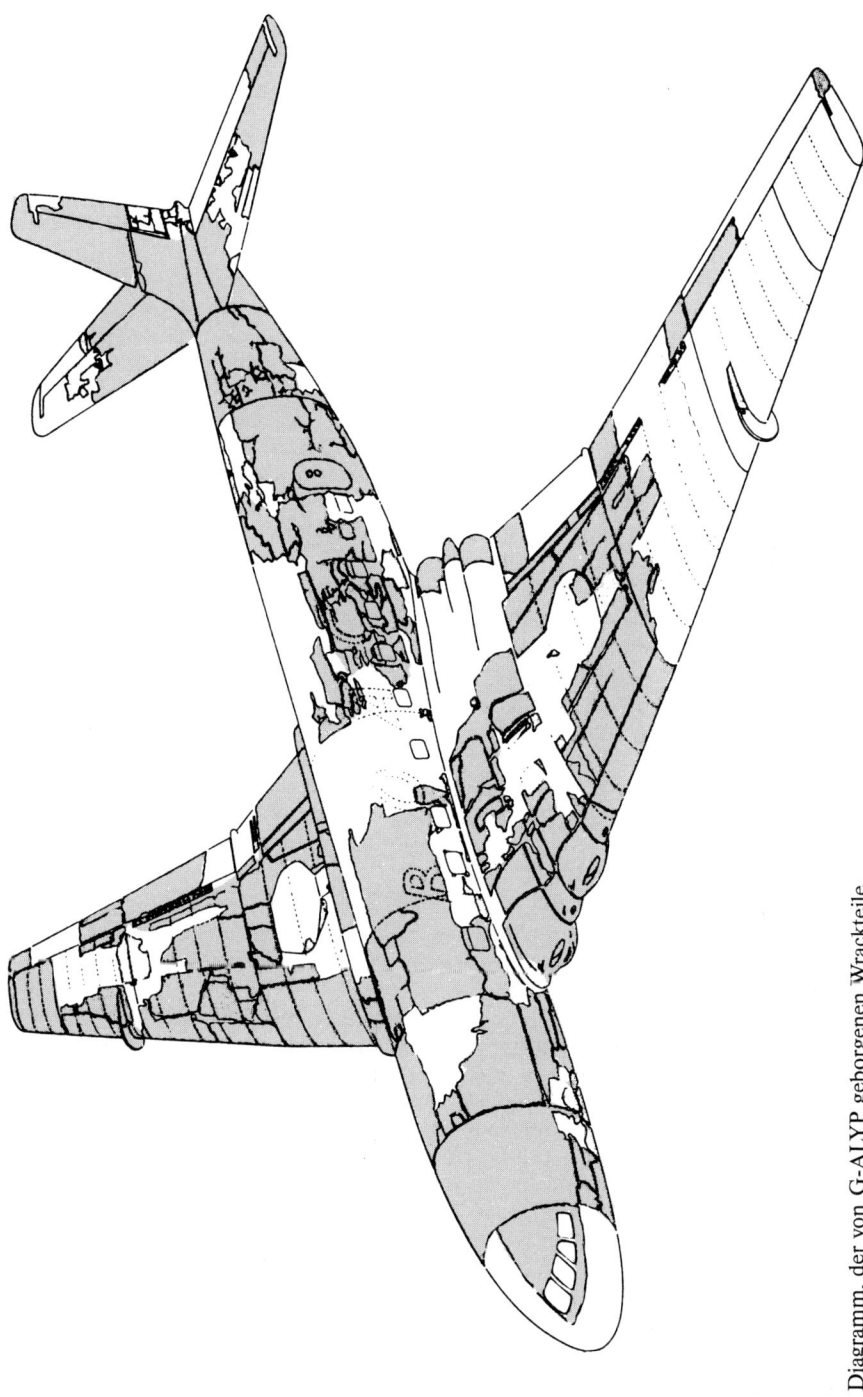

Diagramm, der von G-ALYP geborgenen Wrackteile.

Kanten paßten in die Risse der Tragflächenoberfläche. Aller Beweis ging dahin, daß das Flugzeug aufgrund einer Beschädigung der Kabine auseinandergebrochen war.

Die Aufmerksamkeit der Wissenschaftler richtete sich nun auf die Kabine, jedoch konnten sie, obwohl mit den umfangreichen anfänglichen Belastungstests der Flugzeugzelle durch de Havilland während der Entwicklung vertraut, keinen plausiblen Grund erkennen. Eine Zerstörung des Kabinengefüges, vielleicht aufgrund einer nicht einwandfreien Haftung des Redux Bindeklebers, konnte einer Metallermüdung gleichgesetzt werden.

Während eines routinemäßigen »Steigflugs« von Yoke Uncle im »Swimmingpool« geschah Ende Juni das schier Unmögliche. Der Kabinendruck fiel urplötzlich auf Null. Der Tank wurde geleert, und eine Überprüfung ergab eine Fehlerstelle an der Kante eines Kabinenfensters. Dennoch waren die Wissenschaftler noch nicht überzeugt. Es wurde repariert, der Tank wieder gefüllt und die Tests fortgesetzt. Nach einer weiteren Reihe von Routine-»Flügen« wurde der Druck erneut auf das übliche Niveau von $0,77\,kg/cm^2$ angehoben. Bevor dieser Wert erreicht war, sank der Druck wiederum auf Null ab. Erneut wurde der Tank geleert. Den Wissenschaftlern verschlug es die Sprache. Nach nur 1080 Test-»Flügen« im Tank zeigte sich eine unbegreifliche Fehlkonstruktion der Kabine. Yoke Uncle war nur 9000 Stunden geflogen, bis das Flugzeug aus dem Verkehr gezogen wurde. Eine Seite war in einer Länge von 2,80 Metern und ein Meter Höhe längs der linken Seite der Flugzeugzelle über den Tragflächen aufgerissen. Und auch hier befand sich die Bruchstelle an einer Kante des Kabinenfensterrahmens, was eindeutig bewies, daß die Belastungen an dieser Stelle der Flugzeugzelle weit größer als angenommen waren. Das Kabinengefüge war starken Belastungen gegenüber weit weniger widerstandsfähig, als die Berechnungen de Havillands ergeben hatten.

Aber es sollte noch schlimmer kommen. Entfernt vom Kabinenfenster gab es zwei weitere Ausschnitte rechts oben in der Zelle der »Comet« am vorderen Ende des Mittelabschnitts zwischen den beiden Tragflächen. Dort waren unsichtbar die beiden automatischen Peilgeräte (ADF) mit ihren Antennen untergebracht. Diese Antennen fingen die von den Funknavigationsfeuern kommenden Signale auf, der so empfangene Flugzeugkurs wurde auf dem Kompaß wiedergegeben. Um einen störfreien Funkempfang sicherzustellen, waren diese Ausschnitte – auch als ADF-»Fenster« bekannt – mit abgedunkelten, nicht leitenden Fiberglasquadraten abgedichtet. Eine Untersuchung dieser ADF-Fenster brachte eine Reihe winziger Haarrisse zutage, die von Nietenlöchern herrührten. Ein eindeutiger Beweis für Metallermüdung! Sollte dies der Schwachpunkt sein, der sich über die Kabine fortpflanzend, das Problem verursacht hatte? Unglücklicherweise hatte man diese Zellenabschnitte mit den ADF-Fenstern von Yoke Peter, die auch die vorderen Kabinenfenster trugen, niemals bergen können. In Farnborough ergaben sich keine Anzeichen für eine Metallermüdung dieser Teile, und ohne eine Untersuchung der restlichen Wrackteile ließ sich kein eindeutiger Beweis erbringen.

Neben den Tests im Tank wurden auch weitere Tests durchgeführt, die Licht in das Dunkel hätten bringen können. Es wurden Holzmodelle der Comet 1 aus einzelnen Segmenten konstruiert und von einem hohen Gebäude hinab katapultiert. Aus den verfügbaren Analysedaten wurde die mögliche Folge der Zerstörung berechnet. Beim Zerbrechen des Mittelabschnitts der Flugzeugzelle waren Nasen- und äußere Abschnitte der linken Tragfläche abgerissen. Sodann trennte sich der mittlere Abschnitt mit den Triebwerken und fing Feuer. Das abgerissene Heckteil mit der Seitenflosse schlug zuerst auf dem Meer auf, gefolgt vom brennenden Mittelabschnitt und den Tragflächenspitzen. Das Flugzeug wurde aus den maßstabgerechten Bruchstücken lose mittels einer Schnurverbindung zusammengesetzt und zerbarst zu Ende des simulierten Fluges in der Reihenfolge der einzelnen bekannten Bruchvorgänge der »Comet«. Die Teile flogen in alle Richtungen. Die verschiedenen Flugbahnen dieser Modellteile dienten der Berechnung der möglichen Ausbreitung des Wracks von Yoke Peter auf dem Meeresgrund.

Die Suche vor Elba wurde anhand der gewonnenen Erkenntnisse auf größere Tiefen zur Bergung durch Schleppnetze gerichtet. In Farnborough bemühten sich die Wissenschaftler unterdessen unermüdlich um eine Aufklärung.

Im Rahmen dieser Arbeiten erfolgten einige Testflüge mit einer Comet 1. Beladen mit elektronischer Ausrüstung und einigen wagemutigen Wissenschaftlern an Bord, die sich des Risikos durchaus bewußt waren, führte das Flugzeug G-ANAV (Abel Victor) eine Reihe von Flügen in großen Höhen unter schwierigen Manövern durch. Die Kabine stand nicht unter Druck, obgleich man zu diesem Zeitpunkt noch keine genaue Kenntnis darüber hatte, daß dies eine Gefahr bedeutet. Die Besatzung benutzte Sauerstoffmasken. Als Vorsichtsmaßnahme war eine zusätzliche Feuerlöschausrüstung an Bord der »Comet«, und ein Flugzeug vom Typ »Canberra« eskortierte sämtliche Flüge. Insgesamt wurden etwa 100 Flugstunden in drei Monaten absolviert, die Ergebnisse waren befriedigend.

Ende August geschah das Wunder. Drei weitere lebenswichtige Teile von Yoke Peter waren der Tiefe des Meeres entrissen und nach Farnborough gebracht worden. Es handelte sich vor allen Dingen um die wichtigen Mittelabschnitte der oberen Flugzeugzelle mit den ADF-Einheiten und um einige vordere Kabinenfensterausschnitte. Nun waren drei Viertel der Wrackteile von Yoke Peter geborgen worden. Eine genaue Untersuchung der Gebiete um die ADF-Fenster ergab Risse aufgrund von Metallermüdung, die eindeutig zu einer Schwächung der Flugzeugzelle führte.

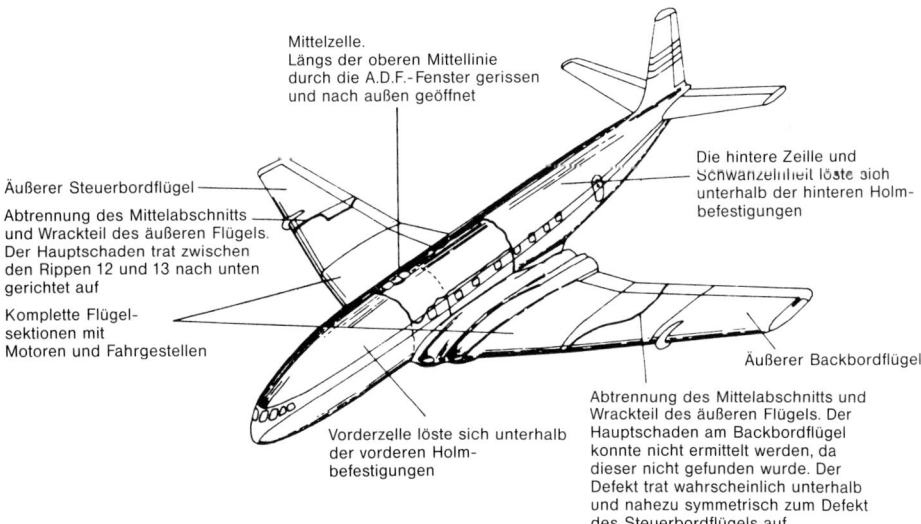

Mittelzelle.
Längs der oberen Mittellinie durch die A.D.F.-Fenster gerissen und nach außen geöffnet

Die hintere Zeille und Schwanzeinheit löste sich unterhalb der hinteren Holmbefestigungen

Äußerer Steuerbordflügel

Abtrennung des Mittelabschnitts und Wrackteil des äußeren Flügels. Der Hauptschaden trat zwischen den Rippen 12 und 13 nach unten gerichtet auf

Komplette Flügelsektionen mit Motoren und Fahrgestellen

Äußerer Backbordflügel

Vorderzelle löste sich unterhalb der vorderen Holmbefestigungen

Abtrennung des Mittelabschnitts und Wrackteil des äußeren Flügels. Der Hauptschaden am Backbordflügel konnte nicht ermittelt werden, da dieser nicht gefunden wurde. Der Defekt trat wahrscheinlich unterhalb und nahezu symmetrisch zum Defekt des Steuerbordflügels auf.

Lage und Richtung der Hauptschäden der G-ALYP.

Weiterhin stellten die Wissenschaftler fest, daß Nieten an den Kanten der beiden hinteren ADF-Fenster-Ausschnitte und an einer Seite des vorderen Ausschnitts zu nah an die Kante gesetzt worden waren. Dies hatte zu Rissen an der darunter montierten Verstärkungsplatte geführt. Einige dieser Risse gingen eindeutig auf Herstellungsfehler zurück, denn an den Enden der Risse waren Löcher gebohrt worden, um eine Ausdehnung dieser Risse zu verhindern. Diese schon während der Produktion aufgetretenen Risse könnten natürlich Ursache einer vorzeitigen Metallermüdung gewesen sein beziehungsweise sie beschleunigt haben. Wäre die Belastung an den Fenster-Ausschnitten nicht so groß gewesen, hätte es keine Probleme gegeben. Wie immer man die verschiedenen Risse beurteilen mochte, Hauptursache war eine Bruchstelle, die auf Materialermüdung hindeutete. Sämtliche Bruchstellen und Risse in der Zellenhaut nahmen ihren Anfang an den oberen Ausschnitten für die ADF-Einheiten.

Man stellte Vergleiche zwischen den Wracks von Yoke Peter und Yoke Uncle an, und die Ähnlichkeit der durch Ermüdung bedingten Risse bestätigte sich. Anschließende Berechnungen und Belastungsmessungen zeigten, daß die Kanten der quadratischen ADF-Einheiten- und Kabinenfenster-Ausschnitte unter normalen Bedingungen Belastungen bis zu 75 Prozent der zulässigen Werte ausgesetzt worden waren. Bei der Konstruktion des Flugzeugs glaubten die Konstrukteure, daß dieser Wert nur bei 40 oder 50 Prozent lag. Die in Produktion befindlichen »Comets« erhielten eine verstärkte Zelle, die Kabinenfenster-Ausschnitte eine ovale Konfiguration.

Bei dieser Beweislage lagen die Schwachpunkte der Comet 1 auf der Hand. Es bestand kein Zweifel, Yoke Yoke mußte aus den gleichen Gründen abgestürzt sein. Bei diesem Absturz vor Neapel waren keine Wrackstücke geborgen worden, und so richtete sich das Augenmerk auf die Befunde der Pathologen. Sowohl das britische als auch das italienische Ärzteteam kam zu dem Schluß, daß die bei dem Elba- und Neapel-Unglück bei den Toten diagnostizierten Verletzungen identisch waren. Uneinig waren sich die Ärzte hingegen bezüglich der inneren Verletzungen. Die Italiener schrieben sie einem explosionsartigen Druckabfall, die Briten in einigen Fällen dem Aufschlag auf dem Wasser zu. Lebensgroße Puppen wurden aus Flugzeugen abgeworfen, um durch Fallgeschwindigkeit und Aufschlag bedingte Verletzungen zu berechnen.

Während des anfänglichen Entwicklungsstadiums der Druckkabine waren auch Tests mit mannshohen Modellen durchgeführt worden, um die Folgen beim Herausfallen eines Fensters zu untersuchen. Schwere und völlig bekleidete Puppenpassagiere wurden in einen unter Druck stehenden Behälter mit einem eingesetzten Kabinenfenster gesetzt. Fiel das Fenster heraus, führte der plötzliche Druckabfall dazu, daß die Puppe durch das Fenster ins Freie gesogen wurde. Über derartige Unfälle verfügte man über zahlreiche Informationen; wie sich allerdings ein plötzlicher Druckverlust in der gesamten Kabine auswirkt, war noch nicht erforscht.

In Farnborough entwickelten die Wissenschaftler ein Plexiglasmodell einer Comet 1 im Maßstab 1:10 mit winzigen Sitzen und Miniaturpassagieren. Dieses »Comet«-Modell wurde in einer Kammer einem Druck, entsprechend etwa demjenigen in 40 000 Fuß, unterworfen, während in der Kabine ein Innendruck von 0,60 kg/cm² herrschte. Sodann wurde durch Einstiche in der oberen Zellenstruktur eine Rißstelle am ADF-Fenster simuliert. Die folgende Explosion wurde mit einer Hochgeschwindigkeitskamera aufgenommen. Sofort klaffte ein Spalt vom Bruchpunkt über die Decke der Flugzeugzelle. In der Kabine trat während der ersten Hundertstelsekunden nach Eintritt des Schadens kaum eine Veränderung auf. Aber schon nach einer Dreißigstelsekunde begannen sich einige Sitze nach vorne zu bewegen. Nach einer weiteren Zehntelsekunde purzelten die Miniaturpassagiere nach vorn, dann nach oben und prallten mit Wucht gegen das Kabinendach. Eine kleine Passagierpuppe wurde durch den klaffenden Spalt hinausgeschleudert. Die Sitze schepperten in dem Chaos durch die ganz Kabine.

Die Zerstörung des Modells erhärtete schlüssig die Diagnose der Pathologen. Der anhand der Autopsie nach dem Absturz vor Elba erstellte italienische Befund war eine ausgezeichnete Folgerung und Zusammenfassung über den Unfall. Obwohl nur eine medizinische Beweiserhebung stattgefunden hatte, war das Gutachten überaus präzise. Über die Ursache der Zerstörung von Yoke Yoke bestand nun kaum noch ein Zweifel, das Flugzeug ereilte das gleiche Schicksal wie Yoke Peter. Nach fünfmonatiger, unermüdlicher Arbeit all dieser vielen Menschen mit Gesamtkosten von zwei Millionen Pfund Sterling war das Geheimnis um die Abstürze der Comet 1 eindeutig gelüftet.

Die Gerichtsverhandlung zur Klärung der Unfälle wurde am 19. Oktober 1954 mit der Beweisaufnahme eröffnet. Über fünf Wochen tagte das Gericht an 22 Tagen unter dem Vorsitz von Lord Cohen und arbeitete sich durch 1600 Seiten einer Kurzschriftübertragung mit 800 000 Worten. 44 Zeugen wurden vernommen, 24 eidesstattliche Versicherungen verlesen und 145 Beweisstücke in Augenschein genommen. Die Forschungsergebnisse der RAE über den Unfall füllten einen Aktenordner von 10 cm Umfang, der in der Verhandlung vorgelegt wurde. Das Gericht kam zu der Auffassung, daß die Kabine aufgrund einer Metallermüdung anfällig war. Sie war schwächer gebaut als erwartet, und ihre Lebensdauer somit geringer als vermutet. Auch die Abgase hatten ihren Zoll gefordert.

Drei Monate später lieferte Lord Cohen seinen Bericht ab.

»Der Unfall ereignete sich nicht durch eine falsche Einschätzung, ein Versäumnis oder gar Vernachlässigung durch irgendeine Gesellschaft oder Person im Angestelltenverhältnis einer Gesellschaft.

Ich bin zu der Überzeugung gekommen, daß niemand für die Wiederindienststellung der Comet 1 (nach dem Absturz vor Elba) zur Rechenschaft gezogen werden kann.

Hauptaufgabe der de Havilland war die Schaffung einer Grundlage für ausgedehnte Tests, die nun einmal bei der Entwicklung eines neuen Projekts unerläßlich sind. Hierzu gehört jedoch nicht, die Belastungsverteilung an den Kanten der Kabinenfenster festzulegen. Ich teile nicht die Auffassung, daß man an der Gesellschaft irgendeine Kritik üben kann. Auch wenn de Havilland weitere Belastungstests durchgeführt hätte, wäre die Gesellschaft beim positiven Ausgang eines statischen Tests zweifellos davon überzeugt gewesen, daß die notwendige Sicherheit ungeachtet aller Risiken einer Ermüdung während der Lebensdauer des Flugzeugs gegeben war.«

Die eingehende Untersuchung in Farnborough machte Fluggeschichte. Zu einer Zeit, als die Unfalluntersuchung und die Schätzung der Betriebsdauer eines Flugzeugs bis zum Eintritt von Ermüdungserscheinungen sich noch in den Kinderschuhen wissenschaftlicher Erkenntnisse befand, erbrachte die RAE aufgrund gezielter und hartnäckiger Forschung den Beweis, der zur Lösung eines ernsthaften Problems beitrug. Die ganze Welt war beeindruckt. Die amerikanische »Aviation Week« hob in

BOAC Comet 1.

G-ALYU im Testtank.

der Ausgabe vom Februar 1955 die Ergebnisse »als das Produkt minutiöser Untersuchung, sorgfältiger Analyse und freimütiger Rückschlüsse« hervor, »die die britische Zähigkeit und den Nationalstolz während schwerer Stunden zusammengehalten hatten«.

Bei Kriegsende war de Havilland mutig genug gewesen, sich in das unbekannte Abenteuer zu stürzen und hatte den ersten Jet der Welt entwickelt und gebaut. Beide Unfälle beruhten auf Faktoren, die außerhalb menschlichen Ermessens lagen, doch die Gesellschaft hatte mit ihrer Pionierarbeit den Weg ins Heute geebnet. Die Analyse und Lösung des Problems der Metallermüdung kam allen Herstellerfirmen zugute und trug zweifelsohne zur Luftsicherheit bei. Anhand der nach den »Comet«-Abstürzen gesammelten Erfahrungen wurden neue Last- und Belastungstests von Flugzeugherstellern in der ganzen Welt durchgeführt, die verbesserte Verfahren bei der Konstruktion ermöglichten und schon bald zur allgemeinen Norm wurden. Das Phänomen von Metallermüdung entwickelte sich zu einer eigenen Wissenschaft.

Der Fall der Comet 1-Abstürze wurde ad acta gelegt, obwohl eine ganze Reihe von Fragen ungeklärt bleiben. Die Comet 1 hatte sich zwar als schwächliches Flugzeug erwiesen, dennoch treten Unfälle der hier geschilderten Art meist nur aufgrund einer Verkettung mehrerer Faktoren auf. Während der Testversuche in Farnborough ging die Kabine bei einem Äquivalent von 9000 Betriebsstunden unter wiederholter Druckbelastung zu Bruch. In Kalkutta, Elba und Neapel brachen die Flugzeuge nach wesentlich kürzeren Betriebszeiten: 1649, 3681 und 2704 Stunden auseinander. Was aber war das auslösende Moment für diese Katastrophen gewesen? Der Absturz von Kalkutta stand bei der Farnborough-Kommission auf einem anderen Blatt, hätte aber dennoch im Zusammenhang mit den weiteren Abstürzen berücksichtigt werden sollen. Wenn auch das Flugzeug im Gewittersturm nach Bruch des linken Höhenruderholms zerbrach, gab es nun Zweifel, ob der Sturm tatsächlich so heftig gewesen war, um ein Flugzeug zu zerstören. Es war einfach für die schwächliche Comet 1 zu viel! Beim Absturz vor Elba fegten starke Winde über Westeuropa. Ein Jetstream mit Kernwinden über 120 Knoten (mehr als 200 Stundenkilometer) führte direkt südlich von England über Frankreich, Spanien und die Straße von Gibraltar; er drehte dann im rechten Winkel in Form eines großen »L« ostwärts über Nordafrika. In diesem Gebiet gab es heftige Turbulenzen. Die westitalienische Küste lag an der Peripherie des Jetstream und, trotz früherer Berichte, konnte die Luft in großen Höhen gelegentlich so starke Turbulenzen mit sich fuhren, daß ein Bruch der Kabine durchaus im Rahmen des Möglichen lag. Bis zu dieser Zeit war noch kein Flugzeug in dieser Höhe geflogen. Es fehlten einfach die Erfahrungswerte. Aber was war über Neapel geschehen? Metereologische Stationen hatten in diesem Gebiet überhaupt keinen Wind lokalisiert. Sogar in 30000 Fuß Höhe war es völlig windstill. Ohne Zweifel war die schwach gebaute Kabine, wie über Elba, auseinandergebrochen. Was aber mag sich bei diesem ruhigen Wetter ereignet haben? Zum damaligen Zeitpunkt lagen noch keine Erkenntnisse vor, daß auch eine Düsenstauchung zum Unglück beigetragen haben könnte. In einem derartigen Fall gerät ein Düsenflugzeug durch Instabilität stark von seinem Flugweg ab, die auf einem Ausfall der Trimmung oder des Autopiloten beruhen kann. In späteren Jahren war die Boeing 707 für derartigen Ausfall der Trimmung anfällig. Es war inzwischen bekannt geworden, daß eine kleine Schwingung die Trimmung des Flugzeugs entgegengesetzt angriff. Dies führte zu einer zunehmenden Kraft, die den Bug nach unten drückte. Möglicherweise hatte sich hierdurch der Autopilot automatisch ausgeschaltet, und das Flugzeug tauchte

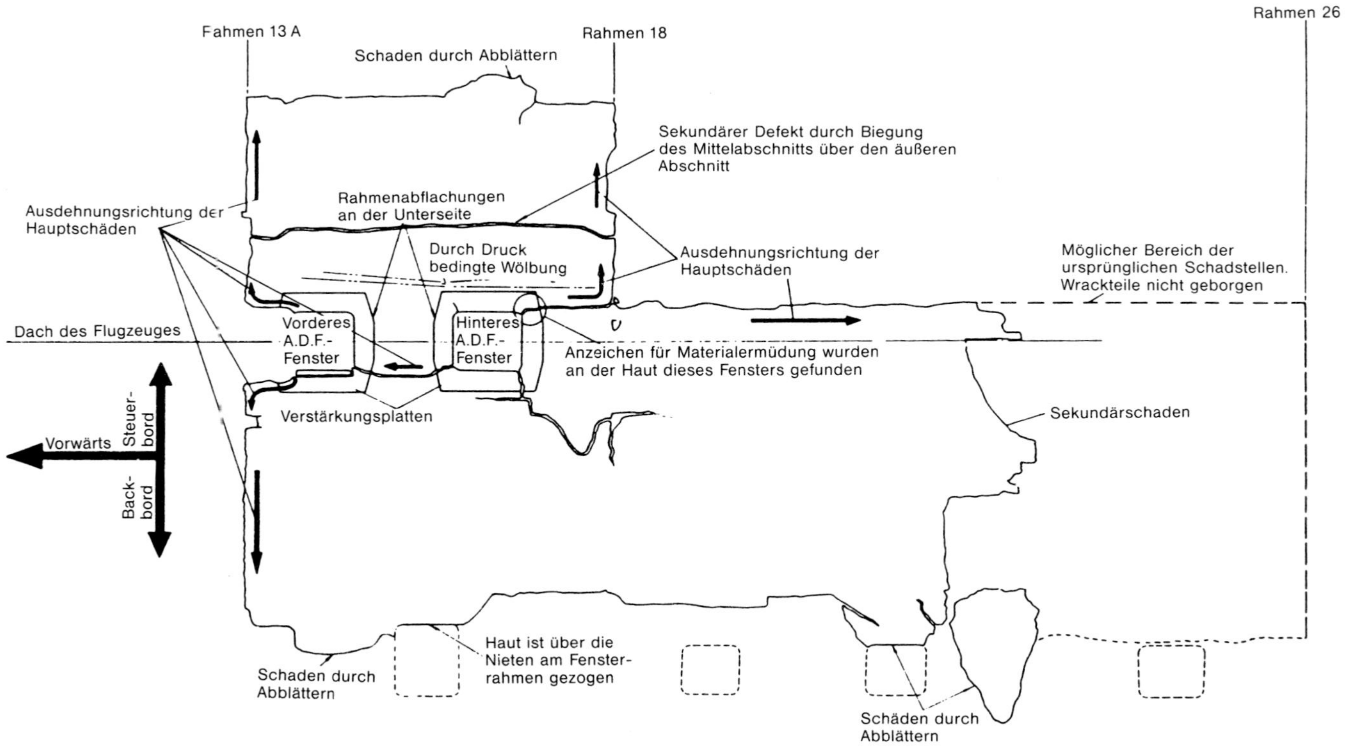

Ausschnitt der ADF-Fenster und die markanten Merkmale des Auseinanderbrechens der Druckkabine von G-ALYP.

Rahmen 26

Möglicher Bereich der ursprünglichen Schadstellen. Wrackteile nicht geborgen

Sekundärschaden

Schäden durch Abblättern

Sekundärer Defekt durch Biegung des Mittelabschnitts über den äußeren Abschnitt

Ausdehnungsrichtung der Hauptschäden

Anzeichen für Materialermüdung wurden an der Haut dieses Fensters gefunden

Rahmen 18

Schaden durch Abblättern

Rahmenabflachungen an der Unterseite

Durch Druck bedingte Wölbung

Hinteres A.D.F.-Fenster

Haut ist über die Nieten am Fensterrahmen gezogen

Fahmen 13 A

Vorderes A.D.F.-Fenster

Verstärkungsplatten

Schaden durch Abblättern

Ausdehnungsrichtung der Hauptschäden

Dach des Flugzeuges

Steuer-bord

Back-bord

Vorwärts

60

ab. Nur ein sofortiges Eingreifen des Piloten konnte den Flugzustand stabilisieren. Bei den noch nicht ausgefeilten Steuerorganen der Comet 1 war dies äußerst schwierig, da erhebliche Kräfte auf das Flugzeug einwirkten. Aber all dies bleibt nur eine Vermutung, denn Aufzeichnungsgeräte über Flugverlauf und Cockpitgespräche, wie sie heute gang und gäbe sind, standen zu jener Zeit nicht zur Verfügung.

Noch heute beschäftigen sich Wissenschaftler, Ingenieure und Konstrukteure mit den damaligen Testergebnissen in Farnborough. Wenn auch die Comet 1 kein starkes Flugzeug war, fehlen dennoch für die Lösung und Analyse, insbesondere des Absturzes bei Rom, noch viele Steinchen im Mosaik. Im Wassertank stellte sich nämlich heraus, daß die Bruchstellen beider Flugzeuge, entgegen früherer Behauptungen, nicht an den gleichen Stellen vorlagen.

Nach all den vielen Jahren, sind heute noch manche der Überzeugung, daß es sich bei dem Rom-Unfall doch um Sabotage gehandelt hat, war dies vielleicht auch beim zweiten Unfall so? Experten glauben sogar an ein Komplott, durch das der enorme Vorsprung der britischen Düsenflugzeug-Industrie gegenüber der Welt in Zweifel gezogen werden sollte. Rom war kein sicherer Flughafen. Eine kleine Bombe konnte leicht in irgendeiner Ecke im Flugzeug versteckt und explodiert sein, wobei die schwache Kabine auseinanderbrach. Es ist durchaus denkbar, daß eine Explosion, wenn auch nur in einer kleinen Nische, die Flugzeugzelle ausreichend erschütterte, um einen Riß an einem ohnehin schon metallermüdeten ADF-Fenster weiter zu vertiefen. Zu jener Zeit gab es noch keine medizinischen und wissenschaftlichen Erkenntnisse über Bombenschäden und deren Auswirkung, es sei denn, man kannte den Ort der Explosion genau. Das Flugzeug brach in der Mitte auseinander, also hätte eine vermeintliche Bombe im Mittelteil er Kabine versteckt gewesen sein müssen. Aber vom Mittelabschnitt beider Flugzeuge fanden sich kaum noch Spuren. Erst als im Jahr 1967 die Comet G-ARCO nahe der Mittelmeerinsel Rhodos explodierte, erkannte die Untersuchungskommission, daß auch Sabotage dafür verantwortlich sein konnte, als sie weit vom Ort der eigentlichen Explosion entfernte Teile untersuchte.

Die Comet 1 wurde nach und nach aus dem Dienst gezogen, die Comet 2-Produktion auf Eis gelegt, obgleich sich das RAF-Transportkommando bereit erklärt hatte, einige der Maschinen nach entsprechender Modifizierung zu übernehmen. BOAC akzeptierte ebenfalls die Lieferung einer verbesserten, mit Rolls-Royce-Avon RA 29-Triebwerken ausgestatteten Comet 2 für Flugversuche. In Vorbereitung auf die Comet 4 sollten Triebwerktests und Ausbildung für Besatzungen erfolgen. Die Comet 3 flog schon im Juli 1954, wurde aber mehr oder weniger als Testflugzeug für den im Bau befindlichen Langstreckenjet Comet 4 genutzt. Die Comet 3 war aufgrund der aus den Comet 1-Unfällen gezogenen Schlüssen strukturell verbessert worden; sie wurde einem Großteil der für die geplante »Comet« im Transatlantikverkehr erforderlichen Flugtauglichkeitstests unterzogen. Im März 1955 orderte BOAC 20 Flugzeuge vom Typ Comet 4, die 1958 ausgeliefert werden sollten. Die Produktion der »Comet« war gesichert:

Die neue »Comet« bot 58 bis 80 Passagieren bei einer Geschwindigkeit von 850 km/h und einer Reichweite von 4 850 km Platz. Das Zeitalter des Transatlantikfluges war eingeläutet, Flüge von London nach New York mit nur einer Zwischenlandung in Gander, Neufundland (Kanada), möglich. Strukturell war diese »Comet« gegenüber früheren Versionen wesentlich verstärkt worden; ihre Lebensdauer war dadurch langfristig garantiert. In Amerika werkelten aber die »schlafenden Riesen« schon im geheimen, die Boeing 707 befand sich bereits in der Entwicklung.

Im April 1958 flog die Comet 4 zum ersten Mal, in den darauffolgenden Monaten wurden die bestellten Flugzeuge an BOAC ausgeliefert. Nebenher lief die Produktion der Boeing 707 und der Douglas DC 8. PanAm entschied sich schließlich für die Boeing. Nun hatte der Wettlauf zwischen BOAC und PanAm auf der ersten Transatlantik-Strecke mit dem Düsenverkehrsflugzeug begonnen. Die Konkurrenten lagen Kopf an Kopf. Am 4. Oktober 1958 gewann BOAC mit einer Comet 4 um eine Nasenlänge das Rennen, als ein Flugzeug dieses Typs auf der Route London – New York den Dienst aufnahm, während ein anderes gleichzeitig auf der entgegengesetzten Route flog. Nur 22 Tage lagen dazwischen, bis der Linienflug mit einer Boeing 707-120 von New York nach Paris von PanAm aufgenommen wurde. Inzwischen waren jedoch Weiterentwicklungen an der Boeing 707 und an der DC 8 von McDonnell Douglas (interkontinentale Version) erfolgt und eine Nonstop-Verbindung zwischen Europa und der Ostküste der Vereinigten Staaten ins Auge gefaßt. Eine starke Werbung engagierte sich für die »Comet«; es wurden die »Comet«-Varianten 4 B und 4 C gebaut. Beim anschließenden großen Verkaufsboom für Düsenflugzeuge konnte sich keine Gesellschaft für den Langstreckenbetrieb als Konkurrent qualifizieren.

Insgesamt wurden 113 »Comets« gebaut, bevor die Produktion im Jahre 1962 eingestellt wurde. Von den 67 Comets 4, Serie 4 B und 4 C, die zwischen 1958 und 1964 den Dienst aufnahmen, haben sich viele als erfolgreich erwiesen; sie waren immerhin 25 Jahre im Einsatz.

Die Tragödie von München

Vor jetzt über 30 Jahren hatte eine starke britische Fußballmannschaft durch überragendes und gekonntes Fußballspiel die Zuneigung der ganzen britischen Nation gewonnen. Im Jahr 1957 bemühte sich Matt Busby, der Trainer von Manchester United, mit seinen zu Ruhm gelangten »Busby Babes« die Leistungen der vorigen Spielzeit noch zu übertreffen. Sein Ziel war es, zu Hause und auswärts weitere Lorbeeren zu erwerben. Kein Spieler hatte das dreißigste Lebensjahr erreicht; die meisten Talente stammten aus der Umgebung Manchesters. Es war ein junges, frisches Team, dem von allen Seiten Anerkennung und Zuneigung entgegengebracht wurde.

Der Club Manchester United verfügte über eine eigene Tradition, und er erwartete von seinen Spielern, daß sie sich entsprechend verhielten. Die führenden Spieler der Mannschaft wurden wie Götter behandelt, sie benahmen sich dementsprechend und kleideten sich gemäß den ungeschriebenen Gesetzen des Fußballclubs. Wer nicht zur »ersten Garnitur« zählte, der hatte den Umkleidekabinen fernzubleiben! Innerhalb der Mannschaft herrschte eine gewisse Rangordnung. Der Kapitän nahm die Stellung eines Halbgottes ein, nur er speiste mit dem Trainer, er traf seine Mannschaft niemals vor einem Spiel. Der Lohn der Spieler war mager, nur in der Saison lag er höher, und pro Spielgewinn wurde ein Bonus gezahlt.

Manchester United verfügte über einen ausgezeichneten Ruf, und so erging in der letzten Saison eine Einladung, als erster britischer Club am Europacup teilzunehmen. Die Mannschaft hatte in dieser Saison des Halbfinale erreicht; sie wurde nur – nach zähem Kampf – von dem stärkeren Club Real Madrid, dem man gute Chancen im Kampf um den Europacup einräumte, geschlagen.

Im gleichen Jahr wurde Manchester United im Finale um den Fußball-Verbandscup von Aston Villa geschlagen, erreichte aber dennoch bei Saisonschluß einen Sieg in der Liga. Die Chancen, den begehrten Europacup zu erringen, standen für Manchester United durchaus nicht schlecht.

In der Fußballsaison 1957/58 schlug sich Manchester United, wenn manchmal auch knapp, so doch erfolgreich und konnte den Sieg in allen drei Wettbewerben für sich verbuchen. Beim Europacup fand das erste Spiel gegen den tschechoslowakischen Favoriten Dukla in Old Trafford statt, dem vertrauten Heimatplatz; Manchester United ging aus der Begegnung mit 3 : 0 siegreich hervor. Als das Manchester United Team am 4. Dezember 1957 zum Gegenspiel nach Prag flog, waren die Spieler voller Zuversicht. Aber weder das Spielergebnis, noch die Heimreise gaben Anlaß zur Euphorie. Manchester United wurde von den Tschechen 1 : 0 geschlagen; aber dennoch hatte sich die Mannschaft für das Viertelfinale qualifiziert und sollte nun auf Jugoslawiens Mannschaft »Roter Stern« treffen. Als die Mannschaft zur Rückreise auf dem Flugplatz von Prag eintraf, war der Flug wegen Nebels in England auf unbestimmte Zeit verschoben worden. Andere Flüge waren bereits ausgebucht, so daß sich die Mannschaft in Zeitnot sah, denn das nächste Spiel stand unmittelbar vor der Tür. Schließlich buchte man die Wartenden auf zwei Flüge. Manchester United

Airspeed Ambassador
der »Elizabethan«-
Klasse.

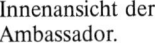

Innenansicht der
Ambassador.

Cockpit
der Ambassador.

würde über Amsterdam nach Manchester, die Presse hingegen über Zürich nach Birmingham fliegen. Die Mannschaft von Manchester United kam schließlich ermüdet, aber dennoch zufrieden in Old Trafford an.

Am 14. Januar 1958 gewann Manchester United das erste Spiel gegen »Roter Stern« im Viertelfinale mit 2:1 auf dem Heimplatz; das Rückspiel war für Mittwoch, den 5. Februar, in Belgrad vorgesehen. So groß die Freude über den Sieg bei der Mannschaft war, er konnte über die nicht sehr ermutigende Tordifferenz nicht hinwegtäuschen. Die ganze Situation war zu dieser Zeit verworren. Manchester United sollte auf die »Wolves« treffen, die damals in der Liga führten. Diese bedeutende Begegnung war im Anschluß an das Spiel in Belgrad für Samstagnachmittag angesetzt. Dieses Spiel hätte ohne Zweifel über die britische Meisterschaft in der Liga entschieden. Auf dem Flug nach Jugoslawien durfte daher unter gar keinen Umständen eine Verzögerung eintreten, wie dies in Prag geschehen war. Um den ohnehin schon geplagten jungen Männern weitere nervliche Belastungen zu ersparen, entschloß sich das Management des Clubs ein Flugzeug für die gesamte Mannschaft, die Offiziellen und die Presse zu chartern.

British European Airways (BEA) stellte eine Airspeed Ambassador der »Elizabethan«-Klasse mit siebenundvierzig Sitzen zur Verfügung. Am Montag, den 3. Februar, bestieg die gesamte Mannschaft von Manchester United das Flugzeug mit dem Rufzeichen G-ALZU (durch die letzten Buchstaben des phonetischen Alphabets als Zulu Uniform bekannt). Das Flugzeug flog unter der Flugnummer B-Line 609 von Manchester nach Belgrad, verantwortlicher Flugkapitän war James Thain. Da ein Nonstop-Flug wegen der Reichweite des Flugzeugs nicht möglich war, wurde auf beiden Flügen eine Zwischenlandung zum Auftanken in München vorgesehen. Am Flughafen verabschiedete der stellvertretende Teammanager, Jimmy Murphy, die Reisegesellschaft. Da er als Verantwortlicher der Mannschaft von Wales anderweitige Verpflichtungen hatte und einer geplanten internationalen Begegnung mit Israel in Cardiff beiwohnen mußte, blieb er zurück.

An Bord machten es sich die Reisenden bequem; Kapitän Thain verlas alle Namen einzeln, es schien wie ein »Who is Who« der britischen Fußballstars. Roger Byrne, 28 Jahre alt, in Manchester geboren und Kapitän der Mannschaft; Geoff Bent; Jackie Blanchflower – Bruder des international bekannten Danny; – Bobby Charlton – Bruder des gleichermaßen berühmten Jackie; – Eddi Colman, 21 Jahre alt, er wurde noch als Schuljunge entdeckt; Duncan Edwards, 23 Jahre alt, er war einmal der Jüngste, der Großbritannien repräsentierte; Billy Foulkes; Harry Gregg, Torwart, der erst kürzlich für 23 000 britische Pfund gekauft worden war; Mark Jones, 24 Jahre alt, ebenfalls noch als Schuljunge entdeckt; Ken Morgan, 18 Jahre alt, der Jüngste der »Babes«. Nachdem er ausgewählt worden war, saß er nie auf der Bank, er hatte während der laufenden Saison vierundzwanzig Mal für Manchester United gespielt, alle Spiele hatte United gewonnen; David Pegg, 22 Jahre alt, internationaler Spieler; Tommy Taylor, der teuerste Spieler, vier Jahre zuvor hatte der Verein ihn für 29 999.– Pfund von Barnsley gekauft; Dennis Viollet; Bill Whelan ... alle diese jungen Männer waren hervorragende Talente. Damals hatte diese Mannschaft einen Marktwert von erstaunlichen 350 000.– Pfund.

Matt Busby, der nicht nur früher selbst für den großen Rivalen Manchester City gespielt hatte, sondern auch für Schottland international eingesetzt worden war, hatte sich nach Kriegsende als respektierter Manager empor gearbeitet. Er wurde von drei Auserwählten begleitet: Walter Chrichmar, seinem Sekretär, Bert Whalley, dem Cheftrainer, und Tom Curry, der als Trainer fungierte. Alle diese Männer waren dem Club in den dreißiger Jahren beigetreten. Auch die Presse, vertreten durch zahlreiche Reporter lokaler und nationaler Zeitungen, hatte sich an Bord begeben.

Am Sonntag vor dem Abflug nach Belgrad hatten Kapitän Thain, sein Copilot Kenneth Rayment und Funkoffizier George (Bill) Rodgers das Flugzeug von der British Airways Basis in London nach Manchester überführt, um einen frühzeitigen Start zu gewährleisten. Mit ihnen flog die Kabinenbesatzung, die während der Reise für das leibliche Wohl an Bord sorgen würde. Steward William Cable und die Stewardessen Margaret Billis und Rosemary Cheverton. Die Cockpitbesatzung war jedoch auf diesem Flug nicht die sonst übliche: Copilot Ken Rayment, selbst Flugkapitän in eigener Verantwortung, war etwas älter und erfahrener als Thain. Gewöhnlich würde den Copilotensitz ein Erster Offizier einnehmen. Rayment und Thain waren jedoch Freunde und hatten bei British Airways extra darum gebeten, diesen Flug gemeinsam durchführen zu dürfen. Ihre gemeinsamen Interessen galten zwar nicht dem Fußball, sondern vielmehr der Hühnerhaltung! James Thain war 36 Jahre alt und, für heutige Verhältnisse recht ungewöhnlich, bereits Seniorkapitän. Darüber hinaus war er Vorsitzender der britischen Pilotenvereinigung (BALPA) für den Bereich der »Elizabethan«. Wie fast alle Piloten hatte er zwischen den Flügen Zeit und etwas Geld gespart, so daß er in der Nähe seines Hauses in Berkshire eine Geflügelfarm aufbauen konnte, die er mit Arbeitern aus der nahen Umgebung betrieb. Kapitän Rayment hatte ebenfalls den Wunsch, ins Geflügelgeschäft einzusteigen. Über dieses Thema hatten die beiden Freunde eingehende Diskussionen geführt. Nach Flugplan war für diesen Flug nach Belgrad eigentlich der Erste Offizier Hughes als Copilot eingeteilt worden, jedoch hatte ein hilfreicher Verwaltungsangestellter für die Bitte der Freunde Verständnis gezeigt und die Besatzungsliste geändert. Nicht nur auf dem Flug, sondern auch vor und nach dem Spiel würden Rayment und Thain genügend Zeit haben, über das Geflügelgeschäft zu fachsimpeln. Gemäß der Besatzungsliste war Kapitän Thain der Sitz des verantwortlichen Flugzeugführers zugeteilt worden, wenn auch ein älterer und erfahrener Pilot an seiner rechten Seite saß. Noch zeichneten sich die bösen Konsequenzen, die dieser Flug für Thain haben sollte, in keiner Weise ab.

Der Flug nach Belgrad verlief nicht reibungslos. Der Transit in München machte keine Schwierigkeiten, trotz der Jahreszeit war das Wetter noch verhältnismäßig gut, anders hingegen sah es in Belgrad aus. Der Winter hatte Einzug gehalten. Die Wolkendecke hing grau über der Stadt, es herrschte schlechte Sicht, und die Landebahn war eingeschneit. Jede Fluggesellschaft legt jeweils Mindestanforderungen hinsichtlich der Wolkenuntergrenze und der Sicht für die jeweiligen Flugplätze unter Berücksichtigung bestimmter Faktoren wie örtliche Bodenbeschaffenheit und verfügbare Landehilfen fest. Sind diese Grenzwerte durch eine Wetterverschlechterung unterschritten und keine Besserung absehbar, bleibt nur der Flug zu einem Ausweichflughafen. In Belgrad hielten sich die Wetterbedingungen noch in Grenzen, das Durchbrechen der Wolken im Endanflug und eine sichere Landung bedurften keiner besonderen Geschicklichkeit. Zum damaligen Zeitpunkt bediente sich British Airways noch des »überwachten Anflug«-Verfahrens, das selbst noch heute einige Fluggesellschaften benutzen. Bei diesem Verfahren bedient der fliegende und das Flugzeug landende Pilot nicht die Steuerorgane, sondern überläßt es seinem Kollegen, den er gleichzeitig überwacht, nach den Instrumenten zu fliegen. Noch während sich das Flugzeug in den Wolken befindet, hält er Ausschau nach der Landebahn. Sobald er die Landebahn sieht, übernimmt er wieder die Steuerorgane und landet. Dieses Verfahren erleichtert den Übergang vom Instrumenten- zum Sichtflug, wenn nur ein Pilot beim Durchbrechen der Wolken fliegt und die Landung ausführen soll. Während des Anflugs auf Belgrad hatte Thain sich als verantwortlicher Flugzeugführer auf den Beobachterposten zurückgezogen und seinem Copiloten das Fliegen überlassen. Nur der brilliante Instrumentenanflug von Rayment hatte Thain die Übernahme der Steuerorgane nach Durchbrechen der Wolken und der anschließenden Landung ermöglicht. Wieder einmal hatte Ken Rayment seine Befähigung und Erfahrung unter Beweis gestellt. Der Stationsingenieur in Belgrad hatte wegen der schlechten Wetterbedingungen nicht mehr mit der Landung gerechnet, er sah Zulu Uniform erst, als das Flugzeug bereits über das Vorfeld auf die Parkposition zurollte.

Am Mittwoch, den 5. Februar 1958, hatte sich das Wetter gebessert; in einem klaren blauen Himmel schien die Wintersonne. Der Fußballplatz in »The Army« war schneefrei, nur noch vereinzelt gab es einige im Tauen begriffene Schneeflecken. Im ausverkauften Stadion wartete eine begeisterte Menschenmenge ungeduldig auf den Beginn des Spiels. Fußballfans in ganz Europa warteten gespannt auf den Ausgang des Spiels, das hart, unbarmherzig und von Fouls getrübt war. Aber zur Halbzeit führte Manchester United mit 3:0 Toren. In der zweiten Halbzeit räumte »Roter Stern« rigoros auf, ein Tor folgte dem nächsten, Uniteds Führungsstellung ging verloren. Beim Schlußpfiff trennte man sich 3:3. Aber, obwohl völlig ermüdet, atmete die Mannschaft von Manchester United auf, durch die Gesamtzahl der Tore war sie ins Semi-Finale des Europacups eingezogen, der Kampf um den begehrten Pokal würde weitergehen. Die Britische Botschaft in Belgrad gab für die Spieler anschließend einen Cocktailempfang. Die gefeierte Mannschaft war entspannt und voller Lebensfreude. Zu Hause, in England, frohlockten die Zuschauer über den Sieg.

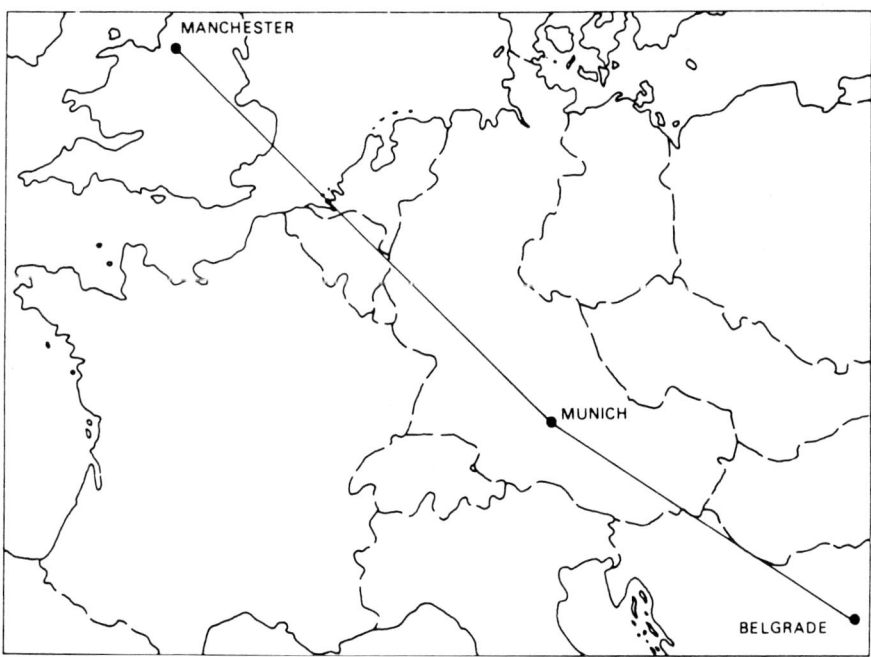

Beabsichtigte Route von Belgrad nach Manchester.

Am nächsten Morgen, dem 6. Februar 1958, traf das noch immer aufgekratzte Team mit anderen Reisenden am Belgrader Flughafen zur Heimreise nach Manchester über München ein. Da im Flugzeug noch einige Plätze frei waren, reisten noch fünf weitere Personen von Belgrad nach London, unter ihnen die Frau des jugoslawischen Luftattaché in London mit ihrer kleinen Tochter, die sich noch im Babyalter befand. An Bord der »Elizabethan« befanden sich nun 30 Passagiere, aber es blieb genügend Raum, und jeder der Reisenden suchte sich seinen Platz.

Im Cockpit diskutierte man zur gleichen Zeit ebenfalls über die Sitzordnung. Es entsprach allgemeinen Gepflogenheiten, daß sich Piloten das Fliegen teilen, und auch der Charterflug machte hier keine Ausnahme. Kapitän Thain war beide Streckenabschnitte nach Belgrad geflogen, und so einigten sich die Freunde, daß nun Copilot Rayment den Rückflug von Zulu Uniform übernehmen würde. Dies ergab zwar ein Problem, doch die beiden Piloten lösten es auf ihre Weise. Die Vorschriften von British Airways besagten recht kategorisch, daß der verantwortliche Pilot, in diesem Falle Thain, den linken Sitz einzunehmen habe, obgleich die Vorschriften der Civil Aviation Authority (Zivilluftfahrtbehörde – CAA) einen Platztausch nicht verboten. Rayment flog als Kapitän gewöhnlich auf dem linken Sitz, nur auf diesem Charterflug hatte man ihn auf den rechten verbannt. Rayment war hingegen gewöhnt, das Flugzeug vom linken Sitz zu fliegen und war somit mit diesem Flugverfahren besser vertraut. Im rechten Sitz war die Bedienung der Steuerelemente, die Überwachung der Instrumente und vieles mehr völlig ungewohnt. Er hätte die Schubhebel mit der linken anstatt der rechten Hand bedienen müssen. Auch waren einige der Instrumente auf dem Sitz des Copiloten besser einzusehen, und Kapitän Thain würde nun auf dem Rückflug die Rolle des Copiloten zukommen. Gerade diese Anzeigen hätte er bei Start und Landung zu überwachen. Die Kapitäne einigten sich und wechselten die Plätze. Auch bei früheren Flügen war diese Praxis geübt worden; es hatte bei der Fluggesellschaft nur ein Achselzucken zur Folge. Als Rayment und Thain die Plätze, einfach zur Arbeitserleichterung, wechselten, konnten sie nicht ahnen, was geschehen und ihnen zum Verhängnis werden würde.

Der Start in Belgrad verlief ohne besondere Vorkommnisse, die Sonne schien, der Himmel war klar. Aber der Wetterbericht für München verhieß nichts Gutes. Niedrige Wolkenuntergrenze, Regen und Schnee. Beim Abstieg auf München aus 18 000 Fuß (6000 Meter) durch eine geschlossene Wolkendecke mußte Rayment die Enteisungsanlage einschalten. Wenn dies geschieht, wird die durch die Brenner auf 60° C erhitzte Luft über eine Rohrleitung in den Tragflächen unter Druck zu deren Führungskanten, der Höhenflosse und der Seitenflosse geleitet.

Das Flugzeug durchbrach die Wolkendecke in 500 Fuß über Grund an einem grauverhangenen und trüben Tag. Im Cockpit spähte man nach der Landebahn aus, sie war nur durch die von anderen Flugzeugen im Schnee hinterlassenen schwarzen Bremsspuren auszumachen. Beim Aufsetzen spritzten zu beiden Seiten des Flugzeugs gewaltige Fontänen nassen Schneematsches über das Bugrad. Obwohl die Temperatur über dem Gefrierpunkt lag, war der Sprühregen in Schnee übergegangen. Zulu Uniform rollte über das Vorfeld durch eine wässrige Matschschicht zur Parkposition. Es war kurz nach 13.15 GMT (14.15 Ortszeit in München).

Während die Cockpitbesatzung über das Vorfeld durch den matschigen Schnee zum Büro des Metereologen stapfte, um den neuesten Wetterbericht einzuholen, hatte das Auftanken des Flugzeugs bereits begonnen. Bill Black, Stationsingenieur in München, überwachte das Auftanken der rund 950 Liter fassenden Tanks (in jeder Tragfläche einer). Black, der einzige, für die »Elizabethan« lizensierte Ingenieur,

PLAN OF MUNICH AIRPORT
February 1958

MUNICH - RIEM

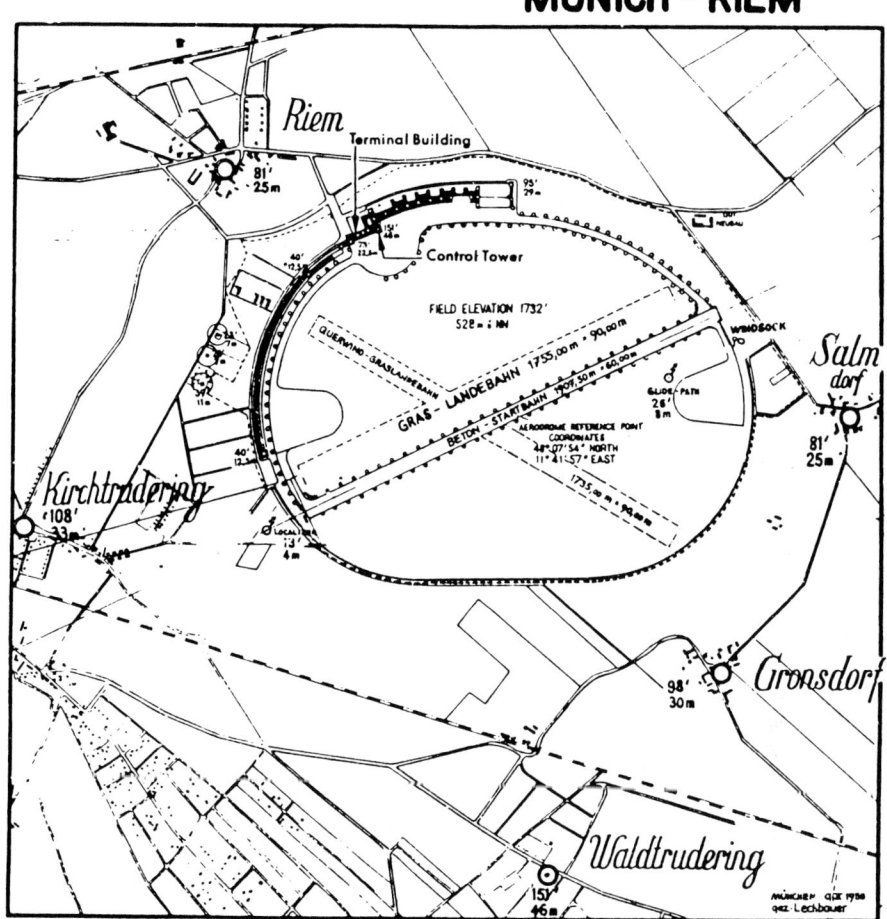

Plan des Flughafens München - Riem, Februar 1958.

konnte seine Zustimmung zum Auftanken des unter den Tragflächen liegenden, unter Druck stehenden Systems nicht geben. Er wies das Münchener Personal an, das Auftanken über die Füllstutzen auf den Tragflächen vorzunehmen. In München schneite es, dennoch waren die Tragflächen aufgrund der zuvor vorgenommenen Enteisung noch warm. Zudem lag die Temperatur über dem Gefrierpunkt. Nasse Schneeflocken wirbelten auf die Tragflächen hernieder, schmolzen jedoch sofort. Das Tauwasser rann an den Führungskanten entlang. Der deutsche Tankwart rutschte nicht, als er über die Tragfläche schritt und schnell das Ziel für eine Schneeballschlacht der zur Erfrischung von Bord gehenden Manchester Mannschaft wurde.

Nachdem mit der Flugberatung die Abflugverfahren festgelegt worden waren, begab sich die Crew wieder an Bord. Zuvor warfen die Männer einen Blick auf die Tragflächen. Als Vorsichtsmaßnahme hätte Enteisungsflüssigkeit gesprüht werden können oder aber eventueller Schnee entfernt werden; aber keine dieser Maßnahmen erwies sich unter den Gegebenheiten als notwendig. Für die Leser, die mit der Aerodynamik nicht vertraut sind, sei angemerkt, daß der Auftrieb eines Flugzeugs durch einen sich erhöhenden Luftfluß entsteht, der über die obere Fläche der Tragfläche streicht, wodurch sich eine Druckverringerung ergibt. Eis und Schnee auf dieser Oberfläche beeinträchtigen den Auftrieb, da der Luftfluß gehemmt wird, so daß es von besonderer Wichtigkeit ist, diese Fläche eis- und schneefrei zu halten. Bei der Inspektion der Tragflächen von Zulu Uniform war ein dünner Eisfilm zu erkennen, der jedoch bereits auftaute, denn das Wasser lief an den Führungskanten der Tragflächen hinunter. Die beiden Kapitäne diskutierten hierüber, trafen jedoch dann die Entscheidung, daß eine Enteisung nicht erforderlich sei. Dies teilten sie dem Stationsingenieur mit.

Um 14.20 GMT (15.20 Ortszeit), seit der Ankunft war gerade eine Stunde vergangen, erbat Zulu Uniform die Rollerlaubnis für den letzten Streckenabschnitt nach Manchester.

ZU F/T: »München Tower, B-Line 609 Zulu Uniform, erbitte Rollfreigabe.«
München Tower F/T: »609 Zulu Uniform, München Tower, Wind zwei neun null mit 80 Knoten. Freigabe zur Startbahn 25. QNH* eins null null vier, Zeit eins neuner und ein Viertel, kommen.«
ZU F/T: »Verstanden, danke.«

Wenn auch die Startbahn mit einer etwa zwei Zentimeter dicken Matschschicht bedeckt war, war dies keineswegs bedenklich, denn zuvor gestartete und gelandete Flugzeuge hatten eine Spur über den größten Teil der Bahn gepflügt.

Zwei Minuten später erreichte B-Line 609 die Rollbahnschwelle und erhielt die Freigabe auf die Startbahn.
München Tower F/T: »B-Line 609, Freigabe zum Aufrücken und Halten, hier kommt ihre Freigabe, kommen.«
ZU F/T: »609 verstanden. Ich soll aufrücken und halten und bin jetzt bereit, die Freigabe mitzuschreiben.«
München Tower F/T: »München Tower, B-Line 609 Zulu Uniform freigegeben nach Manchester Flughafen über Amber 10 (Luftstraße), ›Grün‹ 1, ›Amber‹ 2, ›Amber‹ 1 auf die laut Flugplan vorgesehene Route. Behalten sie eins sieben tausend Fuß bei. Rechtskurve nach dem Start. Steigen Sie auf Südkurs Richtung Freising, kommen.«

---

* QNH = Druckeinstellung über Meereshöhe in Millibar, heute ausgedrückt in Hektopascal.

Zulu Uniform las diese Anweisung unrichtig zurück, und der Tower meldete sich erneut.

München Tower F/T: »609, das ist nicht richtig. Steigen Sie auf Südkurs Richtung Freising, kommen.«

ZU F/T: »Nach Start Rechtskurve, Südkurs Richtung Freising Funkfeuer, kommen.«

München Tower F/T: »Ja, so ist es richtig.«

Das Flugzeug schloß an der Startbahnschwelle auf, Rayment setzte die Bremsen und ließ die Triebwerke zum abschließenden Check auf vollen Touren laufen.

München Tower F/T: »B-Line 609, wie lange brauchen Sie für Ihre Triebwerküberprüfung?«

ZU F/T: »Eine halbe Minute!«

München Tower F/T: »Verstanden. Ihre Freigabe läuft in drei Minuten ab. Zeit jetzt drei null.«

Nachdem der Triebwerklauf eiligst beendet worden war, schloß die Besatzung die Checks vor Abflug ab.

ZU F/T: »München, 609 Zulu Uniform, startbereit.«

München Tower F/T: »609 Zulu Uniform. Wind zwei neun null, eins null Knoten, Startfreigabe, fliegen Sie mit Rechtskurve raus.«

ZU F/T: »Danke.«

Als sich das Flugzeug in Bewegung setzte, meldete sich Funkoffizier Bill Rodgers und teilte mit, daß der Startlauf nun begonnen hätte.

ZU F/T: »Wir rollen.«

Kapitän Rayment schob beide Schubhebel langsam mit der rechten Hand nach vorne, während Thain mit der linken Hand folgte. Als sich die Schubhebel am Anschlag befanden, tippte Thain Rayment auf die Finger als Zeichen, daß er loslassen möge und nahm dann selbst einige Korrekturen an der Einstellung vor. Wie es allgemeine Gepflogenheit war, bat Rayment um Überprüfung der »vollen Leistung«, während seine rechte Hand auf den Schubhebeln lag, um sie im Falle eines Startabbruchs sofort zu schließen. Thain bestätigte: »volle Leistung gesetzt« und kurz darauf »Temperaturen und Drücke okay, Warnlichter aus«. Das Flugzeug beschleunigte, und trotz des Matsches trat kaum ein Verzögerungseffekt auf. Thain rief unterdessen die zunehmenden Geschwindigkeiten aus. Plötzlich gaben die Triebwerke ungewöhnliche Geräusche von sich. Die alarmierte Besatzung prüfte eiligst die Instrumente. Aber in dem Augenblick als Thain eine Abweichung in den Druckanzeigen bemerkte, rief Rayment schon »Startabbruch!« Knallte mit der rechten Hand die Schubhebel zurück, wobei er mit Thains Fingern ins Gehege kam, bevor er in der Lage war, die Steuersäule nach vorn zu drücken. Rayment stieg voll in die Bremsen. Zulu Uniform verlangsamte rapide und schlitterte einem nahen Stop weiter unten auf der Startbahn entgegen.

ZU F/T: »609, wir brechen den Start ab.«

München Tower F/T: »Tower, wiederholen Sie bitte.«

ZU F/T: »Wir brechen den Start ab, können wir zurückrollen? Kommen.«

München Tower F/T: »609, Freigabe zum Zurückrollen.«

ZU F/T: »Danke.«

Das Problem war wieder einmal das bereits bekannte Ansteigen des Ladedrucks. Beide Kapitäne waren schon bei früheren Gelegenheiten alles andere als glücklich über die unterschiedlichen Triebwerkanzeigen und Druckschwankungen gewesen, so waren sie sich einig, daß ein Startabbruch das einzig Vernünftige war. Als Thain seine aufgeschrammten Fingerknöchel pustete, entschuldigte sich Rayment. »Tut mir leid, aber es war Eile geboten.«

Einen plötzlichen Anstieg des Ladedrucks hatten beide Piloten in der Vergangenheit bereits mehrfach beobachtet, eine Kinderkrankheit der »Elizabethan« seit ihrer Indienststellung, und nun gerade hier in München war das Problem wieder aufgetreten. Der Grund lag in einem überreichen Brennstoffgemisch, wodurch die Brennstoffverteilung in Unordnung geriet, was dazu führte, daß einige Zylinder übersättigt waren. Das Problem trat überwiegend auf hochgelegenen Flughäfen auf, wo die Luft dünner war, wie es bei München-Riem der Fall ist. Riem liegt nur 120 Kilometer nördlich der Alpen mit einer Druckhöhe von 1700 Fuß. Der Hersteller erachtete allerdings jegliche vom Ladedruck-Anstieg herrührende Leistungsverringerung als Nebenerscheinung, dennoch war es nicht überraschend, daß Piloten dieser Theorie skeptisch gegenüberstanden und bei Auftreten dieses unangenehmen Zustandes Vorsicht walten ließen. Durch langsameres Öffnen des Schubhebel konnte man dem Anstieg des Ladedrucks entgegenwirken, und so entschieden sich Rayment und Thain für einen neuen Startversuch.

Als Zulu Uniform abermals zur Startbahn rollte, wurde die Diskussion des anstehenden Problems durch einen Funkspruch des Tower jäh unterbrochen.

München Tower F/T: »609, zu Ihrer Information, wir haben ein Auto auf dem Rollweg, das in wenigen Sekunden weg sein wird.«

ZU F/T: »Was, Sie haben ein Auto auf der Rollbahn?«

München Tower F/T: »Vergessen Sie's, Auto verläßt gerade die Rollbahn, es ist am anderen Ende.«

Inzwischen stellten die beiden Piloten im Cockpit weitere Überlegungen an. Sie entschieden sich, die Schubhebel während des Bremsens zunächst ein wenig zu öffnen, bevor das Flugzeug rollt, um sie dann stufenweise auf volle Startleistung während des Starts zu bringen. Thain übernahm die Aufgabe, den Ladedruck und die RPM (Umdrehungen pro Minute) sorgfältig zu überwachen und sofort Alarm zu schlagen, sollte sich irgendeine Abweichung ergeben. In der Kabine hatte man von dem schnellen Startabbruch kaum Notiz genommen. Wie ein Blick aus den Fenstern zeigte, hatte sich das Wetter verschlechtert, und so konnte es viele Gründe für den Startabbruch geben. Aber nun schien ja alles in Ordnung, so glaubten die Passagiere, das Flugzeug befand sich ja wieder auf dem Weg zum Start.

Kurz vor Erreichen der Startbahnschwelle zur Bahn 25 bat die Besatzung erneut um Startfreigabe.

ZU F/T: »München von 609 Zulu Uniform. Können wir am Ende der Startbahn nun abheben. Ist die Freigabe noch gültig?«

München Tower F/T: »609, Freigabe noch gültig. Behalten Sie aber 5000 Fuß bis eine andere Anweisung ergeht. Wind drei null null, acht Knoten, Startfreigabe.«

ZU F/T: »Danke. Habe verstanden, gehen auf fünftausend Fuß bis weitere Weisung kommt.«

Noch einmal las die Besatzung die Checkliste vor dem Start, dann richtete Rayment das Flugzeug mit der Startbahn aus und öffnete die Schubhebel auf einen Ladedruck von etwa 70 Zentimeter, während die Bremsen noch eingerastet waren. Beide Piloten bestätigten die gesetzte Leistung, sodann löste Rayment die Bremsen. Zulu Uniform war auf dem Weg zum zweiten Start.

ZU F/T: »Wir rollen.«

Rayment schob die Schubhebel langsam gegen die Anschläge und forderte einen »vollen Leistungscheck«. Das Flugzeug beschleunigte nun die Startbahn hinunter.

Thains Augen hefteten sich an die Instrumente und er bestätigte die Leistung. »Volle Leistung …« Seine Worte wurden durch erneutes Ansteigen des Ladedrucks unterbrochen. Das Steuerbordtriebwerk arbeitete mit einem konstanten Ladedruck von 146 Zentimetern, aber die Backbordanzeige stieg auf 152 Zentimeter, das Triebwerk kam aus dem Takt. »Startabbruch!« Diesmal war es Thain, der rief. Rayment schob die Schubhebel blitzschnell zurück, bremste scharf, und wiederum verlangsamte das Flugzeug auf halbem Wege der Startbahn auf Rollgeschwindigkeit.

ZU F/T: »München, 609 Zulu Uniform, wir brechen auch diesen Start ab.«
München Tower F/T: »Verstanden. Rollen Sie zurück.«

Das langsame Öffnen der Schubhebel hatte auf ein Triebwerk, nicht jedoch auf das zweite angesprochen. Was war geschehen? Die Piloten richteten ihre ganze Aufmerksamkeit auf das Problem.

ZU F/T: »Erbitten Freigabe zur Rückkehr aufs Vorfeld, kommen.«
München Tower F/T: »Verstanden, Freigabe zur Rampe.«
ZU F/T: »Verstanden, rollen zurück zum Vorfeld, ist das richtig?«
München Tower F/T: »Sie sind zum Zurückrollen oder Rollen über Kreuzung freigegeben, wenn dies bequemer für Sie ist.«
ZU F/T: »Verstanden.«
München Tower F/T: »B-Line 609 wollen Sie sofort einen erneuten Start versuchen oder wollen Sie an der Rampe warten? Kommen.«
ZU F/T: »609 Zulu Uniform, kehre zum Vorfeld zurück. Komme zum Vorfeld, zum Abfluggebäude.«
München Tower F/T: »Okay, wir haben verstanden.«

Das Zurückrollen von der Startbahn zum Parkhafen verlief nicht ohne Hindernisse. Während Rayment die Passagiere informierte, übernahm Thain die Steuerung und mühte sich ab, durch neu gefallenen Schnee den Linien des Rollwegs zu folgen. In der Kabine lauschte die Manchester United Mannschaft aufmerksam der Ansage. Es klang, als läge ein technischer Fehler vor, der einer Reparatur bedürfe. Kaum hatte das Flugzeug seine Parkposition erneut erreicht, meldete der Funker »609 Zulu Uniform an der Rampe«.

Eine nun mißmutig gestimmte Reisegruppe ging in München zum zweiten Mal von Bord, nur 20 Minuten nach dem ersten Startversuch. Es bestand kaum ein Zweifel, daß eine längere Wartezeit bevorstand. Für die Gruppe wurde Kaffee bestellt, die Leute hatten schon bald ihr Mißgeschick vergessen und witzelten. Im Cockpit erschien der Stationsingenieur Bill Black, um mit den beiden Piloten das Ladedruckproblem anzugehen und irgendwie zu lösen. Die seitens des Herstellers empfohlenen Verfahren hatten nichts genutzt, so blieb die einzige Möglichkeit, die Triebwerke erneut aufeinander abzustimmen. Hierzu wäre allerdings eine Übernachtung in München erforderlich gewesen, doch die damit verbundenen Unbequemlichkeiten wollte keiner auf sich nehmen. Immerhin arbeitete ein Triebwerk einwandfrei, und würde man die Schubhebel noch vorsichtiger handhaben, müßte sich das Problem aus der Welt schaffen lassen. Es wäre ein längerer Startlauf erforderlich, aber schließlich war die Startbahn lang genug. Beide Kapitäne beschlossen, einen dritten Anlauf zu nehmen.

Aber da stand noch die Frage wegen einer Enteisung an, und die beiden Kapitäne beratschlagten hierüber mit dem Bodeningenieur. Zwar schneite es weiter, aber bei den beiden Startversuchen waren die Schneeschichten von den Tragflächen weggeblasen worden. Obgleich nicht der gesamte Teil der Tragflächen vom Cockpit aus einzusehen war, hatten die Piloten doch festgestellt, daß sich der zuvor sichtbare dünne Film verteilt hatte, das bißchen Schnee würde beim nächsten Startversuch auch noch verschwinden. Aber die Startbahn befand sich nun in einem beklagenswerten Zustand, doch keinen scherte dies. Etwas später erwartete man in München einen deutschen Minister, und ausgerechnet das Flughafenfahrzeug, das kurz zuvor das Zurückrollen von Zulu Uniform behindert hatte, inspizierte nun in Erwartung der Ankunft des Ministers die Landebahn. Über deren gesamte Länge hin lag eine etwa einen Zentimeter dicke Schneematschschicht. Piloten hatten zuvor geäußert, daß der Matsch an vielen Stellen wesentlich tiefer sein dürfte. Verfolgte man die Spuren auf den ersten Zweidritteln der Bahn, so wurde offenbar, daß das letzte Drittel der Start- und Landebahn eine unberührte nasse Schneematschschicht trug. Aber eine flüchtige Inaugenscheinnahme und Messungen führten zu dem Trugschluß, daß alles in Ordnung sei. Kurz darauf hob eine »Convair« ab und verspritzte den matschigen Schnee in hohen Wellen. Warum die Start- und Landebahn nicht geräumt wurde, blieb das Geheimnis der Verantwortlichen.

Die Betriebsvorschriften gestatten beim Start lediglich eine maximale Tiefe von 13 Millimeter Matsch oder 38 Millimeter trockenen Schnees. Heutzutage wissen selbst Autofahrer über die mit winterlichem Schneematsch verbundenen Probleme: eine Vorwärtsbeschleunigung wird unmittelbar gehemmt, und die Lenkfähigkeit des Autos erheblich verringert. Übertragen auf Flugzeuge scheint es nicht schwierig, sich der Folgen mehrerer Zentimeter hohen Schneematsches bewußt zu werden.

Hätten nur einige Männer die Startbahn freigeschaufelt, es wäre zumindest ein Versuch gewesen und weit besser, als untätig zu bleiben. In München erkannte man die Gefahr nicht – und so nahm das Verhängnis seinen Lauf!

Flug 609 Zulu Uniform hatte nach zwei Startabbrüchen die Aufmerksamkeit auf sich gezogen, und mehrere Leute, unter ihnen der Flughafendirektor in seinem Büro im ersten Stock des Flughafens (in Erwartung des hohen Regierungsgastes) sowie einige Auszubildende ein Stockwerk höher beobachteten interessiert die Startvorbereitungen. Auch ein Photograph war zufällig anwesend. Zulu Uniform hatte alle Blicke auf sich gezogen und konnte nicht unbeachtet starten. Nachdem sich die Piloten zu einem dritten Versuch entschlossen hatten, rief man die Passagiere knapp zehn Minuten nach ihrem Ausstieg aus der Flughafenhalle herbei. Das Erstaunen über diese kurze Wartezeit war groß, und mit halb geleerten Kaffeetassen bestieg die Manchester United Mannschaft, wenn auch etwas zögernd, erneut die »Elizabethan«. Unter den Passagieren hatte sich eine gewisse Anspannung eingestellt, die anfänglichen Späße waren einigen nervösen, bissigen Witzen gewichen. Matt Busby bemerkte: »Wenn es für uns nicht so wichtig wäre, uns wenigstens vor Samstag in Manchester auszuschlafen, können wir ja ruhig bis morgen in München bleiben.« Keiner hörte mehr zu. Als alle Passagiere kurz vor 15.00 Uhr GMT (16 Uhr Ortszeit) ihre Plätze wieder eingenommen hatten, wurden die Türen geschlossen, und Kapitän Rayment griff zum Kabinenmikrophon, um einige Erklärungen abzugeben. Er teilte den Passagieren mit, daß nun der technische Fehler gelöst sei und der Heimflug in wenigen Minuten erfolge. Die Flugzeit würde etwa drei Stunden betragen, unter Berücksichtigung der einen Stunde Zeitverschiebung schätzte die Besatzung die Ankunftszeit in Manchester auf 18 Uhr Ortszeit.

ZU F/T: »609 Zulu Uniform, München Tower, würden Sie bitte meine Freigabe erneuern, ich bin nahezu startbereit.«
München Tower F/T: »München Tower, verstanden.«

Einige Sekunden später wurde der Funkverkehr fortgesetzt.

München Tower F/T: »B Line 609 Freigabe zum Anlassen der Triebwerke. Ihr Flugplan ist an ›ATC‹ (Flugverkehrskontrolle) weitergeleitet worden.«

ZU F/T: »München Tower, B-Line 609 Zulu Uniform, rollbereit.«

München Tower F/T: »609 Zulu Uniform, München Tower, Wind zwei neun null, acht Knoten. Freigegeben zur Startbahn zwei fünf. QNH eins null null vier, Zeit fünf sechs und Dreiviertel, kommen.«

ZU F/T: »Danke.«

Das Flugzeug verließ das Vorfeld, während des dreiminütigen Rollens wurden nun zum dritten Mal die Checks vor dem Abflug gelesen. An der Startbahnschwelle angekommen, erbat der Funker die Freigabe auf die Startbahn.

Zu F/T: »609 Zulu Uniform, können wir anschließen?«

München Tower F/T: »Zulu Uniform B-Line 609, schließen sie an und halten Sie. Hier kommt Ihre Freigabe B-Line 609 von München Kontrolle freigegeben nach Manchester über die gemäß Flugplan eingereichte Routenführung. Bleiben Sie auf 7000 Fuß. Rechtskurve nach dem Start, steigen Sie auf Südkurs in Richtung Freising und behalten Sie 4000 Fuß bei, bis Sie weitere Anweisung erhalten.«

Diesmal wurde diese Anweisung fehlerfrei zurückgelesen, und das Flugzeug schwenkte auf die Startbahn ein, dann erfolgte eine letzte Überprüfung des Triebwerklaufs.

München Tower F/T: »B-Line 609, welche Steigrate haben Sie, kommen?«

ZU F/T: »600 Fuß pro Minute.«

Nach Abschluß des Triebwerklaufs unterbrach ein weiterer Funkspruch vom Tower die Abflugvorbereitungen.

München Tower F/T: »B-Line 609, Ihre Freigabe ist ungültig, wenn Sie nicht um 04 in der Luft sind. Zeit jetzt 02!«

ZU F/T: »Verstanden, ja, habe verstanden, gültig bis 04.«

Die Kapitäne wechselten noch einige Worte und beschlossen, daß Thain die Triebwerkinstrumente aufmerksam beobachtet sowie die Schubhebel selbst einstellt, sollte sich wieder irgendein Druckanstieg zeigen.

ZU F/T: »München, 609 Zulu Uniform, startklar.«

München Tower F/T: »609, Wind drei null null, zehn Knoten, starten Sie jetzt, viel Glück.«

Zu Beginn des Startvorgangs schob Rayment die Schubhebel ganz langsam nach vorne, bis die Ladedruckanzeige 71 Zentimeter anzeigte, dann löste er die Bremsen.

ZU F/T: »Wir rollen.«

Behutsam schob Rayment dann die Schubhebel Zentimeter um Zentimeter nach vorn, während sich Thain ganz der Überwachung der Triebwerkinstrumente widmete, seine linke Hand folgte nur oberflächlich derjenigen Rayments. Das Flugzeug beschleunigte langsamer als üblich, nachdem die Schubhebel so vorsichtig wie möglich auf volle Leistung nach vorne gedrückt worden waren.

Selbst in der Kabine wurde man des langsamen Ansprechens der Triebwerke gewahr. Als das Flugzeug mehr und mehr beschleunigte, wurden vom Fahrwerk gewaltige Schneematschfontänen herumgeschleudert, die von allen am Fenster sitzenden Passagieren beobachtet werden konnten. Thain und Rayment kümmerten sich gemeinsam um die Schubhebel. Wieder klopfte Thain sachte auf Rayments Handrücken und übernahm die Kontrolle über die Schubhebel. Auf Rayments Bitte

»volle Leistung prüfen«, antwortete Thain, die Augen nicht von den Anzeigen abwendend, »volle Leistung gesetzt, Temperatur und Drücke in Ordnung.«

Bei voller Leistung nahm die Beschleunigung des Flugzeugs ständig zu, obwohl das Tempo etwas langsamer als sonst war, und Thain rief die Geschwindigkeiten aus . . . 60 Knoten, 70 Knoten. Bei etwa 85 Knoten bemerkte Thain plötzlich einen leichten Druckanstieg am Backbord-Triebwerk. Während sich Thain noch mit diesem erneuten Ärgernis befaßte, ging Rayment von der Bugradsteuerung auf Seitenrudersteuerung über, die bei zunehmender Geschwindigkeit gerade anzusprechen begann. Rayment zog die Steuersäule behutsam zu sich heran, um die Flugzeugnase auf etwa 4° anzuheben und das Bugrad vom Boden freizubekommen. Aber auch dieses routinemäßige Manöver stieß auf Schwierigkeiten. Thain hatte gerade den linken Schubhebel vorsichtig ausbalanciert, bis der Ladedruckmesser 137 Zentimeter anzeigte. Der Druckanstieg ließ nach. Langsam, aber beharrlich schoben die Piloten den Schubhebel für das Backbord-Triebwerk in die voll geöffnete Lage. Nun zeigten beide Ladedruckmesser einheitlich 146 Zentimeter an, das Problem des Druckanstiegs schien bewältigt zu sein. Thain bestätigte erneut, daß bei voller Leistung Temperatur und Drücke in Ordnung waren. Sodann wandte er seine Aufmerksamkeit wieder dem Geschwindigkeitsmesser zu. Die Geschwindigkeit betrug 105 Knoten, die Beschleunigung ließ immer noch zu wünschen übrig, aber Thain, vollauf mit den Instrumenten beschäftigt, maß dieser Tatsache keine Bedeutung bei. Als Thain gerade eine Geschwindigkeit von 110 Knoten ausrief, entging es ihm nicht, daß die Geschwindigkeitsanzeigenadel sich immer träger um die Scheibe bewegte, auf der Stelle flackernd, als wolle sie jeden Knoten festhalten. Als die Geschwindigkeit einen Wert von 117 Knoten erreicht hatte, rief Thain »V 1«, die Entscheidungshöhe. Ein »zurück« gab es nun nicht mehr, es mußte gestartet werden, denn es stand nicht mehr genügend Startbahnlänge zur Verfügung. Rayment trimmte das Flugzeug leicht aus, um die auf dem Bugrad liegende Last auszugleichen, während Thains Blick unentwegt auf dem Geschwindigkeitsmesser ruhte. Sein nächster Ruf würde bei 119 Knoten, der V 2, erfolgen (die geringste Sicherheitsgeschwindigkeit nach dem Start im Falle eines Triebwerkausfalls nach V 1). Sollte es tatsächlich nach dem Start zu einem derartigen Ausfall kommen, war dies nicht gerade ermutigend. Nach der V 2 hätte Rayment freies Spiel, er würde die Steuersäule weiter zu sich heranziehen, abheben und wäre schon bald auf der Sicherheitshöhe angelangt.

Zulu Uniform war unterdessen fast die ganze Startbahn heruntergerollt und drohte sich den Startbahnflächen zu nähern, die gleichmäßig und unberührt vom Schneematsch bedeckt waren. Aber irgendetwas stimmte mit der Beschleunigung nicht, die Geschwindigkeitsanzeige verharrte bei etwa 117 Knoten, dann fiel die Nadel ohne Vorwarnung um etwa vier bis fünf Knoten ab. Nun war Thain in höchster Sorge. Der Zeiger sank weiter und pendelte sich schließlich bei etwa 105 Knoten ein. Die Geschwindigkeit war zum Abheben viel zu gering, das Startbahnende kam näher und näher. Aber nun war es auch für ein Abbremsen zu spät, die kurze Strecke der verbleibenden Startbahn reichte einfach nicht mehr aus. Die Piloten erkannten das Dilemma zu spät, Rodgers, der Funkoffizier, griff verzweifelt zum Mikrophon und stammelte:
ZU F/T: »München, von B-Line Zulu Unif...« Weiter kam er nicht mehr.

Das Flugzeug schoß über das betonierte Startbahnende hinaus, schlitterte durch den Schnee auf den Begrenzungszaun des Flughafens zu. Rayment schrie: »Mein Gott, das schaffen wir nicht!« Thain blickte von den Instrumenten auf und erkannte die fatale Lage. Zulu Uniform war bereits mehr als 180 Meter über das Ende der Startbahn hinausgeschossen, pflügte den Zaun um und schlitterte über eine enge Straße auf die andere Seite. Ein Haus und ein Baum standen direkt im Weg. Mit der linken Hand knallte Thain die bereits voll geöffneten Schubhebel raus, während Rayment immer noch versuchte, Zulu Uniform vom Boden hochzuziehen. »Fahrwerk rein«, brüllte Rayment in einem letzten verzweifelten Versuch, und Thain gehorchte. Das Flugzeug schien ruhiger, als wenn es tatsächlich flöge. Aber der Schein trügte, Thain klammerte sich ans Instrumentenbrett, und beide Piloten mußten hilflos zusehen, wie sich das Flugzeug langsam einen Pfad zwischen Haus und Baum suchte. Das Schicksal der »Elizabethan« war besiegelt, es gab kein Entrinnen mehr. Die Fluglotsen im Tower konnten durch den heftig einsetzenden Schneefall nichts mehr sehen, hörten nur noch Rodgers verzweifelten letzten Versuch, einen Funkspruch abzusetzen. Dann hörten sie nur noch ein Geräusch, das sich später im amtlichen Untersuchungsbericht wie folgt las: »Erst hörten wir ein heulend-wimmerndes Geräusch, dann krachte es im Hintergrund, nachdem die Meldung abbrach.«

Die Cockpitbesatzung wußte, daß es zu einer Kollision kommen mußte. Thain duckte seinen Kopf unter das Instrumentenbrett, als das Flugzeug direkt in das Haus auf der anderen Seite der Landstraße krachte. Durch den Aufprall wurde die linke Außenbord-Tragfläche abgerissen und schlitzte einen Teil der Heckeinheit auf. Das Haus stand kurz danach in Flammen. Rayment und Thain hatten die Kontrolle über das havarierte Flugzeug verloren, es schlitterte nun direkt in den Baum, der die linke Seite des Cockpits traf und aufriß. Ein Rad löste sich vom Fahrwerk und rollte in Richtung eines Fahrzeugs auf die Straße, während das zerschellte Flugzeug immer noch durch den Schnee glitt. 90 Meter hinter dem brennenden Haus schlug die rechte hintere Rumpfhälfte in eine hölzerne Garage, in der ein Lastwagen stand, das gesamte Heck brach auseinander. Der Benzintank des Wagens explodierte, der ganze Schuppen ging in Flammen auf. Und noch immer pflügte das Bugteil von Zulu Uniform durch den Schnee, nach 60 Metern kam es endlich zum Stillstand, während das bereits abgerissene Backbordtriebwerk noch einige Meter weiter glitt. Die Passagiere waren von einer Kakophonie berstender Teile umhüllt, wurden heftig geschüttelt und in dem brennenden Flugzeug herumgewirbelt. Dann plötzlich war es still, eine gespenstige Ruhe lag über dem Ort des Infernos. Das Getöse zerberstenden Metalls war erloschen, niemand sprach, nicht einmal ein Schrei, nichts durchschnitt die unheimliche Ruhe.

Rayment auf der linken, völlig zerstörten Seite des Cockpit war schwerverletzt. Thain, dem nichts geschehen war, erlangte unverzüglich das Bewußtsein wieder und gab Anweisung zur Evakuierung des Flugzeugs. Rodgers schaltet blitzschnell den Batterie-Hauptschalter aus und legte mehrere Sicherungen lahm, um dem Brand Einhalt zu gebieten. Dann zwängte er sich durch den Notausstieg der Bordküche, die sich durch den Aufprall verklemmt hatte. Aber die Tür zur Passagierkabine war durch aufeinander getürmte Gepäckstücke vollständig blockiert. Thain folgte Rodgers, während Rayment alle Anstrengungen unternahm, aus seinem Sitz zu entfliehen. Aber sein Fuß war eingeklemmt, er konnte sich nicht befreien. Thain eilte ihm zu Hilfe, aber vergebens.

In der Nähe des Wracks waren kleine Brände ausgebrochen. Am Stumpf des linken Flügels züngelten Flammen empor, und auch unter der rechten Tragfläche brannte es. Wie durch ein Wunder hatte hingegen der 2000 Liter fassende Brennstofftank das Unglück unbeschadet überstanden. Die zu erwartende verheerende Explosion blieb aus. Beide Stewardessen, die sich durch eine andere Tür in Sicherheit gebracht hatten, standen inmitten des Wracks, doch die meisten Passagiere waren wie betäubt und tatenlos auf ihren Sitzen angeschnallt geblieben. Thain forderte die beiden Mädchen auf, schnell vom Flugzeug wegzulaufen, immer noch war die Explosionsgefahr nicht gebannt. Der Photograph der Daily Mail, Peter Howard, tapste verwirrt herum, stolperte jedoch dann auf einen Spalt im Rumpf zu und kroch auf Händen und Füßen heraus, ihm folgte sein Assistent Ted Elyard. Harry Gregg, der Torhüter, war unverletzt und hatte nur eine leichte Nasenblutung. Nur seine Schuhe hatte er, wie auch die anderen, abgelegt und half nun einem anderen Passagier so schnell wie möglich von dem Wrack wegzukommen. Inzwischen waren Thain und Rodgers, ungeachtet der noch bestehenden Explosionsgefahr, in das zertrümmerte Flugzeug zurückgekrochen, um die beiden Feuerlöscher aus dem Cockpit zu holen. Kurz verharrten sie neben dem sich vor Schmerzen windenden Rayment und versicherten ihm, sogleich nach Löschung des Feuers zurückzukehren, um ihn zu befreien. Als Thain den Feuerlöscher auf einen Brandherd an der abgebrochenen Tragfläche richtete, sah er Billy Foulkes, den rechten Verteidiger, teilnahmslos auf seinem Platz an einem Fenster sitzen. Er rief ihm zu, das Flugzeug so schnell wie möglich zu verlassen. Foulkes, in seinem Sitz eingeklemmt, erwachte aus seiner Lethargie, geriet in Panik und entledigte sich schleunigst seines Anschnallgurts, tastete seine Beine nach Verletzungen ab und schwang sich dann durch ein Loch gleich vor ihm aus dem Wrack. Dann rannte er wie von Sinnen mehr als 180 Meter vom Flugzeug weg, ehe er stehenblieb und sich umschaute.

Aber die beiden Feuerlöscher konnten der Feuersbrunst nicht Herr werden, die Flammen entwickelten eine dicke schwarze Rauchwolke, sie stieg in den grauen, schneeverhangenen Himmel empor. Aber ungeachtet der Explosionsgefahr waren die Unverletzten sich nun der Lage voll bewußt. Rodgers, die beiden Stewardessen Bellis und Cheverton, Elyard, Gregg und Howard, begleitet von Foulkes kehren zum abgestürzten Flugzeug zurück, um den Eingeschlossenen zu helfen. Thain kümmerte sich um den immer noch im Cockpit eingekeilten Rayment. In der demolierten Kabine lag im Hintergrund Matt Busby schwerverletzt. Er stützte sich mit zerschmetterten Rippen auf seinen Ellbogen, die Retter legten ihm einen Mantel um. Vor ihm saß Bobby Charlton bewegungslos, noch immer angeschnallt, in seinem Sitz, während in der gleichen Reihe am Fenster Dennis Violet völlig apathisch wirkte. Für beide schien jede Hilfe zu spät zu kommen. Als aber die Rettungsmannschaften endlich eintrafen, schüttelte sich Charlton wie nach einem Alptraum, richtete sich auf, löste den Gurt, erhob sich und ging ihnen entgegen. Dennis Violet kam ebenfalls wieder zu sich. Auf der linken Seite des Flugzeugs hatte auch Jackie Blanchflower, wenn auch mit schweren Schnittwunden am Arm, die schnell mit einer Krawatte verbunden wurden, überlebt. Obwohl das Flugzeug völlig zerstört worden war, hatte sich die Zahl der Toten, wenigstens im vorderen Teil, in Grenzen gehalten. Die Überlebenden wußten zu diesem Zeitpunkt nicht, daß zwanzig Insassen ums Leben gekommen waren. Darunter elf Mitglieder von Manchester United, sieben Spieler, der Trainer, sein Assistent, der Sekretär und ein Direktor. Kurz nach 15 Uhr GMT waren an diesem düsteren Wintertag in München, auf einer Fläche kaum größer als ein Fußballfeld, Hoffnungen, Erwartungen und Träume einer hervorragenden Fußballmannschaft unter den Wrackteilen der B-Line 609 begraben worden. Auch die Reihen bester Journalisten hatten sich bei diesem Unglück gelichtet. Sieben führende Fußballkorrespondenten hatten den Tod gefunden, einer kämpfte mit seinen

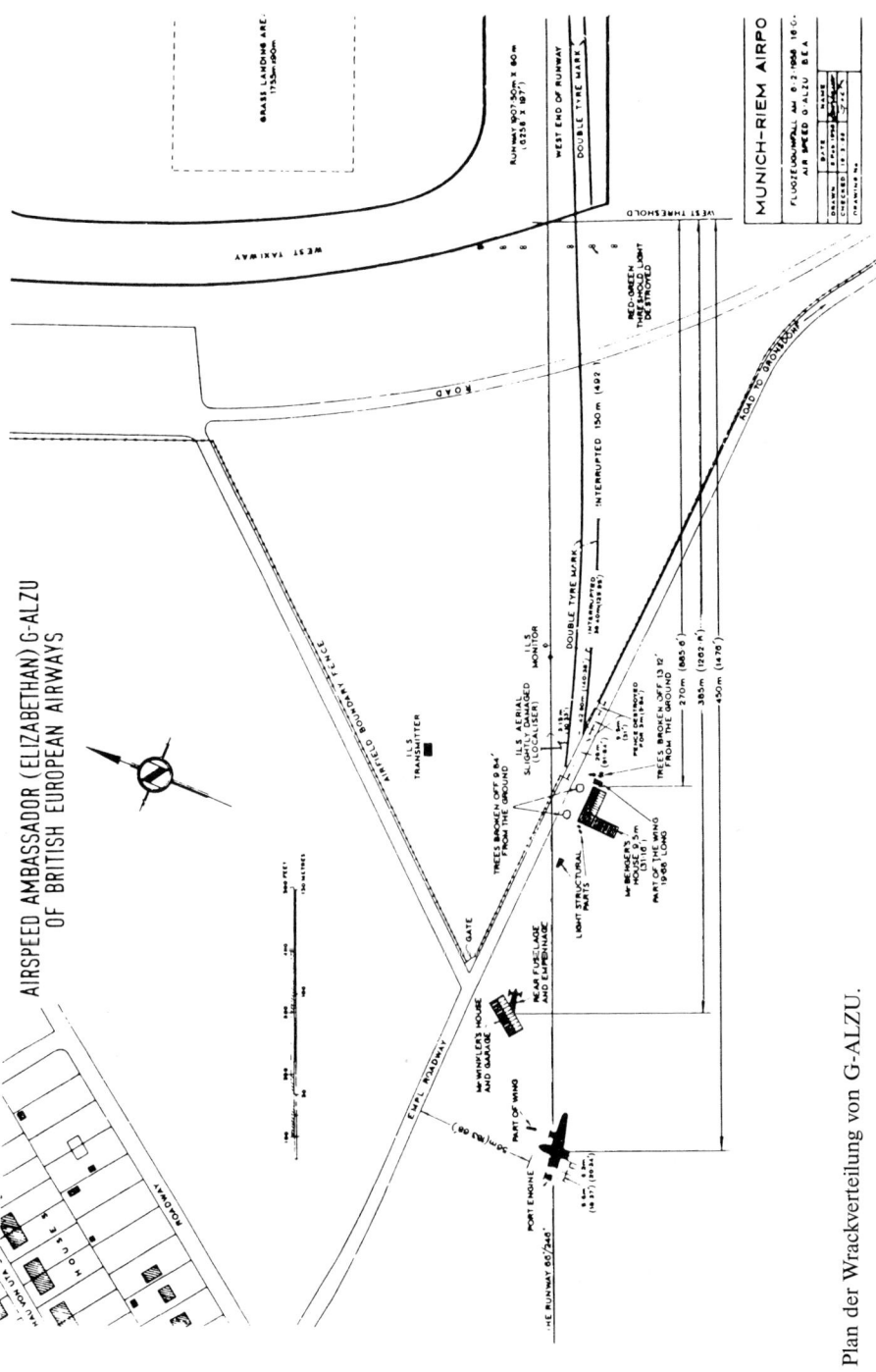

Plan der Wrackverteilung von G-ALZU.

79

schweren Verbrennungen. Auch der Steward sowie ein jugoslawischer Passagier hatten die Katastrophe nicht überlebt.

Um das Wrack herum züngelten immer noch Flammen, doch die große Explosion war ausgeblieben, so daß sich die Rettungsmannschaften unverzüglich an die Arbeit machen konnten. Thains verzweifelte Versuche, seinen eingeklemmten Freund Rayment zu befreien, waren fehlgeschlagen, die Retter mußten Rayment unter Zuhilfenahme von Schneidbrennern erlösen. Ambulanzen und auch die Feuerwehr waren mit heulenden Sirenen inzwischen am Unglücksort eingetroffen. Die Brände wurden schnell unter Kontrolle gebracht, die Schwerverletzten geborgen und in die nahegelegenen Krankenhäuser eingeliefert. Thain, der immer noch aufs äußerste um Rayment besorgt war, lieh sich von einem Feuerwehrmann die Axt und versuchte die Seitenwand des Cockpit einzuschlagen, aber es gelang ihm nicht. Er war der Erschöpfung nahe; den Rettungsmannschaften gelang es endlich, ihn zu einer medizinischen Untersuchung zu überreden. Bevor er zum wartenden Fahrzeug geführt wurde, das ihn zum Krankenhaus bringen würde, erhob er zu Rayment seinen Daumen, der das Signal lächelnd quittierte und geduldig auf seine Befreiung wartete. Wenig später erklommen Feuerwehrleute das Cockpitdach über den Steuerbordflügel und zogen den schwerverletzten Rayment nach oben über das verbogene Metall. Der Rettungswagen brachte ihn sofort ins »Krankenhaus Rechts der Isar«, wo schon vor ihm die anderen Verletzten Aufnahme fanden. Die meisten konnten das Krankenhaus nach ambulanter Behandlung verlassen, nicht aber Rayment.

Im Wrack wurde unterdessen weiter nach Überlebenden gesucht, und als man die Hoffnung fast aufgegeben hatte, stolperte ein Pressevertreter über Schrott im Heckteil, um seine Filmrollen des Spiels »Manchester United« gegen »Roter Stern« aufzulesen. Plötzlich bemerkte es ein »Kleidungsstück«, das sich auf die verstreuten Gepäckstücke hin bewegte, und nachdem er den umliegenden Schutt beiseite geschafft hatte, entdeckte er den jungen Ken Morgans, er war zwar bewußtlos, aber atmete. Von der stolzen Fußballmannschaft und ihren Begleitern hatten 24 Menschen überlebt, dennoch war zum Jubeln nicht der geringste Grund vorhanden. Die Hiobsbotschaft machte die Runde, daß Frank Swift, der Reporter von »News of the World« seinen schweren Verbrennungen erlegen war. Die Todesrate hatte sich auf 21 erhöht. Von den 24 Überlebenden befanden sich 15 im Krankenhaus, sechs von ihnen lebensgefährlich verletzt, darunter Ken Rayment, Matt Busby, John Berry (Rechtsaußen), Duncan Edwards (linker Mittelstürmer) und zwei der jugoslawischen Passagiere, Frau Eleanor Miklos und Vera Lukic.

Während die Verantwortlichen an der Absturzstelle auf die Ankunft der deutschen Untersuchungskommission warteten, machten die Zeitungen bereits Schlagzeilen über diese Tragödie. Die Stadt Manchester schien in ihren Grundmauern erschüttert. Nicht nur die britische Königin, sondern auch der Minister für Luftfahrt sowie der Bürgermeister von Manchester beeilten sich ihre Beileidsbotschaften abzusetzen. Auch der jugoslawische Staatschef Tito sandte ein Beileidstelegramm an Premierminister Harold Macmillan: »Ich bin zutiefst bewegt ob dieser Katastrophe, die eine unermeßliche Bürde für den britischen Sport und ihre Landsleute ist. Lassen Sie mich Ihnen mein tiefstes Beileid aussprechen.« Die nationale Vereinigung der Journalisten resümierte: »Der Verlust dieser prädestinierten Sportjournalisten erfüllt uns mit Trauer; diese Tragödie wird sich auf das gesamte Pressegeschehen und insbesondere auf das tägliche Leben Nordenglands auswirken.«

Stunden nach dem Unfall verschlechterte sich das Wetter weiter, im Verlaufe des Abends hatten heftige Schneefälle eingesetzt. Die Untersuchungskommission des Luftfahrtbundesamtes in Braunschweig reiste noch am selben Abend, angeführt vom Chefinspektor, Flugkapitän Reichel, in München an, um die Absturzursache zu untersuchen. Reichel mit seinen Männern landete um 22 Uhr Ortszeit in München, sechs Stunden nach dem Absturz, inzwischen hatte eine dicke Schneeschicht das zerborstene Metall überzogen. Zu jener Zeit hatte es nicht soviele Zwischenfälle in der Luft gegeben, und demzufolge war die Untersuchungskommission nicht so gerüstet, wie heutzutage.

Die Untersuchungen verliefen oberflächlich, kaum wurde ein Versuch zur Beweissicherung unternommen. Am Ort des Geschehens drängten sich Reporter, Photographen, Flughafenangestellte und Verantwortliche. Aber der Schauplatz lag im Dunkeln, Reporter der BBC bemühten sich um Leuchtkörper für die Untersuchungskommission. Reichel sagte später in seinem Bericht zu dem Geschehen:
»Das Flugzeugwrack war mit einer acht Zentimeter hohen Schneeschicht überzogen. Die rechte, ebenfalls stark beschädigte Tragfläche war noch fest mit dem Rumpf verbunden und auch nicht in Brand geraten. Sie war mit einer gleichmäßigen Schneeschicht bedeckt. Es handelte sich um Pulverschnee, der mit der Hand ohne Schwierigkeiten abgefegt werden konnte. Darunter befand sich eine Rauheisschicht, die fest an der Tragflächenhaut haftete. Strich man mit der Hand darüber, fühlte sich diese Eisschicht wie eine Küchenreibe an. Der sehr feine, pulverförmige Schnee darüber hatte sich nicht mit der Eisschicht verbunden. Hätte man ihn abgeblasen, wäre die Eisschicht nicht zu übersehen gewesen. Ich habe die gleichen Bedingungen auf der ganzen Tragfläche festgestellt. Nur ein Teil der Triebwerkgondel und der Bereich des Luftschraubenstrahls waren eisfrei, hier trat nach Beseitigung des Schnees die nackte Haut zutage. Außer dieser Eisbildung, habe ich nichts feststellen können, was zu dem Unfall beigetragen hätte!«
Und das war dann auch schon die Aufklärung. Vereisung hatte den Absturz verursacht! Es hatte keine weitere Untersuchung stattgefunden, und hätten die Betroffenen nicht heftig widersprochen, wäre das Wrack von den deutschen Behörden zur Verschrottung freigegeben worden.
British Airways berief in London noch am gleichen Abend eine Unfall-Untersuchungskommission ein, die unverzüglich nach München reiste. Der Minister für Transport und Zivilluftfahrt beauftragte als Leiter der Kommission Herrn Kelly, der London am nächsten Morgen, Freitag, den 7. Februar, verließ. Wegen des schlechten Wetters wurde sein Flug jedoch nach Frankfurt umgeleitet, und so erreichte Kelly den Unfallort später als er gehofft hatte. Als Kelly London gerade verlassen hatte, erschien Thain mit seinen überlebenden Besatzungsmitgliedern zögernd auf einer Pressekonferenz, nachdem man ihnen zugesichert hatte, sie nach dieser Pressekonferenz nicht mehr zu behelligen. Thain war in schlechter Verfassung und erhielt vom Arzt der British Airways für den Rest des Tages strikte Ruhe verordnet. So blieben ihm weitere Interviews erspart.
Reichel, Mitglied der deutschen Untersuchungskommission, befragte zunächst den Stationsingenieur von British Airways Black auf dem Flughafen nach seiner Meinung über diesen fatalen Absturz, als Thain die Szene schon verlassen hatte. Zunächst diskutierten die beiden Männer mehr oder weniger über die Triebwerkprobleme während der Startversuche, ehe sie sich dem eigentlichen Ablauf der Ereignisse widmeten.

Reichel: »Was können Sie mir über den dritten Startanlauf sagen?«

Black: »Nachdem das Flugzeug etwa das erste Drittel der Startbahn heruntergerollt war, hob es ab und blieb zunächst in dieser völlig normalen Lage. Es war mir unmöglich zu sehen, ob sich die Räder die ganze Zeit am Boden befanden, da das Flugzeug während des gesamten Rollvorgangs von aufspritzendem Schneematsch umhüllt war.«

Reichel: »Darf ich um Ihre persönliche Ansicht zu dem Unglück bitten?«

Black: »Ich glaube, die Ursache in dem durch den hohen Schneematsch auf der Startbahn hervorgerufenen Widerstand zu sehen.«

Reichel: »Eigentlich sollte der Kapitän sein Flugzeug kennen und wissen, unter welchen Bedingungen er einen Start wagen kann.«

Am Sonnabend, den 8. Februar, erhielt Kapitän Reichel Gelegenheit zu einem Gespräch mit Kapitän Thain, das in Gegenwart von dem BEA-Untersuchungschef Kelly, Wing Commander Gibbs sowie weiteren Mitgliedern des Untersuchungsausschusses stattfand. Nachdem zunächst die Notwendigkeit eines dritten Startversuchs angesprochen worden war, kam Reichel wegen des Verlusts an Geschwindigkeit zur Sache.

Reichel: »Wie erklärt Kapitän Thain den Geschwindigkeitsabfall, wenn alle Instrumente korrekt angezeigt haben?«

Thain: »Meiner Auffassung nach wurde das Flugzeug am Boden gebremst, und ich gehe davon aus, daß die Schneetiefe und nicht die Triebwerke dafür verantwortlich waren.«

Reichel: »Da waren bestenfalls vier Zentimeter Schnee auf der Startbahn, ziemlich nasser Schnee. Die Reifenabdrücke waren ganz deutlich im Beton sichtbar.«

Thain: »Als wir aus Belgrad kommend landeten, schlitterte das Flugzeug zunächst, aber kurz darauf sprachen die Bremsen an.«

Reichel: »Die Rollbahn ist lang, die beiden ersten Startversuche haben Sie bereits in der Mitte abgebrochen.«

Thain: »Meine Aufgabe an Bord war die Überwachung der Instrumente und nicht hinauszuschauen.«

Reichel: »Als das Startbahnende immer näher kam, die Geschwindigkeit aber abfiel, warum hat er (Rayment) dann den Start nicht abgebrochen?«

Thain: »Da bereits 117 Knoten erreicht waren, hatte er bei der noch zur Verfügung stehenden Startbahn keine andere Wahl. Er mußte den Start fortsetzen. Als die Geschwindigkeit auf 105 Knoten sank und er den Start abbrechen wollte, war es bereits zu spät, das Flugzeug vor dem Haus abzubremsen.«

Reichel: »Nach dem Unfall stellten wir auf der Steuerbord-Tragfläche eine gleichmäßige Rauheisschicht fest, unter dem auf der Tragfläche liegenden Pulverschnee war das Eis sehr rauh. Die Oberseite der Tragfläche über dem Triebwerk im Gebiet des Luftschraubenstrahls war hingegen eisfrei. Dies wurde etwa 30 Minuten nach dem mißglückten Start festgestellt.«

Thain: »Als ich vor dem ersten Startversuch eine Außenbesichtigung vornahm, fand ich tauenden Schnee auf den Tragflächen und konnte sogar die einzelnen Rippen zählen.« Tatsache war hingegen, daß eine erste Inaugenscheinnahme des Wracks erst sechs Stunden nach dem Absturz stattgefunden hatte.

Reichel: »Wie erklären Sie sich dann den Unfall?«

Thain: »Ich darf meine persönliche Auffassung wiederholen. Am Ende der Startbahn hatte tiefer Schnee die Beschleunigung des Flugzeugs verzögert.«

Die Mannschaft kehrte an diesem Samstagnachmittag nach England zurück. Die Verantwortlichen hatten bereits entschieden, daß trotz allem das Sportgeschehen weiterging, wenn auch die Begegnung zwischen Manchester United und den Wolves abgesagt wurde. Bei allen anderen Spielen wurde eine Schweigeminute eingelegt, wie auch bei der Fußballvereinigung und den Rugbyspielen. Die Flaggen wehten auf halbmast, die Spieler trugen einen Trauerflor und die Presse schwarze Schlipse. Die Erregung hatte sich längst noch nicht gelegt, und viele Spieler empfanden die Wettkämpfe an diesem Tag als eine Zumutung. Am gleichen Abend kehrte Kapitän Thain mit seinen vom Unglück verschont gebliebenen Besatzungsmitgliedern nach London zurück.

In München herrschte an diesem Wochenende warmes Wetter, der Himmel war klar, und die Sonne schien, was für diese Jahreszeit völlig ungewöhnlich war. Ingenieure der British Airways, die die britische Regierung beauftragt hatte, untersuchten den ganzen Sonntag die Triebwerke, konnten jedoch, wie erwartet, nicht den geringsten Fehler finden, so gründlich sie sich auch mit den Triebwerken beschäftigten. Die deutschen Behörden machten keine weitere Anstalten mehr, der Unfallursache auf den Grund zu gehen, sie verkauften noch an diesem Sonntag das Wrack an einen Schrotthändler. Aber eine gute Nachricht brachte das Wochenende: Matt Busby, obwohl noch schwerverletzt, war außer Lebensgefahr.

Am Morgen des 10. Februar 1958 waren die Formalitäten zur Überführung der Toten nach England erledigt, und noch vor Eintritt der Dämmerung wurden die Särge, geschmückt mit dem Union Jack, zum Flughafen gebracht. An diesem Morgen hatten die Verantwortlichen in Deutschland ihr eigenes Bulletin herausgegeben, was sogleich in der »Times« abgedruckt wurde.

Aufgrund vorläufiger Untersuchungen war das Deutsche Verkehrsministerium zu dem Schluß gekommen, daß das Unglück durch Tragflächenvereisung verursacht wurde, wenn auch der Kapitän keine vernünftige Erklärung liefern konnte, warum er nicht auch den dritten Start vorzeitig abbrach. Zwar lag die Befragung durch die deutschen Behörden schon einige Monate zurück, offensichtlich war man aber bestrebt, die Angelegenheit so schnell wie möglich unter den Teppich zu kehren und nur die eigene Ansicht durchzusetzen. Ohne Gegenbeweis wurde der Bericht veröffentlicht. Ungeklärt war hingegen die von Reichel beobachtete Rauheisschicht auf der Tragfläche, obwohl er das Wrack erst sechs Stunden nach dem Absturz besichtigt hatte. Aufgrund dieses Berichtes trat die Presse zum Sturm gegen Kapitän Thain an.

Am Montagnachmittag trafen die Särge mit den sterblichen Überresten der Verunglückten in England ein, vier wurden während einer kurzen Zwischenlandung in London ausgeladen, ehe das Flugzeug nach Manchester weiterflog. Hier blieben die sterblichen Hüllen über Nacht in einem Hangar aufgebahrt. Am nächsten Morgen wurden die flaggenumhüllten Särge in feierlicher Prozession durch die Straßen von Manchester nach Old Trafford getragen. Etwa einhunderttausend Menschen säumten die Straßen und die Tribünen im Stadion, um den Opfern die letzte Ehre zu erweisen.

Das Leben in Manchester und München nahm unterdessen seinen gewohnten Lauf. Am Mittwoch war das Spiel Manchester United gegen Sheffield von Samstag, den 15. auf den 19. Februar verschoben worden. Eilends wurde die gelichtete Mannschaft neu aufgebaut. In München gingen inzwischen die Ermittlungen der deutschen und britischen Untersuchungskommissionen weiter, die Meinungen beider Kommissionen gingen stark auseinander. Die Deutschen beharrten auf ihrer Vereisungstheorie.

Zwei Fotografien der Unfallstelle kurz nach dem Absturz. Gebäude im Hintergrund brennen noch. Der hintere Abschnitt der Flugzeugzelle ist direkt hinter den Tragflächen vollständig abgerissen.

Detaillierte Ansicht des Nasen- und Tragflächenabschnitts der Flugzeugzelle. Das Heckteil ist abgebrochen.

Die Seffers – Vater und Sohn – versuchen Kapitän Rayment zu befreien. Man sieht deutlich Karl Seffers Gummistiefel.

Auf das Wrack fällt Schnee.

Die Briten hielten dem entgegen, daß Matsch und tauender Schnee auf einer kalten Startbahn nichts mit einer Tragflächenvereisung gemeinsam habe. Im übrigen seien die Tragflächen während des Anflugs auf München erwärmt und somit enteist worden. Für Eis auf den Tragflächen war der Kapitän verantwortlich, für eine matschige Startbahn hingegen der Flughafendirektor. So verwunderte der Interessenkonflikt keineswegs. Das Problem beschäftigte beide Kommissionen. Tragflächenvereisung und ihre gefährlichen Folgen waren nichts Neues, wohl aber eine am Boden durch Schneematsch verursachte Bremswirkung auf das Flugzeug. Zwar lagen der BALPA (Britische Verkehrspiloten-Vereinigung) bereits Berichte vor, die sich mit Zwischenfällen, bedingt durch Schneematsch auf Startbahnen, befaßten. So verwunderte es die BALPA keineswegs, daß ein Startversuch von einer mit Schneematsch bedeckten Startbahn fehlgeschlagen war. Eilig wurden Berichte über ähnliche Zwischenfälle herbeigezogen, und beängstigende Tatsachen kamen zu Tage. Der Kapitän einer »Viscount«, mit der er leer nach London geflogen war, legte seinen Bericht über einen Start von der mit Schneematsch bedeckten Startbahn in Manchester vor. Obwohl dieser Kapitän vor dem Start die Bahn gründlich geprüft hatte, entschloß er sich dann mangels entsprechender Anweisungen zum Start.

»Als ich die Startbahn herunterjagte, bemerkte ich Schwankungen in der Beschleunigung. Ich konnte die Geschwindigkeit nicht über 90 Knoten bringen (V 1 hätte bei etwa 98 und V 2 bei 108 Knoten liegen müssen). Nachdem ich etwa Zweidrittel der Startbahn zurückgelegt hatte, fiel die Geschwindigkeit auf 85 Knoten zurück und ich zog das Bugrad vom Boden weg. Die Geschwindigkeit nahm augenblicklich zu, und wir kamen frei. Ich konzentrierte mich voll auf den Startvorgang. Mir leuchtete natürlich ein, daß sich im Matsch das Verhalten eines dreirädrigen Fahrgestells ändern würde, aber ich hatte nicht genügend Erfahrung auf diesem Flugzeugmuster, um die gefährliche Widerstandswirkung auf das Bugrad richtig einzuschätzen.«

Selbstverständlich standen die Luftfahrtbehörden und auch Fluggesellschaften miteinander in Kontakt und tauschten ihre Erfahrungsberichte aus. Interessant war im Zusammenhang mit dem Münchener Unglück und dem Bericht des »Viscount«-Piloten ein Bericht der kanadischen Behörden, den die Fluggesellschaften mit größter Aufmerksamkeit zur Kenntnis genommen hatten, denn dieser Bericht warnte vor möglichen Gefahren auf mit Matsch bedeckten Startbahnen. Aber nur wenige Piloten hatten diesem Artikel Aufmerksamkeit geschenkt. Aber zumindest eine Fluggesellschaft, die holländische KLM, war durch diesen Bericht hinreichend aufgeschreckt worden, um ihren Piloten entsprechende Richtlinien zu geben.

Die Richtlinie trug die Überschrift:

Starts bei Schnee oder Schneematsch:

»Versuchen Sie nicht mit dreirädrigen Flugzeugen zu starten, wenn mehr als fünf Zentimeter Matsch oder nasser Schnee auf der Startbahn liegen.

Der durch den Matsch bedingte erhöhte Widerstand kann in Abhängigkeit von der Geschwindigkeit des Flugzeugs einen derartigen Wert erreichen, der gleich dem verfügbaren Schub ist und eine weitere Beschleunigung verhindert.

Das Rollmoment kann sich auf dem Bugrad so schnell aufbauen, daß es durch die Höhenruder nicht mehr steuerbar ist. Löst sich das Bugrad nicht einwandfrei vom Boden, bedeutet dies Gefahr! Brechen Sie den Start unverzüglich ab. Vermeiden Sie eine Überbeanspruchung der Höhenrudertrimmung, um den Steuerknüppel zu entlasten. Wenn das Flugzeug schwanzlastig wird, können sich kritische Steuerbedingungen einstellen.«

British Airways maß diesem Problem wenig Bedeutung bei, allerdings entsprach die damalige Kenntnis nicht dem heutigen Wissensstand. Betriebshandbücher enthielten keinerlei Hinweise an die Piloten, wie sie sich beim Start von verunreinigten Startbahnen zu verhalten hätten. Sie mußten mehr oder weniger selbst entscheiden. Dies machte nun die hinter Thain stehende BALPA British Airways zum Vorwurf. Die BALPA verlangte eindeutige Richtlinien für die Piloten.

Am Mittwoch, den 19. Februar, trat eine behelfsmäßige Manchester United Mannschaft mit Ernie Taylor, gekauft von Blackpool, und Stan Crowther von Aston Villa, sowie fünf Reservespielern, von denen zwei gerade 17 Jahre alt waren, in Old Trafford vor 60000 Zuschauern gegen Sheffield an. Manchester United gewann überraschend mit 3:0 Toren, die Zuschauer jubelten begeistert.

Früh am nächsten Morgen, es war kurz nach 2 Uhr, erlag Duncan Edwards, linker Mittelstürmer der Mannschaft, im Alter von 23 Jahren in München seinen Verletzungen. Die Zahl der Opfer hatte sich auf zweiundzwanzig erhöht. Kapitän Rayment lag im gleichen Krankenhaus, noch immer im tiefen Koma, in das er am Abend des Absturzes gefallen war und kämpfte ums Überleben. In England kämpfte Kapitän Thain um seine Reputation. Die Ermittlungen waren zu dem Schluß gekommen, daß Rauheisbildung auf den Tragflächen zum Absturz geführt hatte. Thain und die BALPA versuchten verzweifelt, Beweismaterial über die Auswirkung von Schneematsch und verunreinigten Startbahnen herbeizuschaffen. British Airways wurde von der Pilotenvereinigung aufgefordert, mit einer ausgemusterten »Elizabethan«, die schon durch die »Viscounts« ersetzt worden waren, Versuche unter Bedingungen durchzuführen, wie sie in München im Schneematsch geherrscht hatten. Aber ein schlüssiger Beweis ließ sich nicht erbringen.

Für Kapitän Thain verstrichen die Wochen, die Verhandlung näherte sich. Kapitän Rayment erwachte nicht mehr aus dem tiefen Koma, er starb am 15. März im »Krankenhaus Rechts der Isar«. Er war das letzte Opfer dieses verhängnisvollen Absturzes.

Mitte April waren in der Beweissicherung für die bevorstehende Verhandlung gute Fortschritte zu verzeichnen. Viele Details waren sowohl in Großbritannien als auch in der Bundesrepublik zusammengetragen worden. Die Zuversicht aller Beteiligten stieg, daß die Sitzung fair und unvoreingenommen verlaufen würde. Aus dem Münchener Krankenhaus waren alle, mit Ausnahme von Matt Busby, entlassen worden, und auch Busby kehrte schließlich nach langem Krankenhausaufenthalt am 18. April nach England zurück.

Unter dem Richter Walter Stimpel wurde am 28. April 1958, einem Dienstag, vormittags um 10 Uhr die Verhandlung wegen der Münchener Tragödie eröffnet. Stimpel verfügte als ehemaliger Luftwaffenpilot über einige Sachkenntnis. Reichel trug die Einzelheiten als Vorsitzender der Untersuchungskommission vor, deren Beisitzer Experten auf den einzelnen Fachgebieten der Luftfahrt waren. Geschwaderkommandeur Gibbs vertrat mit mehreren leitenden Angestellten die Interessen von British Airways. Die Verhandlungsführung wurde so flexibel gehandhabt, daß auch Kapitän Thain, der – wie sein verstorbener Kollege Kapitän Rayment – von den Kapitänen Gilman und Key von der BALPA verteidigt wurde, der Verhandlung beiwohnen konnte. Die Verhandlung fand, zwar unter bestimmten Sicherheitsmaßnahmen, im kleinen Kreis im Konferenzraum eines grauen Gebäudes im Münchener Flughafen Riem statt. Trotz des ernsten Hintergrunds schien die Atmosphäre fast gelockert.

Reichel verlas zunächst seine eigene Stellungnahme, die sich im großen und ganzen mit den verschiedenen Startabbrüchen und dem letzten Startversuch beschäftigte, dann kam er zur Beweissicherung auf die Reifenspuren auf dem Beton der Startbahn unter dem Schneematsch zu sprechen.

Reichel: »Die Reifenspuren waren von diesem dritten Anlauf am Ende der 1907 Meter langen Startbahn und noch darüber hinaus im Schneematsch klar zu erkennen, ein Beweis dafür, daß sie sich zu keiner Zeit vom Boden gelöst hatten. Die meisten Zeugen hatten dies bestätigt. Kurz vor Ende der Startbahn hatte insbesondere das hintere Reserverad eine deutliche Spur über eine längere Entfernung hinterlassen. Ich selber habe diese Spur zwar nicht gesehen, da außer der ›Elizabethan‹ auch andere Flugzeuge gestartet und gelandet waren, bevor ich, aus Braunschweig kommend, am Unfallort eintraf. Diese Spur war jedoch zu diesem Zeitpunkt am Ende der Startbahn und noch etwa 250 Meter darüber hinausgehend sichtbar. Am Begrenzungszaun zum Flughafen waren die linken Reifenspuren wie auch der Zaun nur noch fragmentartig ausmachbar. Doch die Spuren der Doppelreifen rechter Hand am Fahrgestell hatten einen kontinuierlichen, festen Abdruck hinterlassen. Eine Spur des Bugrades hingegen, fehlte.«

Der hintere Reservereifen war bei der »Elizabethan« so vorgesehen, daß er bei Anheben des Bugs das Heck nicht beschädigte, doch die Spuren im Schneematsch deuteten auf einen extrem steilen Steigwinkel hin, wie er im Fall eines vergeblichen Startversuchs auftritt.

Reichel aber wollte mit seiner Erklärung auf etwas ganz Bestimmtes hinaus. Er wollte beweisen, daß der überhöhte Steigwinkel bewies, daß Rayment in dem verzweifelten Versuch, doch noch vom Boden loszukommen, die Steuersäule zu hart gezogen hatte. »Irgendetwas« sollte ihn jedoch daran gehindert haben, und das konnte nach Reichels Ansicht nur eine Tragflächenvereisung gewesen sein. Andererseits hatte Thain zu Protokoll gegeben, daß der Steigwinkel während der Startrolle nicht anders als sonst gewesen war. Die Tatsache blieb im Raum, ohne eine Antwort zu finden.

Reichel setzte seinen Bericht fort, und wieder und wieder kam er auf die Tragflächenvereisung zurück, er beharrte auf seinem Standpunkt und trug vor, daß sich alle Flugzeuge, die sich unter gleichen Wetterbedingungen eine Weile in München am Boden aufgehalten hätten, enteist worden wären, nur Zulu Uniform machte hier eine Ausnahme. Dies war ein Affront gegen Thain, der eine Enteisung nicht für erforderlich gehalten hatte, übrigens völlig zu Recht wie sich später herausstellen sollte. Sodann kam Reichel auf die Startbahn zu sprechen. Wörtlich sagte er: »Die Meinungen bezüglich des Schnees auf der Startbahn waren geteilt. Bis zum dritten Startversuch von Zulu Uniform waren vier Zentimeter Neuschnee gefallen. Der Betonboden darunter war jedoch nicht gefroren, sondern naß, so daß sich Schneematsch bildete.« Dann schilderte er seine eigene Ankunft in München, die Landung seines Flugzeuges erfolgte ohne jede Behinderung.

Zweck der Verhandlung war die Aufklärung der Unfallursache. Man wollte Thain durchaus nicht den »Schwarzen Peter« zuschieben, dennoch sah er sich in die Verteidigung gedrängt. Thain wurde nun seinerseits gebeten, seine Erklärung abzugeben. Das Gremium hörte aufmerksam zu, doch Richter Stimpel hatte noch zwei zusätzliche Fragen.

Dann hatten die Zeugen das Wort: Stationsingenieur Black, Flughafendirektor Graf zu Castell und die jungen Auszubildenden, die die vergeblichen Startversuche seinerzeit beobachtet hatten.

Ein gewisser Herr Meyer, der als erster an der Unfallstelle war und die Reifenmarkierungen im Schneematsch auf der Startbahn begutachtet hatte, gab eine schriftliche Zeugenaussage ab, die sich in den Akten befand. Meyer war nicht zur Verhandlung geladen worden, eine plausible Erklärung gab es nicht.

Die Praktikanten gaben zu Protokoll, daß sie vor dem Start von Zulu Uniform nahe der Tragflächenspitzen eine Schneeschicht gesehen hätten. Sie bestätigten damit ihre gleich nach dem Absturz gemachten Aussagen. Zum fraglichen Zeitpunkt aufgenommene Photographien zeigten dunkle Flecken auf den Tragflächen, die diese Aussage zu untermauern schienen. Richter Stimpel wollte sodann von den Zeugen Genaueres über die Lage des Flugzeugs, den aufspritzenden Matsch und die Reifenabdrücke auf dem Boden wissen. Die Praktikanten waren der Ansicht, daß die Lage des Flugzeugs nicht den normalen Bedingungen entsprach, widersprachen sich jedoch, daß der Matsch im hohen Bogen aufgespritzt wäre, was hatten sie nun wirklich beobachtet? Andere Zeugen bestätigten die Matschfontänen, behaupteten aber, daß das Bugrad niemals vom Boden abgehoben hatte. Diese Aussage bewies in der Tat Rayments Bemühen, das Bugrad vom Boden zu lösen, um den Widerstand des Schneematsches zu überwinden und über die Trimmung die Hemmung auszugleichen. Die Praktikanten sagten weiterhin aus, daß sich der Bug zur Startbahn hin geneigt hätte. Über das Ausmaß des aufgewirbelten Schneematsches vermochte jedoch niemand von ihnen genaue Angaben zu machen.

Graf zu Castell besichtigte das Wrack ungefähr sechs Stunden nach dem Unfall, als Reichel gerade in München eingetroffen war.

Castell: »Während der näheren Untersuchung des Wracks sahen und fühlten wir auf den Tragflächen eine grobkörnige Rauheisschicht. Die Tragflächenspitzen, die Triebwerkgondeln und der sich anschließende Tragflächenbereich waren zwar schneebedeckt, aber eisfrei. Ich darf noch bemerken, daß an einigen Stellen der Luftschrauben eine Eisbildung sichtbar war. Die Rauheisschicht auf der Tragfläche betrug wenigstens fünf Millimeter, wenn nicht noch darüber.«

Aber zu keinem Zeitpunkt war die vermeintliche Eisschicht gemessen worden, so erschien die Zahl 5 mm recht vage. Ebenso mysteriös verhielt es sich mit der Eisbildung an der Propellerschaufel, die erst nach dem Absturz aufgetreten sein konnte. Aber auch die Triebwerkgondeln waren eisfrei, was die Beteiligten nicht bestritten.

Der technische Flughafenleiter, Herr Goetz, äußerte sich wie folgt:

»Ich interessierte mich natürlich zunächst erst mal für die Motoren und den näheren Umkreis, da erfahrungsgemäß dort zuerst eine Eisbildung auftritt. Der Motor ist warm, der Schnee schmilzt und dann bildet sich bei Erkalten des Motors Eis. Ich fand jedoch unter dem immer noch fallenden Schnee keine Anzeichen einer Eisbildung.«

Am nächsten Tag wurden weitere Praktikanten angehört, die, wie schon ihre Kollegen, seinerzeit die Beobachtung gemacht hatten, daß vor dem Abflug die Tragflächen von Zulu Uniform mit Schnee bedeckt gewesen waren. Wie war eigentlich an jenem verhängnisvollen Tag das Wetter gewesen? Niemand wußte es mehr so genau. Dr. Müller vom meteorologischen Büro des Flughafens wurde in den Zeugenstand zitiert. Aber Dr. Müller war ein vorsichtiger Mann. Schließlich räumte er ein: »Als Meteorologe könne er die Möglichkeit nicht ausschließen, daß sich in den sechs Stunden zwischen Unfall und Auffinden der Eisschicht, eine unregelmäßige Rauheisschicht auf einigen Teilen des Flugzeugs gebildet haben könnte.« In der Verhandlung wurden auch Stimmen laut, daß sich möglicherweise der halbgeschmolzene und an den Führungskanten heruntertropfende Schnee auf den Tragflächen in den bitterkalten Winden während der Startrolle in Eis umgewandelt haben könnte. Aber die Experten widersprachen dieser Vermutung.

Anschließend kam Dr. Schlichting, Professor für Strömungstechnik an der Universität Braunschweig, zu Wort, um über aerodynamische Folgerungen im Falle einer schon vorhandenen Eisbildung beim letzten Startversuch zu referieren. Er erklärte unumwunden, daß die Rauheit der Tragflächen bedingt durch Eisansammlung ein Abheben des Flugzeugs unmöglich machen könne. Den eingetretenen Geschwindigkeitsabfall vermochte er aus aerodynamischer Sicht jedoch nicht zu erklären. Der technische Direktor des Münchener Flughafens, Herr Bartz, äußerte sich sodann zu seinen Beobachtungen, die er an jenem Nachmittag beim Abfahren der Startbahn gemacht hatte. Aber die von Herrn Bartz genannte Zeit sowie die während seiner Inspektion abgefahrene Strecke stimmten nicht überein, und es stellte sich heraus, daß die Inspektion ziemlich oberflächlich gewesen war. (Entweder war nicht die volle Startbahnlänge abgefahren worden, oder es mußte ein äußerst schnelles Fahrzeug zum Einsatz gekommen sein.)

Als nächster trat Mr. Kenward, Ingenieur und Betriebsexperte bei British Airways, in den Zeugenstand. Er war seit der Indienststellung der »Elizabethan« im Jahre 1951 mit dem Flugzeug vertraut. Er hatte Berechnungen angestellt, die zu dem Ergebnis führten, daß mindestens eine Eisschicht von 7,6 Zentimetern auf den Tragflächen der »Elizabethan« aufliegen mußte, um deren aerodynamischen Eigenschaften nachteilig zu beeinflussen. Es wurden Graphiken vorgelegt, die die Beschleunigungseigenschaften sowohl auf trockenen als auch verunreinigten Bahnen zeigten. Weiterhin ergab sich aus diesen Graphiken, daß eine Rauheisschicht auf der Tragfläche, selbst in der vermuteten Dicke, nicht zu einem Geschwindigkeitsabfall geführt haben konnte. Es wurden bezüglich des Schneematsches Widerstandskoeffizienten in einem Versuch vorgelegt, das Phänomen der Verlangsamung des Flugzeugs zu erklären, aber da, wie Kenward nachdrücklich unterstrich, keine genauen Erfahrungswerte vorlagen, könnte der durch den Matsch bedingte Widerstand auch erheblich größer als vermutet gewesen sein. Die Verwirrung im Verhandlungssaal hatte ihren Höhepunkt erreicht, und so endete der zweite Verhandlungstag.

Der letzte Tag begann mit einer Diskussion über die Rolle der Piloten am Absturztag und warf eine Reihe Fragen hinsichtlich der im Cockpit getroffenen Entscheidungen auf. War zwischen den beiden Piloten möglicherweise ein Mißverständnis aufgetreten? Der eine bereit zu starten, der andere den Start abzubrechen? Und warum saß Thain als verantwortlicher Flugzeugführer auf dem rechten Sitz? Wenn damit Gesetze nicht direkt verletzt worden waren, so gab British Airways doch zu erkennen, daß gegen bestimmte Richtlinien der Gesellschaft verstoßen worden war. So neigte sich der dritte Verhandlungstag seinem Ende zu. Richter Stimpel resümierte, daß anhand des bisher zusammengetragenen Beweismaterials ein endgültiges Urteil nicht getroffen werden könne, die Wissenschaftler wurden an ihre Reißbretter zurückgeschickt, die Verhandlung bis auf weiteres vertagt.

Am 25. Juni begann die Verhandlung erneut, diesmal in Frankfurt im Konferenzraum der Bundesanstalt für Luftsicherung. Aber weder die Zeit, noch weitere Nachforschungen hatten die Wissenschaftler weitergebracht, sie beharrten auf ihren Standpunkten. Die gleichen Argumente wurden vorgetragen, allerdings mit zwei bemerkenswerten Ausnahmen, die von den britischen Teilnehmern zugunsten Thains ins Spiel gebracht wurden. Der britische Meteorologe Jones war zu der Erkenntnis gekommen, daß vier bis fünf Zentimeter Schnee fallen und schmelzen müßten, um fünf Millimeter Eis zu bilden. Aber wie eindeutig festgestellt worden war, fielen in den 1¾ Stunden des Aufenthalts von Zulu Uniform in München lediglich 0,5 Zentimeter Schnee. Es erhob sich deshalb die Frage, wo wohl der restliche Schnee hergekommen sein mag. Kenward, der Betriebsexperte von British Airways hatte ebenfalls eine interessante Theorie entwickelt. Wenn Widerstand bedingt durch Schneematsch in Beziehung zur Geschwindigkeit und nicht zum Gewicht eines Flugzeugs steht, wie Schlichting behauptet hatte, ergab sich ein ganz anderes Bild. Er zeichnete eine Kurve – Widerstand gegen Geschwindigkeit – die die Verzögerung eines Flugzeugs wiedergab, wenn man davon ausging, daß eine Widerstandszunahme dem Geschwindigkeitsquadrat gleich kam. Sollten seine Berechnungen tatsächlich stimmen, so ergab sich, daß in derartigen Fällen nicht nur die Beschleunigung merklich reduziert wurde, sondern vielmehr eine Verlangsamung auftreten mußte. Genau das war es, was Zulu Uniform zum Verhängnis wurde.

Die Verhandlung schloß mit einer Erklärung Richter Stimpels:

»1. Es ist unmöglich, Klarheit über sämtliche Vorgänge zu erlangen, die zu dem Unfall beigetragen haben.

2. Eine Rauheisschicht auf der Tragfläche beeinträchtigte unweigerlich die aerodynamischen Eigenschaften des Flugzeugs. Diese Eisschicht führte im wesentlichen zu dem Unfall.

3. Es ist nicht auszuschließen, daß andere Umstände, die sich jedoch nicht mehr rekonstruieren lassen, den Unfall verursachten.«

Das endgültige amtliche Protokoll sollte folgen.

Thain hatte sich auf seine Hühnerfarm zurückgezogen und haderte mit seinem Schicksal. Manchester United bemühte sich unterdessen, die Fußballszene wieder ins Gleichgewicht zu bringen. Nach diesem Rückschlag überraschte es nicht, daß die Mannschaft von Mailand um den Europapokal gebracht wurde, jedoch errang sie durch einen überragenden Einsatz das Finale im FA Cup, wurde dann aber von Bolton Wanderers besiegt. So endete die Fußballsaison 1957/58. Der Sommer kam, und eine neue Fußballsaison begann. Weihnachten ging vorüber, das neue Jahr warf seine Schatten voraus. Die Deutschen schwiegen immer noch. Endlich am Freitag, den 9. März 1959, war der lang erwartete Bericht zur Hand. Die Eisschicht auf den Tragflächen wurde zur »auslösenden Ursache« erklärt, wenn sie auch nicht »der einzige Grund« für den Unfall war. Für Thain bedeutete dieses Urteil das Ende seiner Laufbahn.

Die Luftsicherheitskommission von British Airways beeilte sich, eine eigene Darstellung zu veröffentlichen:

»Ursache:

1. Der Unfall wurde dadurch verursacht, daß das Flugzeug unter den vorherrschenden Bedingungen nicht die erforderliche Startgeschwindigkeit erreichte.

2. Die deutsche Untersuchungskommission ging von Tragflächenvereisung aus, die in dem Bericht als ›entscheidende Ursache‹ genannt wurde.

3. Die Kommission sieht sich außerstande, dies zu akzeptieren, erkennt es jedoch als ausschlaggebenden Faktor an. Schneematsch auf der Startbahn dürfte jedoch der eigentliche Grund gewesen sein.

4. Die Kommission sieht sich außerstande, beide Faktoren, weder einzeln noch in Kombination zu bewerten.

5. Die Kommission stellt fest, daß zum Zeitpunkt des Unglücks, Kapitän Thain als verantwortlicher Flugzeugführer nicht den linken Sitz einnahm und somit gegen die Richtlinien für Cockpit-Besatzungen verstieß.

6. Die Kommission stellt weiterhin fest, daß das Flugzeug in München nicht enteist wurde.«

Trotz des Fehlens eines schlüssigen Beweises behielt das Ministerium Thains Fluglizenz ein. Im Unterhaus wurden Fragen laut, was nun im Falle Thains weiter unternommen werden würde. Thain gab sich mit dem Bericht der Untersuchungskommission keineswegs zufrieden, sondern versuchte weiteres Beweismaterial zusammenzutragen, um ein erneutes Aufrollen des Falles zu erzwingen. Und tatsächlich ergaben sich neue Gesichtspunkte. Stationsingenieur Black machte einige ortsansässige Ingenieure von PanAm ausfindig. Einer von ihnen, Otto Steffer, und sein Sohn Karl-Heinz, der als Aushilfsfeuerwehrmann am Flugplatz tätig war, hatten am Unglückstag geholfen, Kapitän Rayment aus dem Wrack zu befreien. Der junge Steffer erklärte Black: Er sei über die Tragfläche gleich hinter dem Motor gestiegen, um auf das Dach des zerschmetterten Cockpits zu gelangen. Er hätte dort jedoch an keiner Stelle Eisablagerungen gesehen. Dies stand im krassen Gegensatz zu Reichels Behauptung, sechs Stunden nach dem Absturz eine Rauheisschicht gesehen zu haben.

Eine Analyse der Startbahnkrümmung in München ergab, daß getauter Schneematsch die Startbahnschwelle gut und gern bis zu einer Tiefe von 10 bis 15 Zentimeter gefüllt haben könnte. Auch andere an diesem Tag gestartete und gelandete Piloten bestätigten, daß sich Wasserlachen auf der Startbahn befanden. Frau Thain, eine Chemikerin, verfaßte zu der Frage des Ministeriums, ob sich hinter den Motorgondeln auf den Tragflächen Eis gebildet habe, ein Gutachten.
»Durch den Schaum der auf Feuer direkt hinter den Gondeln gerichteten Feuerlöscher, der sich auf den Tragflächen ausbreitete, könne eine Eisbildung verhindert haben.«

Die Engländer bezweifelten, daß die Deutschen alle Unterlagen vorgelegt hatten und forderten diese an. Als diese Unterlagen endlich eintrafen, war Kapitän Thain höchst erstaunt. Keiner der Fluglotsen war zur Verhandlung geladen, nicht einmal ihre Aussagen waren der Kommission vorgelegt worden.

Ein Fluglotse hatte folgendes zu Protokoll gegeben:
»Es (das Flugzeug) begann ganz normal zu rollen und beschleunigte bis etwa zur Hälfte der Startbahn, das Bugrad hob ab, berührte aber nach etwa 60 bis 100 Metern wieder den Boden.«

Dies war der eindeutige Beweis, daß Rayment im Schneematsch das Bugrad hochgezogen hatte, um Auftrieb zu gewinnen. Aber diese Aussage war nie aktenkundig geworden.

Aufgrund dieses neuen Beweismaterials beantragten die Briten die Wiederaufnahme des Verfahrens, doch am 14. März 1960 schmetterte die Bundesrepublik Deutschland diesen Wiederaufnahmeantrag ab.

Der Minister für das Flugwesen entzog Thain die Pilotenlizenz, ohne sich selbst um eine Aufklärung bemüht zu haben. Am Montag, den 4. April 1960, jedoch beschäftigte sich ein Ausschuß in einer viertägigen Verhandlung mit der Frage, ob Thain seiner Sorgfaltspflicht auf Zulu Uniform entsprochen habe. Dies wurde mit der Begründung verneint, daß Thain das Flugzeug nicht hatte enteisen lassen. Thain war ein geschlagener Mann.

Die Öffentlichkeit erlangte erst am 12. Oktober, mehr als 2½ Jahre nach dem Unglück, Kenntnis von dem Ermittlungsbericht. Die ganze Zeit über war Thain von British Airways beurlaubt worden. Schließlich gestand das Ministerium ein, daß diese

Wartezeit jede bisherige Suspendierungszeit bei weitem überschritt; Thain erhielt seine Pilotenlizenz zurück. Doch in Ruhe ließ man ihn nicht. Schon am darauffolgenden Tag erhielt Thain ein Schreiben seiner Fluggesellschaft, die ihm vorwarf, gegen die Richtlinien der Gesellschaft verstoßen zu haben, als er den Sitz mit Rayment tauschte, auch hätte er die Tragflächen nicht ordnungsgemäß einer Inaugenscheinnahme unterzogen. Man sähe sich aufgrund dieses Tatbestandes gezwungen, seine Kündigung auszusprechen. Thain war verzweifelt, ihm drängte sich sogar die Frage auf, warum er und nicht Rayment überlebt hatte. Doch dann siegte sein Gerechtigkeitssinn, er war bereit, zu kämpfen.

In den Vereinigten Staaten waren inzwischen Versuche über das Verhalten von Flugzeugen in frischem Schneematsch aufgenommen worden, und es hatten sich interessante Ergebnisse gezeigt. Aber in Deutschland machten die zuständigen Behörden keinerlei Konzessionen. Jeder Versuch eines Wiederaufnahmeverfahrens schlug fehl. Manchester United hatte gegen British Airways einen Prozeß mit dem Vorwurf der Fahrlässigkeit angestrengt und Schadenersatz gefordert. Doch Manchester United wurde abgewiesen, ohne daß es zu einer Verhandlung kam. British Airways und Manchester United einigten sich in einem außergerichtlichen Vergleich, British Airways zahlte Schadenersatz in einer Höhe, die etwa ein Zehntel der geforderten Summe betrug.

Aber noch immer waren die Dinge nicht ausgestanden, ein Experte für aerodynamische Eigenheiten hatte das Beweismaterial geprüft und gab zu Protokoll: »Der Einfluß auf die aerodynamischen Eigenschaften des Flugzeugs durch die sich auf den Tragflächen ergebenden Ablagerungen war mehr eine Randerscheinung, allerdings waren die Bedingungen unter dem Einfluß des Schneematsches äußerst kritisch.«
Die Ereignisse schienen sich ins Gegenteil zu wandeln.

In Großbritannien interessierten sich plötzlich die Wissenschaftler für den Einfluß von Schneematsch beim Starten und Landen eines Flugzeugs. Ende 1963 begannen beim Royal Aircraft Establishment in Farnborough Versuche mit Flugzeugen unterschiedlicher Typen, darunter der »Elizabethan«. Die abschließenden Ergebnisse wurden jedoch erst im April 1964 zu Papier gebracht. Kenwards Theorie bestätigte sich, daß der durch Matsch erzeugte Widerstand gleich dem Geschwindigkeitsquadrat ist. Die Versuche hatten deutlich gezeigt, daß bei einer Matschtiefe von nur ½ Zentimeter, die »Elizabethan« zumindest 50 Prozent mehr Rollfläche benötigt hätte, um zu starten. Im Licht dieses neuen Beweismaterials wurden die Deutschen erneut um die Anberaumung eines Wiederaufnahmeverfahrens gebeten. Mehr als 1½ Jahre geschah nichts, doch dann endlich willigten die Deutschen ein, und am 18. November 1965 kam es erneut zur Verhandlung. Thain war optimistisch und vertraute der Rechtsprechung, aber bald schon wurden seine Hoffnungen zunichte gemacht. Die deutschen Behörden waren unerbittlich, sie lehnten die Ladung weiterer Zeugen ab. Die Verhandlung brachte nach zwei Tagen keine neuen Anhaltspunkte, das bereits gefällte Urteil wurde bestätigt. In England ging eine Begründung folgenden Inhalts ein: »Die Hauptunfallursache war Vereisung, natürlich auch Schneematsch … aber die Befugnisse der Besatzung von G-ALZU seien nicht eindeutig geklärt, was schließlich kein anderes Urteil zugelassen habe.«
Trotz zahlreicher Ungereimtheiten blieb das Urteil rechtskräftig. Die Briten waren bestürzt, sie flehten die Deutschen an, das Urteil zu revidieren, aber in Deutschland blieb man hart. Das britische Verkehrsministerium jedoch war zu einer anderen Auffassung gekommen und erklärte in einem Bericht:

»Wir stellen fest, daß während des Starts mit größter Wahrscheinlichkeit keine Vereisung aufgetreten ist … Wir folgern daher, daß die Hauptursache des Unfalls die Einwirkung von Schneematsch auf der Startbahn war.«

Die deutsche Gerichtsbarkeit schien sich hingegen ihrer Sache sicher, sie unternahm nichts mehr. Aber Premierminister Harold Wilson hatte anläßlich eines Besuches in Old Trafford bei Manchester United aufgehorcht und erwirkte in England eine neue Verhandlung. Diese fand mehr als zehn Jahre nach dem Absturz am Montag, den 10. Juli 1968, in London statt. Das gesamte Beweismaterial lag erneut auf dem Tisch. Alle verfügbaren Zeugen, sowohl britische als auch deutsche, wurden vernommen oder ihre schriftlichen Aussagen verlesen. Die Untersuchung wurde mit der den Briten eigenen, kritischen Gründlichkeit geführt.

Als Hauptzeuge trat Herr Meyer auf, der als erster an der Unfallstelle eingetroffen und die Spuren auf der Startbahn gesehen hatte. An der ersten Verhandlung konnte er nicht teilnehmen. Meyer lebte inzwischen in den Vereinigten Staaten, war jedoch gerade mit seiner Familie auf Urlaub in Bremen, und so reisten Mitglieder der britischen Kommission zur Vernehmung nach Deutschland. Meyer war nicht nur Flugingenieur, sondern auch selbst Pilot, seiner Aussage wurde größter Respekt gezollt. Was er zu Protokoll gab, überraschte alle Beteiligten.

Er hatte die Tragflächen des verunglückten Flugzeugs kurz nach dem Absturz eingehend betrachtet, konnte jedoch keinerlei Eisbildung darauf erblicken: »Das kann ich mit Sicherheit sagen! Ich sah nur tauenden Schnee.« Er sagte weiter, daß er Reichel über seine Beobachtungen informiert habe, dieser jedoch nie mehr etwas hatte hören lassen. »Aber warum«, so fragte man Meyer seitens der Untersuchungskommission, »haben Sie dies bei der Verhandlung niemals vorgetragen?« »Ich wurde nicht als Zeuge geladen und habe auch außerhalb der Verhandlung niemand von der Untersuchungskommission getroffen!« Die deutschen Ermittler hatten ihn genauso wie andere wichtige Zeugen einfach nicht angehört.

Das Geheimnis des Photos, das vorgeblich Rauheisbildung an der Tragfläche zeigte, lüftete sich ebenfalls. Der ursprüngliche Abzug entstammte einem vervielfältigten Negativ. Nun war inzwischen jedoch ein weiterer Abzug vom Originalnegativ gefertigt worden. Auf dem Photo sah man klar und deutlich die Beschriftung auf den Tragflächen. Photoexperten wurden bemüht, um dieses neue Beweisphoto zu prüfen, und unvoreingenommen kamen sie zu dem Schluß, daß keine Anzeichen von Eis und Schnee auf den Tragflächen vorlagen.

Die Erkenntnisse dieser neuerlichen Verhandlung wurden der Öffentlichkeit am 10. Juni 1969 zugänglich gemacht, sie waren höchst interessant:

»Wir sind zu der Überzeugung gelangt, daß das Bugrad des Flugzeugs bei oder kurz nach Erreichen der Geschwindigkeit V1 wieder mit dem Schneematsch in Berührung kam; sonst hätte das Flugzeug abgehoben … Wir sind ebenfalls davon überzeugt, daß die erneute Bodenberührung des Bugrads durch den zunehmenden Widerstand auf das Hauptfahrwerk resultierte. Mit anderen Worten: Das Flugzeug muß mit einer tieferen und/oder dichteren Matschschicht in Berührung gekommen sein … Dieser vom Schneematsch verursachte Widerstand ist nach unserer Ansicht die Hauptursache für das Unglück. Wir sind davon überzeugt, daß das Flugzeug sodann auf sechs Rädern durch den Matsch dem Ende der Startbahn zurollte und zu rotieren begann, als das Spornrad den Boden berührte … Wir sind sicher, daß die Verlangsamung der Geschwindigkeit zwischen V1 und dem Rotieren auftrat … Wir konnten keine Gewißheit über die Geschwindigkeit danach erlangen ... Nachdem das Flugzeug bereits rotierte, ohne abzuheben, war der Unfall nicht vermeidbar. Um ausreichende Geschwindigkeit zurückgewinnen zu können, stand nicht mehr genug Startbahn zur Verfügung ... Unsere einhellige Auffassung geht deshalb dahin, daß Schneematsch auf der Startbahn die Unfallursache war. Ob auch Tragflächenvereisung mit im Spiel war, ist schwer zu beurteilen. Es ist zwar möglich, aber kaum denkbar. Unser Untersuchungsergebnis hat somit den klaren Beweis erbracht, daß Kapitän Thain von jeglicher Schuld an dem Unfall freizusprechen ist.«

Als sich der ganze Wirbel gelegt hatte, kehrte Kapitän Thain auf seine Geflügelfarm zurück und bestellte einige zwölftausend Quadratmeter Farmland in Berkshire. Er verkaufte die Geflügelfarm 1969 und war fürderhin als Bauer tätig. Doch dann forderten die Strapazen seines verzweifelten Kampfes um Rehabilitierung ihren Zoll. Im Jahre 1975 erlag er, nur 54jährig, einem Herzinfarkt.

Originalabzug der Negativkopie, der deutlich die Buchstaben auf der mit Schnee bedeckten Tragfläche erkennen läßt.

Das »Trident«-Desaster

Streiken oder nicht: Darum ging es hier. Im Crewraum von British European Airways auf dem Londoner Flughafen Heathrow waren – wie auch draußen am Himmel – Gewitterwolken aufgezogen. Inmitten des üblichen Trubels im Queens Building hatten sich an jenem hektischen Sonntagnachmittag im Juni zahlreiche Piloten zu einem improvisierten Treffen eingefunden, um über ihren Konflikt mit der Gesellschaft zu diskutieren. Einige der anwesenden Flugbesatzungen waren gerade im Begriff sich zum Einsatz zu begeben, andere kehrten zurück, einzelne wie Kapitän Stanley Key hatten sich zum Bereitschaftsdienst für den Fall eingefunden, daß ein diensthabendes Besatzungsmitglied ausfallen würde. Was war der Grund für die Differenzen zwischen Fluggesellschaft und Piloten, ja sogar innerhalb der »Phalanx« der Piloten?

BEA und die britische Pilotenvereinigung (BALPA) waren seit geraumer Zeit verschiedener Ansicht über die sich häufenden Beschwerden, die sich mit Gehältern und Arbeitsbedingungen befaßten. Die Auseinandersetzung zwischen der Gesellschaft und den Piloten hatte sich nicht nur verschärft, sondern auch die Piloten in zwei Gruppen gespalten:

Viele Piloten lehnten nämlich Kampfmaßnahmen grundsätzlich ab, während andere auf einem Streikaufruf beharrten. Eine Gruppe von 22 Copiloten, die die Aufsicht über noch unerfahrene, junge, gerade mit der Ausbildung fertige Piloten wahrnehmen sollten, war gar nicht erst zum Dienst erschienen und hatte so BEA in arge Bedrängnis gebracht. Die Ansichten, ob diese Piloten aufgrund ihrer langzeitigen Einweisungstätigkeiten selber überhaupt noch in der Lage waren, ein Flugzeug sicher zu führen, waren geteilt.

In den vorangegangenen Jahren hatten die britischen Fluggesellschaften eine umfangreiche Einstellungswerbung für zukünftige Verkehrspiloten gestartet, und besonders BEA war zum damaligen Zeitpunkt noch immer damit befaßt, ihre jungen Piloten durch die Grundausbildung zu bringen. Nach Erwerb der Berufspiloten- und Instrumentenfluglizenz an einer Flugschule hatten sich die von BEA neu eingestellten Piloten einem intensiven Einweisungs- und Trainingskurs auf dem ihnen zugewiesenen Flugzeugmuster zu unterziehen. Das Programm umfaßte Theorie, Simulatortraining und das Absolvieren bestimmter Flugprogramme. Erst nach erfolgreichem Abschluß dieser Ausbildung stand der endgültigen Verkehrspilotenlizenz nichts mehr im Wege. Sodann schloß sich – sozusagen »von der Pieke auf« – ein weiteres Ausbildungsprogramm zum Sammeln praktischer Erfahrungen auf den Flugrouten von British Airways unter den gestrengen Blicken qualifizierter Piloten an, ehe der Neuling kompetent genug erschien, in eigener Verantwortung zu fliegen.

Zur Besatzung einer »Trident« gehörten drei Piloten mit dem Kapitän (P1) im linken, dem Copiloten (P2) im rechten Sitz und einem weiteren Copiloten (P3), der seinen Platz gleich hinter der Mittelkonsole hatte. Normalerweise teilten sich Kapitän und wer immer auf dem Copilotensitz saß die Flugdurchführung; der Kapitän als verantwortlicher Flugzeugführer entschied über die Verteilung der Pflichten des Copiloten. P3 war indessen für die Bedienung und Überwachung der Systeme, für die Erledigung des Papierkrams und die Überwachung des Flugverlaufs verantwortlich. Natürlich gab auch der ältere, normalerweise verantwortliche Pilot die Anweisung, daß P2 und P3 durch Tauschen der Plätze jeweils die Aufgaben des anderen übernehmen konnten. Während der Ausbildung überwachte ein Ausbildungs-Kapitän auf dem P1-Sitz genau das Handeln der P2- und P3-Aspiranten, während beim Training eines P3 noch zusätzlich ein ihn beaufsichtigender Copilot auf dem in jedem Cockpit vorgesehenen Klappsitz Platz genommen hatte. Beim Training eines P3 besetzte ein erfahrener Copilot den P2-Platz. Das Verfahren hatte sich bewährt und zu kompetenten, gut ausgebildeten Piloten geführt.

An diesem Sonntagnachmittag, es war der 18. Juni 1972, hielt sich im Crewraum ein noch sehr junger Mann, der 22 Jahre alte Jeremy Keighley, auf: ein aufgeweckter, begeisterter Pilot. Er gehörte zu den 36 Anfängern, die wegen des Boykotts der Einweisungspiloten seine letzten Linienerfahrungen nicht mehr hatte sammeln können. Obwohl er sein P2-Training abgeschlossen hatte und ein qualifizierter Copilot war, konnte er jedoch während seines P3-Trainings nur einen Streckenabschnitt fliegen. Nachdem er bereits 16 Stunden und 20 Minuten P3-Training im Simulator sowie sechs Stunden und 45 Minuten Grundtraining auf dem Flugzeugmuster absolviert hatte, war dieser junge Mann nun tief enttäuscht, wie auch seine gleichermaßen unzufriedenen Kollegen, denen man keine Chance mehr zum Abschluß ihrer Trainingsflüge gegeben hatte.

BEA war über diese Situation natürlich alles andere als glücklich, und die Dienstpläne gerieten vollends durcheinander. Um das Dilemma zu beheben, entschied sich die Fluggesellschaft, die noch in Ausbildung befindlichen Piloten nur mit solchen Aufgaben zu betrauen, die sie beherrschten. Man setzte sie als Copiloten auf dem P2-Sitz ein. So ergab sich gewissermaßen das Ungewöhnliche, daß sie – noch unerfahren – den rechten Sitz des P2 einnahmen. Dem Junior – einige hatten nicht einmal 250 Flugstunden und nur 12 Stunden im Simulator der »Trident« absolviert – oblag die Verantwortung, die Aufgaben eines Kapitäns zu übernehmen, sollte dieser – aus welchen Gründen auch immer – nicht mehr in der Lage sein, den Flugauftrag durchzuführen.

Um die Dinge noch komplizierter zu gestalten, wurde das »Braune Liniensystem« eingeführt. Piloten mit weniger als 12 Monaten Erfahrung auf dem ihnen zugewiesenen Flugzeugmuster hatten ihren Namen braun zu unterstreichen; sie bekamen demgemäß einen Copiloten zugeteilt, der bereits mehr als ein Jahr Erfahrung besaß. So ergab ich die kuriose Situation, daß zwei junge Copiloten als P2 einen Flug gemeinsam durchführten. Der eine kaum erfahren, der andere völlig unbedarft. An diesem Sonntag im Juni hatte man den jungen Keighley auf den Sitz des P2 eingeteilt. Zwar war allgemein bekannt, daß er engagiert, zuverlässig und gut ausgebildet war; dennoch meldeten Kapitäne wegen seines jugendlichen Alters, seiner Unerfahrenheit aufgrund unzureichender Flugstunden Bedenken an.

Anfang des Monats hatte das Magazin *Aerospace* einen von Flugkapitän R.C. Leighton-White verfaßten Artikel veröffentlicht, der diese Besorgnis bestätigte und wörtlich ausführte: »Um die Handlungsweise eines Kapitäns kritisch beurteilen zu können, muß der Copilot zumindest soweit ausgebildet sein und auch seinem eigenen Urteilsvermögen vertrauen können, um Maßnahmen des älteren Piloten kritisch zu betrachten.«

Wie recht er hatte, zeigte sich am Donnerstag (15. Juni). Wenige Tage vor der hitzigen Debatte hatte man einen Kapitän mit einem der »nur P2«-Copiloten auf einen

Flug nach Dublin und zurück, sodann weiter nach Nikosia geschickt. Wegen der völlig unzureichenden Flugnavigationshilfen Nikosias und der sich möglicherweise verschlechternden Wetterbedingungen meldete der Kapitän Bedenken an und erbat einen qualifizierten Copiloten. Seine Bitte wurde abgeschlagen. Empört über die Ablehnung und die Haltung des Managements, ließ er seine Wut an dem jungen Copiloten aus, indem er ihm unverblümt sagte, daß er im Ernstfall ohnehin zu nichts taugen würde. Der P2 reagierte pikiert und war so nicht gerade ermutigt. Beim Abflug von London nach Dublin bat der Kapitän völlig normal bei Erreichen der Lärmverminderungsstufe um das Einfahren der Klappen; aber noch völlig verstört von den Vorgängen am Boden fuhr der junge Mann die Klappen vollständig aus. Der P3 erkannte sofort die Situation und schob den Hebel eilig zurück, ehe sich die Klappen überhaupt bewegt hatten. Der Leser muß sich vor Augen halten, daß im Cockpit schnell und sofort reagiert werden muß. Dies ist in einer feindlichen Umwelt, wie es nun einmal der Luftraum, in dem sich Flugzeuge bewegen, ist, nur durch ausgezeichnete Ausbildung, Praxis und Erfahrung möglich. Der Aspirant mit noch nicht ausgereiften Erfahrungen muß hohe Konzentration aufwenden, um Fehler zu vermeiden, und so ist ein gelegentlicher Lapsus durchaus nicht überraschend. Wie groß die Belastung für diese jungen, intelligenten Männer sein kann, ist begreiflich.

Der junge P2, dem das »Dublin-Mißgeschick« widerfuhr, wohnte in einem Haus mit dem ebenfalls noch jungen Copiloten Jeremey Keighley, und so kam ihm diese Geschichte sehr schnell zu Ohren. Beide trafen sich an jenem Sonntagnachmittag im Crewraum in der Pilotengruppe; Keighley im Bereitschaftsdienst wie auch Kapitän Stanley Key wurde von seinem Freund gefragt: »Mit wem oder womit will eigentlich der Key fliegen?« Der so angesprochene Keighley hatte noch keine persönliche Erfahrung in der Zusammenarbeit mit Stanley Key, obwohl Key unter den »Trident«-Besatzungen nicht den besten Ruf genoß. Eine mehr alberne Randerscheinung dieser Auseinandersetzung waren aufmüpfige Malereien im Cockpit der »Trident« gewesen, und Kapitän Key, einer der entschlossensten Gegner eines Streiks, sah sich gewissermaßen allein in der Schußlinie. Was seine Kollegen jedoch auch immer kritisieren mochten, es gab keinen Zweifel an seinen Fähigkeiten als Kapitän.

Von der BALPA war ein geheimer, mit der Post versandter Stimmzettel verteilt worden, um den Streit beizulegen, und die Diskussion der Piloten im Crewraum im Queens Building konzentrierte sich auf das Abstimmungsergebnis. Keine der beiden sich gegenüberstehenden Seiten wollte von ihrer Auffassung abweichen; die Fronten hatten sich verhärtet. Als die Abstimmungsergebnisse im Hauptquartier der Pilotenvereinigung gleich neben Heathrow Airport eingingen, hatte Kapitän Key in Eigeninitiative versucht, bei seinen älteren Kollegen Unterstützung gegen einen Streikaufruf zu finden. Über seine diesbezüglichen Bemühungen schwieg er. Schroff wies er eine Diskussion über sein Engagement zurück. Es entbrannte eine hitzige Auseinandersetzung, und ein Copilot erdreistete sich zu fragen, wie denn nun Keys Bemühungen verlaufen wären. Key konterte sofort, verlor vollends die Beherrschung, bekam einen Wutanfall und tobte. Unmißverständlich sagte er dem Copiloten, daß weder ihn noch irgendjemand sonst die Sache etwas anginge; sie sei genauso geheim wie die Stimmzettel der BALPA. Ein Ohrenzeuge äußerte später, daß er nie zuvor »derartig verletzende Worte« gehört habe. Kapitän Keys Zorn verflog indes genau so schnell wie er gekommen war. Er nahm den jungen Copiloten am Arm und entschuldigte sich vor der versammelten Gemeinschaft für sein ungebührliches Benehmen. Dann tat er als wäre nicht geschehen. Auch Copilot Keighley war Zeuge dieses Auftritts, zumindest auf ihn hatte er wohl alarmierende Wirkung. Wie alle Neulinge wußte er, daß (wie auch bei anderen Fluggesellschaften) British Airways mehrere unbequeme und als besonders kritisch bekannte Besatzungsmitglieder beschäftigte. Ob man Kapitän Key zu dieser Gruppe zählen sollte, war nur eine Vermutung, wenn er auch für seine brüskierende Art bekannt war. Aber er hatte einst in der Airforce gedient, wo der Ton rauher ist, dennoch jedoch im Streckendienst über die Jahre hin Zuverlässigkeit gezeigt. Die Neulinge bei der »Airline« waren Menschen anderen Schlages. Sie hatten nie beim Militär gedient, hatte keine fliegerischen Erfahrungen gesammelt; Stanley Key betrachtete sich als Menschen aus einer anderen Welt. Für ihn gehörten sie zu einer etwa 30 Jahre jüngeren Generation. Gemeinsam hatte er mit ihnen nichts, er zweifelte darüber hinaus an ihren Fähigkeiten. Und in der Tat zählte Jeremy Keighley nicht gerade zu den Koryphäen. Es war ein Generationsproblem, und es ist sicherlich nicht unfair zu sagen, daß sich Key wie auch Keighley auf dem gemeinsamen Gang zum Flugzeug unbehaglich fühlten. Nach den Ereignissen im Crewraum wußte man ohnehin nicht, was beide voneinander hielten, denn die Diskussion war ja durchaus noch nicht zum Abschluß gekommen.

Kapitän Stanley Key war klein, 51 Jahre alt, er schien keine anderen Gewichtsprobleme zu haben als andere Männer seines Alters auch. Alle, die ihn kannten, sahen in ihm ein »Vorbild strotzender Gesundheit«. Während seiner Ruhepausen beschäftigte er sich eifrig in seinem Garten; weder seine Frau noch der Hausarzt hatten wegen seines Gesundheitszustandes irgendwelche Bedenken. Aber dies war eine Täuschung, denn sein Gesundheitszustand hatte sich unbemerkt mehr und mehr verschlechtert. Schon im Alter von etwa 26 befiel ihn Arteriosklerose, und nun hatte die Krankheit mit zunehmendem Alter ein besorgniserregendes Stadium erreicht. Seine Herzarterien waren nahezu zu 50 bis 70 Prozent undurchlässig geworden, und keiner der ihm Nahestehenden ahnte, daß sich seine Lebenserwartung verkürzt hatte.

Fliegendes Personal muß sich regelmäßig medizinischen Untersuchungen unterziehen, und im Fall eines Piloten im Alter von Kapitän Key finden sie turnusgemäß alle sechs Monate statt; hinzukommt ein jährliches EKG. Aber 1972 war die Medizin noch nicht soweit fortgeschritten, daß man auch Arterienverkalkung hätte erkennen können; lediglich eine Schädigung des Herzmuskels brachte das EKG zutage. Die in den Jahren 1970 und 1971 aufgenommenen EKGs zeigten bei Kapitän Key keinen Befund. Erst in späteren Jahren wurde das sogenannte »Streß-EKG« eingeführt, bei dem der Patient körperlichen Belastungstests unterzogen wird. Aber zu Anfang mißtrauten die Mediziner den Befunden noch. Natürlich hätte sich Kapitän Key einem Arteriogramm unterziehen können, aber dies schien zu riskant. Wenn auch aufgrund des Befunds zögernd, so erhielt Kapitän Key von den Ärzten dennoch das Flugtauglichkeitszeugnis.

Die Mediziner hatten einfach die Ablagerungen an den Wänden der Herzkranzarterien nicht erkannt. Dies stellte ein bedenkliches Gesundheitsrisiko dar, denn die kleinen Blutgefäße waren schwach und brüchig geworden. Während sich Kapitän Key im Crewraum im äußersten Erregungszustand befand, hatte sich sein Blutdruck gefährlich erhöht, und wahrscheinlich war es schon zu diesem Zeitpunkt zu einer Blutung in der linken Herzarterie gekommen. Ein weiter ansteigender Blutdruck würde unweigerlich zum Riß der Arterienwand – dem Herzinfarkt – führen. Er ist von Symptomen wie Schmerzen, Völlegefühl begleitet. Der Tod kann sofort eintreten, wenn keine sofortige Hilfe verfügbar ist. Der Spielraum ist gering.

Es war kaum eine Stunde seit der Auseinandersetzung im Queens Building vergangen, als die Ersatzmannschaft ihren Dienst antreten mußte. Die Besatzung des Fluges BE 548 nach Brüssel hatte sich verspätet. Die Ersatzcrew machte sich auf den Weg. Angeführt von Kapitän Stanley Key, der von seinem schweren Herzleiden nichts wußte, gefolgt von den beiden Greenhorns, dem 22jährigen Copiloten Jeremy Keighley und dem 24jährigen Copiloten Simon Ticehurst, der eine völlig unerfahren, der andere trotz allen Strebens ein blutiger Anfänger.

Kapitän Keys Logbuch verzeichnete immerhin 15 000 Flugstunden, allein als Kommandant auf der »Trident« 4000. Niemand zweifelte an seiner Erfahrung und an seiner Fähigkeit. Aber auf dem Weg zum Flugzeug schien Key erschöpft, zunehmende Schmerzen schienen ihn zu plagen. Er ging langsam, leicht nach vorne gebeugt, er war angeschlagen und schien in seinen Gedanken abwesend. Der Herzinfarkt stand kurz bevor und sollte böse Folgen haben. Die Verantwortung würde nun in den Händen eines zu jungen und unerfahrenen Piloten liegen, der noch nicht einmal über die Auseinandersetzung im Queens Building hinweggekommen war. Was hatte er wohl für Gedanken als er an Keys Seite zum Flugzeug schritt? Im Simulator hatte er die Reaktionen einer Schildkröte gezeigt: Wurde ein Notfall einprogrammiert, brachte er keine Eigeninitiative auf, verfiel in Lethargie, auch wenn er sich während der Ausbildungszeit stets bemüht gezeigt hatte. Ja, eines Tages wäre er sicherlich ein guter Pilot geworden, aber er mußte noch erheblich an sich arbeiten, seine Schlafmützigkeit überwinden. Nun jedoch schritt dieser junge Mann mit dem cholerisch veranlagten Key übers Rollfeld. Was mögen seine Gedanken gewesen sein?

Der Flugverlauf und die Aufsicht über die anderen Piloten oblag dem jungen Ticehurst, einem befähigten und zuverlässigen Flieger. Immerhin hatte er bereits 1400 Flugstunden auf dem Buckel und mit 750 Stunden auf der »Trident« hatte er sie im Griff.

Als das Dreiergespann die Gangway erklomm, überzog sich der Himmel. Der Nachmittag wurde zu einem typisch verregneten, britischen Sonntag. Am späten Nachmittag war etwa 30 Meilen westlich eine Kaltfront aufgezogen, der Himmel war bedeckt, die Wolkenuntergrenze lag bei 1000 Fuß (300 m). Auffrischende Winde bliesen aus Südwest, der Regen prasselte herunter. Ein ungemütlicher und turbulenter Flug stand bevor. Die Trident I mit dem Kennzeichen G-ARPI (die letzten beiden Buchstaben stehen für das phonetische Alphabet als Papa India) war, wie schon die Typenbezeichnung besagt, einer Boeing 727 gleich, wenn auch ein wenig kleiner. Die Trident I war zum ersten Mal am 9. Januar 1962 in Dienst gestellt worden, die Boeing 727 ein Jahr später, nämlich am 9. Februar 1963. Die Amerikaner hatten schnell aufgeholt, und so waren sowohl die Trident I an British Airways als auch die Boeing 727 an United Airlines im Oktober bzw. Dezember 1963 ausgeliefert worden. Beide Typen waren mit gruppenweise hinten angeordneten Triebwerken ausgerüstet, während die Dämpfungsflosse – mit ausreichendem Abstand von den Triebwerken – auf dem Höhenruder vorgesehen war. Diese Neuerung hatte Vorteile gegenüber den an den Tragflächen montierten Triebwerken, denn eine ungerade Zahl an Triebwerken würde, sollte ein Triebwerk ausfallen, das Problem des asymmetrischen Schubs verringern, und zudem konnte man bei geringer Sicht mühelos starten. Bei Flugzeugen, deren Triebwerke an der Tragfläche montiert sind, kann ein Ausfall des Außenbordtriebwerks beim Start ein erhebliches Ausschwenken aufgrund des sich ergebenden großen Schubungleichgewichts bewirken. Tritt hier eine Störung auf, sind die Piloten auf gute Sicht angewiesen. Dennoch sind die Vorteile eines Hecktriebwerks mit Nachteilen verbunden. Sollte es ausfallen, könnte ein nahe angeordnetes Trieb-werk beschädigt werden. Da sich in beiden Tragflächen Treibstofftanks befinden, zudem die Treibstoffleitungen durch die Flugzeugzelle verlaufen, resultiert erhöhte Feuergefahr. Nicht nur die »Trident«, sondern auch die Boeing 727 neigen dazu, in einen »unkontrollierten Flugzustand« (stall) zu kommen.

Dies erklärt sich folgendermaßen: Geht ein Flugzeug in den Langsamflug über, muß der Luftfluß durch Anheben der Nase erhöht werden, um den Auftriebswinkel der Tragflächen aufrechtzuerhalten. Wird die Geschwindigkeit zu gering, und die Nase ragt zu steil nach oben, reißt unweigerlich der Luftfluß über den Tragflächen ab, der Auftrieb geht verloren. Das Flugzeug ist überzogen, ein »stall« (unkontrollierter Flugzustand) ist unvermeidlich. In diesem Zustand beginnt das Flugzeug zu vibrie-ren, schüttelt sich und fällt, gleich einem fallenden Blatt im Herbstwind, elegant und flach zu Boden. Doch ein erfahrener Pilot weiß, sollte solch eine Situation eintreten, was er zu tun hat. Er wird sofort nach der Steuersäule greifen, sie nach unten drük-ken, so daß die Nase des Flugzeugs sich zum Boden neigt, dann vollen Schub geben. Das Flugzeug »erholt« sich, richtet sich auf, und nach dem Austrimmen liegt der Air-liner ruhig in der Luft, schwebt über die Wolken, als sei nichts gewesen. Aber ein Überziehen kann auch durch eine unbeabsichtigte Verschiebung der Tragflächen-konfiguration auftreten. Das zieht den Verlust des Auftriebs nach sich. Moderne Jets haben pfeilgespitzte Tragflächen mit großem Winkel, um das Flugzeug bei hohen Geschwindigkeiten unter Verringerung der Schockwellen des Luftflusses auch dann noch sicher fliegen zu können, wenn fast die Schallgeschwindigkeit erreicht ist. Bei niedriger Geschwindigkeit sind jedoch die den Auftrieb bedingenden Kräfte manch-mal unzureichend, und so bedient man sich einen hohen Auftrieb erzeugender Vor-richtungen. Die Trident I wurde zu diesem Zweck mit einem »Krüger-Vornasenflü-gel« versehen, gewissermaßen ein herabhängender Hilfsflügel, der an der Vorder-kante der Tragfläche beiderseits vorgesehen war, während sich die eigentlichen Lan-deklappen über die Führungkante erstreckten. Für die »Trident« war dieses Krüger-System, wie man es kurz nannte, typisch. Da hierdurch die Führungkante der Trag-fläche hydraulisch abgesenkt wurde, erhöhte sich die Tragflächenkrümmung. Die Nasenklappen waren scharnierartig angelenkt und bewegten sich beim Ausfahren nach außen und unten. Der hierdurch zwischen der oberen Führungkante der Trag-fläche und dem hinteren Teil der Nasenklappe resultierende Spalt wurde mit einer Dichtungsplatte verschlossen. Inbords waren an den Nasenflügeln die Krügerklap-pen längs der Führungkante scharnierartig angelenkt, die nach unten und vorne – einer engen Tür gleich – entlang der Inbord-Tragfläche ausgefahren wurden. Dieses ganze Klappensystem mag kompliziert erscheinen und deshalb wurde es kurz zum »Nasenklappensystem« zusammengefaßt. Die »Trident« war das erste britische Flugzeug, daß über diese Neuerung verfügte; das System erwies sich als einfach und wirksam, war aber dennoch nicht problemlos. Die Klappen wurden unabhängig von-einander durch zwei getrennte, Seite an Seite gleich rechts auf der Mittelkonsole vor-gesehene Hebel betätigt. Die Nasenklappen bedingten einen höheren Auftrieb als die Klappen als solche, dennoch bestand bei niedriger Geschwindigkeit die Gefahr eines unbeabsichtigten Einfahrens der Nasenklappen anstelle der eigentlichen Klap-pen. Heute haben moderne Flugzeuge nur noch einen Hebel, so daß Verwechselun-gen ausgeschlossen sind. Damals war die Technik noch nicht so weit fortgeschritten. Fuhr man die Nasenklappen bei viel zu geringer Geschwindigkeit ein, ging der durch diese Klappen erzeugte hohe Auftrieb verloren, das Flugzeug war am Rande des

»Abschmierens«, d. h. dem Absturz. Man nahm sich dieses Problems an, die Techniker und Ingenieure änderten das System, und durch ein neuerliches Ausfahren der Nasenklappen wurde die Stabilität des Flugzeugs wiederhergestellt. Beim Steigflug auf 1000 Fuß war eine Sicherheitsgeschwindigkeit von 225 Knoten vor dem Einfahren der Nasenklappen unabdingbar. Dies erforderte weniger als etwa zwei Minuten, und während dieser Zeit war der Nasenklappenhebel nicht gesichert. Da man aber seinerzeit weder den einen noch den anderen Hebel betätigen mußte, konnte man auf eine derartige Sicherung verzichten. Erst viel später – als man der Notwendigkeit gewahr wurde – wurde sie eingebaut. Aus Sicherheitsgründen befand sich zu jener Zeit vorn am Nasenklappenhebel eine Warnlampe, die orange aufleuchtete, wenn sich der Hebel nicht in der eingerasteten Lage befand; d. h. die Fluggeschwindigkeit entweder zu niedrig oder im ausgefahrenen Zustand der Klappen zu hoch war.

Bei Flugzeugen jener Zeit, nämlich 1972, machte sich ein Überziehen durch heftiges Rütteln und Schütteln bemerkbar, was, durch einen turbulenten Luftfluß über den Tragflächen verursacht, angezeigt wurde. Nur die sofortige Reaktion der Besatzung verhinderte ein »Abtauchen«, und mit wenigen Handgriffen hatten die Piloten die Fluglage wiederhergestellt. Nur die »Trident« sprach bei ausgefahrenen Nasenklappen auf den Überziehzustand nicht an. Weder trat ein Schütteln noch ein Rütteln am Steuerknüppel auf. Bei Flugzeugen mit einem im T-förmigen Heckteil montierten Triebwerk, hob sich bei Erreichen des Überziehens die Nase stets steil nach oben, die Besatzung stand vor einem fast unlösbaren Problem. Griff sie nicht ein, neigten sich die Triebwerke in den turbulenten Fluß der Tragflächen, der Luftfluß wurde unterbrochen, im wahrsten Sinne des Wortes kam es zu einem »Schluckauf«, worauf sich ein schneller Spannungsanstieg verbunden mit Energieverlust ergab. Kurz vor dem unkontrollierten Flugzustand würde sich die Höhenflosse in den turbulenten Luftstrom neigen und das Höhenruder versagen. Das Flugzeug gerät außer Kontrolle, es schmiert ab. Ist dies einmal geschehen, kann auch die Besatzung nichts mehr tun.

Diese Gefahr trat während eines Testflugs der Trident I G-ARPY am 3. Juni 1966 auf, als sie völlig außer Kontrolle geriet. Wie ein Stein fiel das Flugzeug vom Himmel, die Testcrew kam ums Leben. Nach diesem Unglück wurden nicht nur die »Trident«, sondern auch andere dreistrahlige britische Flugzeuge mit Rüttel-und Stoßvorrichtungen am Steuerknüppel ausgestattet.

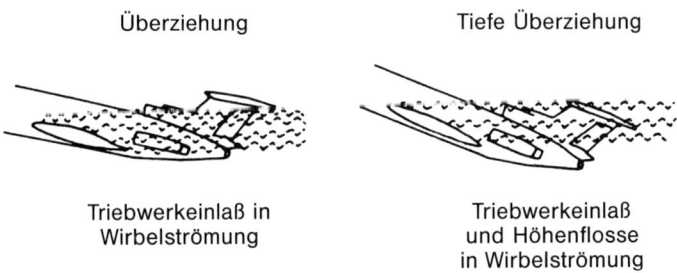

Überziehung   Tiefe Überziehung

Triebwerkeinlaß in   Triebwerkeinlaß
Wirbelströmung   und Höhenflosse
                  in Wirbelströmung

Das Problem von Überziehung und tiefer Überziehung.

Bei der Pilotenausbildung wurde stets auf das Erkennen und Beheben eines Überziehungszustandes besonderes Augenmerk gerichtet. Die »Trident« verfügte nicht nur über eine automatische Warnanlage im Falle eines Überziehens, sondern auch über eine Rüttel- und Stoßvorrichtung. Zu beiden Seiten des Flugzeugrumpfes befanden sich Sonden, die im Ernstfall über einen Elektromotor zu einem Vibrieren der Steuersäule führten. Zusätzlich drückte ein phneumatisch gesteuerter Druckkolben die Steuersäule nach vorne, ehe das Flugzeug überhaupt außer Kontrolle geriet. An den Fahrtenmessern befanden sich orangefarbige Lämpchen, die durch Aufleuchten anzeigten, daß sich das Flugzeug wieder in einer stabilen Fluglage befand. Sollte das ganze System versagen, leuchtete als weitere Sicherheitsmaßnahme noch eine rote Lampe auf. Auch im Falle eines Unterdrucks würde eine zusätzliche Lampe aufleuchten. Und ein weiteres Warnlicht war für den Fall vorgesehen, daß die Nasenklappen nicht ausgefahren sind.

Aber diese Überziehwarnsysteme waren anfangs problematisch, sie hatten, wenn auch vielleicht unberechtigt, bei den Piloten Mißtrauen erweckt. Es hatte Fehlalarme gegeben, und insbesondere bei Start und Landung sahen sich die Piloten vor schwerwiegende Probleme gestellt, eine fehlerhafte Bedienung konnte zum Ingangsetzen der Stoßvorrichtung führen. Des öfteren hatten Besatzungen das System einfach ausgeschaltet, um nicht aufgeschreckt zu werden. Allerdings konnte der Alarm hin und wieder auch gerechtfertigt sein. Aber dies war für die Piloten zweitrangig, und sie hatten mehrere Möglichkeiten das System außer Betrieb zu setzen. Man konnte die Sicherungen herausschrauben, um die Stromzufuhr zu den Elektromotoren zu unterbrechen, und man konnte auch einfach links auf der Mittelkonsole den unter Druckluft stehenden Kipphebel umlegen.

Mehrere Zwischenfälle während der letzten Jahre hatten die unbeabsichtigte Betätigung der Lande-/Nasenklappen hochgespielt, die Gemüter waren beunruhigt. Allgemein werden die Klappen bei Erreichen der Lärmverminderungsstufe eingefahren; dies dauert nach Lösen der Bremse etwa 1½ Minuten. Zu diesem Zeitpunkt war die Schubleistung bereits verringert worden, um den Lärmbekämpfungsvorschriften Genüge zu tun. Ausnahmen von dieser Regel bestanden in Rom, dort gab es keine Beschränkungen, weil der Start aufs Meer hinaus erfolgte; so konnten die Klappen wesentlich früher eingefahren werden. Dies kam der Steigleistung zugute. Von einigen Kapitänen wußte man jedoch, daß sie sich über die Vorschriften hinwegsetzten, und gelegentlich war offenkundig geworden, daß die Klappen gleich nach dem Einziehen des Fahrwerks bei Höhen unter 50 Fuß, was nicht einmal der vorgeschriebenen Sicherheitshöhe entsprach, eingefahren worden waren. Da beim Einfahren nur der Nasenklappenhebel einrastete, konnte dies zu einer Täuschung führen. Der Copilot konnte, da nur ein einziger Hebel verfügbar war, die Übersicht verlieren. Das Flugzeug würde wegen zu geringer Geschwindigkeit (ohne ausgefahrene Klappen etwa 60 Knoten) einfach vom Himmel fallen.

Bei British Airways lag ein anonymer Bericht vor, der einen Zwischenfall auf einer »Trident« offenbarte, die im Dezember 1968 von Paris-Orly nach Heathrow gestartet war. Der Copilot flog das Flugzeug, während der Kapitän den Funkverkehr und die weiteren Aufgaben seines Kollegen wahrnahm. Das Fahrwerk war kaum eingezogen, da fuhr der Kapitän wortlos die Klappen vollständig ein, um die Steigleistung zu verbessern. Aber das Unvermeidbare trat ein, denn der Kapitän hatte die Nasenklappen eingefahren; die Schubleistung sank rapide ab, das Flugzeug fiel wie ein Stein vom Himmel. Im letzten Augenblick erkannte der Copilot die dramatische Situation, er drückte die Flugzeugnase nach unten und fing in letzter Sekunde ab. Auch der Kapitän hatte inzwischen seinen Fehler bemerkt und fuhr die Nasenklappen sofort wieder aus. All dies geschah in Bruchteilen von Sekunden, so daß die Warnanlage gar nicht erst in Funktion trat. Das Flugzeug stieg und war in seine normale Fluglage zurückgekehrt.

Im Mai 1970 ereilte eine Trident II auf dem Flug von London nach Neapel fast das gleiche Schicksal. Die Nasenklappen waren durch Vorklappen ersetzt worden. Der Wirkungsmechanismus war der gleiche; für die Piloten gab es keinen Unterschied. Das Flugzeug befand sich bei guter Sicht mit einer Geschwindigkeit von 175 Knoten in einer Höhe von 1200 bis 1400 Fuß. Diesmal flog der Kapitän das Flugzeug, und bei Erreichen der Lärmverminderungsstufe führte der Copilot die vorgeschriebenen Verfahren durch. Kaum war die Leistung zurückgenommen, trat nicht nur ein Rütteln der Steuersäule auf, nein, sie entzog sich vielmehr den auf ihr ruhenden Händen. Ein flüchtiger Blick der Besatzung auf die Instrumente deutete auf keine Ungewöhnlichkeiten hin.

Aber schon wenige Sekunden später rüttelte die Steuersäule erneut, neigte sich nach vorne, es glich einem Hexentanz, doch Geschwindigkeit, Höhe und Steigleistung ließen keine Befürchtungen aufkommen. Die Piloten hatten Sichtkontakt zum Boden, alles erschien völlig normal. Auch Warnanzeigen hatten nicht aufgeleuchtet. Vielleicht, so vermutete der Kapitän, ist irgendein Instrument ausgefallen, und er ließ die Rüttelvorrichtung einfach abschalten. Aber als der Copilot nach dem Hebel griff, erschrak er, die Nasenklappen waren eingefahren. Unverzüglich fuhr er sie wieder aus. Nur seiner schnellen Reaktion war es zu verdanken, daß »das Flugzeug nicht vom Himmel stürzte«.

Es erfolgte eine Untersuchung. Beide Piloten waren sich jedoch keiner Schuld bewußt, denn keiner wollte die Nasenklappen eingefahren haben; auch ein mechanisches Versagen konnte nach Überprüfung aller Instrumente nicht bewiesen werden. Aber dennoch mußte eines der Besatzungsmitglieder den Hebel betätigt haben. Die Vermutung war nahe, der Kapitän könne schuldhaft gehandelt haben, nachgewiesen aber konnte es ihm nicht werden. Möglicherweise hatte die Piloten – entgegen den Standardvorschriften – die falschen Klappen eingefahren.

Beide Zwischenfälle machten das Problem deutlich, das sich beim vorzeitigen Einfahren der Nasenklappen ergab. Das Management berief sich auf seine Richtlinien, die Gesellschaft hingegen lehnte diszipilinarische Maßnahmen ab. Wieder blieb ein Streitpunkt ungelöst.

Aber mit der Zeit gerieten diese Ereignisse in Vergessenheit. Es gab weder Informationen, noch änderte sich etwas, obwohl sich alle Beteiligten über die Mißstände einig waren.

Kapitän Stanley Key flog nach dem Handbuch, und da er überdies Strecken-Checkkapitän war, wußte er besser als seine Kollegen, daß man sich an die vorgeschriebenen Verfahren zu halten hatte. Er flog lieber mit dem Autopiloten als von Hand und schaltete ihn recht früh ein, obwohl diese Praxis umstritten war. Kaum hatte er sich im linken Sitz der »Trident« in Vorbereitung auf den Start niedergelassen, mußten sich seine Herzbeschwerden verstärkt haben. Vor ihm prasselte der Regen gegen die Windschutzscheibe, und von Zeit zu Zeit schwankte das Flugzeug im böigen Wind. Es war gerade 16.20 BST (British Standard Time) (15.20 GMT Greenwich Time). Der planmäßige Start war in 25 Minuten vorgesehen, und die Besatzung hatte alle Hände voll zu tun, die umfangreichen Checklisten zu lesen.

Das Flugzeug mit der Kennung Papa India war etwa sechs Jahre alt; vier Jahre zuvor war es in Heathrow in einen Unfall am Boden verwickelt gewesen. Beim Endanflug hatte sich bei einer Airspeed-»Ambassador« die der BKS Air Transport gehörte, ein Schaden am Klappengestänge der linken Tragfläche ergeben. Außer Kontrolle geraten, neigte sich das Flugzeug steil nach links, schlingerte auf die Mittelebene des Ankunftsgebäudes zu, streifte das Heck von Papa India und krachte sodann in eine daneben geparkte andere »Trident«. Niemand an Bord der »Ambassador« überlebte das Unglück. Um Papa India wieder flugtauglich zu machen, waren mehr als drei Millionen Mark erforderlich. Aber nun konnte man mit bloßem Auge von den Unfallschäden nichts mehr sehen. Nur auf dem Brett des dritten Piloten im Cockpit waren die Kratzer vom Unfall noch deutlich wahrnehmbar. Copilot Ticehurst hatte gerade seine Checks beendet, und wahrscheinlich waren ihm die an seinen neben ihm sitzenden Kapitän gerichteten unfreundlichen Worte nicht entgangen.

Es war der planmäßige Flug BE 548 (Rufzeichen Bealine 548) von London nach Brüssel, alle 109 Sitzplätze waren ausgebucht. Für den nächsten Tag hatte nämlich die internationale Pilotenvereinigung (IFALPA) weltweit einen 24stündigen Streik als Protest gegen die Unfähigkeit der Regierungen, Flugzeugentführungen in den Griff zu bekommen, ausgerufen. Welch eine Chaos diese Streikmaßnahmen im Flugverkehr hervorrufen würden, ließ sich nur erahnen. Deshalb hatten an diesem Sonntagnachmittag viele Passagiere nur den einen Wunsch zu fliegen, um am nächsten Tag durch den Streik nicht irgendwo zu stranden. Standby-Passagiere versuchten verzweifelt noch einen Platz zu ergattern. Die Berechnungen hatten für eine Auslastung mit 109 Passagieren, Gepäck und einem Treibstofferfordernis von 8200 kg ein Startgewicht von 50 000 kg ergeben. Wegen der kurzen Flugstrecke hatte man den Treibstoffverbrauch niedrig angesetzt, und so ergab sich für die »Trident« ein um 2000 kg unter dem Maximalwert von 52 000 kg liegendes Startgewicht. Man hätte natürlich noch zusätzlichen Treibstoff in den Tragflächen unterbringen können, aber das Gewicht der Passagiere und des Gepäcks hatte die Höchstgrenze erreicht.

Als die letzten Passagiere an Bord gingen, herrschte im Cockpit noch Betriebsamkeit. Die Besatzung war mit dem Lesen der Checklisten vollauf beschäftigt. Systeme und Ausrüstung wurden überprüft, gerade noch zulässige Defekte wieder und wieder begutachtet, die Treibstoffmengen gesichtet, die Triebwerkleistung und Startgeschwindigkeit berechnet. Trotz aller Sorgfalt und Umsicht entdeckte jedoch die Besatzung einen versteckten Fehler nicht, der denn zur Katastrophe führen mußte. Der Besatzung war entgangen, daß am Dreiwegeventil des Steuersäulen-Stoßsystems ein Verriegelungsdraht abgerissen war. Während eines Fluges in Turbulenzen hatte sich das Ventil verschoben, und somit war das ganze System durcheinandergebracht. Auch bei einer Drosselung der Leistung während der Lärmverminderungsstufe kann eine nur unwesentliche Fehlausrichtung dieses Ventils zu einem leichten Druckabfall führen. Die orangefarbige, einen Unterdruck anzeigende Lampe würde aufleuchten. Diese Lampe war jedoch – recht unpraktisch – genau vor dem Nasenklappenhebel angebracht.

Kapitän Key würde als verantwortlicher Pilot fliegen, und so gab er seinen Kollegen die Abflugroute in allen Einzelheiten bekannt. Obwohl noch keine Startfreigabe vorlag, konnte die Besatzung anhand des Flugbuchs und der in Betrieb befindlichen Startbahn mit einem »Dover One« Standardinstrumenten-Abflugverfahren (SID) rechnen und sich entsprechend vorbereiten. Bei diesem Abflugverfahren passiert das

Cockpit mit Einzelheiten des Sockels und der Schubhebelsteuerungen.

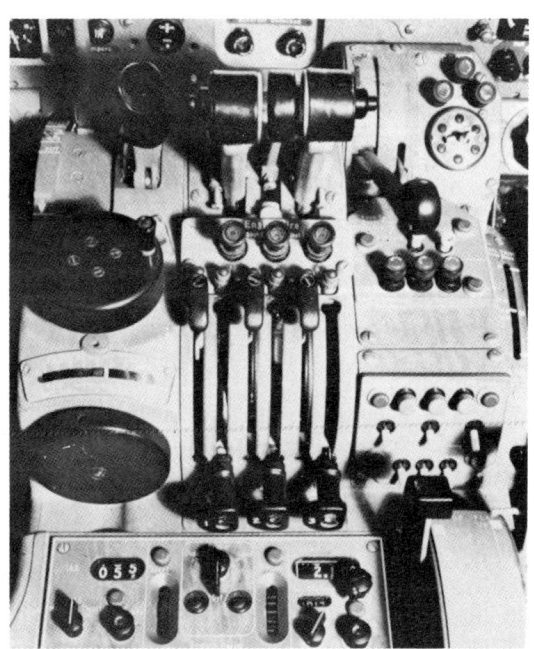

Trident-Führungskanten-Vorflügel.

Landende Trident

Flugzeug zunächst ein etwa 2 km vom äußeren Ende der Startbahn entferntes Markierungs-Funkfeuer, kurvt sodann über der Stadt Staines nach links, um auf das Funkfeuer bei Epsom zuzusteuern. Dieses Epsom-Funkfeuer war in einer Höhe von 3 000 Fuß oder darüber zu überfliegen, die erste Höhenbeschränkung lag in 5 000 Fuß. Im Cockpit besprach man die im Falle eines Startabbruchs erforderlichen Notmaßnahmen. Im Flughandbuch waren exakt die Aufgaben jedes einzelnen Besatzungsmitglieds aufgelistet. An diesem Tag würde der Kapitän den Funkverkehr übernehmen und das Flugzeug steuern, P2 sollte die Schubhebel bedienen, die Leistung überwachen und das Fluglog auf den letzten Stand bringen. P3 würde die Startgeschwindigkeit ausrufen, die Instrumente und seine Kollegen überwachen.

Kurz vor dem Start brachte der Dispatcher die Ladekarte, auf der die Gewichtsverteilung und Flugzeugaustrimmung vermerkt waren , ins Cockpit. Bei der »Trident« ließ sich die Höhenflossenausrichtung oder deren Winkel zum Luftfluß variieren und einstellen, um jedem Ungleichgewicht des Flugzeugs entgegenzuwirken, was als »Trimmung« bekannt ist. Der für das Ausrichten der Höhenflosse kurz nach dem Start erforderliche Winkel war auf der Ladekarte verzeichnet und wurde nun von der Besatzung auf der Höhenflossenanzeige überprüft und eingestellt. Der Kapitän gab seine Zustimmung, unterzeichnete die Ladekarte, und nachdem nun alle »Pre-Flight« Checks abgeschlossen waren, erbat Kapitän Key auf der Frequenz 121.7 MHz um 15.39 GMT die Freigabe zum Anlassen der Triebwerke. Bis zum Start verblieben noch sechs Minuten.

Kapitän Key erhielt die **Freigabe (F/T):** »Bealine 548 freigegeben zum Anlassen der Triebwerke.«

Die Triebwerke liefen bereits, als in letzter Minute der Dispatcher erneut ins Cockpit geeilt kam. In Brüssel wurde dringend eine »Vanguard«-Frachterbesatzung erwartet. Sie mußte noch irgendwo im Flugzeug untergebracht werden. Dies bedeutete zusätzliches Gewicht, die Zuladegrenze war jedoch erreicht, so daß ein Teil der Ladung umgeladen werden mußte. Die Beladungsdaten wurden geändert, und nach wenigen Minuten hastete die »Vanguard«-Besatzung an Bord. Damit einer der Piloten den letzten freien Sitz einnehmen konnte, nahm eine Mutter ihr Kleinkind auf den Schoß; ein zweiter Pilot erhielt den Sitz eines Besatzungsmitglieds zugewiesen, während der »Vanguard«-Kapitän, John Collins, sich auf dem Klappsitz im Cockpit niederließ. Collins war einige Jahre als Copilot auf der »Trident« geflogen, bevor er als Kommandant zur »Vanguard«-Flotte überwechselte. Mit den Systemen der »Trident« war er somit bestens vertraut. Allerdings war er auf diesem Flug nur mitfliegender Passagier. Es waren nun insgesamt 118 Personen an Bord, davon sechs Besatzungsmitglieder – eine Stewardeß, zwei Stewards und die drei Piloten.

Zwischenzeitlich war die Ladung ordnungsgemäß verstaut, die Ladekarte auf den letzten Stand gebracht, die Trimmung noch einmal überprüft worden. Endlich war das Flugzeug startklar. Die Türen schlossen sich um 15.58 Uhr. Papa India parkte mit der Nase zum Abfertigungsgebäude hin am Flugsteig und mußte zurückgeschoben werden. Um 16.00 Uhr rief Kapitän Key auf der Frequenz 121.9 MHz die »Rollkontrolle«.

Key F/T: »Rollkontrolle, Bealine 548, erbitte Schlepper.«

Nach Erhalt der Freigabe setzte sich Kapitän Key über Intercom (Funksprechverkehr) mit dem Bodeningenieur in Verbindung und teilte ihm mit, daß das Zurückschieben beginnen könne. Der schwere Schlepper setzte sich in Bewegung, und Papa India wurde rückwärts vom Flugsteig weggeschoben. Der Bodeningenieur hielt den

Sprechverkehr aufrecht, er ging neben dem Bugrad des Flugzeugs her. Als das Flugzeug den Rollweg erreicht hatte, stellte Key die Bremsen auf Parkposition. Er wechselte ein letztes Wort mit dem Bodeningenieur und bestätigte die Startzeit mit 16.00 Uhr. Dann erbat er die endgültige Rollfreigabe. Der schwere Schlepper entfernte sich, der Bodeningenieur koppelte seine Kopfhörer ab, begab sich auf sichere Entfernung und hob den Arm senkrecht hoch. Das Rollen zur Startbahn konnte beginnen.

Key F/T: »Bealine 548, wir rollen.«

Rollkontrolle F/T: »Bealine 548 verstanden, rollen Sie zum Haltepunkt 28 rechts.«

Es war nun 16.03 Uhr. Während das Flugzeug zum Haltepunkt rollte, verlas Ticehurst die letzte Checkliste, und die beiden anderen Piloten bestätigten die Punkte, für die sie verantwortlich waren. Einige Flugzeugtypen waren als »Krachmacher« verschrien. Die Besatzung konnte sich überhaupt nur mit dem Kopfhörer auf einem Ohr verständigen. Der gesamte Sprechverkehr im Cockpit der »Trident« wurde über die Funksprechanlage abgewickelt. Nun wurden die Nasenklappen ausgefahren, die Klappen auf 20° gesetzt. Während des Rollens steckte Chefsteward Frederick Farey den Kopf noch einmal ins Cockpit: »Kabine startklar« meldete er. Als Papa India um 16.06 Uhr an der Startbahnschwelle stoppte, wurde vom Tower die entgültige Abflugroute bekanntgegeben.

Rollkontrolle F/T: »Bealine 548 freigegeben nach Brüssel, Dover One Abflugroute, Transponder auf standby sechs sechs eins fünf.«

Ticehurst hatte die Anweisung wörtlich mitgeschrieben und las sie noch einmal als Bestätigung zurück. Für die Radaridentifizierung stellte einer der Piloten 6615 auf dem Transponder ein. Sodann erging von der Bodenkontrolle die Anweisung, auf die Frequenz 118.2 MHz zu wechseln, und um 16.06 und 53 Sekunden war der Kontakt mit dem Tower hergestellt.

Key F/T: »Bealine fünf vier acht, startklar.«

Tower F/T: »Bealine fünf vier acht, Startfreigabe auf zwei acht rechts.«

Als Papa India bereits auf die Startbahn eingeschwenkt war, verzögerte sich in letzter Minute der Start, da offenbar ein Instrument nicht in Ordnung war. Der Kontrollturm wurde über ein geringfügiges Problem in Kenntnis gesetzt. Es könnte sehr gut das Aufleuchten der orangefarbigen Warnlampe des Drucksystems gewesen sein, das auf einen Druckabfall hindeutete. Der Wind war aufgefrischt, es goß nun in Strömen. Eine halbe Minute später meldete sich Key erneut, um seine Startbereitschaft mitzuteilen.

Tower F/T: »Bealine fünf vier acht, Startfreigabe.«

Entgegen den üblichen Gepflogenheiten im Funksprechverkehr bestätigte Key lediglich kurz und bündig: »fünf vier acht.«

Die Zeiger der Uhr standen auf 16.08:24. Auf der nassen Startbahn hielt Key das Flugzeug mit der Fußbremse, während Keighley die Schubhebel auf die zuvor von Ticehurst berechnete verringerte Leistung vorschob. Trotz des zusätzlichen Gewichts lag die Gesamtladung von Papa India immer noch etwa 2 000 kg unter dem maximal zulässigen Startgewicht. Zum Flug nach Brüssel war weniger Treibstoff erforderlich, und so konnte zur Verringerung des Treibwerkverschleißes geringere Leistung gegeben werden. Als Keighley jeden Schubhebel einzeln auf den gemäß P7 Skala berechneten Wert einstellte, löste Key die Bremsen, und Papa India rollte schnell die Startbahn hinunter. Ticehurst beobachte die zunehmende Geschwindigkeit, während Key das Flugzeug noch mit dem Bugrad steuerte. Mit sich erhöhender

Geschwindigkeit sprachen dann die Seitenruder an, und Key wechselte auf die Fußpedale über. Der Wind blies aus 210° mit 17 Knoten, so daß die Flugzeugnase in den Wind gehalten werden mußte, während das Heckteil wie eine Leitschaufel und das Fahrwerk wie ein Gelenk wirkten. Um nicht von der Mittellinie abzuweichen, mußte Key kräftig in die Seitenruder-Pedale treten. Dann rief Ticehurst »einhundert Knoten«. Während bis zu dieser Geschwindigkeit noch jedes Besatzungsmitglied bei Auftreten einer Unregelmäßigkeit einen Startabbruch fordern kann, liegt die Entscheidung ab dieser Geschwindigkeit allein beim Kapitän oder eventuell noch dem P2, sollte er ein Triebwerkproblem bemerken. Ticehursts nächster Ausruf erfolgte bei 134 Knoten, der »V1« – der Entscheidungsgeschwindigkeit – (nur jetzt könnte noch ein Startabbruch erfolgen, bei höherer Geschwindigkeit ist er nicht mehr möglich), und schon wenige Sekunden darauf rief Ticehurst bei 139 Knoten die Abhebegeschwindigkeit aus. Kapitän Key zog die Steuersäule zu sich heran, das Flugzeug hob mit dem richtigen Anstellwinkel ab. Zwei Minuten später löste sich das Fahrwerk bei einer Geschwindigkeit von 145 Knoten vom Boden. Papa India entschwebte in den Himmel. Der Startlauf hatte 44 Sekunden gedauert, es war 16.09:14. Das Flugzeug beschleunigte schnell, und »V2«, die Sicherheitssteighöhe im Falle eines Triebwerkausfalls bei V1, war bei 152 Knoten erreicht. Ticehurst rief auch diesen Wert aus.

Das Flugzeug befand sich nun im sicheren Steigflug, und Key bat um das Einfahren des Fahrwerks. Keighley griff blitzschnell nach dem Hebel und schaute auf die Leuchtanzeige, als das Fahrwerk im Schacht einrastete. Papa India wurde in den herrschenden Turbulenzen arg gebeutelt, und Key hatte alle Mühe, durch eine leichte Linkskurve ein Abdriften zu verhindern und der verlängerten Startbahn-Mittellinie zu folgen. Das Flugzeug flog nun in einer Höhe von 355 Fuß mit einer Geschwindigkeit von 170 Knoten. Seit dem Start waren kaum 19 Sekunden vergangen, und Key schaltete den Autopiloten ein.

Die anfängliche Steiggeschwindigkeit bezog sich auf die Start-Sicherheitsgeschwindigkeit von V2 plus 25 Knoten, und auf den Anzeigen müßten nun 177 Knoten erscheinen. Allerdings war die Geschwindigkeit kurz nach Einschalten des Autopiloten eingerastet worden, als sie noch bei 170 Knoten lag; somit sieben Knoten unter dem korrekten Wert. Mit einer derartigen Geschwindigkeit war jedoch ein Fliegen in diesen Turbulenzen nicht ratsam. Es stand zu vermuten, daß Key mit zunehmendem Unwohlsein das Konzentrationsvermögen verloren hatte. Als sich Papa India dem Markierungsfeuer näherte, ertönten in den Kopfhörern der Piloten die Codierungssignale mittlerer Schwingungen, bestehend aus Punkten und Strichen. Auf den Paneelen der Piloten leuchteten die orangefarbigen Lämpchen auf.

Um 16.09:44 flog die »Trident« durch eine gebrochene Wolkendecke, und in einer Höhe von 690 Fuß wurde die Linkskurve auf das Funkfeuer von Epsom eingeleitet, der Kurssteuerknopf am Autopiloten wurde entsprechend korrigiert. Das Flugzeug neigte sich um 20° nach links, Key nahm einen letzten Kontakt mit dem Tower auf.

Key F/T: »Bealine fünf vier acht, Steigflug gemäß Freigabe.«

Tower F/T: »fünf vier acht, Startzeit 09, gehen Sie auf Frequenz eins zwei acht Komma vier. Guten Tag.«

Der Höhenmesser zeigte 1000 Fuß an, und Papa India flog nicht nur durch eine dichte Wolkendecke, sondern wurde zudem noch von heftigen Turbulenzen hin- und hergeschüttelt. Key bestätigte den Funkspruch des Towers nur langsam, und erst fünf Sekunden später wiederholte er die Frequenzangabe nicht wie vorgeschrieben, sondern sagte lediglich »Roger« (verstanden). Ticehurst beeilte sich auf die Frequenz 128.4 MHz zu wechseln. Trotz der Turbulenzen hielt der Autopilot erstaunlicherweise die Geschwindigkeit; es war nur eine Abweichung um ein oder zwei der 170 Knoten abzulesen. Um 16.10:00 war die Lärmverminderungsstufe erreicht, die von Keighley mit »90 Sekunden« ausgerufen wurde. Drei Sekunden später fuhr er die noch auf 20° stehenden Klappen vollständig ein. Zu diesem Zeitpunkt verringerte Keighley die Leistung gemäß den auf der P7 Skala verzeichneten Lärmbekämpfungsvorschriften. Der Autopilot sprach auf die verringerte Leistung an, der Steigwinkel nahm zwecks Beibehalten der Geschwindigkeit ab. Zur gleichen Zeit meldete sich Key auf 128.4 MHz in London.

Key F/T: »Bealine 548 im Steigflug gemäß Freigabe, durchfliegen 1500 Fuß.«
London F/T: »548, steigen Sie auf Flugfläche 60.«*
»Squawk sechs sechs eins fünf.«
Die Klappen waren nun vollständig eingefahren. Keys Antwort auf diese weitere Anweisung aus London entsprach wieder nicht der gebräuchlichen Terminologie.
Key F/T: »Rauf nach 60!«
Ticehurst widmete sein Augenmerk dem über den Piloten angebrachten Radartranspoder, der noch auf »standby« mit der Kodierung 6615 stand und notierte die zugewiesene Höhe. Copilot Keighley brachte sein Logbuch auf den letzten Stand.

Die »Trident« wurde indes immer noch von heftigen Turbulenzen am wolkenverhangenen Himmer geschüttelt, als sie in einer 20° Linkskurve auf das Funkfeuer von Epsom zuflog. Irgendetwas aber stimmte mit dem Autopiloten nicht, die Geschwindigkeit sank unter den vorgegebenen Wert auf 157 Knoten ab. Das waren mehr als 20 Knoten. Einem hellwachen Piloten wäre dies natürlich nicht entgangen, er hätte sofort gehandelt, um wieder an Höhe zu gewinnen. Es gab keine Zweifel, daß Kapitän Key hierzu nicht mehr fähig war. Aber auch ein zuverlässiger Copilot hätte den Zustand seines Kapitäns sofort erkannt, auch wenn ihm äußerlich nichts anzumerken war. Sollte man den jungen Keighley für seine Untätigkeit verantwortlich machen? Er oder Ticehurst haben vielleicht auf die sinkende Geschwindigkeit hingewiesen, ohne daß es Key erfassen konnte.

Bei einem ruhigeren Flug wäre das Flugzeug durchaus auf eine sichere Höhe gestiegen, und der Besatzung wäre mehr Zeit verblieben, sich auf das Instrumentenabflug-Verfahren zu konzentrieren. Über Epsom, das gerade eine oder zwei Flugminuten vorauslag, war eine Mindesthöhe von 3000 Fuß vorgeschrieben (die Höhe, bei der die Nasenklappen überhaupt erst eingefahren werden durften). Bei Epsom würde das Flugzeug in eine Kurve in Richtung auf Dover schwenken. Ticehurst würde die Triebwerke auf normale Steigleistung beschleunigen, und die Geschwindigkeit müßte zunehmen. Die Minimalgeschwindigkeit zum Einfahren der Nasenklappen lag bei 225 Knoten, sie würden erst im Waagerechtflug eingefahren werden.

---

* Bei geringer Höhe wird der Höhenmesser auf die örtliche Druckhöhe eingestellt und zeigt die Höhe über Meeresspiegel (MLS) an. Über einer gewissen Höhe – die weltweit unterschiedlich ist – (in Heathrow beispielsweise zu jener Zeit 6000 Fuß oder darüber) wird der Höhenmesser auf Standard-Druck eingestellt, der MLS ist auf einen Durchschnittstag bezogen. Die Höhe, bei der der Höhenmesser vor der Standort- auf die Standard-Druckhöhe eingestellt wird, ist als Übergangshöhe bekannt. Höhen unter dieser Übergangshöhe werden in tausenden von Metern ausgedrückt, beispielsweise 3200 m, über dieser Höhe in Einheiten von hunderten, beispielsweise Flugfläche (FL) 70 entsprechend 7000 Fuß, FL 260 entsprechend 26000 Fuß.

Die Steiggeschwindigkeit wäre erreicht, und das Flugzeug würde seinen Weg sicher zum Bestimmungsort nehmen.

Nach der Lärmverminderungsstufe des Fluges von Papa India waren möglicherweise die unerwartet in den Wolken aufgetretenen Turbulenzen nicht das einzige, was die Besatzung beunruhigt hatte. Kurz nach dem Start und während des unruhigen Fluges hatte sich das Dreiwegeventil der Steuersäulen-Stoßanordnung um ⅙ aus seiner Lage verschoben. Es ist durchaus denkbar, daß beim Leistungsabfall der Druck in dem System unter Normalwert abfiel und demzufolge das Warnlicht »Unterdruck« aufleuchtete. Aber dieses Warnlicht war so angebracht, daß es durchaus mit demjenigen für die eingefahrenen Nasenklappen verwechselbar war. Eine Kurve in derartigen Turbulenzen bei derartig geringer Geschwindigkeit hätte unweigerlich die Überziehwarnung ausgelöst, die Steuersäulen-Rüttelvorrichtung wäre sofort in Funktion getreten. Ticehurst hätte sich unverzüglich seinem Instrumentenbrett zugewendet, um einen Blick auf die Systeme zu werfen, wenn sie auch unter den gegebenen Umständen nahezu unverfälscht angezeigt hätten. Aber wenigstens für einen Augenblick mußte er abgelenkt worden sein, als gerade die Klappen einfuhren und sich die Leistung verringerte.

Da er Keys Unberechenbarkeit kannte und sich an die zurückliegenden Zwischenfälle erinnert haben sollte, hätte bei ihm die »Alarmglocken« schrillen müssen. Konnte sich Ticehurst tatsächlich verlassen, daß der junge Keighley anstelle der Klappen die Nasenklappen eingefahren hatte und wie hätte er reagiert? Hätte er wohl eingegriffen?

Aber der Ruf »Nasenklappen« hätte wohl gegenteilig gewirkt und den unterwürfigen Keighley veranlaßt, sie sofort einzufahren. Zweifellos wäre eine solche Aufforderung gleichermaßen verwirrend gewesen wie Keys ungewöhnlicher Funkverkehr, und das hätte alle Besatzungsmitglieder im Cockpit alarmieren müssen. Wäre Key tatsächlich davon ausgegangen, daß die Nasenklappen zu früh eingefahren worden waren, wäre ein sofortiges Handeln vonnöten gewesen. Obwohl er nahezu am Ende seiner Kräfte war, hätte er – aufgeschreckt – sofort nach dem Hebel gegriffen und die Nasenklappen in dem Bewußtsein eingefahren, er hätte genau das Gegenteil getan. Es war offenkundig, daß Fehler dieser Art auch anderen erfahrenen Piloten in der Vergangenheit unterlaufen waren. Selbst wenn sie nicht – wie Key – unter Schmerzen und Unwohlsein zu leiden hatten.

Wahrscheinlich hatte jedoch der junge Copilot Keighley die Nasenklappen irrtümlich eingefahren. Als Keighley nach der Lärmverminderungsstufe mit den Schubhebeln beschäftigt war, erging an Key die Aufforderung zum weiteren Steigflug auf Flugfläche 60, die er ja mit der knappen Bestätigung »rauf auf 60« beantwortet hatte. In der »Trident« befand sich direkt neben dem Sitz des P2 nach innen zum Nasenklappenhebel hin das Einstellinstrument zur Höhenregulierung. Die vorgesehene Höhe wurde zunächst in einem Fenster eingestellt, sodann rastete man sie durch Ziehen eines Knopfes ein. Sobald diese Höhe erreicht war, griff sie der Autopilot auf. Das Instrument wurde sodann auf die ursprüngliche Höhenbeschränkung des Instrumentenabflugs mit 5000 Fuß zurückgestellt. Es gehörte zu den Aufgaben des fliegenden Piloten, die jeweiligen Zahlenwerte entsprechend anzupassen. Wollte man die Flugfläche in Übereinstimmung mit der Übergangshöhe ändern, wurde zunächst der vordere rechte Knopf nach oben gezogen, gedreht, und sodann erfolgte die Einstellung auf den Standardwert von 1013 Millibar. Der gleiche Knopf wurde sodann wieder hereingedrückt, gedreht, im Fenster wurde die Höhe von 6000 Fuß eingestellt, und vermittels Ziehen des hinteren rechten Knopfes rastete das System ein. Einigen Piloten vom Jahrgang Keys erschien dieses Verfahren zu mühsem, so daß sie dem P2 diese Sache überließen. Ob sich wohl Key an seinen P2 wandte, nachdem dieser gerade die Leistungseinstellung vorgenommen hatte, und ihn bat, die Höheneinstellung vorzunehmen? Bei diesem Gesundheitszustand und den damit verbundenen Schmerzen lag es im Rahmen der Möglichkeit, daß er eine solche Bitte genau so kurz und knapp äußerte wie er den Funksprechverkehr abgewickelt hatte. Vielleicht tippte er nur kurz auf die Stelle nahe dem Nasenklappenhebel mit den Worten »rein damit« und hatte eigentlich die Höheneinstellung gemeint. War möglicherweise einer solchen Anweisung das Aufleuchten einer orangefarbigen Warnlampe am Nasenklappenhebel gefolgt, hatte sich bei dem unerfahrenen Keighley deshalb Verwirrung eingestellt? Die korrekte Anweisung zum Einfahren der Nasenklappen lautet nämlich: »Nasenklappen rein.« Möglich ist natürlich auch, daß Keighley, der sich vielleicht schon mit dem Gedanken trug, noch einen weiteren barschen Befehl abwartete. Der Nasenklappenhebel läßt sich schnell und leicht bewegen, und da Ticehursts Aufmerksamkeit gerade seinem eigenen Instrumentenpaneel galt, läßt sich nicht ausschließen, daß Keighley die Nasenklappen einfuhr.

Aber noch eine andere Möglichkeit war denkbar. Key mag, eingedenk des Unfalls in Dublin, angenommen haben, daß Keighley die Klappen versehentlich aus- anstatt eingefahren hatte und sich hierdurch der Geschwindigkeitsabfall ergab. Seinem Blick mögen ausgefahrene Klappen und Nasenklappen vorgegaukelt worden sein, so daß er sie sofort wieder einfuhr. Denn die Hebel für beide Klappen befinden sind Seite an Seite. Aber tatsächlich waren die Klappen eingefahren, und so mag Key nur auf einen Hebel geblickt haben, nämlich den Nasenklappenhebel und den jungen Copiloten schroff angewiesen haben »zieh den rauf«. Keighley hätte widerspruchslos gehorcht, und Key könnte davon ausgegangen sein, daß nunmehr zwar die Klappen, nicht aber die Nasenklappen eingefahren waren. Denkbar wäre natürlich, daß Key die niedrige Geschwindigkeit dem Klappenwiderstand zuschrieb. Er könnte einfach von der Annahme ausgegangen sein, daß Keighley die Klappen während der Lärmverminderungsstufe einfach nicht eingefahren hatte. Man kann nur Vermutungen anstellen, ob ein weiteres Kommando von Key an seinen jungen Copiloten (»zieh ihn rauf«) ergangen ist. Das Unglück war geschehen. Wie sich die Besatzung verhielt, war nicht mehr nachzuvollziehen. Man wird nicht einmal kären können, ob sich die drei Piloten ihrer Lage überhaupt bewußt gewesen sind. Wer auch immer Hand an den Nasenklappenhebel gelegt hatte, war sich der fatalen Konsequenz nicht bewußt. Vielleicht war die Besatzung aufgrund des ungeheueren Lärms nicht einmal zu einer Verständigung in der Lage. Dennoch läßt sich menschliches Versagen auch nicht ausschließen.

Sollte Keighley tatsächlich die Hand im Spiel gehabt haben, hätte er blitzartig gehandelt, denn zwischen Lärmverminderungsstufe und Einfahren der Nasenklappen blieben ihm nur 24 Sekunden. Keighley oblag in dieser kurzen Zeitspanne nicht nur das Einfahren der Klappen, sondern darüber hinaus die Verringerung der Triebwerkleistung. Er mußte zudem die neuen Kursdaten ins Logbuch eintragen. Bei den herrschenden Turbulenzen kein leichtes Unterfangen; wahrscheinlich war er einfach überfordert. Vielleicht hatte aber auch Keighley die Anweisung seines Kapitäns sogar mißverstanden, hatte nicht gewußt, was er zuerst tun sollte. Schnelle Reaktionen waren bekanntlich nicht seine Stärke. Key hätte einfach erkennen müssen, daß die Geschwindigkeit aufgrund des Klappenwiderstands abgefallen war, und sofort eingreifen müssen. Da die Aufmerksamkeit der anderen Piloten ihren eigenen mannigfaltigen Aufgaben galt, könnte Key natürlich eigenmächtig die Hebel in der festen

Überzeugung betätigt haben, er hätte die Klappen eingefahren. Solche Verwechslungen waren in der Vergangenheit bereits mehrmals vorgekommen. Langwierige Untersuchungen führten gelegentlich zur Klärung, wenn das Geschehen überhaupt noch nachvollziehbar war. Sollte Key am Höhenmesser eine Einstellung vorgenommen haben, könnte er natürlich auch den falschen Hebel betätigt haben.

Vielleicht lag die Lösung des Problems überhaupt am Höhenmesser. Hatte Key nämlich die zugewiesene Höhe von 6 000 Fuß eingestellt, wäre es nicht ungewöhnlich, daß er die Nasenklappen zur gleichen Zeit einfuhr. Aber auch eine andere Theorie ist möglich. War die Höhe nicht mit 6 000 Fuß eingestellt worden, konnte Keighley unwissend die Nasenklappen eingefahren haben, weil er die ins Cockpit geraunzte Aufforderung »zieh ihn rein« mißverstand.

Der Höhenmesser wurde später aus dem Wrack geborgen. Wegen seiner starken Beschädigung ließen sich jedoch keine Aufschlüsse mehr erlangen. Keine der aufgestellten Theorien schien zu überzeugen, so konnte sich die Untersuchungskommission letztendlich nur auf Spekulationen beschränken.

Zur damaligen Zeit befand sich noch kein Gesprächsaufzeichnungsgerät (Voice Recorder) im Cockpit. So wird sich das Geheimnis niemals lüften lassen, welcher Pilot nach dem Nasenklappenhebel griff. Um 16.10:24 Uhr, nur sechs Sekunden nach Keys letztem rüden Funkspruch, das Flugzeug befand sich gerade in etwa 1770 Fuß, hatte man die Nasenklappen mit größter Wahrscheinlichkeit eingefahren. Zwar war die Geschwindigkeit des Flugzeugs leicht auf 162 Knoten gestiegen, lag aber dennoch mit 63 Knoten unter der für das Einfahren der Nasenklappen zulässigen Geschwindigkeit.

Papa India geriet augenblicklich außer Kontrolle. Die Ereignisse überschlugen sich. Seit dem Einfahren der Nasenklappen war nicht einmal eine Sekunde vergangen, da glühten vor den Piloten die orangefarbigen Warnlampen auf. Auch im Kontrollfenster des Instrumentenwarnsystem (CIWS) auf der Mittelkonsole wie auch an der Anzeige für die Nasenklappen leuchteten die Warnlampen auf. Unmittelbar darauf begann die Steuersäule zu rütteln und wurde heftig nach vorn gestoßen. Im Cockpit war die Hölle los. Am Fahrtmesser glühte goldgelb die Anzeige »stall recovery operate« (Rückführung aus dem Überziehzustand), und eine rote Lampe zeigte »stall recovery fail« (Überwindung des Zustands unmöglich) an. Durch die nach vorne drückende Rammkraft des Stoßsystems an der Steuersäule, schaltete sich der Autopilot automatisch aus. Die Piloten blickten auf rote Lämpchen – soweit ihre Augen reichten.

Sobald sich der Autopilot ausschaltet, ertönt in den Kopfhörern ein unmißverständliches »Klirr! Klirr! Klirr!« Alles dies geschah in weniger als drei Sekunden, ein gesunder Mann wäre alarmiert und sofort zur Tat geschritten. Aber just in diesem Augenblick muß Key, begleitet von Herzjagen und Atemnot einen Herzinfarkt erlitten haben. Er war keines klaren Gedankens mehr fähig. Dennoch griff er instinktiv zur Steuersäule, als sich das Flugzeug in den Sturzflug senkte. Er hielt das Flugzeug im Geradeausflug anstatt die Steuersäule nach vorne zu drücken.

Um 16.10:32 waren die Nasenklappen in den Führungskanten der Tragflächen verschwunden. Beim Einfahren der Klappen verlagert sich der wahrscheinlich den Auftrieb bedingende Druckpunkt nach vorn. Das Flugzeug wird stark schwanzlastig. Papa India war von den Piloten tatsächlich in den Überziehzustand getrimmt worden. Als das Flugzeug 1560 Fuß im leichten Abstieg mit einer Geschwindigkeit von

114

Der Flugweg von G-ARPL.

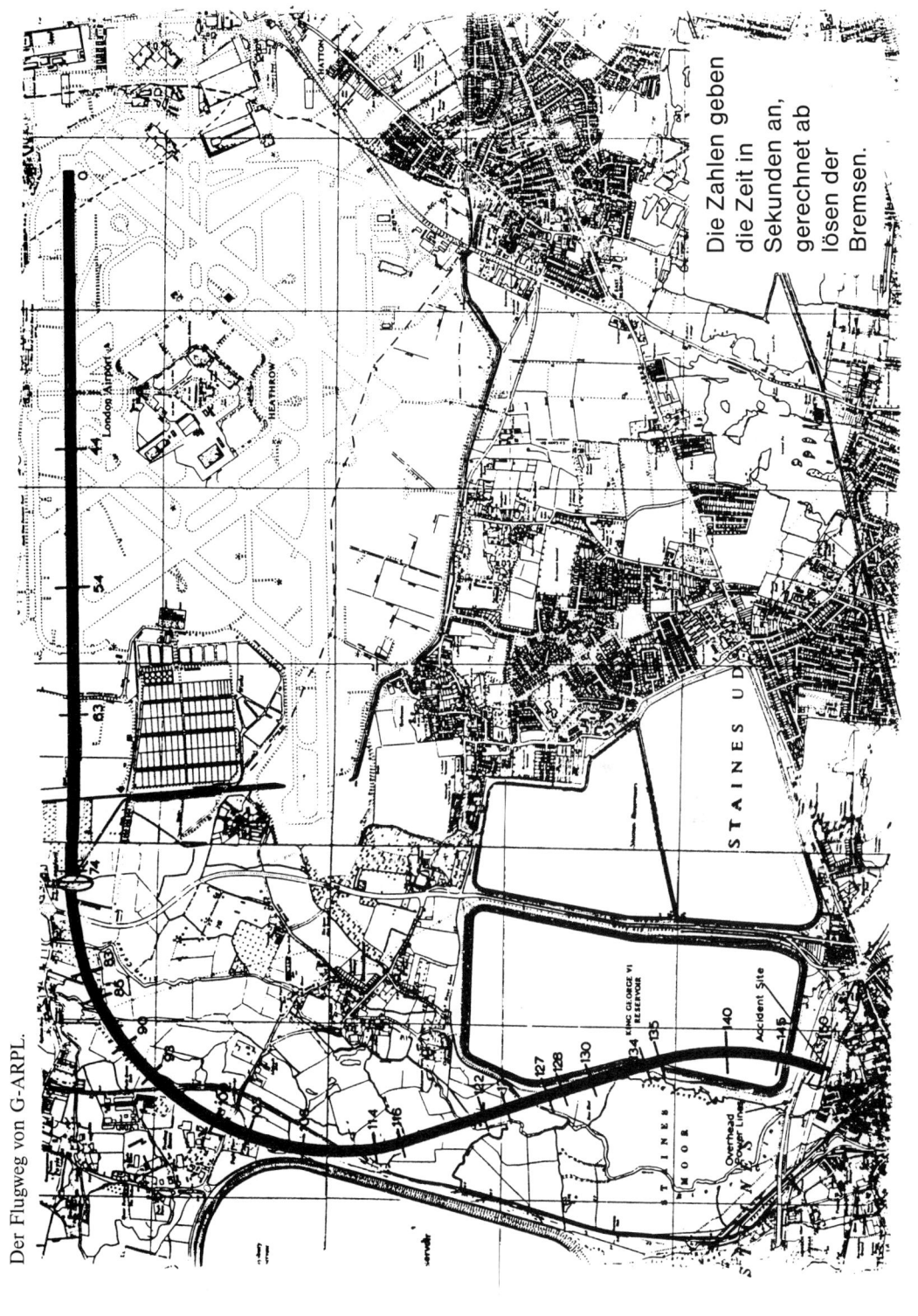

Die Zahlen geben die Zeit in Sekunden an, gerechnet ab lösen der Bremsen.

177 Knoten passierte, hob sich die Nase steil nach oben. Die Tragflächen lagen fast waagerecht in der Luft; die Besatzung steuerte auf Südkurs. Kurz darauf rüttelte die Steuersäule erneut, wieder flammten die Überziehwarnlampen auf. Doch Kapitän Key unterlief zum zweiten Mal ein Fehler. Er hielt das Flugzeug waagerecht und drückte nicht nach, um der Überziehung Herr zu werden. Die Cockpitbesatzung unternahm offenbar keinen Versuch mehr, die Nasenklappen wieder auszufahren, sie schien ratlos und gelähmt. Was sich zu dieser Zeit im Cockpit tatsächlich abspielte, wird für immer im Dunkeln bleiben.

Das Flugzeug befand sich in den Wolken ohne einen Bezugspunkt zum Boden, es hatte erheblich an Höhe verloren. Nun konnte auch keine Warnanlage mehr helfen. Papa India stand aufgrund der viel zu geringen Geschwindigkeit kurz vor dem Absturz. Einzig und allein ein steiler Abstieg, voller Schub und ein erneutes Ausfahren der Nasenklappen hätte die Katastrophe verhindern können. Auch hatte Key den Autopiloten nicht sofort ausgeschaltet. Die Warnlampen vollführten ein wahres Feuerwerk, dazu tönte in den Kopfhörern der Piloten das nervenzermürbende »Klirr, klirr, klirr.«

Und ein letztes Mal wurde die Steuersäule nach vorne gestoßen, und wieder senkte sich die Nase warnend unter den Horizont. Im Cockpit schien man die Gefahr völlig verkannt zu haben. Vielmehr gab Key, nicht mehr Herr seiner Sinne, den Befehl, der nervenden Stoßvorrichtung die Luft zu nehmen. Gehorsam setzte Ticehurst die Warnanlage außer Funktion. Ein weiterer verhängnisvoller Fehler. Um 16.10:39 segelte Papa India flach vom Himmel, durchquerte 1270 Fuß und ging mit einem Winkel von 16° in Rechtsneigung. Die Geschwindigkeit war inzwischen auf 193 Knoten angestiegen, und Kapitän Key unterlief ein weiterer Irrtum. Glaubte er, der Flugzustand hätte sich stabilisiert? Bei 175 Knoten zog er die Steuersäule zu sich heran. Das Flugzeug bäumte sich auf – einem Aufschrei gleich. Um 16.40:43 befand sich das Flugzeug in 1200 Fuß mit einem Winkel von 31° im tiefen Überziehzustand. Der Fahrtenmesser erreichte bei 54 Knoten seine unterste Grenze. Für Papa India gab es keine Rettung mehr.

In 1000 Fuß durchbrach die »Trident« die Wolkendecke, und raste mit einem Neigungswinkel von 60° sowie einer Sinkgeschwindigkeit von 4500 Fuß/Minute dem Boden entgegen. Ob wohl je eines der Besatzungsmitglieder noch die auf sie zurasende Erde wahrnahm? Aus den Kopfhörern plärrten nach wie vor die Warnsignale. Im strömenden Regen fegte Papa India über die Autobahn A 30 hinweg. Es waren noch nicht einmal 36 Sekunden nach dem verhängnisvollen Griff zum Nasenklappenhebel vergangen, als das Flugzeug plump mit dem Bauch nahe »Crooked Billet« aufschlug.

Trevor Burke, ein 13 Jahre alter Junge, der gerade mit seinem neun Jahre alten Bruder Paul die Felder nahe der Ortschaft Staines durchstreifte, sah die »Trident« aus den Wolken fallen.

»Wir gingen mit dem Hund spazieren, hörten ein Geräusch und schauten nach oben, sahen das Flugzeug. Es kam aus dem Nebel geglitten, Motorengeräusche hörten wir nicht. Wir glaubten zu träumen, das Flugzeug fiel wie ein Stein vom Himmel.«

»Wir sahen gerade noch, daß es den Boden dort hinten im Wäldchen berührte«, sage Trevor. »Erst schlug der Bug auf, das Heck wurde einfach abgesprengt.«

Es war 16.11.00 GMT. Mit leicht nach unten gesenkter Nase schlug das Flugzeug auf, das Heckteil hatte sich von der Zelle gelöst. Kaum sechs Kilometer von Hea-

Die Absturzstelle später am Abend.
Im Hintergrund sieht man einen Kran.

Luftaufnahme des offenen Geländes an
der Absturzstelle. Elektrische Überland-
kabel blieben unbeschädigt. ▷

Die Verteilung des Wracks.
Markierungen der Untersuchungskommission sind sichtbar.

throw entfernt, war Papa India zwischen der A 30 und der Ortschaft Staines auf einen schmalen Streifen Brachland gestürzt. Es erschien wie ein Wunder, daß es gerade hier in einer unbewohnten Gegend geschah. Keines der umliegenden Gebäude wurde beschädigt, und auch die unmittelbar daneben verlaufende Starkstromleitung blieb unberührt. Sofort nach dem Absturz liefen die beiden jungen Zeugen die wenigen Kilometer zurück zu ihrem Haus und holten eine nicht weit davon entfernt wohnende Krankenschwester. Sie erreichte als erste die Absturzstelle. Auf der A 30 waren gerade einige Kraftfahrer vorbeigefahren und sahen das Unglück. Sie eilten zum Unfallort, um zu retten, was noch zu retten war. Auf dem Bildschirm des Radarlotsen war Papa India verschwunden, doch er löste keinen Alarm aus. Der erste Notruf kam von einem Mann, der gerade an der Unfallstelle vorbeigefahren war und den Absturz beobachtet hatte. Er klingelte an einem Haus der London Road und alarmierte die Flughafenverwaltung.

Einige Minuten später kam zufällig ein Krankenwagen vorbeigefahren. In weniger als 15 Minuten erreichten Polizei, Feuerwehr und Rettungsmannschaften die Unglücksstelle. Als man sich anschickte die Eingeschlossenen mit Schneidbrennern zu befreien, brach jedoch ein Feuer im Cockpit aus, das jedoch schnell unter Kontrolle gebracht werden konnte. Trotz Regen und Sturm nahmen die Helfer selbstlos den Kampf auf; doch all ihre Bemühungen waren vergebens.

Kaum war im Rundfunk über den Absturz berichtet worden, machten sich sogleich tausende Schaulustiger auf den Weg zum Unfallort. Viele Familien hatten nicht mit dem regnerischen Wetter gerechnet und waren ins Grüne gefahren. Nun hatten sie ihre Sensation und blockierten die Zufahrtsstraßen.

Die Absturzstelle war inzwischen von Polizeieinheiten abgeriegelt worden, die sich bemühten, die Zaungäste zum Weiterfahren zu bewegen; dennoch gab es an der Absturzstelle ein Verkehrschaos. Vorsorglich entsandte weitere Rettungsmannschaften wurden behindert, aber Eile war ohnehin nicht mehr geboten. Papa India hatte sich in den Boden gebohrt, den Insassen war nicht mehr zu helfen. Nur ein Passagier gab noch schwache Lebenszeichen von sich, eilig wurde er nach Ashford ins Krankenhaus gebracht, doch auch für ihn kam jede Hilfe zu spät.

Beim Absturz der »Trident« kamen 118 Menschen ums Leben. Der Unfall ging als einer der tragischsten in die Geschichte der britischen Luftfahrt ein; natürlich hätte es noch schlimmer kommen können, wäre das Flugzeug über bewohntem Gebiet abgestürzt.

Der Absturz einer DC 10 bei Paris

Neunzehn Minuten und achtundvierzig Sekunden nach 19.00 Uhr Ortszeit startete American Airlines Flug Nummer 96 an einem kühlen Sommerabend auf der Startbahn 03R von Detroits Metropolitan Flughafen. Es war der 11. Juni 1972. Das Flugzeug, eine DC 10 (Serie 10), befand sich auf einem Linienflug von Detroit nach Buffalo. An Bord befanden sich nur 56 Passagiere und eine elfköpfige Besatzung. Das Flugzeug war aus Los Angeles gekommen, sein Zielflughafen ver La Guardia in New York.

Detroit im US-Bundesstaat Michigan liegt am nordwestlichen Ufer des Eriesees, während Buffalo im US-Bundesstaat New York am äußersten östlichen Ufer liegt. Die Mitte des Eriesees bildet die Grenze zwischen den Vereinigten Staaten und Kanada. Als die DC 10 – Registriernummer N 103 AA – der American Airlines unter »Abflug«-Radarführung nach Osten einschwenkte, befand sich das Flugzeug im Steigflug auf die kanadische Stadt Windsor in Ontario. Die Klappen und Vorflügel wurden der Reihe nach eingefahren. Die Sicht betrug nur 2½ Kilometer, es war immer noch dunstig, die Wolkenuntergrenze lag bei 4500 Fuß. Drei Minuten nach dem Start tauchte das Flugzeug in die Wolkenschicht und wurde zu diesem Zeitpunkt zum weiteren Steigen auf Flugfläche 210 (7000 Meter) von der Verkehrskontrolle freigegeben. Copilot Peter Paige-Whitney flog das Flugzeug, während Flugkapitän Bryce McCormick den Funkverkehr übernahm. Ein anderer Copilot, Clayton Burke, nahm die Aufgaben des Flugingenieurs wahr. Auf den vorangegangenen Flügen hatte es mehrere Verspätungen gegeben, so daß sich der Start des Fluges 96 bereits um mehr als etwa eine Stunde verzögert hatte. Beim Verriegeln der hinteren Ladeluke hatte es Schwierigkeiten gegeben. Derartige Probleme waren schon des öfteren aufgetreten, und es hatte tatsächlich 18 Minuten gedauert, bis die Techniker in Los Angeles die Tür hatten schließen können. In Detroit hatte es hingegen nur fünf Minuten gedauert, wenn auch der Lademeister das Knie zuhilfe nehmen mußte, um den Verschlußhebel nach unten zu drücken. Er sah sich veranlaßt, einen Mechaniker der American Airlines herbeizurufen. Dieser kontrollierte den Hebel und stellte fest, daß er sich in seiner Eingriffslage befand. Im Cockpit erlosch das »Tür offen«-Zeichen, eine Bestätigung, daß die Ladetür nun verschlossen war.

Der Abfluglotse bat Flug Nummer 96 mit Cleveland auf der Frequenz 126.4 MHz Kontakt aufzunehmen. Obgleich der kurze Flug größtenteils durch den kanadischen Luftraum führte, wurde der Kontakt mit den amerikanischen Lotsen aufrechterhalten. Nachdem alle Checks nach dem Start abgeschlossen waren und das Flugzeug sicher mit 250 Knoten Geschwindigkeit stieg, schaltete der Copilot Paige-Whitney auf Autopilot. Beim Durchflug durch 7000 Fuß rief Kapitän McCormick Cleveland auf der zugewiesenen Frequenz. Er wurde angewiesen, den Transpondercode 1100 zur Radaridentifizierung zu wählen. Die DC 10 war für Flugfläche 230 freigegeben. Bei 10000 Fuß stellte der Copilot die Vertikal-Geschwindigkeitssteuerung auf 1000 Fuß pro Minute Steigung ein, um die Steiggeschwindigkeit von 250 auf 340 Knoten

119

Turkish Airlines übernahm drei DC 10-10, Registrierzeichen TC-JAU (siehe Abb.), TC-JAV und TC-JAY zwischen Dezember 1972 und Februar 1973. TC-JAV ging in Paris verloren.

Ladetür der DC 10.

durch Verringern des Steigwinkels zu erhöhen. Als das Flugzeug über der Stadt Windsor mit zunehmender Geschwindigkeit von 260 Knoten fast 11 500 Fuß erreicht hatte, befand sich N 103 AA oberhalb der Wolkendecke. Der Abend war klar, die Sterne begannen am Firmament zu flimmern. Über sich sah die Besatzung eine Boeing 747 dahin jetten.

»Da fliegt so ein dicker Brummer oben«, bemerkte Kapitän McCormick.

Die Cockpitbesatzung konnte sich nun entspannen und schaute sich um. Plötzlich kam vom Heck des Flugzeugs, ohne jegliche Vorwarnung, ein dumpfer, widerhallender Schlag. »Oh, Scheiße«, rief einer im Cockpit. Die Seitenruderpedale schienen »geradezu zu explodieren« und schlugen voll nach links aus. Kapitän McCormick hatte seine Füße auf den Pedalen ausgestreckt, nun wurde sein rechtes Bein mit voller Wucht gegen den Sitz zurückgeschleudert. Copilot Whitney stieß sich den Kopf an der Lehne seiner Sitzes. Zur gleichen Zeit schnellten die drei Schubhebel in Leerlaufstellung zurück, der Schubhebel für das Hecktriebwerk Nr. 2 prallte mit lautem Krach gegen den Anschlag. Ein gewaltiger Luftstrom fegte durchs Cockpit, und in Minutenschnelle waren die drei Piloten mit Schmutz und Sand eingehüllt, sie sahen überhaupt nichts mehr. Ihre Gesichter und Augen brannten, als hätte sich unter ihren Nasen ein Feuerwerkskörper entzündet. Kapitän McCormick fiel der Kopfhörer von den Ohren, und als das Flugzeug zu taumeln begann, schaltete sich automatisch der Autopilot aus. McCormicks erster Gedanke war, daß die Cockpitscheiben zersplittert seien. Nachdem er sich aber den Staub aus den Augen gerieben hatte, sah er sie unbeschädigt vor sich. Ungläubig tastete seine Hand nach vorne, er wollte sich vergewissern, daß er nicht träume.

»Was zum Teufel war das, das möchte ich wissen«, rief McCormick.

Ein Besatzungsmitglied pfiff hörbar durch die Zähne. Die Feueralarmglocke für das Triebwerk Nr. 2 begann zu läuten, und auch der Warnton für einen Druckabfall in der Kabine erwachte zum Leben. Der Kabinendruck war auf ein Niveau entsprechend einer Höhe von etwa 3 000 Metern (1000 Fuß) abgefallen. Am Autopiloten zeigt eine rote Warnlampe dessen Außerfunktionsetzen an, am Fahrtmesser erschien eine rote Warnflagge. Der Kapitän schloß nun nicht mehr aus, daß der Radarbug abgesprengt worden sei. Sollte dies der Fall sein, würden sich fehlerhafte Geschwindigkeitsanzeigen ergeben. Die Hände das Copiloten ruhten gewohnheitsgemäß noch auf der Steuersäule, dennoch neigte sich das Flugzeug langsam steuerlos nach rechts, die Nase senkte sich steil nach unten.

»Wir müssen irgendetwas gerammt haben«, sagte der als Ingenieur mitfliegende zweite Copilot.

Aber der Copilot hatte hinausgeschaut und kein anderes Flugzeug im Umkreis gesehen. So war es wahrscheinlicher, daß das Triebwerk Nr. 2 am Heck abgerissen war. Dies würde auch die Feuerwarnung und die Seitenruderprobleme erklären. Allerdings hatte sich die Feuerwarnung später als falscher Alarm erwiesen. Was auch immer die Ursache sein mochte: Der Besatzung war klar, daß sich das Flugzeug in größter Gefahr befand. Im Normalfall hätte die Besatzung beim Ertönen der Kabinendruckwarnung einen schnellen Notabstieg eingeleitet, nun jedoch zögerte der Kapitän mit einem Sturzflug. Erst wollte er sich vergewissern, was geschehen war. Bei der jetzigen Höhe konnten natürlich Atmungsprobleme auftreten, so griff man im Cockpit eilig zu den Sauerstoffmasken.

Nach dem lauten Knall waren auch die Passagiere und Flugbegleiter aufgeschreckt worden. Im Heck der Kabine saß Stewardeß Sandra McConnell direkt am rechten Notausgang und unterhielt sich mit der auf der anderen Seite sitzenden Stewardeß

Beatrice Copland. Direkt vor den beiden Mädchen befand sich eine kleine Bar für den Cocktail-Service. Wegen der wenigen Passagiere an Bord und der kurzen Flugstrecke war diese Bar geschlossen. In der hinteren Kabine saßen auch keine Passagiere. Beide Stewardessen hatten gerade ihre Anschnallgurte gelöst und wurden bei der »Explosion« aus ihren Sitzen geworfen. Stewardeß McConnell schleuderte gegen die Bar und landete am Rande eines sich unter der Bar im Fußboden klaffenden Lochs. Sie befürchtete hineinzufallen, als der Boden nachgab. Stewardeß Copland war bereits in des Loch gefallen und starrte in den darunterliegenden Frachtraum. Die umgefallene Bar lag gleich neben ihr. Sie war mit dem Kopf und einem Fuß im Schutt eingeklemmt, der von der Decke heruntergefallen war. Sie schrie um Hilfe.

Gewöhnlich arbeitete Stewardeß Carol McGhee in der Cocktailbar, das sie jedoch keine Gäste hatte, blieb sie länger als üblich angeschnallt und saß am vorderen Ausgang. Plötzlich hörte sie ein Geräusch, einem dumpfen Donnerschlag ähnlich, so erinnerte sie sich später und sah, wie die Notausgangsluke der im unteren Teil des Flugzeugs befindlichen Galley (Bordküche) vom Boden nach oben schoß und einen Passagier am Kopf traf. Aus dem Cockpit schlängelte sich Staub und füllte die Kabine mit »kühlem Nebel«. Stewardeß Carol Stevens war auch noch auf ihrem Sitz angeschnallt, als sie ein berstendes Geräusch wahrnahm. Die Kabine füllte sich mit Staubnebel, und ein kühler Luftzug zog von vorne nach hinten. Als sich der Staubnebel gelichtet hatte, erblickte Carol Stevens herunterhängende Deckenpaneele im hinteren Teil der Touristenklasse und den eingebrochenen Boden unter der Bar. Dann sah sie plötzlich seitlich an der zusammengebrochenen Bar die eingeklemmte Stewardeß Copland, die immer noch gellend um Hilfe schrie. Carol Stevens versuchte über die Bordfunkanlage Hilfe herbeizuholen, wurde aber nicht gehört. Sie rannte nach vorne zu ihren anderen Kollegen, um für Carol Stevens Hilfe zu holen.

In der Anrichte der ersten Klasse bereitete gerade Chefstewardeß Cydya Smith den Kaffee für ihre Passagiere. Doch plötzlich flog die Aufzugstür in der Küche heraus, und die Galley füllte sich mit einer »rauchigen Substanz«. Cydya Smith verlor die Balance, aber irgendwie gelang es ihr, Halt zu finden. Sie bemerkte weitere herunterfallende Deckenpaneele und wähnte sich im schwerelosen Zustand. Dennoch war sie noch geistesgegenwärtig genug, um den Druckabfall zu spüren. Sie vergewisserte sich in der Kabine, ob die Sauerstoffmasken aus den Behältern gefallen waren. Aber nichts war geschehen, die Sauerstoffmasken waren nicht heruntergefallen, einige Passagiere rangen bereits nach Luft. Aber sie selbst hatte keine Atemschwierigkeiten. Außerdem befand sich das Flugzeug ja nur in einer Höhe von etwa 10 000 Fuß, bei der allerdings vorsorglich im Cockpit die Warnanlage ertönen würde, aber erst in einer kritischen Höhe von 14 000 Fuß würden die Sauerstoffmasken automatisch herausfallen. Sie hastete ins Cockpit. Vor der Tür lag die Mütze des Kapitäns am Boden.

»Ist hier alles in Ordnung?«

»Nein, überhaupt nichts«, brüllte McCormick ungehalten zurück. Der Copilot schaute sie an und schüttelte den Kopf.

»Gehen Sie zurück in die Kabine«.

Kapitän McCormick langte nach seinen auf der Lehne seines Sitzes liegenden Kopfhörern und erklärte bei Clevelands Flugkontrolle einen Notfall. Viel konnte er nicht sagen, da noch niemand wußte, was eigentlich Ursache gewesen war. Aber, daran hegte niemand einen Zweifel, es handelte sich um ein ernstes Problem. Der

Copilot, der immer noch die Hände auf der Steuersäule hatte, übergab sie nun seinem Kapitän, der sich selbst ein Bild machen sollte.

»Ich denke, die Kiste fliegt«, ermunterte der Copilot.

Aber die Geschwindigkeit fiel auf 220 Knoten zurück, als die DC 10 in die Wolken abstieg; den aufgetretenen Schaden hätte man oberhalb der Wolken besser feststellen können. McCormick zog die Steuersäule zu sich heran, das Höhenruder versagte jedoch sofort, der Sinkflug war nicht aufzuhalten. Der Kapitän stieß die Schubhebel nach vorne, die an den Tragflächen befestigten Triebwerke sprachen an, doch das Hecktriebwerk Nr. 2 verharrte im Leerlauf. Aber durch den auf die verbliebenen Triebwerke 1 und 3 erhöhten Schub hob sich die Nase, das Flugzeug konnte auf einer Höhe von 12 000 Fuß gehalten werden, Kapitän McCormick hatte während seiner Ausbildung im Simulator wieder und wieder das Fliegen mit nur zwei Triebwerken bei totalem Ausfall der Steuerorgane und der Hydraulik geprobt; dies trug nun Früchte.

Chefstewardeß Smith war in die Kabine zurückgeeilt und beschwichtigte die Passagiere über die Bordsprechanlage. Sie bat, die Plätze nicht zu verlassen, das Rauchen einzustellen und vor allen Dingen Ruhe zu bewahren. Kaum hatte sie die Durchsage beendet, schlug Stewardeß Stevens Alarm, eine Kollegin sei im hinteren Teil der Kabine eingeklemmt und benötige dringend Hilfe. Ein männlicher Passagier sprang von seinem Sitz auf, und die drei begaben sich in den hinteren Teil der Kabine. Erst jetzt war ihnen der Umfang der Verwüstungen klar.

Kapitän McCormick hatte jedoch das Flugzeug unter Kontrolle, nun griff er zum Bordtelefon, um die Passagiere zu beruhigen. »Wir haben, meine Damen und Herren, leider ein Problem, das wir zwar im Griff haben, dennoch werden wir aus Sicherheitsgründen nach Detroit zurückkehren.« Kurz danach klingelte im Cockpit wieder das Bordtelefon. Einer etwas schlafmützigen Stewardeß, der entgangen war, daß längst Hilfe für ihre eingeklemmte Kollegin unterwegs war, fragte an, ob nicht mal jemand schnell kommen könne, um Stewardeß Copland aus einem »Loch im Boden« zu befreien. Der Flugingenieur begab sich nach hinten, seine beiden Kollegen hatten den Jet im Griff und würden ohne ihn auskommen. Stewardeß Copland hatte unterdessen ohne fremde Hilfe ihren Kopf aus dem Schutt gezogen, ließ ihren Schuh zurück und kletterte heraus. Sie ließ sich in einen Barsessel fallen, ihre vermeintlichen Retter beugten sich besorgt über ihren Fuß. Von der anderen Stewardeß fehlte noch jede Spur, und Cydya Smith rief mehrmals nach ihr. Wie aus dem Nichts kommend, entstieg Stewardeß McConnel den Trümmern und wurde hinauf in die Kabine gehoben. Zum Glück hatte keines der Mädchen ernsthafte Verletzungen erlitten.

Flugingenieur Burke hatte gerade das Cockpit verlassen und suchte immer noch nach seiner Mütze, als das Bordtelefon erneut schrillte. Die beiden Mädchen seien nun geborgen, seine Hilfe würde nicht mehr benötigt. Er kehrte etwas verwirrt auf seinen Platz zurück. In der Kabine setzte man die Passagiere aus dem stark lädierten Heckteil nach vorne. Die Flugbegleiter setzten ihren Service fort, als sei nichts geschehen. Nachdem sich die Lage stabilisiert zu haben schien, ging die Chefstewardeß zur Berichterstattung ins Cockpit. Die Passagiere und Flugbegleiter hatten keine ernsthaften Verletzungen erlitten, aber im Boden der hinteren linken Hälfte der Flugzeugzelle klaffte ein riesiges Loch. Kapitän McCormick wies Cydya Smith an, eine Notlandung in der Kabine vorzubereiten. Sie ging ruhig zurück und rief ihre Kollegen zur Lagebesprechung zusammen.

Aber Kapitän McCormick hatte noch immer Probleme mit der Steuerung, dennoch gelang es ihm, wenn auch mit Schwierigkeiten, das Flugzeug in der Luft zu halten. Die DC 10 konnte sich in Kurven nur noch um 15° neigen. Copilot Paige-Whitney forderte unterdessen über Funk Rettungsmannschaften an. Die Radarkontrolle bemühte sich, das Flugzeug auf einen 34 Kilometer Endanflug zu bringen, und gab Flug 96 die Sinkfreigabe. Es ließ sich nur noch eine Sinkgeschwindigkeit von 200 Fuß pro Minute erreichen, was natürlich verhängnisvoll langsam war. Das Flugzeug wurde unter Radarführung in Richtung Detroit dirigiert, während die Besatzungsmitglieder ihre Checklisten zu Ende lasen. In der Kabine schickten sich die Flugbegleiter an, eine Notlandung und Evakuierung vorzubereiten. Dies geschah aus Sicherheitsgründen, denn niemand wußte vorauszusagen, ob eine Notlandung erforderlich wurde. Die Flugbegleiter sammelten Schuhe und lose Gegenstände der Passagiere ein, die Körperhaltung während einer Notlandung wurde vorgemacht, den Passagieren die Notausgänge zugewiesen und die Benutzung der Notrutschen erläutert. Eine Stewardeß steckte nach Beendigung der Demonstration den Kopf ins Cockpit, um sich noch einmal zu vergewissern, ob nach der Landung die Notrutschen benutzt werden sollen.

»Habt Ihr Buben hier vielleicht ein Problem?«, fragte sie dummdreist.

Die angespannte Atmosphäre im Cockpit, der Kapitän quälte sich mit der Steuerung, ließ diese Frage geradezu absurd erscheinen. Die Drei im Cockpit grinsten nur spöttisch.

»Ja, wir haben ein Problem, und das ist nicht aus Pappe!«

Der Kapitän ließ wissen, daß er notfalls das Signal zur sofortigen Evakuierung des Flugzeugs geben würde. Dann wandte sich McCormick über das Kabinentelefon erneut an die Passagiere. Mit beherrschter Stimme entschuldigte er sich für die Unbequemlichkeiten und versicherte erneut, daß das Flugzeug unter Kontrolle sei. Die Besatzung werde ihr ganzes Können daran setzen, eine sichere Rückkehr nach Detroit zu ermöglichen. 34 Kilometer vor Detroit wurde der Anflug mit einer angezeigten Geschwindigkeit von 160 Knoten und der Sinkrate von 600 bis 700 Fuß pro Minute eingeleitet. Versuche, die Geschwindigkeit weiter zu reduzieren, führten zu unannehmbaren Sinkraten. Um das Flugzeug mit der Landebahn auszurichten, drehte McCormick die Flugzeugnase während des Anflugs um 5 bis 10° nach rechts. Das Fahrwerk fuhr reibungslos aus, und die noch zur Verfügung stehenden Klappen wurden von dem Copiloten unmittelbar vor dem Aufsetzen ausgefahren. Die DC 10 setzte sanft und schnell 630 Meter hinter der Landebahnschwelle auf. Es war eine glatte Landung – aber dann brach am Boden die Hölle aus. Flug Nummer 96 scherte aus, kam von der Landebahn ab und pflügte durchs Gras. Der Copilot übernahm die Betätigung der Umkehrschubhebel, gab Höchstleistung auf Triebwerk Nr. 1 auf der linken Seite und schaltete Triebwerk Nr. 3 ab. Das Flugzeug rutschte nach links zurück auf den harten Beton der Landebahn und kam etwa 300 Meter vor dem Ende der Landebahn zum Stehen. Nach dieser harten Landung ordnete McCormick eine Notevakuierung an und schlug Alarm. Die Gefahr war gebannt. Alle Passagiere verließen das Flugzeug zügig über die Notrutschen. Nur einige Passagiere erlitten leichte Verletzungen. Glück und Erfahrung der Besatzung hatten das Schlimmste verhütet.

Am nächsten Morgen traf in Detroit die Untersuchungskommission des »National Transportation Safety Board (NTSB)« ein und hatte den Grund für den Unfall sehr schnell herausgefunden. Trotz der Versicherung des Mechanikers wiesen Schlagstellen am Verriegelungsmechanismus der hinteren Ladetür darauf hin, daß die Tür nicht vollständig eingerastet war. Als die DC 10, Flugnummer 96, in Detroit startete, war der Kabinendruck wie üblich einreguliert worden, um sowohl den Passagieren als auch der Besatzung ein relativ normales Atmen zu gestatten. Die Flugzeugzelle und die Türen sind so konstruiert, daß unter Druck stehende Luft nicht nach außen in die dünne Atmosphäre austreten kann. Jede Fehlstelle an einer Tür, einem Paneel oder Fenster führt jedoch dazu, daß diese Luft schnell und gewaltsam entweicht. Auf der DC 10 befand sich an diesem Tage jedoch Ladung im Gewicht von etwa fünf Tonnen hinter der nur teilweise verriegelten Ladetür. Unter dieser Belastung hatten sich möglicherweise die Schnappriegel gelöst, und die Tür sprang auf. Dies hatte zu der explosionsartigen Dekompression im Flugzeug geführt. Die Tür war durch den klaffenden Spalt in die Atmosphäre entwichen, und der Kabinendruck hatte mit ungewöhnlicher Kraft auf den Fußboden gedrückt. Durch unzureichende Belüftung war der Kabinenboden zusammengebrochen und hatte die Bar in dem offenen Ausgang der Ladetür eingeklemmt. Durch die Streben des Kabinenbodens führen Steuerkabel, hydraulische Leitungen und Drähte, von denen ein Teil durchtrennt oder eingeklemmt wurde; diese Tatsache ergab eine plausible Erklärung für die Schwierigkeiten mit der Steuerung. Aber glücklicherweise waren genügend Steuersysteme intakt geblieben, um eine stabile Fluglage beizubehalten. Immerhin hätte dieser Zwischenfall fast zur Katastrophe geführt, umgehende Abhilfe war vonnöten.

Der »Windsor-Zwischenfall«, als welcher er in die Akten der Untersuchungskommission einging, veranlaßte American Airlines, das NTSB, die Federal Aviation Administration (FAA) und McDonnell Douglas, sich mit den Verriegelungsschwierigkeiten der hinteren Ladetür eingehend zu beschäftigen. Der Hersteller der Tür, Convair (eine Abteilung von General Dynamics), wurde ebenfalls konsultiert. Das FAA-Büro für die westliche Region, eines von elf derartigen Büros in den Vereinigten Staaten, war für die Aufsicht über die kalifornische Luftfahrtindustrie verantwortlich. Da die Luftfahrtindustrie der Welt in diesem Bundesstaat Kalifornien ihren Schwerpunkt hat, war dies für die regionale Behörde ein beachtliches Unterfangen. Die beiden großen Rivalen Douglas und Lockheed hatten ihren Sitz im Einzugsbereich dieser Behörde. Chef des FAA-Büros für die westliche Region war Arvin Basnight, ein Beamter, dessen Fähigkeiten durchaus der Aufgabe entsprachen. Kurz nach dem »Windsor-Zwischenfall« am 13. Juni setzte sich Basnights Untergebener, der Leiter für den Flugzeugbau, Dick Sliff, mit Douglas in Long Beach bezüglich der aufgetretenen Probleme mit der Ladetür in Verbindung. Doch die Firma verweigerte zunächst ihre Hilfe, und erst nach mehrmaligem Vorstelligwerden der FAA-Behörde bequemte sich die Herstellerfirma entsprechende Unterlagen zur Verfügung zu stellen. Die von Sliff geprüften Dokumente lasen sich hochinteressant, ging doch aus ihnen hervor, daß bereits etwa 100 Beschwerden über Schwierigkeiten beim Schließen der Ladetür vorlagen. Weiteres belastendes Material trat jedoch nicht zu Tage. Bei den Unterlagen befand sich unter anderem ein Bericht von Dan Applegate, einem Ingenieur bei der Firma Convair und Konstrukteur der Ladetür. Er brachte darin seine äußerste Besorgnis bezüglich der Sicherheitsaspekte dieser Tür zum Ausdruck. Hätte Sliff diesem Bericht mehr Beachtung geschenkt, wären die Dinge sicherlich anders verlaufen. Es entsprach üblicher Gepflogenheit, daß derartige beim Hersteller eingehende Berichte der Fluggesellschaften an die FAA im Zusammenhang mit Wartungs- und Betriebssicherheits-Anweisungen weitergeleitet wurden. In diesem Falle hatte McDonnell Douglas, wohl im Hinblick auf die Konkurrenz, die-

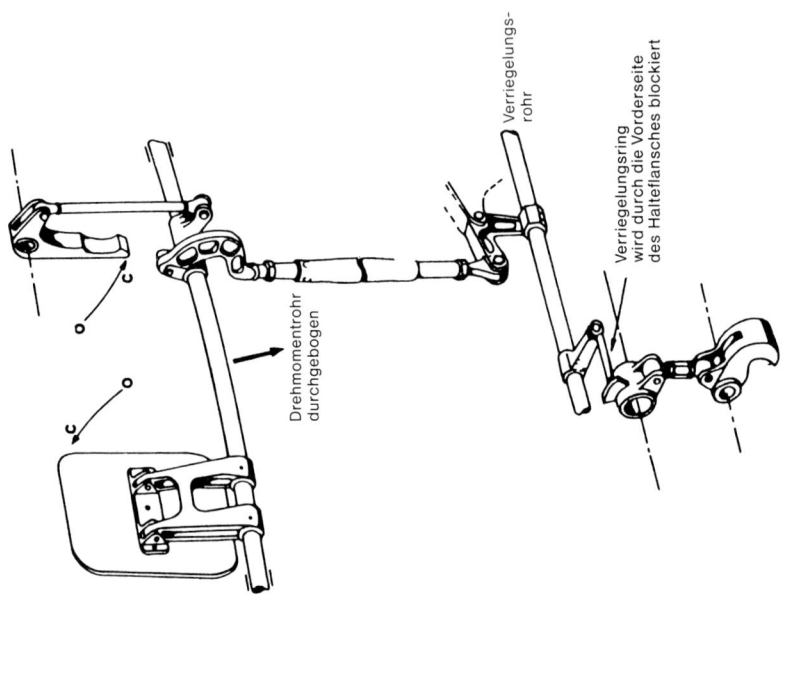

Verriegelungs-rohr

Verriegelungsring wird durch die Vorderseite des Halteflansches blockiert

Drehmomentrohr durchgebogen

Das Problem des gewaltsamen Schließens.

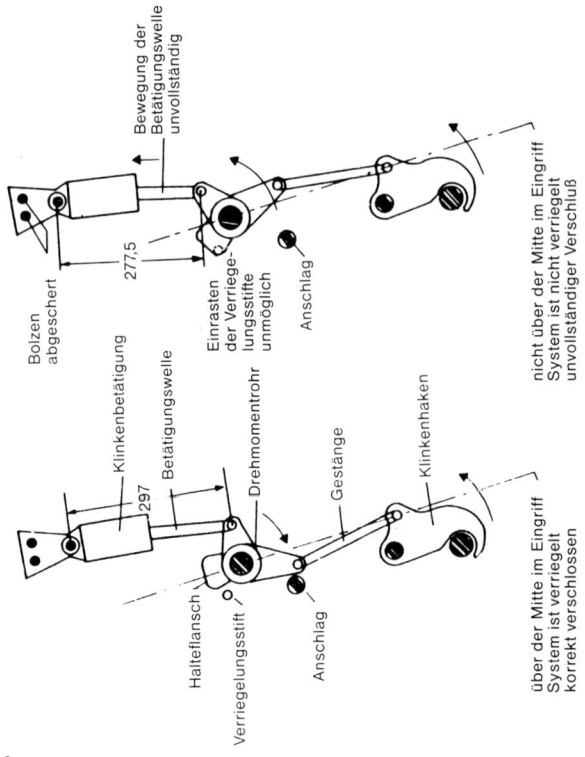

Bewegung der Betätigungswelle unvollständig

Bolzen abgeschert

277,5

Einrasten der Verriege-lungsstifte unmöglich

Anschlag

nicht über der Mitte im Eingriff System ist nicht verriegelt unvollständiger Verschluß

Klinkenbetätigung

297

Betätigungswelle

Drehmomentrohr

Gestänge

Klinkenhaken

Halteflansch

Verriegelungsstift

Anschlag

Klinkenhaken

über der Mitte im Eingriff System ist verriegelt korrekt verschlossen

● Fixpunkte an der Struktur

→ Richtung der durch die Klinken übertragenen Kräfte

Hinteres Ladetür-Verriegelungssystem der DC 10.

126

ses Problem ignoriert und den Bericht in der Schublade versenkt. Die FAA war ahnungslos. Vor dem »Windsor Unfall« hatte McDonnell Douglas allerdings versucht, Abhilfe zu schaffen. Vier Fluggesellschaften, zu deren Flotte die DC 10 gehörte (American Airlines, Continental Airlines, National Airlines und United Airlines) hatten von McDonnell Douglas ein Servicebulletin mit der Empfehlung erhalten, die elektrischen Türbetätigungsvorrichtungen zusätzlich zu verdrahten. Hierdurch erhoffte sich der Hersteller eine einwandfreie Verriegelung. Diese Verdrahtung war jedoch zum Zeitpunkt des Unfalls noch in der Erprobung, und Kapitän McCormicks DC 10 war noch nicht umgerüstet gewesen.

Den Zuständigen bei der örtlichen FAA-Behörde kam dieser Vorschlag nicht gelegen. Wollte man die DC 10 während des bevorstehenden geschäftsträchtigen Sommers weiterfliegen lassen, so mußten zunächst einige Interimsmaßnahmen ergriffen werden, bis sich eine wirksamere Lösung ergab. Das eigentliche Problem lag nämlich darin, daß die Betätigungsvorrichtungen die Klinkengestänge nicht auf die obere mittlere Lage (siehe Diagramm) anhoben, so daß es häufig notwenig war, die Türen manuell unter Benutzung einer Handkurbel zu schließen. Befanden sich die Gestänge in der richtigen Lage, schob beim Schließen der Außentür eine Klinke einen Verriegelungsstift vor, um das System zu sichern. Kamen die Gestänge nicht in einen genauen Eingriff, verhinderte ein Verriegelungsflansch das Vorschieben des Verriegelungsstiftes, und die Türklinke ließ sich nicht schließen. Bevor Flug 96 in Detroit gestartet war, war die Tür nur teilweise verriegelt worden, und der Verriegelungsstift hatte sich auf dem Verriegelungsflansch verklemmt. Dann hatte der Lademeister die Klinke mit dem Knie in ihre Lage gedrückt; hierbei hatten sich die Verriegelungsstift-Stangen verzogen. Hierdurch war nicht nur der falsche Eindruck entstanden, daß die Tür nicht nur verschlossen, sondern auch verriegelt sei, obwohl die Verriegelungsstifte überhaupt nicht in Eingriff gekommen waren. Während des Fluges waren die durch den Innendruck bedingten enormen Kräfte auf die Klinken über den ungenau gelagerten Klinkenmechanismus auf die Betätigungsbolzen übertragen worden, die unter der Last abgeschert worden waren.

Die einfachste Lösung erschien das Anbringen eines Gucklochs mit einem Durchmesser von etwa 2,50 Zentimeter aus gehärtetem Glas, um optisch festzustellen, ob sich der Verriegelungsstift auch tatsächlich an Ort und Stelle befindet. Für den Lademeister hätte sich hierdurch allerdings ein zusätzlicher Arbeitsaufwand ergeben, insbesondere in einer kalten, nassen und windigen Nacht. Der Weisheit letzter Schluß war dies gewißlich nicht, jedoch mußte schnell etwas geschehen, um eine Wiederholung des Unfalls wie dem über Windsor auszuschalten.

Aber ein solches Guckloch mußte mittels eindeutiger Bestimmungen eines Bundesgesetzes genehmigt werden, um sicherzustellen, daß sich die Luftfahrtgesellschaften auch an die Vorschriften halten. Derartige Verordnungen sind in der Lufttüchtigkeitsvorschrift (Airworthiness Directive [AD]) enthalten, die sich mit Sicherheitsfragen befaßt. Die Bekanntgabe einer solchen Vorschrift wäre nicht zum Nutzen von McDonnell Douglas gewesen, hätte sie doch die Tatbestände aufgedeckt, und durch den Erlaß einer solchen Vorschrift wären die Umrüstungskosten zu Lasten des Herstellers gegangen. Am frühen Morgen des 16. Juni wurde der AD-Entwurf per Fernschreiben dem FAA-Hauptquartier in Washington zur Genehmigung zugeleitet, jedoch wurde schon bald offenkundig, daß die Behörde nicht zustimmen würde. Schon vor 9 Uhr morgens klingelte bei Basnight das Telefon, am Apparat war Jackson McGowan, Präsident der Douglas-Abteilung von McDonnell Douglas. Am vorhergehenden Abend hatte sich McGowan telefonisch mit Jack

Shaffer, dem Leiter der FAA in Washington, D.C., unterhalten, und nun teilte Basnight das Gesprächsergebnis mit. Nach dem üblichen einleitenden Geplänkel sagte McGowan, daß er und Shaffer übereingekommen seien, daß »Modifizierungen vorgenommen werden könnten, dies aber auf der Basis eines Gentlemen Agreement, was die Herausgabe einer Lufttüchtigkeitsvorschrift seitens der FAA unnötig erscheinen lasse«. Die Angestellten der örtlichen FAA Behörde waren über diese Wendung der Dinge konsterniert, insbesondere darüber, daß die Einzelheiten ausgerechnet von Douglas kamen, dem Hersteller, der zunächst wenig kooperativ gewesen war. Zwischen Kalifornien und Washington liefen die Dräte heiß, doch schon bald bestätigte sich, daß eine AD nicht geplant war. Vielmehr hatte man Basnight und seine Angestellten bei den Verhandlungen mit den Fluggesellschaften einfach umgangen.

Es wurde eine Telefonkonfernez zwischen Douglas, der FAA in Washington D.C. und den vier Fluggesellschaften arrangiert, um sich über die Vorschläge hinsichtlich einer Umrüstung der Ladetür abzusprechen. Die Beteiligten einigten sich darauf, mit der Verdrahtung fortzufahren und für das Bodenpersonal an den Türen eine Warnung anzubringen, keine Kräfte über 22 Kilogramm beim Schließen des Türgriffs aufzuwenden. Wo dieser Zahlenwert herrührte, blieb unklar. Es war eine völlig unzureichende Antwort auf eine sehr gefährliche Situation.

Die FAA spielte hierbei eine zwielichtige Rolle, denn sie ist sowohl Wachhund als auch Förderer des Luftverkehrs in den Vereinigten Staaten. Im Amerika unter Präsident Richard Nixon, in den Jahren, die zum Watergate-Skandal führten, gab es über die Haltung der Regierung kaum einen Zweifel. Die Konjunktur hatte auf allen Gebieten Vorrang, und der »belanglose« Zwischenfall mit der defekten Ladetür durfte das Boot, oder in diesem Falle die DC 10, nicht zum Kentern bringen. McDonnell Douglas verfügte an höchster Stelle über einflußreiche Freunde. Die Bundesbehörden werden gewöhnlich von Politikern geleitet, die vom Weißen Haus nominiert wurden, und hier macht auch die FAA – damals wie heute – keine Ausnahme. Nixons Absichten, die Unabhängigkeit der Bundesbehörden durch Schaffung von Organisationen zu schwächen, die ihm direkt unterstanden, erfüllten sich und machten sich bemerkbar. Der Leiter der FAA, John Shaffer, ein Mann mit wenig kommerzieller Erfahrung, war von den politischen Parteien in sein Amt berufen worden. Der unter Shaffer, einem zwar ehrenwerten, aber von der Indurstrie überbewerteten Mann, erfolgte Niedergang der FAA reichte weit und konnte erst nach mehreren Jahren wieder kompensiert werden. Das Gremium des NTSB bestand aus fünf Männern, die alle aufgrund ihres politischen Engagements berufen worden waren. Unter dem Präsidenten des NTSB, John Reed, arbeitete Ernest Weiss, ein befähigter Beamter und aktiver Demokrat. Aber es gab bereits Pläne, Weiss von seinem Posten zu entbinden.

Chef des Luftsicherheitsbüros des NTSB war ein äußerst kluger Mann namens Charles (Chuck) Miller, ein bekannter Sicherheitsexperte und angesehener Ingenieur. Seine Beiträge zur Luftsicherheit waren beeindruckend. Zu Beginn der Boeing 747-Ära führten Turbinenschaufelausfälle zum Zusammenbruch von Triebwerken; es beunruhigte, daß einige Flugzeuge auf ein und demselben Flug mehr als einen Triebwerkausfall hatten. Nichts wurde jedoch von der FAA unternommen, um diesem Problem beizukommen. Im Oktober 1970 ließ ein frustrierter Miller, aufgebracht durch die Untätigkeit der FAA, seinem Unmut freien Lauf und kritisierte die Behörde öffentlich. Er forderte Maßnahmen, um diese »tatsächlich katastrophale« Situation zu beenden. Erst zu Ende des Jahres bequemte sich die FAA eine

Luftsicherheitsvorschrift zu veröffentlichen, die sich mit dem Triebwerkproblem auseinandersetzte. Aber die Vorschrift war recht mager, sie forderte lediglich die regelmäßige Überwachung der Triebwerkschaufeln. Es dauerte mehrere Monate, bis die Triebwerkschaufel-Hersteller das Problem in den Griff bekommen hatten. Während dieser Zeit hatten sich weitere 16 Zwischenfälle ergeben. Die Tatsache, daß das von Miller vorausgesagte potentielle Desaster ausblieb, ermutigte die FAA in ihrer Politik lediglich dazu, freiwillige Beiträge der Industrie in Betracht zu ziehen. Mit diesen Praktiken wollten die Verantwortlichen Flugprobleme unter den Teppich kehren, um das gute Image der Industrie zu stützen. War das aber genug?

Unter dem Druck des Weißen Hauses feuerte der Präsident des NTSB John Reed im März 1971 Weiss und stellte statt seiner einen anderen politisch Profilierten ein. Es war Richard Spears, dessen Qualifikation für diese Tätigkeit recht zweifelhaft erschien. Es war unvermeidlich, daß Spears und Miller, nun Kontrahenten innerhalb der FAA, in einen Disput gerieten. Im Sommer 1972, als sich die Probleme mit der Ladetür der DC 10 ihrem Höhepunkt näherten, brach der offene Eklat zwischen beiden Männern aus. Als zu dieser Zeit Millers Gutachten dringend benötigt wurden, pfuschte man ihm im Büro für Flugsicherung ständig ins Handwerk, er wurde von den anstehenden Problemen abgelenkt, und hinzu kam noch Spears Kampagne gegen die Einrichtung einer Unfallverhütungsabteilung. Millers öffentliche Kritik an der FAA wurde abgewürgt.*

Am 6. Juli 1972 legte das NTSB seine Empfehlungen formell der FAA vor: Die Tür müsse so ausgelegt werden, daß es unmöglich würde, sie nicht einwandfrei zu verschließen. Umrüstungen betrafen den Fußboden und die Belüftung, auch eine Verstärkung des Flugzeugbodens wurde in Betracht bezogen. Aber auf diese Vorschläge gingen weder die FAA noch McDonnell Douglas ein. Beide schwiegen sich gründlich aus. Dem Betriebsbulletin (SB) 52-27 hinsichtlich einer Modifizierung durch Verdrahtung folgten im Juli und August zwei weitere Merkblätter. SB 52-35 empfahl das Vorsehen eines Gucklochs, wobei ein Diagramm mitgeliefert wurde, das die sicheren und unsicheren Stellen am Türrahmen aufzeigte. Das Bulletin war auf blauem Papier gedruckt worden, was seine Bedeutung als Sicherheitsmerkblatt unterstrich. SB 52-37, routinemäßig auf weißem Papier gedruckt, empfahl das Vorsehen einer Stützplatte, um eine Deformierung der Verriegelungsstangen unmöglich zu machen, sowie eine Verlängerung des Verriegelungsstifts um etwa sechs Millimeter. Auf den ersten Blick erschien diese Antwort von Douglas vernünftig, und die vorgeschlagene Änderung zumindest für die nahe Zukunft als adäquat. Wären die Empfehlungen sofort aufgegriffen worden, hätte sich wohl das leidige Türverriegelungssystem gelöst. Immerhin handelte es sich nicht um eine eindeutige Vorschrift, so sahen sich die vier amerikanischen Fluggesellschaften, die zum damaligen Zeitpunkt die 39 DC 10-Flugzeuge betrieben, nicht verpflichtet, derartig aufwendige Um-

---

* Im April 1973 mußte sich Miller von Spear den Vorwurf gefallen lassen, nicht kompetent zu sein. Spear hatte dies beim NTSB bereits an die große Glocke gehängt, und im August tagte der Vorstand. Das Urteil: Entweder Miller enthalte sich jedweder Kritik oder ihm drohe die sofortige Entlassung! Miller verteidigte sich, indem er die Angelegenheit höheren Orts zur Sprache brachte. Er wurde wenig später zu einer Anhörung durch das Komitee des Senators für Wirtschaft geladen. Bevor die Sache jedoch ihr Ende fand, erkrankte Miller schwer an Herzrhythmusstörungen. Im Dezember 1974 ließ er sich schließlich aufgrund seines angegriffenen Gesundheitszustandes vorzeitig pensionieren. Er erholte sich jedoch wieder und hielt fürderhin Vorlesungen auf dem Gebiet der Luftsicherheit.

rüstungen vorzunehmen. Drei Monate später, im Oktober 1972, waren lediglich fünf Flugzeuge der gesamten Flotte entsprechend umgerüstet worden. Zu Ende des Jahres flogen noch 18, im Jahre 1974 noch ein Flugzeug ohne diese Stützplatte.

Im Sommer 1972, die Kontroverse wegen der Ladetür der DC 10 war auf ihrem Höhepunkt angelangt, hielten sowohl Lockheed mit der »Tristar«, als auch McDonnell Douglas mit ihren zwei DC 10 Versionen (Serie 10 und 30) in Übersee Ausschau nach potentiellen Käufern. Beide Hersteller hofierten sowohl Turkish Airlines, die ein guter Kunde zu sein schien. Ein Abschluß mit dieser Gesellschaft könnte andere Fluggesellschaften möglicherweise zum Geschäftsabschluß locken. Letztendlich erhielt McDonnell Douglas den Zuschlag, und drei DC 10-10-Flugzeuge wurde termingerecht im Dezember 1972 an Turkish Airlines ausgeliefert. Zwischenzeitlich war Präsident Nixons erste Amtsperiode abgelaufen; er wurde mit den Stimmen der Mehrheit wieder gewählt. Die Tradition verlangte es, daß alle älteren, einst in der ersten Amtsperiode politisch Berufenen ihre Pensionierung anbieten. Der Leiter der FAA, John Shaffer, hielt sich an dieses ungeschriebene Gesetz. Aber kein anderer als Shaffer war höchst überrascht, als sein Angebot zum Ausscheiden ohne Umschweife akzeptiert wurde. Ihm folgte im darauffolgenden Jahr Alexander Butterfield als Nachfolger. Er war zuvor im Weißen Haus als Referent für innere Sicherheit tätig gewesen. Bevor Butterfield seinen neuen Posten übernahm, und möglicherweise betroffen von Shaffers plötzlichem Rücktritt, beschäftigte sich die FAA erneut mit Fußbodenbeschädigungen in Großraumflugzeugen, die durch explosionsartigen Druckabfall aufgetreten waren. Die holländische Behörde RLD (entsprechend der amerikanischen FAA) war gleichermaßen betroffen, nachdem sich die Royal Dutch Airlines (KLM) entschlossen hatte, nun doch Flugzeuge vom Typ DC 10 zu kaufen. Im September 1972 trafen sich Repräsentanten der RLD, der FAA und von McDonnell Douglas zu einer Aussprache. McDonnell Douglas beeilte sich zu versichern, daß die Stärke des Bodens der DC 10 den Vorschriften der FAA entspräche, aber die Holländer hielten dem entgegen, daß angesichts des Windsor-Zwischenfalls diese Vorschriften doch etwas falsch seien. Diese Auffassung wurde durch entsprechende Nachforschungen des NTSB bestärkt. Die Gespräche waren alles andere als fruchtbar, die FAA stellte sich zwar hinter McDonnell Douglas, konnte jedoch die Bedenken der RLD nicht widerlegen.

Im Februar 1973 gestand die FAA zögernd ihr Fehlverhalten ein, indem sie die Hersteller von Großraumflugzeugen plötzlich drängte, die Fußböden zu verstärken, eine bessere Belüftung vorzusehen und für einen sicheren Flug unbedingt erforderliche Kabel und Leitungen vom Fußboden weg zu verlegen. Sowohl Boeing als auch Lockheed empfanden es als eine Zumutung, daß nun gerade sie für die Versäumnisse eines anderen Flugzeugherstellers, nämlich McDonnell Douglas, büßen sollten. McDonnell Douglas berief sich hingegen auf die gültigen Vorschriften. Das Gerangel ging weiter. Im Juni 1973 beauftragte die FAA ihr regionales Büro, technische Details über die Fußböden von Großraumflugzeugen herbeizuschaffen. Aber nun spielte das für die westliche Region, die Oase der Flugzeughersteller, zuständige Büro nicht mit. Die entsprechende Anfrage wurde erst im Februar 1974 beantwortet. Die Reaktion aller drei Hersteller war voraussagbar. Sie scheuten einfach die damit verbundenen Kosten. Die Holländer hatten inzwischen, wenn auch zögernd, die DC 10 in Dienst gestellt. Aber die nun von der FAA ziemlich verspätet eingeleiteten Maßnahmen waren nicht bekannt gegeben worden. Am 25. Februar 1974 antwortete McDonnell Douglas und beharrte darauf, die FAA möge für dieses als unerläßlich erachtete Gutachten die Kosten bei der Regierung eintreiben.

Einstellungen bei der TC-JAC

Position, bei der die Sicht-warnanzeige im Cockpit erlischt

3 mm

extreme Position des Verrie-gelungsrohres mit geschlos-senem Hand-griff

1,6 mm

Vorderseite

Hinterseite

Richtige Einstellung

Warnschalter der Verschluß-begrenzung

Verriegelungsrohr

Verriegelungsstift

Halteflansch der Klinkenkurbel

6,35 mm

Die falschen Einstellungen zeigen, warum im Cockpit das Warnlicht aufleuchtete.

Handgriff

Gestänge (P/N ADA 7366)

Stoßstange (P/N ADA 7372) lineare Klinkenbetätigung (erweitert)

Anzeigenschalter für den Piloten geschlossen (Warn-schalter für Verschluß-begrenzung

Bolzen

Kurbel

Drehmomentrohr

Stützplatte (nicht eingebaut)

Drehmoment-rohr

Belüftungstür (geschlossen)

Öffnungs-Begrenzungsschalter (offen)

Verriegelungsrohr

Verriegelungsstift

Verriege-lungsstift in geschlossener Position

Halteflansch

Rollenbefestigung (am Pfosten mittels Bolzen befestigt)

Schließ- und Verriegelungsmechanismus.

131

Es war kaum eine Woche vergangen, als am 2. März 1974 die englischen und französischen Rugbymannschaften im Prinzenparkstadion in Paris aufeinander trafen, das Spiel erwies sich als schneller und harter Kampf. Die Teams trennten sich bei einem Spielstand von 12 zu 12 unentschieden. Die schätzungsweise 30 000 englischen Fans, die dem Spiel beiwohnen wollten, überrannten fast die Stadtbesucher. Die Verkehrsverbindungen zwischen Paris und London brachen nahezu zusammen. Ausgerechnet jetzt hatten die Bodeningenieure von British European Airways einen kurzen Streik in Heathrow angekündigt, um ihre Lohnansprüche durchzusetzen, und so waren so gut wie alle europäischen Fluggesellschaften in Heathrow gestrandet. Am Tag nach dem Rugby-Spiel, es war Sonntag der 3. März, spitzte sich die chaotische Situation auf dem Parises Flughafen Orly mehr und mehr zu. Aus ganz Europa waren Passagiere eingetroffen und versuchten verzweifelt, noch während des Wochenendes nach London zu gelangen. Das britische Bodenpersonal in Orly hatte alle Hände voll zu tun in dem Versuch, für die anstürmenden Passagiere auf anderen Flügen Plätze nach London zu beschaffen. Das Chaos war unvorstellbar.

Flug 981 der Turkish Airlines (Turk Hava Yollari – THY) aus der Türkei nach London bot sich an diesem Sonntag als günstige Ausweichmöglichkeit für die schon arg gestreßten Angestellten von British Airways an. Es handelte sich um ein Flugzeug DC 10, Serie 10, mit 345 Sitzen. Die Streckenführung ging von Ankara über Istanbul, Paris nach London. Berechnungen hatten ergeben, daß auf der letzten Teilstrecke Paris – London noch 200 Plätze zur Verfügung standen. Die türkische DC 10 – Kennzeichen TC-JAV – landete planmäßig kurz vor 11 Uhr vormittags Ortszeit (10.02 GMT) mit 168 Passagieren an Bord in Paris. Das Flugzeug parkte an der Position A2 am westlichen Satellitenterminal von Orly. Die im Transit befindlichen Passagiere blieben an Bord und 50 weitere stiegen zu. Der Zwischenaufenthalt dauerte eine Stunde. Planmäßiger Abflug war gegen Mittag vorgesehen. Turkish Airlines hatte in Paris einige Landsleute stationiert, die den Bodendienst versahen, aber überwiegend oblag diese Aufgabe Angestellten der Samor Company. Auch die Beladung des Flugzeugs unterstand dieser Gesellschaft, deren Angestellte eingehend mit dem Schließen der Frachttür der DC 10 vertraut gemacht worden waren. Nachdem an Bord die Stromversorgung eingeschaltet war, mußte ein Knopf auf dem eingelassenen Kontrollpaneel in der Nähe des Türrahmens gedrückt werden, um den Betätigungsmechanismus auszulösen. Nachdem die Tür geschlossen war, hatte der Mechaniker den Knopf weitere zehn Sekunden zu drücken, um einen einwandfreien Eingriff der Schnappriegel zu gewährleisten. Der äußere Handgriff war sodann zwecks Eingriff mit den Verriegelungsstiften und Schließen eines kleinen Entlüftungsschlitzes (siehe Diagramm) anzuheben. Eine Warnlampe leuchtete immer dann auf, wenn die Tür gewaltsam geschlossen worden war. Aber für die letzte Kontrolle, daß der Verriegelungsstift im Eingriff lag, waren nicht die Samor Leute, sondern Türkisch Airlines verantwortlich.

Der in Paris lebende Bodeningenieur von THY, Osman Zeytin, hatte gerade in Istanbul ein entsprechendes Seminar besucht, und während seiner Abwesenheit war Flug 981 von einem anderen Bodeningenieur, Engin Ucok, betreut worden, der ebenfalls mit nach London fliegen wollte.

Die für London bestimmte Ladung war im vorderen Laderaum untergebracht worden, der in Paris nicht geöffnet wurde. Das Gepäck der in Orly zugestiegenen Passagiere fand im mittleren Laderaum Platz, während im hinteren Laderaum nur Gepäck und Post für Paris verstaut worden waren. Diese Ladung war inzwischen ausgeladen, und der hintere Laderaum blieb leer. Um 10.35 GMT wurde die Tür von dem Angestellten der Samor Company, Mohammend Mahmoudi, geschlossen. Mahmoudi war 39 Jahre alt und algerischer Staatsangehöriger, der zwei Sprachen fließend beherrschte, nämlich Arabisch und Französisch. Auch konnte er beide Sprachen einwandfrei lesen und schreiben. Nur beim Englischen haperte es, und so verstand er natürlich die Anweisung für den Verriegelungsstift an der hinteren Tür nicht. Er war aber mehrmals Zeytin, dem ortsansässigen Bodeningenieur begegnet, hatte durchs Guckloch geschaut, hatte aber dessen Bedeutung niemals verstanden. Mahmoudi hatte sich dennoch strikt an die Vorschriften zum Schließen der Tür gehalten. Es schien alles in Ordnung. Der örtliche Bodeningenieur hatte in der Vergangenheit zwar mannigfaltige Schwierigkeiten beim Öffnen und Schließen der hinteren Ladetür an dieser DC 10 gehabt, und schon öfter hatte man die Klinke mit Gewalt herunterdrücken müssen. Aber auf diesem Flug gab es keinerlei Schwierigkeiten. Aus Sicherheitsgründen hätte sich eigentlich ein Angestellter der Türkisch Airlines vom ordnungsgemäßen Einrasten der Tür überzeugen müssen, aber weder Zeytins Stellvertreter, der Bodeningenieur Ucok, noch der Flugingenieur dieser DC 10, Erhan Ozer, schauten noch einmal durchs Guckloch. So entging ihnen, daß die Verriegelungsstifte nicht eingegriffen hatten. Die Klinken waren nicht vollständig eingerastet, die Klinkenverbindung befand sich nicht in der Sicherheitslage. Wie

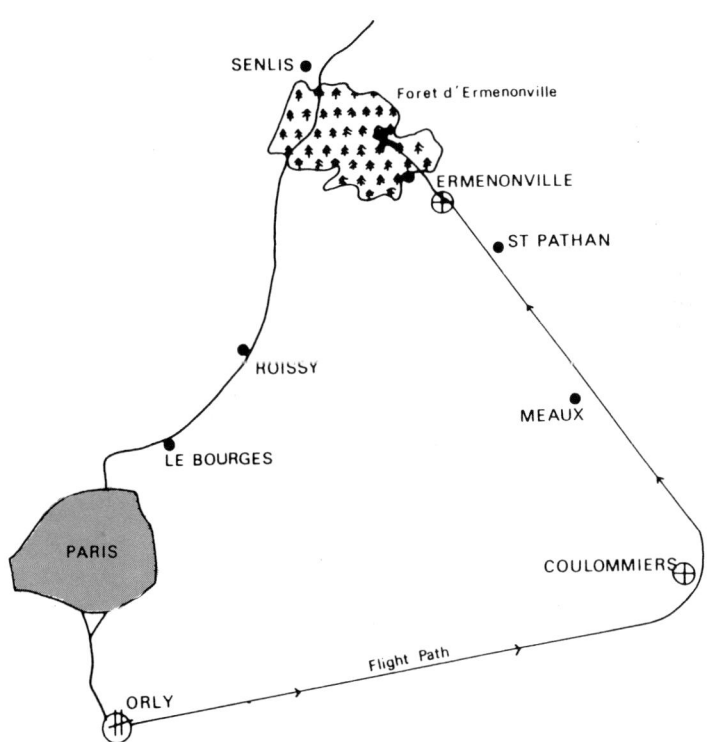

Flugweg der DC 10

133

beim Windsor-Zwischenfall wähnten sich auch hier alle Beteiligten in Sicherheit, daß alle Türen verschlossen und verriegelt waren. Doch die Geschichte scheint sich wieder und wieder zu wiederholen. Beim »Windsor-Zwischenfall« hatte der Lademeister den Hebel mit dem Knie bezwungen, in Paris hatte Mahmoudi die Klinke ohne Widerstand zu spüren umgelegt. Doch der Schein trog.

Während seines Baues hatte die DC 10 der Turkish Airlines TC-JAV in den Douglas-Werken in Long Beach, Kalifornien, die Kodierung »Schiff 29« erhalten. Das Flugzeug war im Sommer 1972 fertiggestellt und wurde Ende des Jahres an die türkische Fluggesellschaft ausgeliefert. Die Begleitpapiere für »Schiff 29« bestätigten eindeutig, daß das gültige Betriebsbulletin beachtet worden sei, dennoch hatte man versäumt, den Vorschriften gemäß SB 52-37 (Verlängerung der Verriegelungsstiftführung und Vorsehen einer Stützplatte an der entsprechenden Stange) Rechnung zu tragen. Nach der Übergabe der DC 10 an THY war zwar eine Anpassung der Verriegelungsstiftführung vorgenommen worden, die Stützplatte fehlte hingegen noch immer. Zudem war beim Installieren der neuen Verriegelungsstiftführung gröblich gepfuscht worden. Anstatt die Führung so anzupassen, daß sie den Stift beim Verschließen der Tür ordnungsmäß aufnimmt oder bei Verklemmen des Türgriffs ein unsachgemäßer Eingriff der Schnappriegelverbindung augenscheinlich wird, war die Verriegelungsstiftführung abgesenkt worden. Auch im verriegelten Zustand waren diese Stifte somit fast nutzlos (siehe Diagramm).

McDonnell Douglas' Berechnungen gingen dahin, daß bei einer Verriegelungsstiftführung in der vorgesehenen Weise immerhin ein Gewicht von 488 kg erforderlich war, um den Handgriff dann zu schließen, wenn der Klinkenmechanismus nicht einwandfrei funktionierte, und daß bei Vorsehen einer Stützplatte sogar eine Kraft von rund 980 kg aufzuwenden war. Aber welcher Mensch verfügte schon über derartige Kräfte? Beim Verkleinern der Verriegelungsstiftführung, wie bei der TC-JAV der Fall gewesen war, benötigte man nur noch eine Kraft von 30 kg, um den Handgriff mit der noch nicht verriegelten Tür auszurichten. Die falsche Einstellung beeinflußte ebenfalls das Verriegelungswarnsystem, das der Cockpitbesatzung ein »Tür offen« anzeigte, um sie zu alarmieren. Die Fehlkonstruktion führte weiterhin dazu, daß der der Verriegelungsbegrenzung zugeordnete Mikroschalter auf dem Flugdeck die »Tür offen«-Warnlichter nicht erlöschen ließ, selbst wenn die Tür bereits ordnungsgemäß verriegelt war. Der Verriegelungsbegrenzungs-Schalter war zwar durch den Einbau von Ausgleichsscheiben verlängert, um einen besseren Kontakt zu erzielen (siehe Diagramm). Aber das Ergebnis dieser ganzen »Erfindung«, oder besser gesagt Fehlkonstruktion, führte nun zwangsläufig dazu, daß auf dem Flugdeck das »Tür offen«-Licht erlosch, auch wenn die Tür überhaupt nicht verschlossen war. Wer sollte sich da noch zurechtfinden?

Die Anzeigen im Cockpit bestätigten, daß die hintere Ladetür der TC-JAV geschlossen und verriegelt war. Nur ein Blick durch das 2,5 cm lange Guckloch hätte genau das Gegenteil gezeigt, aber in Abwesenheit des zuständigen Bodeningenieurs ließ sein nicht sachkundiger Vertreter die Dinge auf sich beruhen.

Dem Chaos im Abfluggebäude entflohen die Passagiere und beeilten sich an Bord des Fluges 981 ihre Plätze einzunehmen. Es kamen in Orly 216 Menschen an Bord, die sich zu den im Transit befindlichen gesellten. Der Flug war nun mit 334 Passagieren fast ausgebucht. Aber in dem herrschenden Tohuwabohu waren mehr als zehn Sitze nicht vergeben worden. Mit der elfköpfigen Besatzung (drei im Cockpit und acht in der Kabine) befanden sich insgesamt 346 Menschen an Bord, unter ihnen der nach London reisende Bodeningenieur. Unter den gegebenen Umständen war ein Verspätung bereits vorprogrammiert. Erst um 11.11 GMT meldete sich Flug THY auf der Frequenz 120.5 MHz bei der Bodenkontrolle, um die Abfluginformationen abzufragen. Dem Flug 981 wurde die Abflugroute 18 von der Startbahn 08 zugeteilt – Routenführung über Tournan-Kreuzung, Coulommiers und Montdidier mit einer anfänglichen Steigrate auf Flugfläche 40, dann wurde die Besatzung angewiesen, beim Start auf Transpondercode 2355 umzuschalten.

Die Abflugroute verlief zunächst östlich, dann nördlich, um ein Überfliegen des Stadtgebiets von Paris zu vermeiden. THY meldete sich bei der Rollkontrolle auf Frequenz 121.7 MHz um 11.14 GMT, und um 11.24 rollte das Flugzeug nach dem Starten der Triebwerke zur Startbahn 08. Die Wettervorhersage war gut: leichter Wind, einige Wolkenfetzen, Temperatur 6°C bei ausgezeichneter Sicht. Im Cockpit hatte Kapitän Nejat Berkoz mit seinem Copiloten Oral Ulusman und Flugingenieur Erhan Ozer gerade die Checkliste vor dem Start gelesen, an der Startbahnschwelle wechselte die Besatzung auf die Frequenz 118.7 MHz, die Towerfrequenz. Flug 981 hatte die Startfreigabe erhalten und schloß sich der Warteschlange an. Um 11.30:30 GMT hob die 163 Tonnen schwere DC 10 ab. 1½ Minuten später wählte die Cockpitbesatzung die Frequenz 127.75 MHz und holte bei der Abflugkontrolle die Freigabe zum Steigen auf Flugfläche 60 ein. Die Checklisten nach dem Abflug waren gelesen, die Anschnallzeichen erloschen, wenn auch die meisten Passagiere angeschnallt blieben. Der Flugkapitän schaltete auf Autopilot um. TC-JAV meldete sich bei Erreichen von Flugfläche 60 erneut und erhielt die Anweisung, mit Paris (Nord) auf 131.35 MHz Kontakt aufzunehmen. Nachdem der Gebietslotse geantwortet hatte, gab er um 11.36 GMT Flug 981 zum Steigflug auf Flugfläche 230 mit der Maßgabe frei, links in Richtung auf Montdidier zu kurven. Während des Kurvenflugs wurden fünf Routinemeldungen abgesetzt, und um 11.38 GMT ging die DC 10 auf einen Steuerkurs von 346°, sie befand sich noch im Steigflug durch Flugfläche 90 mit einer Geschwindigkeit von 300 Knoten. Die Flugzeugkabine wurde unter Druck gesetzt, als die DC 10 in die dünnere Atmosphäre aufstieg. Auf der nicht verriegelten hinteren Ladetür lastete bereits ein Druck von fünf Tonnen! Um 11.39:56 durchquerte Flug 981 11500 Fuß (3200 m) über dem Ort Saint-Pathus mit einer Steigrate von 2200 Fuß pro Minute und einer Geschwindigkeit von 300 Knoten. Plötzlich widerstand der Türklinkenmechanismus der Belastung nicht mehr, die Tür flog auf und wurde von der Flugzeugzelle abgesprengt. Der schwer beladene Teil des hinteren Kabinenbodens kollabierte. Durch die Wucht des explosiven Druckabfalls wurden die letzten beiden Dreierbänke über der Tür mit sechs Passagieren und Flugteile in die Atmosphäre hinausgeschleudert. Durch die Kabine fegte Staub und Nebel.

Die Cockpit-Besatzung war völlig überrascht. Die Schubhebel schnappten nach hinten in die Leerlauflage, und der Autopilot schaltete sich automatisch aus. Nahezu gleichzeitig neigte sich die DC 10 scharf nach links, die Nase tauchte nach unten ab. »Ups, Oh weh, Oh weh«, schrie einer der Männer im Cockpit.

Der Copilot griff blitzschnell die Steuersäule, als Flug 981 dem Boden entgegen abtauchte und das Signalhorn den Abfall des Kabinendrucks anzeigte.

11.40:05 Kapitän Berkoz: »Was ist passiert!«

Kopilot Ulusman: Der Rumpf ist gebrochen.»

11.40:07 Kapitäm Berkoz: »Sind Sie sicher?«

Die Steuerkabel und hydraulischen Leitungen, die unter dem Boden nach hinten verlaufen, waren aus ihren Verankerungen gerissen und eingeklemmt worden, weder das Höhenruder noch der Stabilisator sprachen an. Die Seitenruder hatten sich im linken Winkel von 10° festgefressen. Die Besatzung war trotz aller Bemühungen außerstande, das Flugzeug unter Kontrolle zu bringen. Als sich die Nase weiter dem Boden entgegenneigte, erhöhte sich die Geschwindigkeit gefährlich.

11.40:12 Kapitän Berkoz: »Zieh sie hoch, zieh die Nase hoch.«

Um 11.40:13 war vom Radarlotsen in Paris (Nord) zufällig ein Funkspruch von Flug 981 aufgefangen worden. Er konnte ein starkes Hintergrundgeräusch, türkische Wortfetzen, sowie das Kabinendruckwarnhorn hören. Während sich die Besatzung bemühte, das Flugzeug wieder unter Kontrolle zu bringen, wurde der Funkspruch weiter aufgefangen.

Ulusman: »Ich kann sie nicht hochkriegen – sie spricht nicht an.«

Das Flugzeug steuerte mit hoher Geschwindigkeit auf den Boden zu. Um 11.40:18 betrug die Geschwindigkeit bei einem Neigungswinkel der Flugzeugnase von 20° über 362 Knoten.

11.40:19 F/I Ozer: »Alles aus.«

Als die DC 10 um 11.40:21 in die dichteren Luftschichten gesunken war, verstummte das Warnhorn für den Kabinendruck. Beim Durchflug durch 7200 Fuß war die Geschwindigkeit auf 400 Knoten angestiegen, das Flugzeug lag in einer Linkskurve, als es auf den Boden zuraste.

CO Ulusman: »7000 Fuß«.

Etwa eine Sekunde später läutete die Warnglocke, die hohe Geschwindigkeit hatte ihren äußersten Wert erreicht. Im gleichen Augenblick verschwand auf dem Sekundär-Radarschirm des Lotsen in Paris (Nord) der eingeblendete Flugstreifen des Fluges der TC JAV. Auf dem Primärradarschirm zeigte sich ein Lichtfleck, der von den herunterstürzenden Trümmern herrührte, und sich vom Echo trennend stationär blieb. Der Kurs der DC 10 war gen Westen gerichtet.

11.40:28 Kapitän Berkoz: »Hydraulik?«

Co Ulusman: »Wir haben sie verloren ... uff, uff.«

Um 11.40:31 nahm der Neigungswinkel der Nase progressiv ab, und die Geschwindigkeit stabilsierte sich bei 430 Knoten. Die Funkverbindung wurde um 11.40:41 jäh unterbrochen, während der Lotse noch immer den Flugverlauf der DC 10 überwachte.

11.40:50 Kapitän Berkoz: »Es sieht so aus, als ob wir abstürzen.«

11.40:52 Kapitän Berkoz: »Geschwindigkeit.«

Die ganze Zeit über hatte die Geschwindigkeitswarnung geheult, nun aber wurde das Geräusch zunehmend schwächer.

11.40:57 Kapitän Berkoz: »Das ist das Aus!«

Zwar hatte sich der Neigungswinkel der DC 10 etwas stabilisiert, dennoch raste das Flugzeug mit hoher Geschwindigkeit weiter dem Boden entgegen. TC-JAV war verloren. Um 11.41:04 und 11.41:06 empfing der Bodenlotse weitere verstümmelte Funksprüche. Es waren die Letzten. Die DC 10 – Flug 981 – streifte die Bäume im Ermenonville Wald um 11.41:08 mit einer Geschwindigkeit von 430 Knoten. Das Flugzeug befand sich nahezu im Waagerechtflug mit um ca.17° nach links geneigten Tragflächen. Um 11.41:31 schlug die DC 10 in einem zerklüfteten Tal nahe der Ortschaft Bosquet De Dammartin, 37 km nordöstlich von Paris auf, nur 77 Sekunden, nachdem die hintere Ladetür abgesprengt worden war. Das Flugzeug riß eine 700 Meter lange und 100 Meter breite Schneise in den Wald und löste sich beim Aufschlag, sprichwörtlich gesehen, in seine Bestandteile auf. Alle 346 Personen an Bord kamen ums Leben. Durch die Aufschlagkraft zerschellte das Flugzeug in Millionen kleiner Fragmente, die über ein weites Gebiet verstreut lagen. Es gab nicht einmal ein Feuer, es war nichts mehr übrig, was noch hätte brennen können.

Im Kontrollzentrum beobachte der Lotse hilflos wie das Echo von seinem Schirm verschwandt. Mehrmals noch versuchte es vergeblich, Kontakt mit Flug 981 aufzunehmen. Als er keine Antwort mehr erhielt, schlug er Alarm. Sofort wurde eine große Rettungsaktion ingang gesetzt, und die ersten Retter waren bereits um 12.15 GMT am Absturzort. Helfen konnten sie nicht mehr, nur Trümmer, wohin auch immer sie schauten. Am Unfallort eingetroffene Experten bestätigten, daß sie nie zuvor ein Flugzeug gesehen hätten, daß nach einem Absturz sich so völlig in seine Bestandteile zerlegt und über ein so großes Gebiet verteilt worden war.

Bereits 22 Minuten nach diesem Unglück, noch bevor die Rettungsmannschaften den Unfallort erreicht hatten, war BBC von dem Absturz informiert worden. Es war der Unfall, vor dem sich die Welt gefürchtet hatte. Es war der erste Absturz eines vollbesetzten Großraumflugzeuges, gerade vier Jahre nach seiner Indienststellung. In den Jahren zuvor war es auch zu Unglücken gekommen, so hatte der Absturz einer Boeing 707 beim Landeanflug auf Kano, Nigeria, 176 Todesopfer gefordert, als das Flugzeug im Januar 1973 Moslems von einer Pilgerreise nach Mekka heimflog. Aber die Katastrophe der THY DC-10 war zu jener Zeit die schlimmste in der Geschichte der Zivilluftfahrt, denn es waren 346 Menschen an Bord getötet worden. Nur Stunden nach dem Unfall erschienen Journalisten am Unfallort, um der Welt über die näheren Umstände zu berichten. Wie beim Absturz bei Staines verbreitete sich die Nachricht wie ein Lauffeuer und lockte tausende Schaulustiger an, die einen Blick auf das Blutbad zu erhaschen trachteten. Die Polizei griff ein und vertrieb die Sensationslüsternen.

Unverzüglich reisten die Untersuchungskommissionen der FAA und NTSB an, unter ihnen Chuck Miller, der trotz seiner angeschlagenen Gesundheit und seines Gerichtsverfahrens immer noch Chef des Flugsicherheitsbüros war. Eine Begutachtung der abgesprengten Ladetür brachte schon sehr bald den Grund für die Tragödie ans Tageslicht. Am folgenden Tag, es war der 7. Mai, beeilte sich die FFA eine Lufttüchtigkeitsvorschrift herauszugeben, die die zwangsweise Umrüstung unter Hinweis auf das seinerzeitige Warnbulletin verfügte. Präsident Butterfield seinerseits war um seinen Posten besorgt und ordnete eine sofortige Untersuchung an. Die später in der Verhandlung vorgelegten Berichte über die zwischen Oktober 1973 und März 1974 mit der Ladetür aufgetretenen Schwierigkeiten, brachten immerhin nicht weniger als tausend verschiedene Beschwerden zutage.

Am 19. April 1974 lag der Bericht den entsprechenden Dienststellen vor, der Ausschuß beurteilte die Ladetürausgestaltung und den Schließmechanismus äußerst kritisch. Auch ein eilends gebildeter Untersuchungsausschuß des Repräsentantenhauses nahm sich der Vorgänge an und kam im Hinblick auf den Windsor-Unfall im Juni 1972 und dem Absturz in Paris 1974 zu dem Schluß:

»Durch pflichtwidrige Unterlassung wurden tausende von Menschenleben ungerechtfertigt aufs Spiel gesetzt.«

Den Forderungen der FAA zur Verstärkung der Fußböden in Großraumflugzeugen wurde endlich im Juli 1975 durch ein entsprechendes Gesetz entsprochen. Danach mußten alle Fußböden in Jumbos bei Auftreten eines 1,86 Quadratmeter großen Loches im Rumpf – die Dimension der hinteren Ladetür der DC 10 beläuft sich gerade mal auf 1,34 Quadratmeter – einer dementsprechenden Druckabfallwirkung widerstehen.

Der Abschlußbericht der offiziellen Verhandlung brachte eindeutig die Unzulänglichkeiten des Ladetür-Verriegelungsmechanismus und die damit verbundenen Risiken zum Ausdruck. Alle diese Risiken, so schloß der Bericht, »sind bereits 19 Monate zuvor bei dem ›Windsor-Unfall‹ zutage getreten, aber Abhilfe wurde trotz dieser eindeutigen Erkenntnis nicht geschaffen.«

Luftzusammenstoß der BEA mit Inex-Adria

An der Küste, fast in der Mitte zwischen Italien im Norden und Albanien im Süden, liegt die jugoslawische Hafenstadt Split. Seit Menschengedenken zog es Urlauber an diese sonnige Küste und das warme Adriatische Meer. Im dritten Jahrhundert nach Christi erbaute der römische Kaiser Diocletian im einstigen Spalato als Alterssitz einen pompösen Festungspalast gleich an der romantischen Hafenbucht. Heute liegt an dieser Stelle der moderne Hafen Splits. Auch jetzt noch kann man die Kellergewölbe und die Kirche dieses Palastes besichtigen, auch wenn der einstige Glanz mit der Zeit bröckelte, die Kellergewölbe modrig riechen, von den Wänden das Wasser herunterrinnt. Den Fußstapfen des Kaisers folgte ein Heer von Touristen aus dem kalten Norden, die in dieser zauberhaften Umgebung Sonne und Erholung suchten. Vor allem für die Deutschen hat diese Stadt eine besondere Anziehungskraft erlangt.

Am Morgen des 10. September 1976 traf in Split eine Urlaubergruppe aus Köln ein, die auf den vorgelagerten Inseln einen erholsamen Urlaub verbracht hatte und nun die Heimreise antreten sollte. Als diese Reisegruppe noch im Gewühl des völlig überfüllten Flughafens von Split auf das Einchecken wartete, startete eine britische Reisegruppe auf dem entfernten Flughafen London-Heathrow mit Urlaubern nach Istanbul.

British Airways planmäßiger Flug BE 476 von London nach Instanbul hob um 8.32 GMT (9.32 Ortszeit) ab. Die Trident 3B mit der Registriernummer G-AWZT (ZULU TANGO) war mit nur 54 Passagieren für den 3½ stündigen Flug nach Istanbul nicht einmal halb besetzt. Die Reisegruppe war recht gemischt; sie umfaßte Urlauber unterschiedlicher Nationalitäten, auch ein Staatenloser befand sich darunter. Verantwortlicher Flugzeugführer war Kapitän Dennis Tann, zur Crew gehörten sein Copilot Brian Helm und Martin Flint als dritter Pilot. Sechs Flugbegleiter sorgten für das leibliche Wohl der Passagiere. Flug BE 476 überquerte den Kanal bei Dover, flog sodann südöstlich über Belgien, passierte Brüssel und kurvte auf die Bundesrepublik Deutschland zu. Etwa 1¼ Stunden nach dem Start, das Frühstück war gerade beendet, überflog BE 476 München und gab um 9.43 Uhr eine Positionsmeldung ab. Die »Trident« hatte inzwischen die Luftstraße »Upper Blue 1« (UB 1) erreicht und flog auf Flugfläche 330 auf das Funkfeuer von Villach im Süden Österreichs zu. Nun im Reiseflug, da war die Anspannung aus dem Cockpit gewichen, aber dennoch muß man auf dem Posten sein, und so beschäftigte sich die Besatzung mit Kreuzworträtseln, um alle Sinne wachzuhalten. Copilot Helm hatte Schwierigkeiten mit der Raterei und bemühte seine Kollegen. Es entspann sich eine Diskussion über die nicht gelöste Rätselfrage. Just zu diesem Zeitpunkt verließ ZULU TANGO um 9.48 Uhr den Luftraum der Bundesrepublik und flog in den österreichischen ein. Zur gleichen Zeit startete Flug JP 550, eine DC 9 der jugoslawischen Chartergesellschaft Inex-Adria Aviopromet in Split, um die Touristen nach Köln zurückzufliegen. Die DC 9 mit der Registriernummer YU-AJR (JULIETT ROMEO) war mit 108 Passagieren nahezu ausgebucht, mit Ausnahme eines Jugoslawen stammten sie alle aus

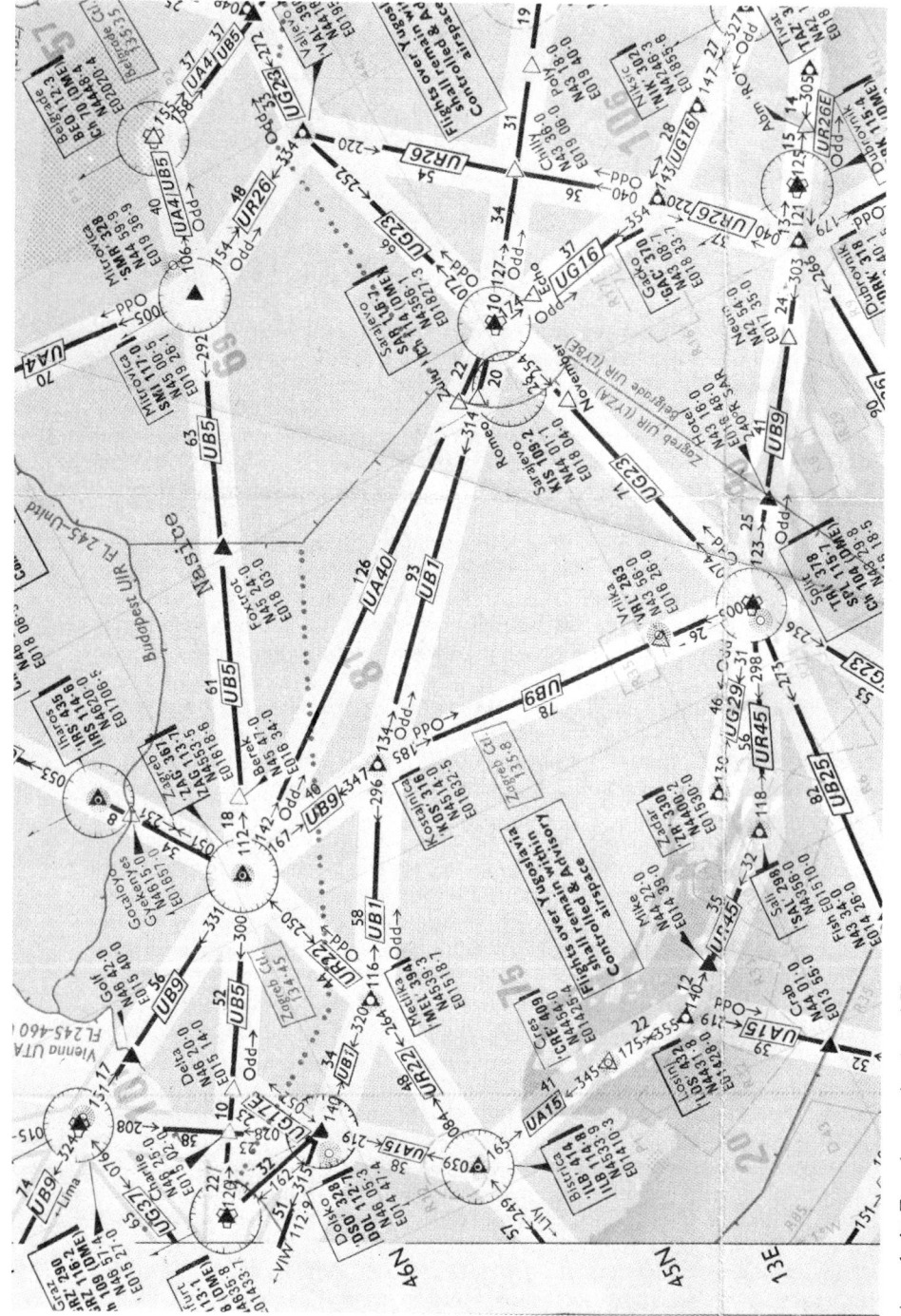

Ausschnitt Zagreb von der Aerad-Karte.

Deutschland. Im Cockpit der DC 9 waren zwei Piloten, Kapitän Joze Krumpak und sein Copilot Dusan Ivanus. In der Kabine hatten die drei Stewardessen alle Hände voll zu tun, um die Passagiere auf dem nur 2½ stündigen Flug zu betreuen.

Sowohl Flug JP 550 auf der nordwestlichen Route in Richtung Köln, als auch Flug BE 476 auf dem südöstlichen Kurs in Richtung Istanbul hatten ihren Flugplan für das Überfliegen des immer überlasteten Funkfeuers über Zagreb eingereicht. Blickt man nur auf die Karte, so wird die Bedeutung Jugoslawiens als Knotenpunkt im Flugverkehr zwischen Europa und den südlich des Ostblock gelegenen östlichen Routen offenbar. Charterflüge während der Sommermonate nach Jugoslawien, Griechenland, der Türkei erhöhen natürlich zusätzlich das Flugaufkommen in diesem Gebiet. Wie ein zerfetzter Union Jack kreuzen fünf obere Luftstraßen den Zagreber Luftraum, drei Luftstraßen – Upper Blue 5 (UP 5), Upper Blue 9 (UB 9) und Upper Red 22 (UB 22) treffen genau über Zagreb zusammen. Eine weitere Luftstraße Upper Blue 1 (UB 1) führt südlich an Zagreb vorbei, während Upper Amber 40 (UA 40), die fünfte Luftstraße, genau über Zagreb in Richtung Sarajewo beginnt. In den vergangenen fünf Jahren hatte die Zagreber Flugverkehrskontrolle (ATCC) aufgrund des schnellen Zunehmens des Luftverkehrs über dem westlichen Jugoslawien mehr als 760 000 Flugzeugbewegungen zu überwachen und zu koordinieren. Schon im Jahre 1976 war das Überwachungssystem von Zagreb das Zweitstärkste, und 30 Fluglotsen mühten sich mit dem ständig wachsenden Verkehr ab, obwohl es der doppelten Anzahl an Lotsen bedurft hätte. Trotz intensiver Ausbildung fehlten dem Flugzentrum dennoch immer noch erfahrene Fluglotsen. Drei Jahre zuvor hatten die Verantwortlichen ein modernes Radarsystem zur Flugüberwachung installieren lassen, jedoch war es nie richtig ausgerichtet worden. Seine Zuverlässigkeit ließ Zweifel aufkommen. Es wurde behauptet, daß die schwedische Ausrüstung nicht den Vertragsbedingungen entsprach, und so war dieses Radarsystem niemals ordnungsgemäß in Betrieb genommen worden, insbesondere auch nicht bezüglich der Staffelung der Flugzeuge im Luftraum. So verließ sich die Zagreber Flugverkehrskontrolle auf herkömmliche Verfahren und auf die von den Piloten an den vorgeschriebenen Pflichtmeldepunkten längs der Luftstraßen abgesetzten Positionsmeldungen, die dann vom Radar überwacht wurden.

Für die Beamten in Zagreb ergaben sich dadurch erschwerte Arbeitsbedingungen, insbesondere, da der Flugverkehr in einem nicht vorhersagbaren Maß zugenommen hatte. Die ständigen Belastungen hatten bereits zu Konzentrationsschwächen und einigen unliebsamen Zwischenfällen geführt. In den letzten fünf Jahren hatte es nämlich im Zagreber Luftraum etwa 32 Beinahzusammenstöße in der Luft gegeben. Zwei Fluglotsen waren wegen Unfähigkeit entlassen worden. Weiterhin hatten Disziplinlosigkeiten wie verspäteter Dienstantritt und unerlaubtes Fernbleiben der Fluglotsen von der Arbeit die Schwierigkeiten noch erhöht. Kein Wunder, daß manches drunter und drüber ging, dennoch verliefen jedoch die meisten Flüge in diesem Gebiet problemlos.

Als am Morgen des 10. September 1976 BE 476 und JP 550 im Luftraum von Zagreb aufeinander zuflogen, kämpften die Beamten von Zagreb ATCC wieder einmal mit einem besonders hohen Flugaufkommen. Der Luftraum über Zagreb war in drei voneinander getrennte Gebiete – unteres, mittleres und oberes – aufgeteilt worden, der mittlere und obere Abschnitt wurden in dem völlig unzureichend besetzten Kontrollzentrum von einem Lotsen und seinem Assistenten überwacht. Üblicherweise wären hierzu drei Personen erforderlich gewesen, nämlich der Radarlotse, der Streckenlotse und ein Assistent. JP 550 würde im Steigflug über Zagreb die vorausgeplante Flugfläche 310 in der mittleren Kontrollzone (25 000 bis 31 000 Fuß) durchfliegen, während BEA 476 sich schon auf einer Reiseflughöhe auf Flugfläche 330 befand und somit die obere Kontrollzone (über 31 000 Fuß) durchfliegen würde. An diesem Morgen waren unter der Leitung von Julije Dajcic fünf Lotsen erschienen, die für die mittleren und oberen Lufträume verantwortlich waren. Abgesehen vom 43 Jahre alten Dajcic, waren die übrigen Lotsen zwischen Ende Zwanzig bis Anfang Dreißig. Alle Lotsen hatten einen 12 stündigen Arbeitstag vor sich und arbeiteten gewöhnlich zwei Stunden im Kontrollraum, ehe sich eine Stunde Pause anschloß. An jenem Tag war die Morgenschicht um 10 Uhr GMT (11 Uhr Ortszeit), die ihren Dienst bereits um 7 Uhr Ortszeit angetreten hatte, bereits vier Stunden im Dienst. An der Konsole für den Mittelabschnitt saß Bojan Erjavec als Lotse, der seinen Dienst eine Stunde zuvor aufgenommen hatte, ihm zur Seite stand sein Assistent Gradimir Pelin, der seinen Dienst gerade begonnen hatte. Mladen Hochberger, der für die Kontrolle des oberen Abschnitts zuständig war, wartete auf seine Ablösung durch Nenad Tepes. Während der letzten Stunde hatte Gradimir Tasic Hochberger assistiert, der die letzten zwei Stunden als Lotse vom Dienst fungiert hatte. Hochbergers Ablösungszeit stand kurz bevor, jedoch hatte sich Tepes verspätet. Tasic übernahm für die nächste Stunde die Aufgaben des Assistenten, aber nicht nur das, auch die Koordination über Telefon mit anderen Kontrollzonen oblag ihm. Außer Tasic hatten die übrigen Lotsen während der letzten Tage eine 24 stündige Ruhepause gehabt, nur er war während der letzten drei Tage ununterbrochen zwölf Stunden im Dienst gewesen.

Als der Inex-Adria-Flug in Split startete, hatte der Anfluglotse, der auch für die Abflüge verantwortlich war, bereits Schwierigkeiten, JP 550 im unteren östlichen Sektor in Zagreb zu koordinieren. So mußte die jugoslawische DC 9 das Funkfeuer von Split auf Flugfläche 120 passieren, bevor ein Steigflug auf Flugfläche 190 während des Anflugs auf das Funkfeuer Kostajnica genehmigt werden konnte. Um 9.55 GMT rief JP 550 den für den unteren Luftraum zuständigen Lotsen in Zagreb an und erhielt Flugfläche 240 zugewiesen. Schon eine Minute später erhielt JP 550 die Freigabe zum Steigen auf Flugfläche 260 im mittleren Luftraum. Die DC 9 sollte weiterhin Meldung beim Durchqueren von Flugfläche 220 machen, gewissermaßen als Erinnerung an den für den unteren Luftraum zuständigen Lotsen, denn er mußte JP 550 zu diesem Zeitpunkt die Frequenz zur Kontaktaufnahme mit den für den mittleren Luftraum zuständigen Lotsen bekanntgeben. Zwar hatte JP 550 eine Flugfläche von 310 beantragt, dennoch war es im mittleren Luftraum unmöglich, über 26 000 Fuß zu steigen, da alle darüber liegenden Flugflächen von anderem Verkehr besetzt waren. Für Flüge in westlichen Richtungen gelten Flugflächen von 260, 280, 310, 350 und 390 (26 000, 28 000 usw. Fuß), während die Flugflächen in östlicher Richtung auf 270, 290, 330, 370, und 410 liegen (27 000, 29 000 usw. Fuß), um eine Sicherheitsstaffelung der Flüge sicherzustellen. Im mittleren Luftbereich flog Adria 584 von Split nach Nürnberg auf Flugfläche 280, geschätzte Ankunftszeit über Zagreb 10.08 Uhr, Olympic 187 von Athen nach Wien auf 310, geschätzte Ankunftszeit über Zagreb 10.11 Uhr. JP 550 hatte sein Überfliegen von Zagreb mit etwa 10.16 Uhr berechnet. Um 10.02 Uhr funkte JP 550 das Verlassen von Flugfläche 220, von den Lotsen erging die Anweisung, die nächste Meldung auf der Frequenz für den Mittelabschnitt auf 135.8 MHz abzusetzen. An Bord der DC 9 wechselte man die Frequenz, wartete 30 Sekunden auf eine Nachrichtenunterbrechung und erreichte schließlich Erjavec, der für den mittleren Abschnitt als Lotse verantwortlich war.

10.03:21 JP 550 F/T: »Dobar dan (Guten Tag), Adria 550, passieren 225, steigen auf 260.«

10.03:28 Zagreb Mitte (Erjavec) F/T: »550, Guten Morgen, Transponder Code A 2506 (squawk alpha two five zero six), steigen Sie auf 260.«

10.03:34 JP 550 F/T: »Squawk Alpha 2506, setzen Steigflug auf 260 fort.«

10.03:38 Erjavec F/T: »Das ist richtig. Auf Kostajnica, dann Zagreb, Graz.«

Alpha 2506 bedeutet einen RADAR-Identifizierungscode beim Sekundärradar. Beim Primär-Radar wird lediglich ein Signalimpuls von der Bodenstation übermittelt und vom Ziel zur Bodenstation als schwaches Echo zurückgeworfen. Beim Sekundärradar muß andererseits ein vom Boden ausgestrahltes Signal im Flugzeug durch einen kleinen Sender/Empfänger (als Transponder bekannt) empfangen werden, der auf ein zweites ausgesendetes Signal anspricht, das sodann von der Boden-Radarstation empfangen wird. Dieses am Boden empfangene Signal ist wesentlich stärker als das vom Primärradar empfangene schwache Echo. Ein weiterer Vorteil liegt darin, daß der Transponder auf einer anderen Frequenz als derjenigen des Boden-Radarsenders übermittelt. Da der Radarempfänger mit der Transponderfrequenz abgestimmt ist, werden schwache Echos, die vom Ziel oder auch möglicherweise in der Nähe auftretender Sturmwolken abgestrahlt werden können, auf dem Radarschirm nicht sichtbar. Nur das eigentliche Ziel erscheint als klar umrissener Punkt (Blip). Die Piloten wählen auf Anweisung der Flugverkehrskontrolle einen vierstelligen Code auf dem Transponder. Dies heißt in der Flugsprache »Squawking«. Jedem Flugzeug wird sein eigener Code zugeteilt, der dann auf dem Radarschirm erscheint. Sobald der Lotse das Ziel erblickt, fertigt er einen Datenstreifen, der Codenummer, Flugnummer und Flughöhe ausweist. Als zusätzliches Hilfsmittel benutzte das Kontrollzentrum in Zagreb ein sogenanntes Radarhöhenfilter-Verfahren, bei dem den einzelnen Kontrollzonen entsprechende Codes zugeordnet werden. So erschienen auf den Radarschirmen der für einen bestimmten Luftraum zuständigen Lotsen nur Echozeichen (Blips) der Flugzeuge entsprechender Codierungen, unterteilt in den mittleren Luftraum (Code 2500 – 2577), oberer Luftraum (2300 – 2377) mit den entsprechenden Flugstreifen auf der Konsole des Lotsen. Alle anderen Flugzeuge in der Umgebung, ob höher oder tiefer fliegend, erhielten keinen Flugstreifen, sondern erschienen auf dem Radarschirm nur als »Blip«. Sollte sich gar ein Flugzeug vom mittleren in den oberen Luftraum verirren, würde vorsichtshalber der Flugstreifen nur dann automatisch aufgezeichnet werden, wenn das Flugzeug über eine Flugfläche von 315 steigen würde. Der Lotse konnte natürlich auch den Flugstreifen eines Flugzeugs außerhalb seines Überwachungsbereichs abrufen, um ein unbekanntes Zielobjekt zu identifizieren. Hierfür gab es mehrere Möglichkeiten. Aber für die Lotsen war der einfachste Weg, den »Zeiger« auf dem Radarschirm über dem nicht identifizierten »Blip« zu plazieren, und sodann die relevanten Informationen aus dem Computer abzufragen. Geschah dies, erschien der Identifizierungsstreifen für 30 Sekunden auf dem Radarschirm. Aber es war ein kompliziertes, zeitraubendes Verfahren; der Lotse hätte sich dem Computer zuwenden müssen, die Daten abfragen, wäre von seiner eigentlichen Aufgabe der Überwachung abgelenkt worden.

Flug JP 550 war ordnungsgemäß vom unteren, östlichen, zum mittleren Sektor während des Steigflugs an den zuständigen Lotsen übergeben worden; entgegen den Vorschriften hatte dieser jedoch keinen Flugstreifen mit den entsprechenden Flugdaten für den mittleren Sektor gefertigt. Ein solcher Flugstreifen ist etwa 20,5 x 2,54 cm groß und enthält alle wichtigen Informationen eines Streckenfluges einschließlich Rufzeichen, Flugzeugtyp, erbetene Flughöhe, Luftstraßenroute und Transpondercode. Diese Streifen werden auf einer Metallplatte in Schlitzen entsprechend der Flugzeugfolge aufgereiht. Für die Prüfung, Ergänzung und Einreihen der Streifen ist der Assistent des jeweiligen Lotsen verantwortlich. Der für den mittleren Sektor über Zagreb zuständige Lotse hätte JP 550 eigentlich unverzüglich in seinen Abschnitt übernehmen müssen, obwohl er von diesem Flug zuvor keine Ahnung hatte. Die für den unteren Abschnitt zuständigen Lotsen hatten sich beim Wechsel zwar zeitig genug mit ihren für den mittleren Abschnitt zuständigen Kollegen in Verbindung gesetzt, den für den unteren, östlichen Bereich vorliegenden Flugstreifen jedoch kommentarlos weitergereicht.

Mittlerweile überflog BE 476 das Funkfeuer von Klagenfurt an der österreichisch-jugoslawischen Grenze um 10.02 Uhr, etwa zur gleichen Zeit wickelte JP 550 seinen Funkverkehr ab, BE 476 wurde von der Wiener Flugverkehrskontrolle an Zagreb mit der Frequenz 134.45 verwiesen. Als die »Trident« auf der Luftstraße UB 5 in Flugfläche 330 östlich auf Zagreb zuflog, hatte sich im Kontrollzentrum für den oberen Luftraum über Zagreb ein kaum überschaubares Flugaufkommen angesammelt. Im Tower war man völlig überfordert, man überschaute die Dinge nicht mehr. Fluglotse Hochberger wartete immer noch auf seine Ablösung und machte seinem Unmut über das verspätete Eintreffen seines Kollegen unverblümt Luft. Er verließ seinen Platz, um nach Tepes Ausschau zu halten. In diesem Augenblick rief BE 476 Tasic, der eigentlich für den oberen Kontrollraum über Zagreb nur als Assistent fungierte. Tasic war auf einsamer Flur, er fühlte sich von allen verlassen. Er hatte nicht nur Flüge zu überwachen, nein, er mußte sich auch noch mit benachbarten Kontrollzentren auseinandersetzen. Obwohl er ein erfahrener und kompetenter Lotse war, konnte er einfach mit seinen 28 Jahren als jüngster im Kontrollraum das Flugaufkommen nicht mehr überschauen.

10.04:12 BE 476 F/T: »Zagreb, Bealine 476, Guten Tag.«
Zagreb (Upper) Tasic F/T: »Bealine 476, Guten Tag, kommen!«
10.04:19 BE 476 F/T: »476 befindet sich über Klagenfurt um 02, 330 und schätzt Zagreb um 14.«
Tasic F/T: »Bealine 476, verstanden, rufen Sie mich über Zagreb, Flugfläche 330. Squawk Alpha 2312.«
10.04:40 F/T: »BEA 476, 2312 verstanden!«

Andere Radarstationen hatten die Höhe der »Trident« exakt mit 330 aufgezeichnet, Tasics Flugverlaufsstreifen auf seinem Radarschirm wies jedoch für BE 476 eine Höhe von 332 (33 200 Fuß = 11 700 m) oder 335 (33 500 Fuß = 11 170 m) aus. Im Kontrollzentrum von Zagreb maß man der Radareinrichtung ohnehin nicht viel Vertrauen bei, und so nahmen die Lotsen Abweichungen dieser Größenordnung erst gar nicht zur Kenntnis.

10.04:41 TK 889 F/T: »Zagreb, Turkair 889 über Charlic, 350.«
Tasic F/T: »Turkair 889 rufen Sie Wien Kontrolle 131 ... eh, eh, Verzeihung, 129.2. Guten Tag.«
10.04:54 TK 889 F/T: »129,2. Guten Tag, Sir.« Im Cockpit der »Trident« wurde man der auf Flugfläche 350 dahinleitenden türkischen Maschine gewahr. »Da ist er«, rief einer der Besatzungsmitglieder.

Tasic benötigte nun von Belgrad eine Vorausfreigabe für einen Flug der Olympic Airways, der sich auf der UB 1 östlich in Richtung Sarajewo befand. Über das Telefon rief er bei Belgrad ATCC an, um mit dem Assistenten des für den oberen Luftraum zuständigen Lotsen eine Koordination herzustellen.

Tasic Telefon: »Ich möchte Sarajewo Upper.«

Belgrad Telefon: »Was denn, jetzt gleich?«

10.05:17 OA 182 F/T: »Zagreb, Olympic 182, überfliegen Kostajnica um 17, 330, schätzen Sarajewo um 17.«

Tasic Telefon: »Sie können die Meldung übers Telefon hören.«

10.05:20 Tasic F/T: »Olympic 182, Kontakt. Olympic 182 melden Sie über Sarajewo.«

10.05:25 Belgard Telefon: »Hallo!?«

10.05:28 Tasic Telefon: »Hallo, hallo, hören Sie, geben Sie mir den Lotsen…«

Der Lotse hatte den Hörer kaum in die Hand genommen, als sich schon ein weiteres Flugzeug meldete.

10.05:30 9 KACX F/T: »Zagreb, Grummen 9 KACX spricht, Flugfläche 410.«

Tasic kümmerte sich nicht um diesen Anruf, sondern führte sein Telefongespräch fort.

10.05:35 Tasic Telefon: »Er, Lufthansa 360 und Olympic 182 – die haben mal gerade neun Minuten zwischen sich, geht das in Ordnung?«

Allgemein ist es in Flugverkehr üblich, daß Flugzeuge auf der Strecke im Abstand von 10 Minuten gestaffelt werden, jedoch hoffte Tasic, daß der »Upper« Lotse in Sarajewo diese geringfügige Abweichung nicht so ernst nehmen und somit akzeptieren würde.

Belgrad Telefon: »Ich hab's mitgekriegt… in Ordnung!«

Tasic Telefon: »Geht das in Ordnung?«

Belgrad Telefon: »Okay, geht in Ordnung!«

Die ankommenden Funksprüche überschlugen sich in wahrsten Sinne des Wortes.

10.05:44 IR 777 F/T: »Zagreb, hier Iran Air dreimal 7. Guten Abe… Morgen.«

10.06:15 OM 148 F/T: »Zagreb, Monarch 148, haben Kostajnica 05 überflogen, Flugfläche 370, Sarajewo 19.«

10.06:37 9 KACX F/T: »Zagreb, Grummen 9 KCAX ruft, fliegen auf 410.«

Im mittleren Sektor befand sich Flug JP 550 im Reiseflug auf Flugfläche 260. Das Flugzeug befand sich 34 n.m. südlich des Funkfeuers von Kostajnica mit Nordkurs auf UB 9 und einer geschätzten Ankunftszeit über Kostajnica kurz nach 10.09 Uhr.

10.05:57 JP 550 F/T: »Adria 550, fliegen auf 260, warten auf Freigabe zum Steigflug.«

10.06:03 Zagreb mittlerer Sektor (Erjavec) F/T: »550, bedauere 330… eh… 310 ist nicht verfügbar, 280 auch nicht. Können Sie, sagen wir mal, auf 350 steigen?«

10.06:11 JP 550 F/T: »Aber ja, aber ja, liebend gern!«

10.06:13 Erjavec F/T: »Verstanden, ich rufe zurück.«

10.06:14 JP 550 F/T: »Okay, Sir.«

Nachdem Hochberger auf der Suche nach Tepes den Kontrollraum verlassen hatte, traf er ihn auf dem Gang, und beide Männer blieben stehen, um die Verkehrssituation zu erörtern. Entgegen eindeutiger Bestimmungen setzten sie sodann die Übergabeprozedur auf dem Gang außerhalb des Kontrollraums fort. Tasic, der immer noch allein den oberen Luftraum kontrollieren mußte, mühte sich mit dem Verkehrsaufkommen redlich ab, aber die Belastung machte sich bereits deutlich bemerkbar. JP 550 blieb auf Flugfläche 260, während sich Erjavec abmühte, Tasics Aufmerksamkeit für eine Freigabe der jugoslawischen DC 9 zum Steigflug auf Flugfläche 350 im oberen Sektor zu wecken. Flugzeuge, die durch verschiedene Höhen des Luftstraßenverkehrs in beiden Richtungen steigen, erfordern eine sorgfältige Koordination durch alle beteiligten Lotsen. Erjavec war mit der Lage im mittleren Sektor zufrieden. Der Steigflug von JP 550 durch den in entgegengesetzter Richtung auf Flugfläche 330 fliegenden Verkehr und die Staffelung zwischen den einzelnen Flugzeugen lagen in Tasics Verantwortungsbereich. Tasic sah Erjavecs erhobene Hand, der mit unmißverständlicher Geste abwinkte. Doch Tasic war mit seinem eigenen Verkehrsaufkommen zu sehr beansprucht. Die mittleren und oberen Kontrollstationen lagen im Kontrollraum nur etwa ½ Meter voneinander entfernt, so daß Erjavecs Assistent Pelin, der eine Radarlizenz besaß, einfach zu Tasics Radarschirm hinüber wechselte. Die ganze Verwirrung spielte sich nur in wenigen Sekunden ab, sollte jedoch aufgrund der sich nun anbahnenden Ereignisse für alle Beteiligten weitreichende Folgen haben. Tasic schätzte die Lage völlig falsch ein, denn im Kontrollraum hatte man versäumt, ihn auf das Flugzeug im Raum Kostajnica hinzuweisen. Pelin, der glaubte, daß die Steigfreigabe bereits erteilt war, kehrte zu Erjavec mit der Mitteilung zurück: »Alles klar!«

10.07:40 Erjavec F/T: »Adria 550 erneute Freigabe auf Flugfläche 350.«

Am Radarschirm für den oberen Luftraum war Tasic immer noch auf sich selbst gestellt.

10.07:45 Tasic F/T: »Beatours 778, squawk Alpha 2304.«

10.07:50 BE 778: »Alpha 2304 kommt, 778.«

Wieder hing Tasic auf der Leitung nach Belgrad, um die Freigabe für BE 778 zu erhalten. Um den Funkspruch zu beantworten, unterbrach er jedoch das Telefongespräch.

10.08:26 Tasic F/T: »778 Radarkontakt, machen Sie weiter.«

In Belgrad suchte man nach den für Beatours durchgegebenen Informationen, und Tasic fuhr nun aus der Haut. Endlich war der Mitteilungssteifen aufgefunden. Belgrad bestätigte die Streckenführung für BE 778 von London nach Istanbul.

»Wie buchstabieren Sie Konstantinopel?« erkundigte sich Belgrad, plötzlich unter Anwendung des nun schon antiken Namens. Jetzt reichte es Tasic vollends, und er antwortete außer Atem mit der Vierbuchstaben-Kombination der Stadt nach dem internationalen phonetischen Alphabet: »Lima Tango Bravo Alpha.«

Tepes war immer noch nicht in den Kontrollraum zurückgekehrt. Im mittleren Sektor überwachte Erjavec weiter den Steigflug von JP 550 und verfolgte auf dem Radarschirm wie sich das Flugzeug Kostajnica näherte. Kapitän Krumpak erhielt die Weisung, über Zagreb und Graz weiterzufliegen und beim Durchflug von Fläche 290 Meldung zu erstatten.

10.09:49 JP 550 F/T: »Zagreb, Adria 550 hat 290 verlassen.«

10.09:53 Erjavec F/T: »Verstanden, melden Sie Durchflug 310.«

Als die jugoslawische DC 9 auf Flugfläche 350 stieg, befand sich die BEA Trident 3B, BE 476, mit einer Eigengeschwindigkeit von 480 Knoten auf Flugfläche 330. Ein aus Südwesten blasender Höhenwind mit 45 Knoten führte zu einer Geschwindigkeit über Grund von 489 Knoten. Die geschätzte Überflugzeit Zagrebs blieb bei 10.14 Uhr. Trotz der Windrichtung war jedoch die »Trident« auf der Luftstraße etwas nach Süden vom Kurs abgekommen und ging deshalb um 10.11:41 von 121° auf einen Kurs von 115°, um das Funkfeuer Zagrebs direkt zu überfliegen. JP 550 stieg mit 600 Fuß pro Minute, und die 2000 Fuß zwischen Flugfläche 290 und 310 waren in etwa 2¼ Minuten überwunden. Die DC 9 flog in den oberen Kontrollsektor ein.

10.12:03 JP 550 F/T: »Zagreb, Adria 550, haben 310 verlassen.«

10.12:06 Erjavec F/T: »550 schalten Sie auf Zagreb Frequenz 134,45. Squawk ›standby‹, Guten Tag, Sir.«

146

10.12:12 JP 550 F/T: »Squawk ›stand-by‹, 134,45, Guten Tag.«

Erjavec hatte Flug JP 550 angewiesen, auf Transponder-Bereitschaft zu bleiben, um den Code der DC 9 aus dem mittleren Sektor für ein anderes Flugzeug freizubekommen. Dies war eigentlich im Flugbetrieb ein durchaus gängiges Verfahren, aber die Anweisung »stand-by« sollte sich für den ahnungslosen Tasic als tödliche Falle erweisen. Im Kontrollraum wurde der Radarcomputer programmiert, um automatisch auf dem Bildschirm des für den oberen Bereich zuständigen Lotsen den Flugverlaufsstreifen jedes Flugzeuges einzublenden, das im mittleren Sektor einen Transpondercode überträgt, wenn es über Flugfläche 315 steigt. War jedoch der Squawk Code in der »stand-by«-Wirkungsweise, erschien auf den Bildschirmen ein solcher Flugverlaufsstreifen nicht automatisch. Schon beim ersten Anruf hätte Tasic Flug JP 550 einen Transpondercode im oberen Sektor zuweisen müssen.

Im Cockpit der DC 9 drehte man an den Knöpfen und stellte die genannte Frequenz ein. Der Funkverkehr in diesem Gebiet hatte sich der Grenze seiner Kapazität genähert, so wartete die Besatzung auf eine Pause, um endlich wieder mit dem Kontrollraum, nämlich Tasic, Kontakt herzustellen.

10.11:53 Tasic F/T: »Finnair 1673, kommen, notieren Sie 1673, beeilen Sie sich.«

F 1673 F/T: »Finnair 1673 hat Graz um 10, Flugfläche 390 überflogen, schätzen . . .«

10.12:10 Tasic F/T: »Finnair 1673, melden Sie Überflug Delta Oscar Lima. Bleiben Sie auf Fläche 390, Squawk: Alpha 2310.«

10.12:20 F 1673 F/T: »Melden Überflug Dolsko.«

Wenige Sekunden vor der letzten Flugmeldung der Finnair erhielt Tasic von Pelin den Flugverlaufsstreifen der JP 550, der einfach – entgegen den Richtlinien – nicht mehr demjenigen im mittleren Sektor entsprach. Man hatte ihn »frisiert«. Pelin hatte sich nicht er Mühe unterzogen, einen neuen Streifen anzufertigen, was zu seinen Obliegenheiten gehörte. Tasic blieb kaum Zeit, einen Blick auf diese Information zu werfen.

Die für den oberen Sektor zuständige Station hatten einen derartigen Streifen gar nicht erst zu Gesicht bekommen, da ja laut eingereichtem Flugplan von JP 550 eigentlich die dem mittleren Sektor zugeordnete Flugfläche 310 vorgesehen war. Bis zur letzten Minute war unbemerkt geblieben, daß die DC 9 inzwischen ausreichend leicht war, um auf Flugfläche 350 zu steigen. Plötzlich und ohne Vorwarnung erschien Flug JP 550 im oberen Luftraumsektor auf Tasics Radarschirm als unidentifiziertes Objekt.

10.12:24 LH (Lufthansa) 310 F/T: »Lufthansa 310, Sarajewo um 09, 330, Kumunovo 31.«

Tasic F/T: »Lufthansa 310, melden Sie über Belgrad 134,45 – sorry, sorry – 133,45. Guten Tag.«

LH 310 F/T: »Guten Tag.«

10.12:38 Tasic F/T: »Guten Tag.«

Gerade kurz nachdem Tasic den Flugverlaufsstreifen der JP 550 erhalten hatten, erschien endlich Tepes. Nachdem er ja bereits auf dem Flur die Übergabe mit Hochberger abgewickelt hatte, standen nun noch Tasics letzte Lageberichte aus. Tepes war als Lotse für diesen Arbeitsabschnitt eingeteilt und hatte mit Tasic die Plätze zu wechseln. Beide warteten auf einen geeigneten Augenblick, Tasic hatte noch in seinem Sektor mit der Abwicklung diverser Flugzeuge zu tun; und nicht nur dies, er mußte auch noch Telefonate mit Belgrad führen, und in diesem ganzen Durcheinander versuchte er Tepes einen Lagebericht zu geben. Tasic war inzwischen nervlich am Ende. Im oberen Luftraum befanden sich elf Flugzeuge. Nachdem Tasic der Flugverlaufsstreifen der JP 550 erst so spät übergeben worden war, konnte er sich mit den Einzelheiten nicht mehr beschäftigen. Auch erkannte er keineswegs die sich anbahnenden Schwierigkeiten. Und noch ein weiterer Fehler kam hinzu und verschlimmerte alles nur noch mehr. Zwar war auf dem Flugverlaufsstreifen von JP 550 die Flugfläche 350 vermerkt, jedoch hatte irgendjemand einen wichtigen nach oben zeigenden Pfeil neben den einzelnen Zahlenwerten, der den Steigflug anzeigte, vergessen einzutragen. JP 550 befand sich auf Flugfluche 350 mit einem Kurs 353° auf der UB 9 in Richtung Zagreb noch im Steigflug, aber davon wußte Tasic nichts. Die DC 9 mußte noch die in entgegengesetzter Richtung verlaufende Flugfläche 330 durchfliegen. Der in dieser Höhe vorherrschende Südwestwind erhöhte die Eigengeschwindigkeit des Flugzeugs von 440 Knoten auf eine Geschwindigkeit über Grund von 470 Knoten. Mit dieser Geschwindigkeit würde JP 550, immer noch im Steigflug befindlich, Zagreb um 10.14 überfliegen, und zur gleichen Zeit würde auch BE 476 diese Position erreichen.

10.12:40 OA 172 F/T: »Zagreb, Olympic 172, Guten Tag, auf Flugfläche 330.«

10.12:48 Tasic F/T: »Olympic 172, kommen.«

OA 172 F/T: »Olympic 172, fliegen 330, schätzen Dolsko um 16.«

10.13:00 Tasic F/T: »Olypmic 172, melden Sie über Dolsko, Flugfläche 330. Squawk Alpha 2303.«

10.13:07 F/T: »Olympic 172, squawk 2303. Meldung über Dolsko, fliegen auf 330 nach Dolsko und direkt Kostajnica?«

10.13:15 Tasic F/T: »Affirmative (das ist richtig), Sir.«

10.13:18 OA 172 F/T: »Danke«.

10.13:18 BE 932 F/T: »Zagreb, Beatours 932 auf Fläche 370, schätzen Dolsko 18.«

Erneut versuchte Tasic den Platz mit Tepes zu tauschen, der inzwischen die Aufgaben des Assistenten wahrnahm und mit Belgrad telefonierte. Beatours wiederholte den Ruf, doch Tasic, abgelenkt durch den Platzwechsel, mißverstand die Meldung.

10.13:34 BE 932 F/T: »Zagreb, Beatours 932.«

Tasic F/T: »962, kommen.«

10.13:42 BE 932 F/T: »Beatours, 370, schätzen Dolsko um 18.«

Und wieder einmal widmete Tasic anderen Dingen seine Aufmerksamkeit.

10.13:53 Tasic F/T: »Beatours, bleiben Sie auf Fläche 370 und Meldung über Dolsko. Squawk Alpha 2332.«

BE 932 F/T: »Verstanden, 2332.«

Trotz kurzer Unterbrechungen im Funkverkehr hatte sich die DC 9 nicht mehr gemeldet. Dem jugoslawischen Flugzeug verblieben noch etwas mehr als 2500 Fuß, um seine Reiseflughöhe auf Flugfläche 350 zu erreichen. Aber es befand sich nur etwa 500 Fuß unter der in entgegengesetzter Richtung auf Flugfläche 330 fliegenden »Trident« der British Airways. Beide Flugzeuge hatten nahezu zur gleichen Zeit das Funkfeuer über Zagreb erreicht und waren sich gefährlich nahegekommen. Endlich meldete sich die DC 9 beim Lotsen für den oberen Sektor.

10.14:04 JP 550 F/T: »Dobar dan, Zagreb, Adria 550.«

10.14:07 Tasic F/T: »Aria 550, Zagreb, dobar dan (guten Tag), kommen.«

10.14:10 JP 550 F/T: »Kreuzen 325 Zagreb um 14.«

Tasic traute seinen Ohren nicht. Sagte JP 550 tatsächlich kreuzen Fläche 325? In heller Panik rief er zurück.

10.14:14 Tasic F/T: »Bitte sofort ihre jetzige Höhe!«

10.14:17 JP 550 F/T: »327!«

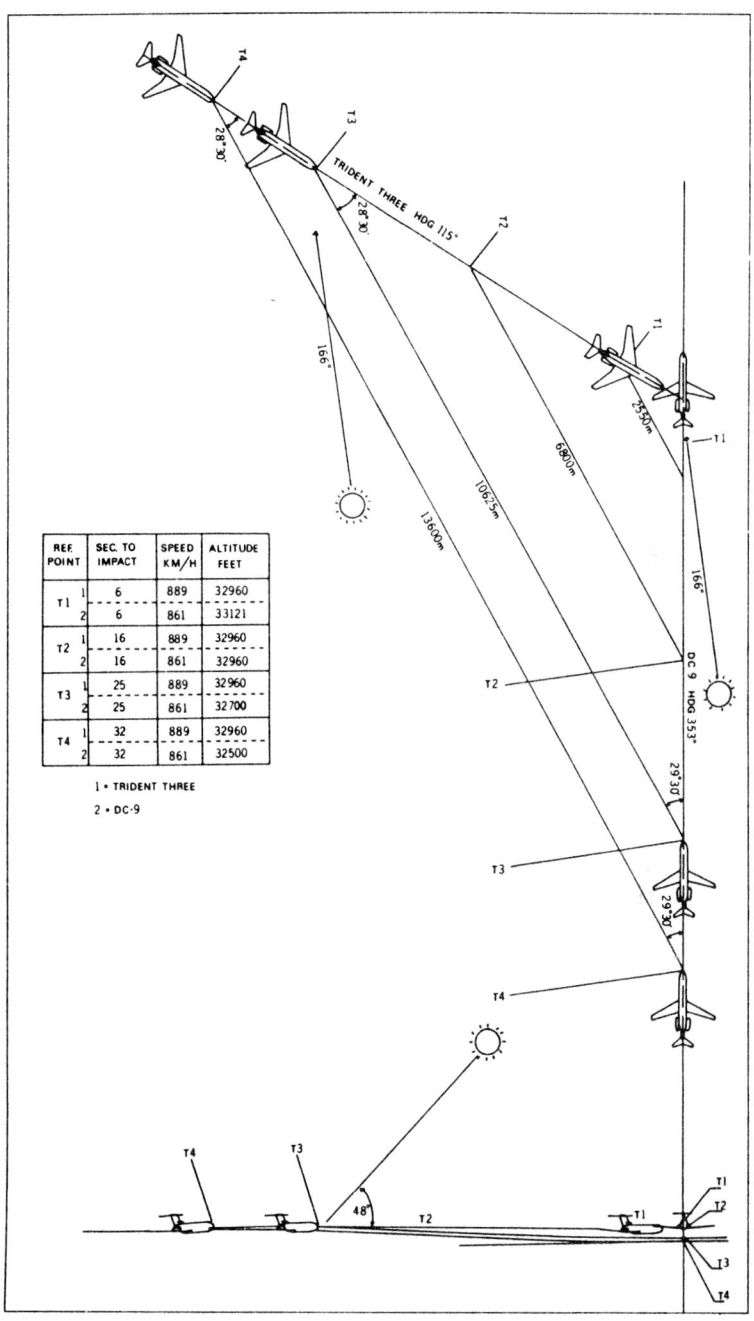

REF. POINT		SEC. TO IMPACT	SPEED KM/H	ALTITUDE FEET
T1	1	6	889	32960
	2	6	861	33121
T2	1	16	889	32960
	2	16	861	32960
T3	1	25	889	32960
	2	25	861	32700
T4	1	32	889	32960
	2	32	861	32500

1 · TRIDENT THREE

2 · DC·9

Die letzten Sekunden vor dem Zusammenprall.

149

Nur noch Sekunden trennten die »Trident« und die DC 9 von einem Zusammenstoß, einer Katastrophe. Doch die Cockpitbesatzungen waren sich der nahenden Gefahr keineswegs bewußt. Sie würden am Himmel Ausschau nach einem anderen Flugzeug halten, wenn auch ein solches am hellen Morgenhimmel, im flimmernden Licht, kaum auszumachen war. Die »Trident« zog einen langen Kondensstreifen hinter sich her, den die DC 9-Besatzung möglicherweise hätte sehen müssen. Dennoch ist eine Beurteilung der Höhe des anderen nahezu unmöglich, wenn das steigende Flugzeug die Nase in den Himmel reckt. Die Sonne schien hinter der jugoslawischen Maschine, die »Trident«-Besatzung war geblendet, sie konnte das Flugzeug nicht sehen.

Die Augen sind ein kompliziertes Wahrnehmungssystem, das erst dann in Aktion tritt, wenn sich zwei Flugzeuge relativ zueinander nähern. Der wichtige Faktor einer nahenden Kollision liegt darin begründet, daß eine Linie konstanter Richtung zwischen zwei sich begegnenden Flugzeugen besteht. Dieses Phänomen erschwert zusätzlich das gegenseitige Erkennen. Im Cockpit der »Trident« hätte die Besatzung jedoch durch den Funkspruch der JP 550 alarmiert werden müssen, aber da Positionsmeldungen gewöhnlich nach Überfliegen eines Meldepunktes abgesetzt werden, ging man davon aus, daß die DC 9 schon weiter dahinter lag. Was sich letztendlich immer ereignet haben mag, was die Cockpitbesatzungen erkannt oder vermutet haben mögen, beide Flugzeuge rasten mit einer Geschwindigkeit von etwa 920 Knoten (nahezu 1800 km/h) – schneller als die Geschwindigkeit einer Gewehrkugel – aufeinander zu. Zum Handeln blieb keine Zeit mehr.

Als JP 550 seinen letzten Ruf absetzte, waren die Flugzeuge nur noch 100 m, nur wenige Sekunden voneinander entfernt. Für Tasic war alles zu spät, nicht einmal mehr die Daten aus dem Computer konnte er abrufen, dennoch hätte sein sofortiges Handeln die Katastrophe verhindern können. Doch der Flugverlaufstreifen der BE 476 wies die »Trident« fälschlich auf einer Flugfläche von 335 aus. Tasic mutmaßte, daß die beiden Flugzeuge mit einem Abstand von 800 Fuß einander passieren würden, wenn er die DC 9 auf ihrer jetzigen Fläche auf 327 hielte. Das war zwar knapp, aber das Schlimmste wäre damit verhindert. Dem Flugzeug einen anderen Steuerkurs zuzuweisen, würde wesentlich mehr Zeit kosten. Tasic verhaspelte sich in Kroatisch, und rief in dem verzweifelten Versuch die Tragödie abzuwenden.»

10.14:22 Tasic F/T: »...e...zadrzite se za sada na toj visini i javite prolazak Zagreba (...e...bleibt auf der jetzigen Höhe und meldet Überflug von Zagreb). In diesem Augenblick stieß die DC 9 durch Flugfläche 330.

10.14:29 Tasic F/T: »No kojo ste sada u penjanju jer...e...imate avion pred vama na isn...??? 335 sa leva na desno.« (Die Höhe, die Sie durchfliegen, nein...Sie haben ein Flugzeug vor sich...? 335 von links nach rechts).

10.14:38 JP 550 F/T: »Okay, ostajemo tocno 330« (Okay, werde exakt auf 330 bleiben).

Entgegen der auf Tasics Radarschirm für die »Trident« eingeblendeten Höhe von 335 flog diese jedoch genau auf Flugfläche 330. Die DC 9 erreichte ihre maximale Höhe von 62 m über der »Trident« genau um 10.14:35 und driftete sodann im sanften Abstieg auf die gewählte Flugfläche 330 zu. Für einige Sekunden, als sich die beiden Flugzeuge frontal einander näherten, befanden sie sich auf gleicher Höhe. Toleranzen in der Funkfeuerkalibrierung oder dem Höhenmessermechanismus, geringe Kursabweichungen oder Windeinflüsse hätte insgesamt eine Katastrophe verhindern können. Doch das Schicksal wollte es anders.

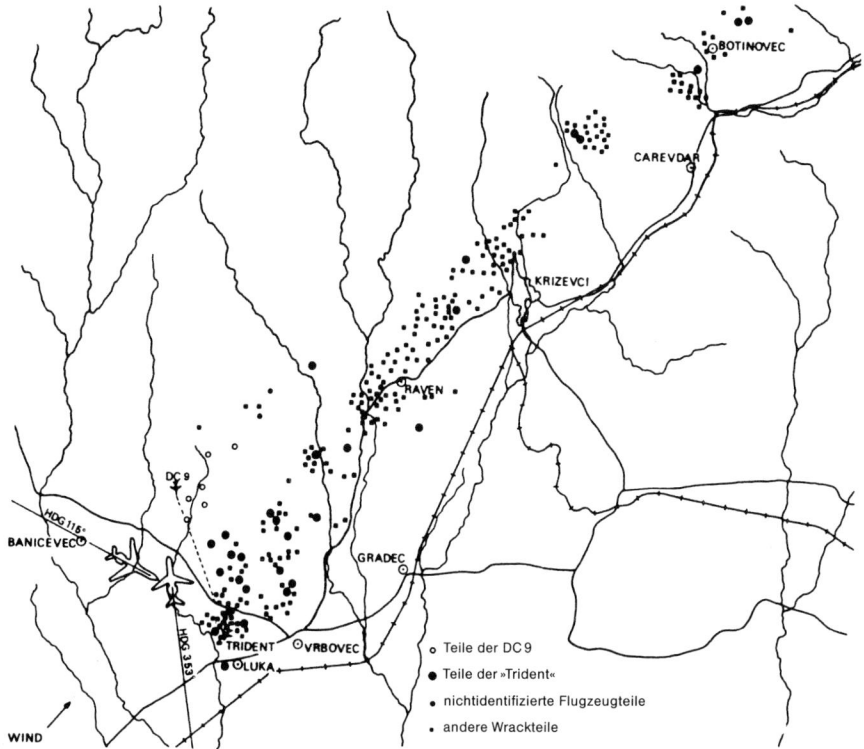

Verteilung der Wrackteile.

Um 10.14:41 prallten die Flugzeuge aufeinander, fünf Meter der äußeren linken Tragfläche der DC9 schlitzten das Cockpit der »Trident« auf, und die Cockpitbesatzung war auf der Stelle tot. Beide Havaristen fielen steuerlos vom Himmel. Die Tragfläche der DC9 brach ab, das linke Triebwerk wurde zerfetzt. Als das Flugzeug brennend abstürzte, brach das Leitwerk in Stücke. Die »Trident« hatte bei der Kollision das Seitenruder verloren und tauchte steil dem Boden entgegen. Der Cockpit Voice Recorder (Cockpit-Gesprächsaufzeichnungsgerät) an Bord der jugoslawischen Maschine war defekt, doch der Aufprall erweckte ihn wieder zum Leben. Als die DC9 dem Boden entgegen taumelte, zeichnete er die letzten Worte von Copilot Dusan Ivanus auf:
»Wir sind erledigt!« »Auf Wiedersehen«, sagte der »Auf Wiedersehen ...«
Beide Flugzeuge schlugen etwa 6,5 km entfernt voneinander nahe der etwa 25 km nordöstlich von Zagreb gelegenen Stadt Vrbovec auf. Alle 54 Passagiere und neun Besatzungsmitglieder der »Trident« und 108 Passagiere sowie fünf Besatzungsmitglieder an Bord der DC9 kamen ums Leben. Die Kollision hatte insgesamt 176 Menschenleben gefordert. Der erste Luftzusammenstoß hatte sich am 7. April 1922 zwischen einer de Havilland 18 (G-EAWO) der Daimler Airway und einer Farman Goliath zugetragen. Das Unglück ereignete sich zwischen Paris und Beauvais, der

Stadt, die so eng mit dem Schicksal der R 101 verbunden ist. Bei diesem Unglück fanden die beiden Besatzungsmitglieder der im Vereinigten Königreich registriert gewesenen Maschinen den Tod. Der Luftzusammenstoß über Zagreb an jenem Morgen des 10. September 1976 ging jedoch als eines der schlimmsten Flugzeugunglücke in die Geschichte der Luftfahrt ein.

Einige Sekunden nach dem Absturz rief der verzweifelte Tasic unermüdlich beide Flugzeuge, doch eine Antwort blieb aus. Eine in östlicher Richtung auf der Luftstraße UB5 auf Flugfläche 290 auf Zagreb zufliegende Lufthansa Boeing 737 flog nur etwa 25 km hinter der »Trident«. Der Copilot gewahrte einen Blitz, als beide Maschinen kollidierten; dann sah er aus einem Rauchball zwei Flugzeuge zur Erde fallen. Der Kommandant der Boeing 737, Kapitän Joe Kroese, meldete die Beobachtung an Erjavec, den für den mittleren Abschnitt zuständigen Lotsen.

10.15:40 Kapitän Kroese F/T: ». . . e, Zagreb! Es ist möglich, daß wir einen Luftzusammenstoß gesichtet haben – da stürzen gerade zwei Flugzeuge ab, ja . . . fast genau unter unserer jetzigen Position.«

Erjavec verstand nicht, und Kapitän Kroese mußte seine Worte mehrmals wiederholen.

10.18:12 Kapitän Kroese F/T: »Es ist möglich, daß das andere Flugzeug vor uns eine Kollision in der Luft hatte . . . er . . . genau über Zagreb. Wir haben zwei Flugzeuge abstürzen sehen mit hoher Geschwindigkeit . . . es gab auch eine heftige Rauchentwicklung.«

Als Erjavec die tiefere Bedeutung der Meldung dämmerte, ging sein Blick hinüber zu seinem Kollegen Tasic. Er saß kreidebleich, im Schock zusammengesunken vor seinem Bildschirm. Langsam, sehr langsam nahm Tasic die Kopfhörer ab und ließ sie auf die Konsole vor sich gleiten.

Nachdem Alarm ausgelöst und die Rettungsmannschaften eiligst in Marsch gesetzt worden waren, erlahmte der Betrieb im Zagreber Kontrollzentrum. Im Anflug befindliche Flugzeuge wurden auf andere Luftstraßen umgeleitet. Die an dem Unglück beteiligten Lotsen für den mittleren und oberen Sektor wurden vom Dienst suspendiert, es wurden dienstfreie Ersatzlotsen herbeigerufen. Trotz allem war binnen einer Stunde die Flugverkehrskontrolle wieder im Gleichgewicht. Aber schon bald erschienen im Verkehrskontrollzentrum Polizisten und Offizielle, um die Diensthabenden der Morgenschicht zu vernehmen. Hierzu gehörten Erjavec, zuständig für den mittleren Sektor, der Flug JP 550 zum Steigflug freigegeben hatte; sein Assistent Pelin, der den Flug mit dem oberen Sektor koordiniert hatte; der Lotse für den oberen Sektor Hochberger, der seinen Platz verlassen hatte, Tepes, seine Ablösung, der zu spät zum Dienst erschienen war, Tasic, Assistent für den oberen Sektor, der mehr als acht Minuten in einer äußerst kritischen Phase auf sich selbst gestellt war, und Schichtleiter Dajcic, der für den gesamten Betrieb die Verantwortung trug. Schon nach wenigen Stunden wurden sie alle unter Arrest gestellt.

Am Kölner Flughafen warteten unterdessen Freunde und Verwandte vergebens auf die Ankunft des Inex-Adria-Charterfluges. Am Schalter drängte sich eine Touristengruppe für das Einchecken nach Split. »Der Flug sei wegen technischer Schwierigkeiten verzögert, voraussichtliche Abflugzeit 17 Uhr«, teilten Flughafenangestellte mit, und noch 2½ Stunden nach der Katastrophe erhielten Anrufer die gleiche Auskunft. Doch schon am späten Nachmittag sickerten böse Einzelheiten durch, als sen-

BEA Trident III.

Inex Adria DC 9.

Wrack, auf dem die Kennzeichnung G-AWZ gerade noch sichtbar ist.

sationslüsterne Reporter mit Neuigkeiten aufwarteten. Die Fluggesellschaft rang sich erst am späten Abend dazu durch, den wartenden Angehörigen die Wahrheit zu sagen. Auf dem Flughafen Köln-Bonn spielten sich erschütternde Szenen ab. Verzweiflung, Tränen, stummes Nichtbegreifen – Schock, die letzte Hoffnung war dahin; Kinder, soweit sie die Tragödie überhaupt begriffen, weinten um ihre Eltern, Eltern beklagten den Verlust ihrer Kinder. Ein erschütterndes Chaos hatte sich entfaltet.

Schon bei der ersten Vernehmung war offenkundig geworden, daß die Lotsen Rede und Antwort zu stehen hatten, die eigentlichen Verantwortlichen für den Flugverkehr blieben ungeschoren. Nach jugoslawischer Rechtsprechung drohten den Fluglotsen hohe Gefängnisstrafen wegen kriminellen Amtsvergehens, es wurden Vorkehrungen zur Anklageerhebung vor Gericht getroffen. Innerhalb der folgenden zwei Monate wurden alle bis auf Tasic freigelassen, er blieb als Einziger im Gefängnis.

Sieben Monate nach der Kollision fand im Zagreber Landgericht die Hauptverhandlung vor dem Richter Branko Zmajevic am 11. April 1977 um 8 Uhr statt. Das Gericht tagte im gleichen Raum, in dem Marschall Tito 1923 als Kommunist verurteilt wurde. Auf der Anklagebank hatten acht Personen Platz genommen: die fünf Fluglotsen, der Schichtleiter, die leitenden Angestellten Antere Delic, Direktor des Zagreber Flughafens und Milan Munjas, Direktor der Zagreber Bezirks-Flugkontrolle. Oberstaatsanwalt Slabodan Tatarc verlas die umfangreiche Anklageschrift, die sich mit zahlreichen kriminellen Verfehlungen beschäftigte.

Die Verhandlung wurde fair geführt und hielt sich streng an die jugoslawische Gesetzgebung. Die Beweise wurden sorgfältig dargelegt, förmliche Höflichkeit bestimmte die Tagesordnung. Das Gericht analysierte jedoch weniger die Umstände, die zu dem Unfall geführt hatten, was eigentlich Zweck der Verhandlung hätte sein sollen. Das Gericht strebte vielmehr danach, Schuldige zu finden und zu verurteilen. Allen Angeklagten drohten Gefängnisstrafen bis zu 20 Jahren, sollte man ihnen eine Schuld nachweisen können. Als die Verhandlung ihren Fortgang nahm, erregten sich zeitweilig die Gemüter, im Saal herrschte eine knisternde Atmosphäre, Behauptung stand gegen Behauptung, Beschuldigung gegen Entlastung. Einlassungen einiger Angeklagter widersprachen den bei der ersten Anhörung über den Unfall vorgetragenen Beweisen oder beschönigten sie. Es wurde für das Gericht schwieriger und schwieriger, Licht in die Vorgänge zu bringen und die Fakten auszuwerten. Pelin sagte nun aus, daß Tasic der Flugverlaufstreifen für Flug JP 550 schon um 10.07 Uhr vorgelegen hätte, als die erste Koordination des Steigflugs zwischen beiden Flugzeugen erfolgte. Diese Aussage wurde von Erjavec untermauert. Bei der Erstvernehmung durch das Gericht hatte sie diese Tatsache allerdings verschwiegen. Andererseits enthüllte Tasic neue Dinge. Pötzlich erinnerte er sich, daß er Pelin gesagt habe, JP 550 dürfe nur auf 350 steigen, wenn das Flugzeug bei Kostajnica Flugfläche 310 erreicht hätte. Wenn dies nicht geschehen sein sollte, wäre die Freigabe zum Steigflug erst hinter Zagreb möglich. Pelin bestritt dieses Gespräch energisch. Er konterte damit, daß er Tasic noch während der Koordination des Steigflugs der JP 550 auf die Olympic 182 bei Kostajnica auf Flugfläche 330 aufmerksam gemacht habe. Dies hätte eine Steigflugfreigabe ohnehin verboten. Nun behauptete Pelin, Tasic hätte nach Dauerflug der Olympic die Steigfreigabe an JP 550 erteilt.

Die Einlassungen wurden immer verwirrender und undurchsichtiger, so daß jeder Versuch der Wahrheitsfindung ferner denn je lag. Der Richter ermutigte die Angeklagten, sich zu ihren Taten zu bekennen, aber allein Tasic wurde zum Sündenbock erklärt. Mehr und mehr geriet er in die Isolation. Schließlich erlitt er einen Nervenzusammenbruch, das Gericht mußte sich eine Woche vertagen.

Vor Gericht erschien auch ein britischer Anwalt, Richard Weston, der als Nebenkläger der Eltern einer an Bord der »Trident« getöteten Stewardeß auftrat. Ihn interessierte einzig und allein die Gerechtigkeit. Im Verlaufe der Verhandlung kamen ihm jedoch Zweifel. Die Beweislast ergab eindeutig, daß das jugoslawische Luftverkehrssystem genauso zu beleuchten war, wie die Verhaltensweise der Angeklagten. Weston erschien es weitaus plausibler, das System zu ändern, anstatt die Opfer der Unzulänglichkeiten ins Gefängnis zu schicken. Sollten die Angeklagten für schuldig befunden werden, drohte ihnen ohnehin ein Disziplinarverfahren der zivilen Luftfahrtbehörde, warum dann noch eine Gefängnisstrafe? Nach jugoslawischem Recht war Weston ein zugelassener Vertreter und hatte ein Recht auf Anhörung. Vor der Beratung ließ er Richter Weston vortragen und diesen Schriftsatz in Übersetzung eines jugoslawischen Kollegen verlesen. Das Papier war emotionell verfaßt, das Gericht wurde um Milde für die Angeklagten gebeten. Wenn man auch die Fluglotsen zur Verantwortung ziehen könne, so führte Weston aus, solle man sie nicht wie Kriminelle ins Gefängnis schicken. Der Ankläger war von diesem Plädoyer beeindruckt, im Saal brandete der Applaus.

Am Montag, den 16. Mai 1977 trat das Gericht zur Urteilsverkündung durch Richter Zmajevic zusammen. Von den acht Angeklagten wurden sieben freigesprochen. Die Alleinschuld trug nach Auffassung des Gerichts Lotse Tasic. Die Einlassungen von Pelin und Erjavec hinsichtlich der Koordinierung des Steigflugs von JP 550 sprachen eindeutig gegen Tasic. Tasic war ja auch nicht überrascht gewesen, als ihm ½ Minute vor dem Zusammenprall der Flugverlaufstreifen der JP 550 übergeben wurde. Wenn er keine Steigfreigabe erteilt hatte, warum interessierte ihn dann der Flugverlaufstreifen, warum hatte er ausdrücklich darum gebeten? Nachdem sich Tasic der gefährlichen Situation bewußt geworden war, hatte er Kapitän Krumpak weder eine eindeutige Anweisung noch eine genaue Höhe gegeben. Zeugen hatten bestätigt, daß Kapitän Krumpak in der DC 9 ausreichend Zeit zur Verfügung gestanden hatte, um sofort zu handeln. Das Gericht verneinte eine Arbeitsüberlastung für Tasic. Es ging davon aus, daß er durchaus in der Lage war, die Situation zu überschauen. Er wurde für schuldig befunden, seine Pflichten in sträflicher Weise verletzt zu haben. Das Urteil für Tasic lautete: sieben Jahre Gefängnis.

Die zuständige Abteilung der Internationalen Föderation für die Luftverkehrslotsen-Vereinigung (IFATCA) legte gegen das Urteil sofort Beschwerde ein, die Weston in seiner Eigenschaft als Tasics Verteidiger veranlaßt hatte. Das Oberste Gericht griff, den Fall am 29. April 1978 erneut auf und minderte die Gefängnisstrafe zur Hälfte. IFATCA strebte jedoch eine Freilassung Tasics an und verfaßte eine Petition, die Maschall Tito vorgelegt wurde. Die Petition hatte Erfolg, und am 29. November 1978, kaum zwei Jahre nach der Kollision, war Tasic ein freier Mann.

Hätten die Jugoslawen zum damaligen Zeitpunkt zuverlässigeres Gerät und verantwortungsbewußtere Lotsen gehabt, wäre es sicherlich nie zu diesem Unglück gekommen. Heute, ca. zwölf Jahre nach dem Desaster, ist das Belgrader Luftkreuz sicher, tagtäglich wickelt sich in diesem Luftraum ein immer weiter steigender Flugverkehr ab, nicht nur nach Split, sondern auch in die Türkei, nach Bangkok, Singapur und Hongkong.

Die Katastrophe von Teneriffa

Am Sonntag, den 27. März 1977, explodierte eine Bombe in der Abfertigungshalle des Flughafens von Las Palmas auf Gran Canaria; der Abfertigungsbereich für die Passagiere wurde stark beschädigt, viele Menschen erlitten Verletzungen. Eine Separatistenbewegung für die Unabhängigkeit und Autonomie der Kanarischen Inseln »übernahm die Verantwortung«. Die Kanarischen Inseln, eine spanische Besitzung, liegen nahe der nordafrikanischen Westküste. Sie werden von vielen Touristen aus aller Herren Länder als eine Oase der Erholung und Sonne geschätzt. Die Hauptstadt Las Palmas liegt an der Ostküste Gran Canarias, und westlich, nicht weit entfernt, befindet sich die Insel Teneriffa mit der Hauptstadt Santa Cruz und dem Flughafen Los Rodeos.

Der Explosion auf Las Palmas' Flughafen folgte eine zweite Bombenwarnung, als Vorsichtsmaßnahme schlossen die Behörden den Flughafen. Alle Flüge wurden nach Los Rodeos auf Teneriffa umgeleitet. Die für die Unabhängigkeit der Inseln vom spanischen Festland kämpfende Organisation machte genau zu Beginn der Touristensaison von sich reden und hatte natürlich die Öffentlichkeit aufgeschreckt. Die Urheber des Anschlags jenes Tages wußten jedoch nicht, daß ihre Aktionen von den kommenden Ereignissen überschattet werden sollten. Die auf Las Palmas explodierte Bombe hatte niemand getötet, führte jedoch – von den Bombenlegern sicherlich unbeabsichtigt – zu einer unseligen Verknüpfung von Geschehnissen, die letztendlich zu einer Katastrophe unvorstellbaren Ausmaßes führten.

Ein von den Royal Cruise Lines gecharterter Jumbo (Boeing 747) der Pan American mit der Flugnummer PA 1736 und der Registriernummer N 736PA, startete am späten Abend des 26. März Ortszeit (1.29 GMT 27. März) in Los Angeles über New York nach Las Palmas. An Bord befanden sich 275 Passagiere. Bei der Zwischenlandung in New York auf dem Kennedy Airport kamen weitere 103 Passagiere an Bord; insgesamt waren es somit 378 Passagiere. Die 16köpfige, aus Los Angeles kommende Besatzung verließ zur wohlverdienten Ruhepause in New York den Jet, eine neue Crew ging an Bord. Um 7.42 (GMT Zeit) startete Flug Nr. PA 1736, Rufzeichen Clipper 1736, von New York nach Las Palmas unter dem Kommando von Kapitän Victor Grubbs mit seinem Copiloten Robert Bragg und dem Flugingenieur George Warns. Dreizehn Flugbegleiter kümmerten sich um das Wohl der Passagiere. Etwa 1¼ Stunden nach dem Start des Clippers aus New York, startete in Amsterdam der KLM Flug KL 4805 um 9 Uhr. Sein Ziel war ebenfalls Las Palmas. Die KLM Boeing 747, Registriernummer PH-BUF, war von der holländischen Fluggesellschaft an eine internationale Reisegruppe verchartert worden. An Bord befanden sich 234 Touristen auf dem Weg zu den Kanarischen Inseln, darunter der Reiseleiter der Gruppe. Nachdem die Passagiere in Las Palmas von Bord gegangen waren, sollte PH-BUF als Flug KL 4806 mit einer ebensoviele Passagiere zählenden Gruppe Ferienreisender nach Amsterdam zurückkehren. Das Kommando hatte Kapitän Jacob van Zanten, ein erfahrener Ausbildungspilot von KLM; mit ihm im Cockpit befanden sich der Copilot Klaas Meurs und Flugingenieur William Schreuder. Der Kabinenbesatzung gehörten elf Mitglieder an.

Als sich beide Boeings 747 Las Palmas näherten, explodierte die Bombe etwa eine Stunde vor der Landung der KLM. Da der Flughafen daraufhin geschlossen wurde, landete Flug KL 4805 in Los Rodeos, um dort die Wiedereröffnung des Flughafens in Las Palmas zu erwarten. Als Zeit war 13.38 Uhr GMT vorgesehen. Kapitän van Zanten erhoffte sich einen alsbaldigen Start und ließ die Passagiere nicht von Bord gehen. Nach 20 Minuten entschied er sich jedoch anders, und Autobusse brachten die Reisenden zum Abfertigungsgebäude. Auch der PanAm-Flug aus New York war von der Schließung des Flughafens betroffen. Da Kapitän Grubbs noch genügend Treibstoff vorrätig hatte und eine alsbaldige Öffnung des Flughafens in Teneriffa erwartete, erbat er beim Tower die Freigabe in eine Warteschleife über Teneriffa zu gehen. Seiner Bitte wurde indes nicht entsprochen, und so landete Flug PA 1736 um 14.15 Uhr, etwa ½ Stunde nach der KLM, auf Los Rodeos. Das Wetter war klar und sonnig. Viele Flugzeuge hatten von Las Palmas umgeleitet werden müssen, der Flughafen von Los Rodeos brach aus allen Nähten. Um jeden verfügbaren Raum zu nutzen, parkten Flugzeuge im Haltebereich der Startbahn 12, der gleich nördlich der Startbahn kurz vor dem Hauptvorfeld lag. KLM parkte nahe der Landebahnschwelle zur Rollbahn 12; dieser Boeing schlossen sich eine Boeing 737, eine Boeing 727, eine DC 8 und schließlich die Boeing 747 der PanAm an. Es herrschte eine unvorstellbare Enge, alle Parkflächen waren besetzt. Ankommender Verkehr wurde auf die letzten freien Flächen des Hauptvorfelds verwiesen. Das Flughafenpersonal machte Überstunden, um den gesamten Verkehr einigermaßen zu bewältigen, denn das Flugaufkommen an diesem Tag war doppelt so hoch wie sonst.

Inzwischen machte sich die holländische Besatzung Sorge, daß für den bevorstehenden Heimflug nach Holland nicht mehr genügend Zeit zur Verfügung stehen könnte. Die zulässige Arbeitszeit der Piloten könnte überschritten werden, und so nahmen sie mit Amsterdam auf der Langwellenfrequenz Kontakt auf. Wenige Jahre zuvor stand es noch im Ermessen eines Kapitäns, die Arbeitszeit seiner Crew unter Berücksichtigung bestimmter Voraussetzungen zu verlängern. Die Vorschriften waren jedoch strenger geworden, und so waren die Besatzungen von der Fluggesellschaft angewiesen worden, mit Amsterdam eine etwaig notwendige Verlängerung

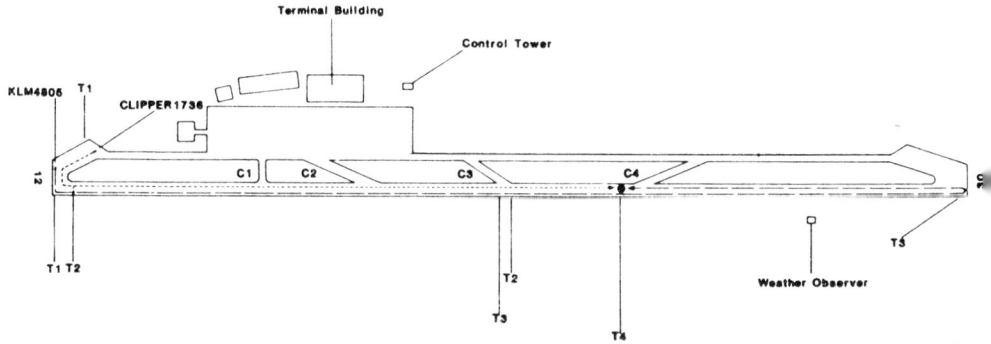

Einzelheiten der Start-/Landebahn auf Teneriffa, die die jeweiligen Positionen der Flugzeuge zu unterschiedlichen Zeiten (T 1, T 2, T 3) und die Stelle des Zusammenpralls (T 4) aufzeigt.

158

der Arbeitszeit abzusprechen. Amsterdam teilte mit, daß ein Abflug aus Las Palmas spätestens um 19 Uhr zu erfolgen hätte, um die vorgeschriebene Arbeitszeit nicht zu überschreiten. Die Anweisung wurde mittels Fernschreiben nach Las Palmas bestätigt.

Kurz nach der Landung des Clippers der PanAm wurde der Flughafen von Las Palmas gegen 14.30 Uhr wieder geöffnet. Die Flugzeuge begannen nach Las Palmas zu starten. Die Passagiere des Clipper-Fluges befanden sich noch an Bord, und die Besatzung bereitete sich auf den alsbaldigen Start vor. Zwei Angestellte der Gesellschaft kamen zum Flug nach Las Palmas in Teneriffa an Bord und begaben sich auf die Notsitze im Cockpit. Nun waren 396 Passagiere an Bord. Als ein Flugzeug in der Parkposition zwischen den beiden Jumbos 747 Rollfreigabe erhielt, bemühte sich PanAm ebenfalls um eine Freigabe. Der Fluglotse erbat jedoch Geduld bezüglich der Freigabe zum Anlassen der Triebwerke. Es lägen zwar keine Flugverzögerungen vor, aber ein Rollen über den parallel verlaufenden Rollweg hinter dem Hauptvorfeld war wegen der Überfüllung nicht möglich. Den Haltebereich zur Startbahn blockierte die dort parkende KLM-Maschine. Die anderen Flugzeuge parkten im wesentlich kleineren Haltebereich, sie waren hinter die KLM 747 für einen Abflug nach Las Palmas gerollt. Den von der Bodenkontrolle gegebenen Anweisungen konnte PanAm keine Folge leisten, weil ein Rollen überhaupt erst möglich war, sobald die holländische Maschine den Weg freigemacht haben würde.

Es nahm geraume Zeit in Anspruch, bis man die im Abfertigungsgebäude wartenden KLM-Passagiere zusammengetrommelt und mit dem Bus zum Flugzeug gebracht hatte. Die Passagierzahl verringerte sich auf 248, da der Reiseleiter der holländischen Gruppe auf Teneriffa das Flugzeug verlassen hatte. Mittlerweile waren zahlreiche Flugzeuge auf dem wiedereröffneten Flugplatz von Las Palmas gelandet, es herrschte dort starkes Verkehrsaufkommen. Los Rodeos koordinierte die Starts und Landungen mit Las Palmas, und schon bald sickerte die Nachricht durch, daß sich der Abflug von KLM weiter verzögern würde. In Las Palmas waren alle Flugsteige belegt, so blieb Kapitän Zanten nichts weiter übrig, als sich in Geduld zu üben. Die holländische Besatzung blieb mit dem Tower Teneriffas in Funkkontakt und beschwerte sich über die Verzögerung. Immerhin war das Flugzeug nun mehr als zwei Stunden am Boden. Wegen des Gedränges war ohnehin nicht mit einem alsbaldigen Start nach Las Palmas zu rechnen. Um keine weitere Zeit zu verlieren, ließ van Zanten nun, reichlich verspätet, in Teneriffa auftanken. Die Prozedur nahm 30 Minuten in Anspruch. Die noch immer von beiden Seiten eingekeilte PanAm Besatzung war über diese Entscheidung höchst verärgert. Der Clipper N736 PA hätte jeder Zeit starten können, nicht jedoch bevor die KLM Platz gemacht hatte. Der amerikanische Copilot und der Flugingenieur stiegen aufs Rollfeld hinunter, um die Entfernung zur KLM-Maschine abzumessen. Der Platz reichte jedoch nicht. Da Kapitän Grubbs den Funksprechverkehr zwischen der KLM-Maschine und dem Tower mitgehört hatte, war ihm nicht entgangen, daß es der holländische Kapitän äußerst eilig hatte, die Startfreigabe zu erhalten. Da er den festgelegten Flugplan der KLM nicht kannte, drängte sich ihm die Vermutung auf, daß die Holländer den Abflug beider Maschinen unnötig verzögerten. Kapitän van Zanten konnte jeden Augenblick die Startfreigabe erhalten, nun aber mußte man warten bis das Auftanken beendet war. Zu allem Übel zogen dunkle Wolken auf, das Wetter verschlechterte sich zusehends. Der Flughafen Los Rodeos liegt in einer Höhe von etwa 650 m in einer Art Kessel zwischen Bergen, über denen häufig tiefliegende Wolken die Sicht verschlechtern.

Bei Nebel hingegen bleiben der Luftfeuchtigkeitsgehalt und somit die Sicht relativ konstant; jagen jedoch niedrige Wolken über den Flughafen, dann kann die Sicht in wenigen Minuten von mehreren Kilometern auf Null absinken. Sollte sich das Wetter weiter verschlechtern, stand eine Schließung des Flughafens zu befürchten. Wolken von milchig-weiß bis tiefschwarz fegten über die Startbahn 30, der Wind blies aus Nordwest mit 12 – 15 Knoten. Dann wieder konnte man zwei bis drei Kilometer weit sehen; schließlich jedoch verdunkelte sich der Himmel wieder, und die Sichtweite betrug nur noch 300 Meter. Die Startbahnbeleuchtung war defekt, an einen frühzeitigen Start war nicht mehr zu denken. Es herrschte hohe Luftfeuchtigkeit, so daß während des Rollens die Scheibenwischer eingeschaltet werden mußten.

Es war gegen 16.30 Uhr, die PanAm-Besatzung war 10¾ Stunden im Einsatz. Nun harrte sie der wohlverdienten Ruhepause in Las Palmas entgegen, das nur noch 25 Minuten entfernt war. Die KLM-Besatzung war seit 8¾ Stunden im Einsatz, aber es stand noch der Rückflug nach Amsterdam bevor. Es blieben nur noch drei Stunden, um die von KLM vorgeschriebene Flugzeit nicht zu überschreiten. Sollte man besseres Wetter abwarten müssen, dann wäre ein Crewwechsel unerläßlich. Obwohl das Flugzeug nun auf Los Rodeos aufgetankt worden war, konnten sich in Las Palmas wegen des hohen Flugaufkommens weitere Verzögerungen ergeben. Da in Las Palmas keine holländische Ersatzcrew verfügbar war, würden sich für das Bodenpersonal schier unlösbare Probleme ergeben. Wie sollte man für die Passagiere rund 250 Betten finden.

Sie hätten unweigerlich auf dem Flughafen nächtigen müssen. Auch Besatzung und Flugzeug würden zu spät nach Amsterdam zurückkehren, die Boeing könnte am nächsten Morgen nicht planmäßig eingesetzt werden. So überraschte es nicht, daß die holländische Besatzung alles aufs Spiel setzte, um noch schnell starten zu können. Auch die Amerikaner, wenn auch wegen der Behinderung durch die Holländer irritiert, strebten nichts anderes an, als Los Rodeos so schnell wie möglich hinter sich zu lassen.

Die Startgenehmigung für die KLM-Boeing erging, nachdem das Auftanken gerade beendet war. Kapitän van Zanten schien die richtige Entscheidung getroffen zu haben. Während PanAms Clipper auf Warteposition stand, drängten die amerikanischen Passagiere ins Cockpit und ließen sich alle Details erklären. Um 16.45 Uhr unterzeichnete Kapitän van Zanten die Tankquittung und, nachdem alle Checks abgeschlossen waren, erbat KLM um 16.51 Uhr die Genehmigung zum Anlassen der Triebwerke. Die Ereignisse aufmerksam verfolgend, hörte PanAm den Funkspruch der KLM mit.

»Aha, schau, schau«, sagte Kapitän Grubbs, »endlich ist er fertig!«

Auch der Clipper erhielt seine Freigabe zum Anlassen der Triebwerke gleich nachdem KLM sie erhalten hatte; beide Besatzungen bereiteten sich aufs Rollen vor. Wegen des vorherrschenden nordwestlichen Windes mußten sich beide Flugzeuge von der Parkfläche an der Startbahn 12 zum äußersten Ende der 3300 m langen Startbahn begeben; eine Entfernung von über 3,5 Kilometern, um in entgegengesetzter Richtung auf der Startbahn 30 abzuheben.

Zu diesem Zeitpunkt standen dem Tower drei Frequenzen zur Verfügung: 121.7 MHz, 118.7 MHz und 119.7 MHz. Nur zwei Fluglotsen versahen dort ihren Dienst. Die Frequenz 118.7 MHz diente den Rollinformationen, die Frequenz 119.7 MHz – eigentlich die Anflugfrequenz – hatte sowohl den Start- als auch den Landeverkehr zu bewältigen. Um 16.56 Uhr erhielt KLM die Freigabe zum Rollen, jedoch mit der

Anweisung am Rollhaltepunkt der Startbahnschwelle 12 auf weitere Informationen über die Abflugfrequenz 119.7 zu warten. Über Funk erbat KLM 4805 die Freigabe zur Startbahn 12 in der Absicht, den Windverhältnissen Rechnung tragend, sie hinunterzurollen. Die Freigabe erging mit der Einschränkung, am Rollweg 3 die Bahn zu verlassen und sodann auf der Parallelbahn zur Startbahnschwelle 30 zu rollen. Der Copilot mißverstand die Anweisung und wiederholte »erster Ausgang«, der Fluglotse korrigierte und wiederholte seine Rollanweisung. KLM erhielt die Mitteilung, die gesamte Rollbahn zurückzurollen, dann eine 180° Kurve zu machen, um in die Startposition einzubiegen. Der Copilot bestätigte dies, doch der Kapitän, offensichtlich mit wichtigeren Dingen beschäftigt, kümmerte sich nicht mehr um den Funkverkehr. Die Sicht, eben noch gut, erreichte blitzschnell den Nullpunkt. KLM rollte den Rollweg hinunter und sah fast gar nichts mehr. Der Anfluglotse, zuständig für die Rollinformationen, sah vom Tower aus nur milchigen Dunst, Flugzeuge sah er nicht und konnte deshalb keine Hilfestellung leisten. Eine Minute später rief der KLM-Kapitän den Anfluglotsen und erkundigte sich, ob er die Bahn über den Rollweg Charlie 1 verlassen solle. Doch erneut erging an ihn die Anweisung, die Bahn geradeaus hinunter zu rollen.

PanAm erhielt indessen auf der Bodenfrequenz 118.7 MHz ebenfalls Rollanweisung bis zur Startbahnschwelle 12 und dort zu halten. Kapitän Grubbs war zufrieden, bis zum Start der KLM warten zu dürfen; doch unmittelbar danach erhielt er Anweisung, der KLM-Boeing zu folgen. Grubbs sollte auf der Startbahn zurückrollen und sie am dritten Taxiway verlassen. Aber das Englisch des Fluglotsen ließ zu wünschen übrig. Er sprach mit stark spanischem Akzent, und Grubbs hatte Mühe, das Kauderwelsch zu verstehen. Wäre die Verständigung besser gewesen, hätte Grubbs höchstwahrscheinlich die Position nicht verlassen. Wegen der Verständigungsschwierigkeiten wählte Grubbs den bequemeren Weg und folgte den Anweisungen des Lotsen. Aber beide Flugzeuge, der PanAm-Clipper und die holländische 747, erhielten ihre Anweisungen auf verschiedenen Frequenzen. PanAm auf derjenigen der Bodenkontrolle, KLM war bereits auf Tower-Frequenz. So wußten beide Kapitäne nicht, daß der PanAm-Clipper der KLM-Boeing direkt folgte. Als Flug PA 1736 die Rollbahn hinunter zu rollen begann, wurde Kapitän Grubbs aufgefordert, auf Towerfrequenz umzuschalten. Um 17.02 Uhr hörte endlich KLM den Funkspruch der PanAm an die Anflugkontrolle mit der Bitte, die Rollanweisung zu bestätigen.

»Affirmative« (das ist richtig), antwortete die Anflugkontrolle, »rollen Sie auf die Startbahn und verlassen Sie sie dritter, dritter, linksseitig dritter Ausgang.«

Die Amerikaner waren nun bereits 11¼ Stunden im Dienst, Müdigkeit überfiel sie. Die holländische Mannschaft war immerhin mehr als 9¼ Stunden im Dienst, von denen sie mit dem Warten auf Teneriffa 3½ Stunden verbracht hatte. Die Sicht verschlechterte sich weiter, sie betrug auf der Startbahn, auf der die beiden Jumbos nun herunterrollten, nur noch 100 Meter. Die Ausgänge zu den Rollwegen waren kaum noch erkennbar. Dicke Wolkenfetzen fegten über den Flughafen, die Sicht war gleich Null.

Beide Flugzeuge wurden nur noch über Funk geführt, einander sehen konnten sie unter diesen Wetterbedingungen nicht. Zu den Unzulänglichkeiten von Los Rodeos gehörte, daß nicht einmal ein Bodenradar installiert war; man hatte es sich wohl nicht mehr leisten können! Als Kapitän van Zanten auf den Rollweg Charlie 4 zusteuerte, erkundigte er sich nochmals bei seinem Copiloten, ob dies der richtige Abrollweg sei. »Ich glaube nicht, wir sollten doch bis zum Ende der Startbahn rollen«, antwortete Meurs. Vor van Zantens Augen verschwomm alles, er schaltet die Scheibenwischer an. Plötzlich sah er durch den Nebel hindurch Lichter: »Hier scheint das Ende der Bahn zu sein!« Van Zanten funkte zur Anflugkontrolle und erkundigte sich nach der Position von Flug 4805, seines eigenen.

17.02:50 Anflugkontrolle F/T: »KLM 4805, wieviele Rollwege haben Sie passiert?«

17.02:56 F/T: »Ich glaube, wir haben gerade Charlie 4 passiert.«

17.03:01 Anflugkontrolle F/T: »Okay. Machen Sie am Ende der Rollbahn eine 180° Kehre und melden Sie Hörbereitschaft für ATC (Luftverkehrskontrolle) für Ihre Freigabe.«

Dann erkundigte sich die in Eile befindliche KLM-Besatzung, ob die Mittellinien-Befeuerung funktiontüchtig sei. Der Lotse versprach es zu überprüfen. Die Amerikaner, verwirrt durch die Sprachschwierigkeiten, erbaten eine weitere Bestätigung, daß ihr Clipper die Startbahn am dritten Ausgang verlassen solle.

17.03:36 Anflugkontrolle F/T: »Den Dritten, mein Herr, eins, zwei, drei, den dritten, dritten, mein Herr, ist das klar?«

17.03:39 PA 1736 F/T: »Sehr gut, verstanden, danke!«

Anflugkontrolle F/T: »Clipper 1736, melden Sie Verlassen der Startbahn.«

Der PanAm-Clipper antwortete mit seinem Rufzeichen. Während die Amerikaner die Bahn hinunterrollten, lasen sie die Rollcheckliste. Die Instrumente und Flugsteuerungselemente wurden überprüft, der Stabilisator gesetzt, die Klappen in Startstellung gefahren.

Trotz allem bemühte sich die PanAm-Besatzung immer noch, die Abrollwege von der Startbahn auszumachen. Man zählte unter den schlechten Sichtverhältnissen und hatte Schwierigkeiten den dritten Abrollweg zu finden. Das Flugzeug passierte den auf 90° ausgerichteten Abrollweg, die Besatzung erkannte ihn, jedoch waren die Markierungen nicht mehr zu sehen. Grubbs und seine Kollegen waren sich nicht gewiß, wieviele Abrollwege sie schon passiert hatten. Bei dem ihnen zugewiesenen Rollweg war einer z-förmigen Schleife auf die parallel verlaufende Rollbahn zu folgen. Die unförmige Boeing 747 ließ sich hier nur schwierig manövrieren. Auch fand man den Abrollweg Charlie 3 nicht, denn seine äußere Form glich derjenigen von Charlie 2.

Als der KLM-Jumbo das Ende der Startbahn erreicht hatte, kam der Fluglotse bezüglich der Mittellinien-Befeuerung auf beide Flugzeuge gleichzeitig zu.

Anflugkontrolle F/T: »Zu Ihrer Information, die Mittellinien-Befeuerung ist außer Betrieb!«

Beide Flugzeuge bestätigten die Mitteilung und überprüften sofort, wie ein Start unter derartig schlechten Sichtbedingungen zu bewerkstelligen sei. KLM war bereits am Ende der Startbahn angelangt und begab sich in die vorgeschriebene Kurve von 180°; ein waghalsiges Unterfangen für einen Jumbo, und Kapitän van Zantens Aufmerksamkeit war voll in Anspruch genommen. Die Uhr ging auf 17.05 zu, die noch verfügbare Arbeitszeit der KLM-Piloten zum Start nach Las Palmas und von dort zurück nach Amsterdam verrann in Sekundenschnelle. Glücklicherweise hatte sich die Sicht zum Starten einigermaßen gebessert. Die Feuchtigkeit ließ nach, und van Zanten schaltete die Scheibenwischer aus. Sollte ein Abheben in dieser kurzen Wetter-Aufklärung möglich sein, wäre alles in Ordnung. Als sich der Start näherte, schien jedoch der sich mit vielen anderen Dingen beschäftigende Kapitän nicht mehr ganz in der Lage, die Vorgänge im Cockpit zu beherrschen. Er bat um die Checkliste.

162

KLM CO*: »Kabine vorbereitet. Klappen gesetzt zehn, zehn,«

KLM FI*: »Acht Grüne!«

KLM CO: »Zündung?«

KLM FI: »Kommt – alles auf Start!«

KLM CO: »Hauptfahrwerk?«

KLM FI: »Hauptfahrwerk o.k.«

Die schwierige Kurve war gemeistert, das Flugzeug stand ausgerichtet zur Startbahn 30.

KLM Kapitän: »Ja, weiter.«

Die Sicht betrug nun 900 Meter, es war aufgeklart, jedoch bewegte sich gerade von vorn über die Startbahn wieder eine dunkle, die Sicht nehmende Wolke. Man sollte sich schnellstens davon machen.

Genau zu dieser Zeit hatte der PanAm-Jumbo den Rollweg Charlie 3 erreicht, der auf halbem Wege entlang der 3 400 m langen Startbahn lag. Am Boden waren die Sichtverhältnisse immer noch nicht zufriedenstellend, beide Jumbos konnten einander nicht sehen, die Lotsen hoch oben ihm Turm konnten nichts sehen, KLM und PanAm näherten sich einander unbemerkt im Nebel.

KLM CO: »Scheibenwischer an?«

KLM Kapitän: »Scheinwerfer sind an!«

KLM CO: »Nein ... die Scheibenwischer?«

KLM Kapitän: »Nein, ich warte noch etwas ... wenn ich sie brauche, melde ich mich.«

KLM CO: »Hauptfahrwerk entriegelt, Landescheinwerfer an, Checkliste abgeschlossen.«

Um 17.05:28 bremste Kapitän van Zanten die Boeing am Ende der Startbahnschwelle und öffnete sofort die Schubhebel.

KLM CO: »Warte doch noch 'ne Minute, wir haben keine ATC Freigabe.«

Van Zanten als Ausbildungspilot war mit dem Simulator besser vertraut. Hier wurde der Funkverkehr auf ein Minimum beschränkt, und das Fliegen und die Durchführung der Notverfahren standen im Vordergrund. Starts im Simulator erfolgen ohne besondere Formalitäten. Dies mag eine Erklärung dafür sein, warum van Zanten ohne Freigabe eigenmächtig nach den Schubhebeln griff. Doch dann schloß er sie wieder und bemerkte: »Nein, ich weiß, frag nach.« Der Copilot erkundigte sich beim Tower sowohl nach der Start- als auch der ATC-Freigabe.

KLM CO F/T: »KLM 4805, wir sind startklar und warten auf die ATC-Freigabe.«

PanAms Clipper hatte gerade den Abrollweg Charlie 3 erreicht, als die Anflugkontrolle KLM's Freigabe zu lesen begann. Aber die PanAm-Besatzung hatte sich verzählt und den richtigen Abrollweg verpaßt. Die Besatzung hatte ihren Irrtum nicht bemerkt und rollte unbeirrt weiter die Startbahn hinunter. Der Clipper war noch etwa 1500 Meter von der Startbahnschwelle entfernt und außerhalb des Sichtbereichs der KLM-Besatzung. Seit dem letzten Funkspruch des Lotsen an PanAm, in dem er bat, das Verlassen der Startbahn zu melden, waren mittlerweile zwei Minuten vergangen. Durch das Drängeln der KLM-Besatzung nach Starterlaubnis, war dem völlig überlasteten Lotsen entgangen, daß sich der PanAm-Clipper bereits vor der KLM-Boeing auf der Startbahn befand.

CO = Copilot
FI = Flugingenieur

17.05:33: Anflugkontrolle F/T: »KLM 4805, Sie sind auf Papa Funkfeuer freigegeben, steigen Sie auf Flugfläche 90 und behalten Sie diese Höhe bei. Rechtskurve nach dem Start, fliegen Sie Steuerkurs 040 bis zur 335 Radiale vom Las Palmas VOR (UKW-Drehfunkfeuer).« Als die Anweisung beendet war, nahm der KLM-Kapitän dies als endgültige Startfreigabe zur Kenntnis und sagte »ja«. Er öffnete die Schubhebel langsam, hielt das Flugzeug mit den Bremsen und wartete bis sich die Triebwerke stabilisiert hatten.

17.06:09: KLM CO F/T: »Ah, verstanden Herr, wir sind zum Papa Funkfeuer freigegeben, Flugfläche 90 . . .«

Während der Copilot noch sprach, löste der Kapitän um 17.06:11 die Bremsen und sagte eine Sekunde später: »Laßt uns gehen, Schub überprüfen.« Der Flugingenieur stellte die Schubhebel auf Startleistung ein, und die Triebwerke begannen zu röhren. Der Startbeginn mitten während des Zurücklesens der Freigabe brachte den Copiloten aus dem Konzept und er las flüchtig und unklar zurück.

KLM CO F/T: ». . . Rechtskurve raus, 040 bis zum Schneiden der 325. Wir sind jetzt am Start.« Der letzte Satz war jedoch weit entfernt von den tatsächlichen Gegebenheiten. Hatte er gesagt: »wir, eh, starten jetzt«? Was immer auch gesagt worden war, diese kurze Bemerkung reichte zur Besorgniserregung, und prompt kamen die Stimmen des Anfluglotsen und des Copiloten von PanAm gleichzeitig aus dem Äther.

17.06:18 Anflugkontrolle F/T: »Okay . . .«

17.06:19 Anflugkontrolle F/T: »Warten Sie mit dem Start, ich rufe Sie wieder.«

PanAm CO F/T: »Nein, nicht doch . . . und wir rollen doch noch die Startbahn runter, Clipper 1736.«

Die gleichzeitig geführten Gespräche hörte man im Cockpit der KLM als ein lautes dreisekündiges Quietschen, die Worte waren verzerrt. Hätte die KLM-Besatzung den Funkverkehr verstehen können, wäre sie sich ihrer mißlichen Lage bewußt geworden, aber dennoch bot sich wenige Augenblicke später eine zweite Chance, die Gefahr zu erkennen. Der Fluglotse hatte nur das Rufzeichen des Clipper einwandfrei verstanden und rief erneut zurück.

17.06:20 Anflugkontrolle F/T: »Verstanden, Papa Alpha 1736, melden Sie Startbahn frei.«

Nur bei diesem einen Funkruf benutzte der Lotse aus unerfindlichen Gründen das Rufzeichen Papa Alpha anstelle des gebräuchlichen Clipper.

17.06:30 Clipper F/T: »okay, wir melden uns, wenn wir runter sind.«

Anflugkontrolle F/T: »Danke!«

Ungeachtet dieses Sprechverkehrs beschleunigte die KLM-Boeing die Startbahn hinunter. Die auf den Start konzentrierten Piloten hatten sicherlich gar nicht mehr zugehört. Aber der Flugingenieur hatte aufmerksam gelauscht. Zögernd erkundigte er sich.

KLM FI: »Ist er noch nicht runter?«

KLM Kapitän: »Was meinst Du?«

KLM FI: »Ist er noch nicht runter, dieser PanAm Clipper?«

KLM Kapitän: »Oh ja!«

Auch der Copilot bestätigte dies, und der Flugingenieur ließ die Sache auf sich beruhen. Der Startlauf des KLM-Jumbo führte genau in den Weg des PanAm-Clipper.

Für die meisten Menschen wird es unverständlich sein, daß ein so erfahrener Pilot wie der holländische Kapitän einen so gravierenden Fehler machen konnte. Aber der

Lebensrhythmus eines Piloten ist ein anderer als derjenige eines Durchschnittsbürgers. Sein Weg führt ihn in vieler Herren Länder, in andere Klima- und Zeitzonen; sein Schlafrhythmus unterliegt ständigem Wechsel, oft ist er gezwungen am Tage zu schlafen, weil in der Nacht sein Dienst beginnt. Wenn auch alles zur Routine wird, kann es für den einzelnen dennoch eine physische Belastung werden. Die holländische Besatzung war mehr als 9½ Stunden im Dienst; hinzu kam noch der Transit in Las Palmas und die Rückkehr nach Amsterdam. Mangelnde Streckenerfahrung des Kapitäns unter den widrigen Wetterbedingungen machte die Dinge nicht leichter. Hinzu kam die seelische Belastung, Los Rodeos so schnell wie möglich zu verlassen. Ein lichter Spalt im dunklen Wolkenhimmel hatte den Kapitän zum Start bewogen. Es bedurfte größter Wachsamkeit, denn schon zogen wieder Wolken auf und verschlechterten die Sicht. In solchen Augenblicken kann das Denken am Grenzpunkt anlangen. Der »Filtereffekt« setzt ein, nur ganz wichtige Informationen oder wesentliche Einzelheiten werden noch wahrgenommen. Der Funkverkehr war bei den KLM-Piloten während der Startvorbereitungen in den Hintergrund getreten. Da zudem der Fluglotse nur einmal das ungebräuchliche Rufzeichen Papa Alpha benutzte, hatte die bedeutsame Rückfrage keine Beachtung gefunden.

Aber im Cockpit des Clipper war man aufgrund der Widersprüchlichkeiten hinreichend alarmiert, dennoch wußte die Besatzung nicht, daß der KLM-Jumbo bereits gestartet war.

PanAm Kapitän: »Oh, laßt uns der Hölle entrinnen!«

PanAm CO: »Mann, der hat Angst, nicht wahr?«

PanAm FI: »Oh je, nachdem er uns 1½ Stunden aufgehalten hat, ist er nun in Eile.«

Der Flugingenieur hatte den Satz kaum beendet, als der amerikanische Kapitän die Scheinwerfer der KLM-Maschine direkt durch die Wolkenbank auf sich zukommen sah.

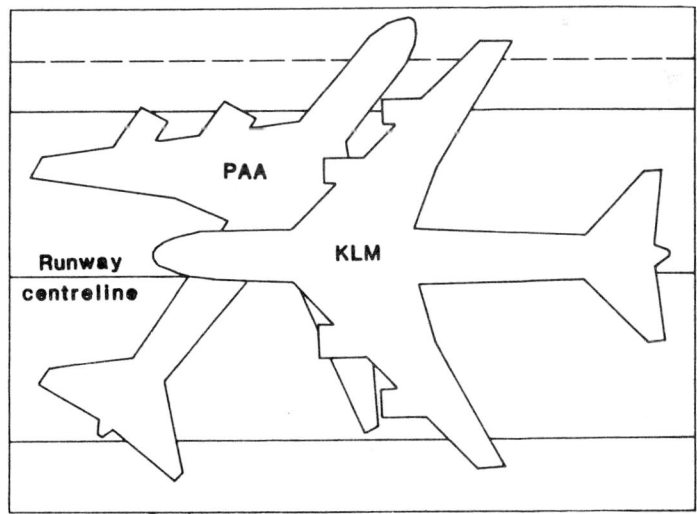

Die Position der Maschinen beim Zusammenprall.

Eine KLM-747 in der gleichen Höhe wie diejenige, die die PanAm-747 rammte.

PanAm-747 im Flug.

PanAm Kapitän: »Da ist sie ... sieh' ihn an ... das ... das ist ein Hurensohn, der da kommt.«

PanAm CO: »Hau ab, hau ab, hau ab!«

Kapitän Grubbs schwenkte das Flugzeug nach links, öffnete in Windeseile die Schubhebel im verzweifelten Versuch, aus dem verhängnisvollen Weg zu entkommen. Zur gleichen Zeit rief der holländische Copilot, unwissend, daß der PanAm-Jumbo noch vor ihm war, »V1« – die Abhebegeschwindigkeit – aus. Vier Sekunden später erblickte die holländische Besatzung den PanAm 747 Jumbo, der der Katastrophe zu entrinnen versuchte.

KLM Kapitän: »Oh ... !«

Kapitän van Zanten zog die Steuersäule hart zurück um schleunigst abzuheben. Aber der Winkel war zu steil, das Heck schlug auf dem Boden auf und hinterließ eine 20 m lange Metallspur auf der Startbahn. Trotz der verzweifelten Bemühungen beider Besatzungen war eine Kollision nicht zu vermeiden. Zwar war es dem KLM-Kapitän gelungen, das Flugzeug nach etwa 1300 Metern abzuheben; dann schoß es seitlich in den Clipper. Das Bugrad der KLM Maschine schlitzte die Oberseite des Clipper auf, und Triebwerk Nummer 1 (außen links an der Tragfläche) streifte das amerikanische Flugzeug seitlich. Der Rumpf des KLM-Jumbo glitt haarscharf über den Clipper hinweg, aber das Fahrwerk rammte die amerikanische Maschine in Höhe des dritten Triebwerks. Die Kollision war nicht sehr heftig gewesen, und die meisten Passagiere vermuteten, daß ein kleine Bombe explodiert sei. Im Clipper war die Bar der ersten Klasse-Passagiere auf dem Oberdeck gleich hinter dem Cockpit und ein großer Teil des oberen Bugs verschwunden. Das Heckteil hatte sich von der Zelle gelöst. An der linken Seite des Bugs klafften größere Öffnungen, durch die sich einige Passagiere ins Freie retteten. Die Nase des PanAm-Clipper haftete an der Startbahnkante. Viele der Überlebenden sprangen einfach ins Gras. Der Fußboden der ersten Klasse war eingebrochen, jedoch konnte sich die Cockpit-Crew sowie die beiden Angestellten aus dem Oberdeck abseilen und entkommen. Auf der linken Seite des Flugzeugs drehten sich noch die Triebwerke, aber unter der Tragfläche loderte ein Feuer, es kam zur Explosion.

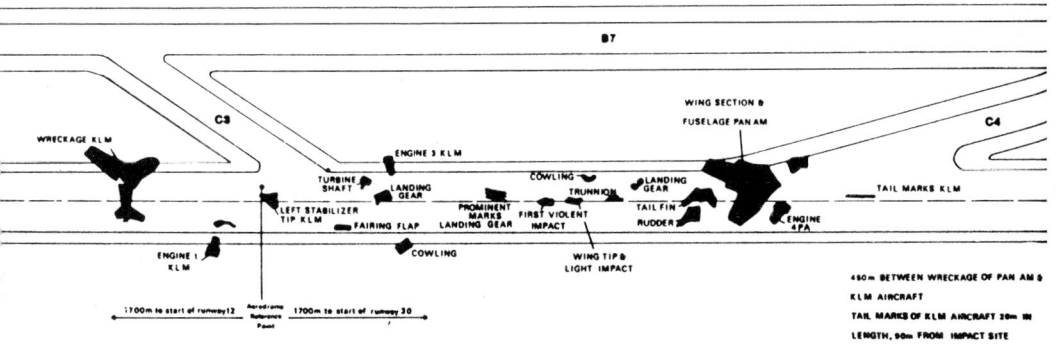

Verteilung der Wrackteile.

Das Hauptfahrwerk des KLM-Jumbo hatte sich beim Aufprall aus der Verankerung gerissen, und das Flugzeug prallte 150 Meter weiter auf der Startbahn auf. Es rutschte noch etwa 300 Meter, drehte sich im Uhrzeigersinn und glitt nach rechts in eine 90° Kurve, ehe es zum Stillstand kam. Das Wrack war von einem lodernden Feuer umhüllt.

Die Fluglotsen im Tower hatten die Explosionen gehört und dachten zunächst an eine Sprengung der Treibstofftanks durch Terroristen. Aber bald machte die Nachricht die Runde, daß am Flughafen ein Feuer ausgebrochen sei. Die Feuerwehr wurde alarmiert, alle wartenden Flugzeuge auf den Unfall hingewiesen. Mit den beiden Jumbos konnten die Fluglotsen keinen Kontakt mehr herstellen. Die Feuerwehr kämpfte sich mühsam durch den Nebel; als sie der Unglückstelle näher kam, blickten die Männer in eine Flammenwand.

Als sich die Feuerwehrleute anschickten, die Feuersbrunst einzudämmen, wurden sie nicht nur der völlig zerstörten KLM-Maschine gewahr, sondern eines weiteren Feuers am anderen Ende der Startbahn. Sie gingen davon aus, daß es sich um einen Teil des Flugzeugwracks handele. Die Löschfahrzeuge wurden aufgeteilt. Doch dann begriffen die Männer, daß am Unfall ein weiteres Flugzeug beteiligt war.

Bei dem KLM-Jumbo war ohnehin nichts mehr zu retten, und so konzentrierten sich alle Bemühungen auf den PanAm-Clipper. Flughafenangestellte und Privatpersonen, die sich gerade am Ort des Geschehens aufhielten, stürmten herbei, um den Überlebenden zu helfen.

Das ausgebrannte Heck der KLM-747 auf dem Flughafen Los Rodeos.

Als das Ausmaß der Katastrophe offenbar wurde, erklärte die Flughafenverwaltung den totalen Notstand. Von der ganzen Insel rief man Krankenwagen und Feuerwehrleute herbei. Die örtliche Rundfunkstation alarmierte Ärzte, Krankenschwestern und weitere qualifizierte Helfer. Wenn auch diese Aufforderung im besten Glauben geschah, verursachte der Ansturm zum Flughafen schon bald ein Verkehrschaos; Gottlob allerdings erst, als die Überlebenden bereits in den Krankenhäusern Aufnahme gefunden hatten. Viele Inselbewohner spendeten spontan Blut.

Von den 396 Passagieren und Besatzungsmitgliedern des PanAm-Clipper entkamen nur 70 dem Inferno, neun starben später im Krankenhaus. An Bord des KLM-Jumbo indes gab es keine Überlebenden. An diesem Sonntag des 27. März 1977 verloren in nur wenigen Sekunden 583 Menschen ihr Leben. Dieser Unfall ging als schlimmste Katastrophe auf der Welt in die Flugzeuggeschichte ein.

Absturz einer DC 10 in Chicago

Die DC 10-10 der American Airlines mit der Registriernummer N 110 AA begann um 14.59 Central Standardzeit (19.59 GMT) zur 3 500 m langen Startbahn 32 R auf Chicagos Internationalem Flughafen O'Hare zu rollen. Man schrieb den 25. Mai 1979. Das Wetter war gut, die Sicht betrug 27 km bei einer Temperatur von 17° C. Aus 020 Grad blies ein frischer Wind mit 22 Knoten. Die DC 10 bediente unter der Flugnummer 191 die Strecke von Chicago nach Los Angeles. An Bord befanden sich 258 Passagiere und 13 Besatzungsmitglieder. Während des Rollens zur Startbahn hatte die Cockpit-Besatzung mit dem Lesen der Checkliste »vor dem Start« begonnen. Der Copilot hatte die Klappen auf 10° ausgefahren. Die Vorflügel fuhren automatisch aus. Das Startdatenblatt sah eine Entscheidungsgeschwindigkeit V1 (Startabbruch) von 139 Knoten, eine Rotier- oder Abhebegeschwindigkeit von 145 Knoten und V2, die minimale Sicherheitsgeschwindigkeit im Falle eines Triebwerkausfalls, von 153 Knoten vor. Alle Geschwindigkeiten waren von der Besatzung überprüft, und von den entsprechend Veranwortlichen bestätigt worden. Am Fahrtmesser waren kleine Markierungsknöpfe eingestellt worden. Als sich das Flugzeug der Startbahnschwelle 32 R näherte, wurde Flug 191 vom Kontrollturm zum Halten aufgefordert. Kapitän Walter Lux bediente das Funkgerät, während Copilot James Dillard die erste Strecke fliegen würde. Als Flugingenieur hatte Alfred Udovich im Cockpit Platz genommen. Die DC 10 erhielt die Startfreigabe, als sie ausgerichtet zur Startbahn wartete.

15.02:38 Chicago Tower F/T: »American 191, Freigabe zum Start.«

15.02:46 Kapitän Lux F/T: »American 191, auf dem Weg.«

Zwei Sekunden später schob Copilot Dillard die Schubhebel nach vorn, und N 110 AA, mit einem Bruttogewicht knapp unter 172 000 kg begann die Startrolle. Der Flugingenieur gab exakte Leistung und stellte den Startschub mit 80 Knoten ein. Während des Starts gab Dillard linkes Seitenruder, um dem starken Querwind entgegenzuwirken. Das Flugzeug beschleunigte schnell die Startbahn hinunter, und bei 139 Knoten rief Kapitän Lux »V1«. Nun mußte Dillard abheben. Während die Geschwindigkeit ständig zunahm, arbeiteten alle Systeme einwandfrei. Die Beschleunigung war gut. Doch zwei Sekunden vor dem Abheben, trat ein größeres Problem auf. Triebwerk 1 schien plötzlich an Leistung zu verlieren. Beobachter am Boden bemerkten, daß aus dem Triebwerk Rauch und Dampf entwich.

»Verdammt« schrie irgendjemand im Cockpit.

Die Piloten konnten vom Cockpit aus weder die Tragflächen noch die Triebwerke sehen und waren sich deshalb des vollen Ausmaßes des bevorstehenden Dramas nicht bewußt. Das an der linken Tragfläche befestigte Triebwerk hatte sich samt Pylon gelöst, die Einheit schoß nach oben, taumelte über der Tragfläche nach hinten und zerschellte schließlich auf dem Asphalt der Startbahn. Die Triebwerk/Pylon-Einheit hatte beim Bruch einen ca. 1 Meter langen Abschnitt der Führungskante von der Tragfläche abgerissen, wodurch lebenswichtige hydraulische und elektrische Leitungen durchtrennt worden waren. Wichtige Systeme versagten, aufgrund einer

DC 10 der American Airlines.

Feuerwehrmänner kämpfen gegen die Flammen.

Reihe unglücklicher Umstände waren jedoch Warnsysteme blockiert, so daß die Cockpit-Besatzung der Probleme überhaupt nicht gewahr wurde. Sie folgte, nichtsahnend von der Gefahr, in der sich das Flugzeug befand, dem üblichen Standardverfahren bei Triebwerkausfall, das sie im Simulator zur Genüge praktiziert hatte. Kurz nachdem das Triebwerk zu Boden gefallen war, erreichte das Flugzeug die Abhebegeschwindigkeit von 145 Knoten, und der Kapitän rief »rotieren!« Copilot Dillard zog die Steuersäule zu sich heran, und um 20.03:38 hob die DC 10 mit einem Steigwinkel von 10° von der Piste ab. Der Startlauf hatte 15 Sekunden gedauert und 2000 m der Startbahn beansprucht. Während des Rotierens hatte sich die Geschwindigkeit über V2 von 153 Knoten erhöht und beim Abheben V2 + 6 also 159 Knoten erreicht. Die linke Tragfläche hing beim Start leicht nach links, so daß Dillard ins Querruder trat, um die Tragflächen waagerecht zu halten. Doch bei weiterer Beschleunigung hing die Tragfläche weiter, aber die Besatzung maß diesem Zustand keine besondere Bedeutung bei. Die Piloten hatten nicht bemerkt, daß die linken äußeren Vorflügel unbeabsichtigt eingefahren waren, denn im Cockpit leuchtete keine entsprechende Warnlampe auf. Bei dieser Lage des Flugzeugs war jedoch ein Überziehen der linken Tragflächenspitze unvermeidbar, sobald die Geschwindigkeit auf 159 Knoten zurückfiel. Dillard mußte gegensteuern, um ein Rollen des Flugzeugs nach links zu verhindern.

Dillard trat ins rechte Seitenruder, um den Leistungsverlust auf der linken Seite auszugleichen, und es gelang ihm, das Flugzeug mit Steuerkurs 326° waagerecht zu halten. Eine Reihe wichtiger Fluginstrumente für die Lageanzeige waren auf der elektrischen Sammelschiene des ersten Generators angeordnet und fielen nach Verlust des Triebwerks 1 aus. Die Leistung der anderen Generatoren hätte natürlich auf die Sammelschiene 1 gegeben werden können, doch war ein Schutzschalter vorgesehen, um einen Triebwerkausfall anzuzeigen. So kurz nach dem Start blieb jedoch wenig Zeit zur Fehlersuche. Um das Schalterpaneel für die elektrischen Anzeigen und Generatoren zu erreichen, hätte Flugingenieur Udovich seinen Sitz zwischen den beiden Piloten zurückrollen, den Sicherheitsgurt lösen und seinen Platz verlassen müssen.

Die Instrumente von Copilot Dillard arbeiteten einwandfrei, und er setzte den Flug fort. Die Vorschriften von American Airlines im Falle eines Triebwerkausfalls schreiben eine V2 Steiggeschwindigkeit von 153 Knoten minus 6 Knoten unter der Überziehgeschwindigkeit der linken Tragfläche vor, und zum Erreichen dieser Geschwindigkeit zog Dillard die Nase mit einem Winkel von 14° nach oben, wie es auch auf der Flugkommandoanzeige für einen Steigflug mit nur zwei Triebwerken angezeigt wurde. Das Variometer zeigte eine anfängliche Steigung von 380 Metern pro Minute. Um 20.03:47, neun Sekunden nach dem Start, befand sich das Flugzeug mit einer Geschwindigkeit von 172 Knoten etwa 140 Fuß über dem Boden. Quer- und Seitenruder hielten die Tragflächen auf gleicher Höhe und den Steuerkurs relativ stabil. Steigwinkel und Steiggeschwindigkeit blieben konstant. Mit um etwa 14° angehobener Nase nahm die Geschwindigkeit von 172 Knoten auf, die für den Betrieb mit zwei Triebwerken empfohlene V2 Steiggeschwindigkeit von 153 Knoten ab. Bei dieser Geschwindigkeit hätte nun das Fahrwerk eingezogen werden müssen, doch es blieb keine Zeit mehr. Die Besatzung wurde völlig überrumpelt. Als 153 Knoten erreicht waren, fiel die Geschwindigkeit rapide ab. Bei 159 Knoten riß der Luftstrom über der linken Tragflächenspitze ab. Weder erfolgte eine Vibration des Flugzeugs, noch sprach das Steuersäulen-Rüttelsystem an. Nichts warnte die Besatzung. Sie hatte die Klappen, die Vorflügel korrekt ausgefahren, auch stimmte die vorgesehene

TAKE-OFF ENGINE FAILURE
FLAPS 15° OR LESS OR 22°

This procedure assumes indication of engine failure where the take-off is continued. Each take-off should be planned for the possibility of an engine failure. Normal take-off procedures ensure the ability to handle an engine failure successfully at any point.

If an engine failure occurs when making a Standard Thrust take-off, Standard Thrust on the remaining engines will produce the required take-off performance. If deemed necessary, the remaining engines may be advance to Maximum Take-Off Thrust.

Speed . . . . CLIMB OUT AT V_2 UNTIL REACHING 800 FEET AFL
OR OBSTACLE CLEARANCE ALTITUDE, WHICHEVER IS HIGHER,
THEN LOWER NOSE AND ACCELERATE.

At 0°/EXT Min Maneuver Speed,
Flaps . . . . UP

At V_2 + 50 60 ,
Slats . . . . .RETRACT
   If returning to land, slats may be left extended.

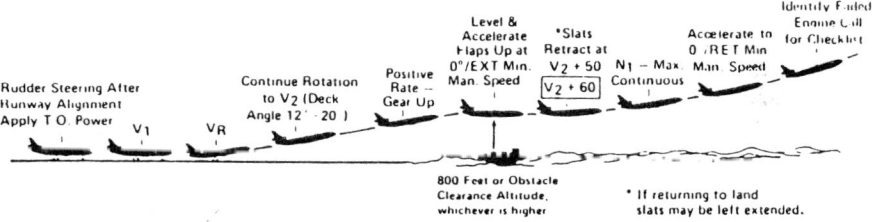

Anweisung der American Airlines über das Verhalten bei Triebwerkausfall.

173

Verteilung der Triebwerk-/Pyloneinheit und zugeordneter Wrackteile:

1 Pylonverkleidung (Fiberglas).
2 Dichtung und verzogene Metallteile.
3 Pylonverkleidung (Fiberglas).
4 Dichtungsscheibe der Pylon-Luftschraubenachse.
5 Pylon-Schubgelenkbuchse.
6 Druckluftarmatur des Pylon.
7 Blech AUB 7108-413. Blech ARB 1679-21 NC. Stahlbuchse. Pneumatische Leitungs-klammer. Stück (0,63 cm) der Druckluftleitung mit einem Durchmesser von 16 cm (ca. 5,35 cm lang). Tragflächen-blech ARB 2339-5 mit Eingriff-nuten.
8 Abstandshalterung mit zwei gummiüberzogenen Klammern.
9 Rippenabschnitt.
10 Treibstoffleitung ARL 0124-23.
11 Steuerhalterung AUN 7021-1. NUN 6001-401.
12 Teilstück der Luftschrauben-achse.
13 Schubgestänge-Dichtungsring.
14 Tragflächenführung ARB 1065-1 G SNr Mac 22 (Tragflächenführungskante zur Pylon-Zwischenfächerkante). »Jay Box«: Zentrale Anschluß-buchse, die elektrische Kabel und weitere Anschlüsse für die Triebwerk-/Pylon-Einheit enthält.
15 Steuerhalterung AUN 7009-1 (vier Seilrollen).
16 Zu Nr.21 gehörender Bolzen.
17 Blech ARB 1680 (spantenartig).
18 Teibstoffleitung mit DBL-Wand-kopplung und T-Kopplung für Treibstoffablaß.
19 Gebläsehaube ASL 0209-2 (275707-04).
20 Schallabsorbierendes Material.
21 Abgescherter Bolzen und Schraube mit einem Durch-messer von 1,25 cm.
22 Aufschlagstelle der Triebwerk/Pyloneinheit.
23 Metallstück des Schall-dämpfers.
24 Rechte Triebwerkverkleidung, CSD-Tür.
25 Triebwerkverkleidung.

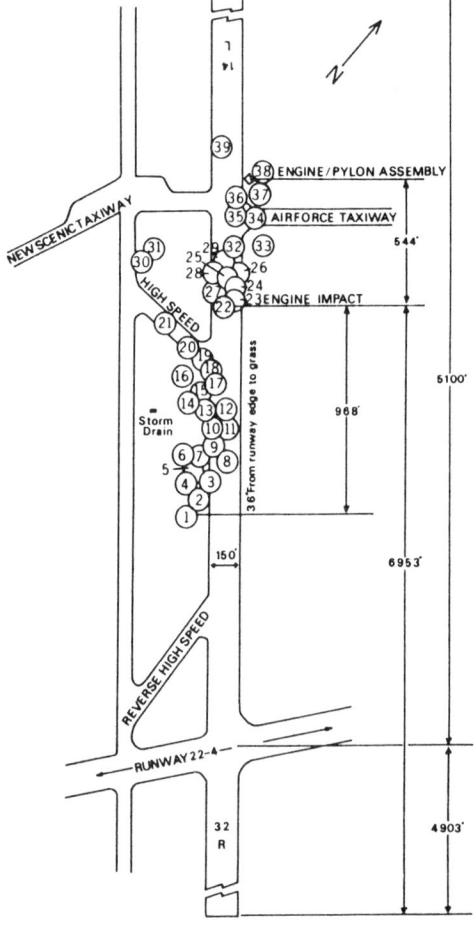

26 Öffnung der Trieb-werkverkleidung.
27 Rechte Gebläsever-kleidung (Stück).
28 Gebläseschaufeln.
29 Triebwerkabzug.
30 Rechtes Gebläse-gehäuse.
31 Am vorderen Holm angebrachtes Spantenstück.
32 Luftschraubenach-senbuchse des Pylon.
33 CSD-Generator-Getriebegehäuse.
34 Abschnitt der am vorderen Holm befestigten Spanten.
35 Startereinheit.
36 Umkehrschubhebel.
37 Scharnierartig ange-brachte Verkleidung.
38 Steuerhalterung.
39 Treibstoffleitung (Pylon).

V 2 Geschwindigkeit von 153 Knoten mit den Anzeigen überein. Hätte Dillard nur geahnt, daß ein Abschmieren unmittelbar bevorstand, hätte er die Flugzeugnase sofort nach unten gedrückt, Schub gegeben, um die Geschwindigkeit zu erhöhen. Ein sicherer Steigflug wäre die Folge gewesen. Aber die linke Tragfläche neigte sich abrupt nach unten, die Flugzeugnase gierte nach links, der Strömungsabriß nahm seinen Lauf.

Hätten die Piloten die Gefahr erkannt, wäre es für sie trotz Triebwerkausfall ein Kinderspiel gewesen, das Flugzeug zu stabilisieren trotz einer Asymmetrie der Vorflügel. Wären die Tragflächen des beschädigten Flugzeugs ausgerichtet gewesen, hätten 128 Knoten genügt, um das Flugzeug in der Luft zu halten. Auch belief sich die Überziehgeschwindigkeit der linken Tragflächenspitze mit einer Neigung von 4° noch auf 159 Knoten. Es wäre ausreichend gewesen, um die Fluglage mit zwei funktionierenden Triebwerken stabil zu halten.

Um 20.03:58, zwanzig Sekunden nach dem Start, rollte das Flugzeug in einer Höhe von nur etwa 360 Fuß über dem Boden (120 Meter) nach links, die linke Tragfläche neigte sich um mehr als 5°, die Geschwindigkeit war unter 159 Knoten abgefallen, eine Steuerung des Flugzeugs war unmöglich geworden. Dillard erkannte die Situation nicht, in der er sich befand. Aber aufgrund der Anzeigen lag andererseits für die Besatzung kein Grund zur Erhöhung der Geschwindigkeit vor. Das Flugzeug war nach Lage der Dinge verloren. Die Ereignisse überschlugen sich, Flug 191 taumelte in die Katastrophe. Trotz verzweifelter Versuche der Piloten, die inzwischen hellhörig geworden waren, rollte die DC 10 schnell nach links. Quer- und Seitenruder sprachen nicht mehr an. Zum Nachdenken blieb keine Zeit. Dennoch folgte der Copilot nach wie vor der Flugkommandoanlage, aber selbst bei vollem Höhensteuer schoß die Nase nach unten. Um 20.04:06, 28 Sekunden nach dem Start, war das Schicksal der DC 10 besiegelt. Sie neigte sich um 90°, die Nase tauchte unter den Horizont. Die Tragflächen neigten sich über die Senkrechte, die Nase senkte sich mit einem Winkel von 21°. Verzweifelt steuerte Dillard gegen, trat ins Pedal und klebte an der Steuersäule. Es war alles vergebens. Um 20.04:09 bohrte sich die linke Tragflächenspitze weniger als 2 km von der Startbahn entfernt, in den Boden. Das Flugzeug explodierte, brach auseinander und wurde durch den Aufprall völlig zerstört. Trümmer flogen über ein freies Feld in einen Wohnwagenpark. Rasch griffen die Flammen um sich, Flug 191 hatte aufgehört zu existieren. 271 Passagiere und alle Besatzungsmitglieder kamen ums Leben, zwei Menschen im Wohnwagenpark fanden ebenfalls den Tod.

Die Untersuchung des aus den Trümmern auf der Startbahn geborgenen Triebwerkpylons der N 110 AA förderte einen 25 cm langen Bruch eines Flansches zutage, der durch Überbeanspruchung aufgetreten war. Es bestand kein Zweifel daran, daß diese Beschädigungen schon geraume Zeit existierten, wodurch sich der Pylon von der Tragfläche mitsamt dem Triebwerk gelöst hatte. Aufgeschreckt von dem Unfall, ordnete die Federal Aviation Administration (FAA) eine Prüfung der gesamten DC 10-Flotte an. Weitere neun Flugzeuge der Serie 10 wiesen Beschädigungen auf – vier der American Airlines und zwei bereits instandgesetzte Flugzeuge der Continental Airlines. In den Testdokumenten ergaben sich Diskrepanzen. Befestigungsvorrichtungen waren lose, falsch montiert oder sogar nicht vorhanden. Eine Untersuchung der Bruchstelle am Flansch stand hierzu in direkter Proportion und zog ausgedehnte Analysen und Testprogramme der DC 10 Triebwerk/Pylon-Einheit nach sich. Die FAA, immer noch der Publikumsschelte nach dem Absturz der DC 10 in Paris gegenwärtig, bemühte sich um eine eingehende Untersuchung. Das endgültige Ergebnis gab Anlaß zur Besorgnis.

Gebrochene Befestigungselemente, die allerdings den Unfall in Chicago nicht verursacht hatten, wurden an 31 Flugzeugen nachgewiesen. Die unzureichende Qualitätskontrolle war teilweise auf eine im Jahre 1974 erfolgte Betriebsverlegung zurückzuführen, als die für die Pylonfertigung zuständige Abteilung von McDonnell Douglas von Santa Monica (Kalifornien) nach Huntington Beach (Kalifornien) verlegt wurde. Viele Facharbeiter waren über diesen Wechsel erbost und hatten eine Übersiedlung verweigert. Ersatzleute standen kaum zur Verfügung. Auch führte die Art der Befestigung des Pylon an der Tragfläche zu Wartungsschwierigkeiten. Dies trug natürlich nur noch zur Erhöhung der Beschädigung des Flansches bei. Auch die Wartungsmethoden einiger Fluggesellschaften ließen zu wünschen übrig.

Schon im Mai 1975, wiederum im Februar 1978, hatte McDonnell Douglas Bedienungsbulletins für die DC 10 herausgegeben, die den Fluggesellschaften empfahlen, zumindest Teile des Triebwerkpylons zu warten. Die Anweisung sah die Zerlegung der gesamten Triebwerk-Pylon-Einheit vor, wozu zunächst das Entfernen des Triebwerks und sodann die Abnahme des Pylons von der Tragfläche erforderlich waren. Während Ingenieure von American Airlines im Jahre 1977 an vier DC 10-30-Flugzeugen arbeiteten, erwogen sie die Möglichkeit, Triebwerk und Pylon als eine Einheit unter Verwendung eines Gabelstaplers, der den Gegebenheiten entsprechend abgewandelt war, zu entfernen. United Airlines bediente sich bereits dieses Verfahrens, jedoch unter Verwendung eines Krans. Man hatte errechnet, daß durch diese Verfahrensweise pro Flugzeug 200 Arbeitsstunden eingespart werden konnten, und vom Sicherheitsstandpunkt aus gesehen, die Zahl der zu trennenden Treibstoff-, Hydraulik- und elektrischen Leitungen von 79 auf 27 verringert werden könnte. Die Fluggesellschaft unterbreitete McDonnell Douglas diesen Vorschag, doch der Hersteller verhielt sich zurückhaltend, schließlich weigerte sich McDonnell den Vorschlag zu unterstützen. Damals war die Zustimmung der FAA bezüglich Wartungsmethoden nicht erforderlich, und so wurde die Bundesbehörde gar nicht erst konsultiert. American Airlines und auch andere Fluggesellschaften, die die DC 10 in ihrer Flotte hatten, einschließlich Continental Airlines entschlossen sich zu dieser Wartungsmethode, und im Laufe der Zeit wurde so eine beträchtliche Anzahl Triebwerk-Pyloneinheiten auf diese Weise entfernt. Aber die Bedienung eines Gabelstaplers zum Senken und Anheben der Einheit erforderte seitens des Gapelstaplerfahrers einen hohen Grad an Präzision. Nach dem Unfall in Chicago ergaben durchgeführte Untersuchungen, daß in 175 Fällen der von den Fluggesellschaften durchgeführten Wartungsverfahren in 88 Fällen Triebwerk und Pylon als Gesamteinheit entfernt worden waren. Zwölf Einheiten wurden von einem Kran angehoben und wieder abgesenkt, die verbleibenden 76 mittels Gabelstapler. Aber nur bei der Verwendung eines Gabelstaplers hatten sich am Pylonflansch Brüche eingestellt.

Im Dezember 1978 entfernten Ingenieure der Continental Airlines eine Triebwerk-Pylon-Einheit mit dem eigens dafür umgebauten Gabelstapler, als plötzlich ein Knall, gleich einem Pistolenschuß, übers Gelände hallte. Der Pylonflansch wies bei näherer Betrachtung einen Bruch auf. Er wurde repariert, das Flugzeug wieder in Dienst gestellt. Erneut im Februar 1979 gab es einen ähnlichen Knall, als zwischen Gabelstaplerfahrer und leitendem Mechaniker ein Mißverständnis auftrat. Das Triebwerk war gesenkt anstatt gehoben worden, und der Flansch war gebrochen. Wieder einmal wurde der Schaden nur oberflächlich behoben. Continental Airlines ging den Dingen jedoch nach und kam zu dem Schluß, daß es sich um Wartungsfeh-

Triebwerk-/Pylon-Einheit.

hintere Pylonspante

vordere Pylonspante

hintere Befestigung
Triebwerk/Pylon

vordere Befestigung
Triebwerk/Pylon

ler handelte. Obwohl sich die FAA-Richtlinien sowohl mit Zwischenfällen bei der Wartung als auch während des Flugbetriebs befassen, schwiegen sie darüber, was unter einer größeren Reparatur zu verstehen sei. Die Fluggesellschaften waren verunsichert. Auch die Mißgeschicke bei Continental, die der Fluggesellschaft Wartungsfehler zuschrieb, schienen in zwei Kategorien zu fallen. Zum einen schien es nicht notwendig, die FAA von den Zwischenfällen in Kenntnis zu setzen, und was die Probleme mit der hinteren Ladetür im Fall der DC 10 betraf, war die FAA ahnungslos.

Nachdem 1978 bei Continental Airlines ein Flanschbruch passierte, entsandte McDonnell Douglas einen Spezialisten, um bei der Reparatur zu assistieren. Er erfuhr nur, daß der Flanschbruch beim Absenken des Pylon erfolgte. Der Ingenieur schrieb einen Bericht, daß beim Absenken des Pylon durch ein Verrutschen ein Bruch entstanden wäre. Ein Rundschreiben wegen dieser Beschädigung wurde den Fluggesellschaften zusammen mit einer Liste weiterer Vorfälle zugeleitet. Dieses Dokument ist als »Operational Occurence Report« (Bericht über besondere Vorkommnisse beim Betrieb) bekannt. Der Bericht enthielt jedoch soviele Lappalien, daß er auf wesentliche Dinge gar nicht einging, er beschäftigte sich unter anderem mit: dem Versagen einer Klimaanlage, einem Blitzschlag, der Verletzung eines Flugbegleiters, der Verwendung der Sauerstoffflasche bei einem whiskeygefüllten Passagier, dem Bellen eines Hündchens auf dem Schoß einer Dame, der gerade der Lippenstift entglitten war.

Bei American Airlines konnten sich die Beteiligten nicht einmal mehr daran erinnern, diesen Operational Occurence Report je zu Gesicht bekommen zu haben. Obwohl von einer Fluggesellschaft ein gravierender Mangel aufgedeckt worden war, hatte es niemand für nötig befunden, diese Information weiterzuleiten. American Airlines entfernte auch fürderhin die gesamte Einheit, ohne überhaupt an die damit verbundenen Gefahren zu denken.

Ende März 1979 hatte sich der Hersteller endlich dazu durchgerungen, Verbesserungen an der unfallträchtigen DC 10 vorzunehmen. Beim Entfernen der linken Triebwerk-Pyloneinheit kann es durchaus passieren, daß ein unbeabsichtigtes Heruntergleiten der Gabeln des Hebefahrzeugs und/oder eine Falschausrichtung des Triebwerkstands auf den Hebegabeln zu einem Druck auf die Pylonflansche führt. Unbemerkt von den sachkundigen Ingenieuren, hatte sich auf einem der Flansche eine 25 cm-Bruchstelle gebildet. Nach der Wartung war das Flugzeug mit diesem Mangel wieder in Betrieb genommen worden, aber während der acht Wochen vor dem Chicago Unfall hatte sich der Riß ausgedehnt. Die ganze Struktur war schließlich so geschwächt, daß sich Triebwerk und Pylon beim Start in Chicago von der Tragfläche gelöst hatten.

Warum aber war das Flugzeug abgestürzt? Triebwerke hatten bereits versagt, waren sogar abgefallen wie auch andere Flugzeugteile, doch immer konnte die Besatzung den Flugzustand wiederherstellen. Welche Umstände hatten zu diesem tragischen Unfall am 25. Mai 1979 geführt? Die Antwort dürfte in dem komplizierten Aufbau der DC 10 und den verbesserten Triebwerkausfall-Verfahren liegen. Beim Abbruch des Triebwerks und Pylons von der Tragfläche waren etwa 95 cm der Tragflächen-Führungskante aufgerissen und hydraulische und elektrische Kabel durchtrennt worden. Die hydraulischen Leitungen 1 und 3 zum Aus- und Einfahren der linken äußeren Vorflügel waren zerstört worden. Andere Flugzeugtypen besitzen mechanische Vorrichtungen, mit denen ausgefahrene Vorflügel sicher eingerastet werden, die DC 10 besitzt hingegen einen solchen Mechanismus nicht. Bei der DC 10 wurden die Vorflügel nur durch die auf die Hydraulikflüssigkeit in den Leitungen einwirkende Luftmasse im ausgefahrenen Zustand gehalten. Eine weitere FAA-Vorschrift forderte einen symmetrischen Betrieb der Vorflügel, auch bei Hydraulikproblemen. Die DC 10 verfügte jedoch nur über ein einziges Ventil, das die linken und rechten inneren Vorflügel steuerte, sowie ein mechanisch verbundenes Ventil für die rechten und linken äußeren Vorflügel. Diese Anordnung stellte ein einwandfreies Funktionieren des Klappenmechanismus auch im Fall eines Versagens der Hydraulik sicher. Allerdings ließ sich ein asymmetrischer Fehler der äußeren Vorflügel nicht ausschließen, so daß bei der DC 10 während des Fluges durchaus die äußeren Vorflügel ausgefahren sein konnten, während die inneren eingefahren blieben. Um den Vorschriften Genüge zu tun, war erfolgreich demonstriert worden, daß die DC 10 auch dann unter normalen Start- und Landegeschwindigkeiten geflogen werden konnte, wenn die äußeren Vorflügel asymmetrisch ausgefahren waren. Als Vorsichtsmaßnahme war ein Vorflügel-Warnlicht installiert worden, das aufleuchtete, wenn die Lage eines Vorflügels nicht der Stellung des Klappen/Vorflügelhebels entsprach. Zusätzlich stand eine Schüttelvorrichtung an der Steuersäule zur Verfügung, die bei einem einsetzenden Überziehzustand, bedingt durch asymmetrische Vorflügel, in Funktion trat. Ein auf dem Flugzeugmuster erfahrener Pilot würde bei Aufleuchten der Lampe nur die Steuersäule nach vorne drücken, um an Geschwindigkeit zu gewinnen. Sogleich war jede Gefahr gebannt.

Die Bestimmungen der FAA verlangten, daß jedes Flugzeug so gebaut sein mußte, daß es auch beim Zusammentreffen nahezu »unmöglicher Störungen« noch flugfähig sei und sicher landen konnte. Die gewisse »Möglichkeit« fand sich unter einer Billion verschiedener Möglichkeiten. Studien hatten belegt, daß ein unkontrolliertes Einfahren der Vorflügel, insbesondere in der Startphase, einmal bei hundert Millionen und bestenfalls zweimal bei einer Billion Flüge vorkam. Aber nun war es trotz der Extremwerte einmal vorgekommen und McDonnell Douglas wurde unverzüglich aktiv. Ein Test dieser Asymmetrie bei niedrigen Startgeschwindigkeiten war natürlich im Fluge niemals unternommen worden. Dennoch hatte eine Analyse gezeigt, daß Sicherheitsgeschwindigkeiten beim Lauf aller Triebwerke durchaus erreichbar waren. Andererseits hatte die Analyse ergeben, daß bei Triebwerkausfall und gleichzeitiger Asymmetrie der Klappenstellung die Sicherheitsgrenze in Frage gezogen werden könnte. Eine mathematische Wahrscheinlichkeitsstudie hielt eine solche Kombination allerdings für »äußerst unwahrscheinlich«. So war man mit der Konstruktion zufrieden und ließ den Dingen ihren Lauf. Hinzu kam, daß die FAA-Vorschriften den Hersteller nie für eine Verkettung unglücklicher Umstände verantwortlich machen, auch wenn sie auf einem Fehler beruhen. An die Möglichkeit einer Trennung des Triebwerks von der Pyloneinheit hatte der Hersteller natürlich überhaupt nie gedacht, schon gar nicht, daß die gesamte Einheit von der Tragfläche gelöst werden könnte. McDonnell Douglas setzte die strukturelle Disintegration der Pylon-Triebwerk-Einheit mit den strukturellen Mängeln einer Tragfläche auf eine Karte. Da der Verlust einer Tragfläche, und nach Douglas' Ansicht einer Pylon-Triebwerkeinheit nicht im Bereich des Möglichen lag, hatte man zwar die entsprechenden Bauelemente so gewählt, daß sie der Lebensdauer eines Flugzeuges entsprachen, über mögliche Konsequenzen hatte man sich jedoch keine Gedanken gemacht. Es leuchtete natürlich ein, daß ein Flugzeug beim Verlust einer Tragfläche abstürzen mußte. Es hatte auch in der Vergangenheit Zwischenfälle mit der Trennung des Pylon vom Flugzeug gegeben, obwohl dennoch der Flug unbeschadet fortgesetzt werden konnte. Eine Analyse des Problems bezüglich eines Verlustes von

Triebwerk *und* Pylon lohnte nach den bisherigen Erkenntnissen den Aufwand nicht. Fairerweise muß man natürlich den Konstrukteuren konzidieren, daß nicht jede mögliche Folgeerscheinung voraussagbar ist. Aber dennoch können sich im Flugverkehr die unmöglichsten Ereignisse ergeben. Am 25. Mai 1979 beispielsweise trat dies ein, als bei Flug 191 mit der Kennung N 110 AA eine Triebwerk/Pyloneinheit von der Tragfläche gelöst, auf der Startbahn zerschmetterte und das Flugzeug in die Katastrophe riß.

Als sich das Pylon löste, wurden hydraulische und elektrische Leitungen zerfetzt. Normalerweise arbeiten die Systeme eines ausgefallenen Triebwerks weiter, da sie ihre Leistung automatisch von den Pumpen und Generatoren der noch laufenden Triebwerke beziehen. Bei der DC 10 liegen die hydraulischen Systeme des Triebwerks unabhängig voneinander vor, und bei Ausfall des Triebwerks 1 speist die durch Hydraulikflüssigkeit getriebene Pumpe 2 das System. Genauso wird das elektrische System für das Triebwerk 1 im Falle eines Ausfalls automatisch durch die zugehörige Generator-Sammelschiene mit elektrischer Leistung anderer Triebwerkgeneratoren gespeist. Aber bei der Durchtrennung der Versorgungsleitungen für die Pylonanordnung des Triebwerks rissen auch die hydraulischen Leitungen für die Triebwerke 1 und 3. System 1 fiel vollständig aus, System 3 verlor Flüssigkeit, obwohl es – trotz des Lecks – noch einige Zeit arbeitete. Wäre das Flugzeug weitergeflogen, wäre nur noch das System 2 funktionsfähig gewesen. Flugzeuge mit gleichen Problemen waren zuvor dennoch sicher gelandet. Die linken Außenbord-Vorflügel wurden durch die hydraulischen Leitungen der Systeme 1 und 3 betrieben. Ein Bruch in den Leitungen für die Vorflügel bedingte eine Unterbrechung im hydraulischen Drucksystem. Die Leitung wäre aus ihrem Eingriff gelöst worden, und die Vorflügel wären unter den aerodynamischen Belastungen unbeabsichtigt eingefahren.

Die Unterbrechung der Kabel hatte einen Kurzschluß im elektrischen System 1 zur Folge. Die Sammelschiene des Generators 1 verfügte über eine Schutzschaltung, die die Schiene automatisch von anderen elektrischen Teilen im System isolierte. Ein Relais zur Spannungsübertragung von den anderen Generatoren wäre ausgelöst worden und hätte den Schalter 1 ausgeschaltet. Der Flugingenieur hätte bei Erkennen der Störung eingreifen müssen, er hätte zunächst die Leistung erhöht, dann die Schalter auf dem Generatorpaneel zurückgestellt oder den Notschalter geschlossen, aber die Zeit zum Handeln blieb ihm nicht. Hilflos wie seine Kollegen, mußte er sich in sein Schicksal ergeben.

Wäre der Generatorschalter 1 hoch isoliert worden, wäre jegliche Stromzufuhr unterbrochen gewesen, eine Reihe von Flug- und Triebwerkinstrumenten wären außer Funktion gesetzt worden. Bei diesem Unfall waren aber, und dies ist von Bedeutung, die Warnlampen für die Vorflügel und auch die Überziehwarnung ausgefallen. Die Besatzung war sich ihrer mißlichen Lage und des bevorstehenden Absturzes überhaupt nicht bewußt. Auch die Steuersäulen-Rüttelvorrichtung, die nur auf der Seite des Kapitäns installiert war, hatte keine Stromzufuhr mehr und versagte. Auch das gesamte Computersystem war zusammengebrochen, alle Bildschirmanzeigen waren erloschen. Aber wie konnte es geschehen, daß den drei Männern im Cockpit die Situation nicht klar wurde, hatte keiner auf die Bildschirmanzeigen geschaut, hatte der Flugingenieur den totalen Stromausfall nicht bemerkt?

Erst als das Flugzeug wild nach links zu gieren und zu rollen begann, kam die Besatzung zur Besinnung und schreckte auf. Noch wähnte sie sich im Steigflug mit nur zwei Triebwerken, wie dies schon vorher viele Fluggesellschaften praktiziert hatten, auch die FAA hatte niemals gegenteilige Vorschriften erlassen. Aber hier lag der

Fall anders, das Triebwerk war nicht nur ausgefallen, sondern bereits samt der Pylonaufhängung am Boden zerschellt. Aber die Besatzung hatte einen solchen Flugzustand zur Genüge im Simulator trainiert, mit V2 zu fliegen war ihr zur Gewohnheit geworden, und auch die Flugkommandoanlage war entsprechend auf den Steigwinkel vorprogrammiert. Die Ingenieure waren bei der Auswertung der Systeme der DC 10 davon ausgegangen, daß bei einer Asymmetrie der Vorflügel die zugeordnete Warnanlage in Funktion treten würde. Einen Zwischenfall wie diesen in Chicago hatte niemand in Betracht gezogen.

Nach diesem Unglück war man klüger. Die neueste Anweisung für die DC 10 sprach nun von Steiggeschwindigkeiten von V2 + 10, soweit keine Hindernisse im Flugweg lagen.

Drei Tage nach dem Absturz forderte die FAA eine Untersuchung der Triebwerkpylons und unterstrich diese Forderung am 4. Juni mit der Aufforderung zur Untersuchung der gesamten Triebwerk-Pylon-Einheit, die während der Wartung zunächst entfernt und sodann wieder aufgehängt worden war. Das Ergebnis der Untersuchung war niederschmetternd. Die Triebwerkpylons wiesen starke Verschleißerscheinungen auf. Die FAA erwachte aus ihrer Lethargie. Am 6. Juni 1979 sah sich Langhorne Bond, Chef der FAA, genötigt, Nachforschungen anzustellen, und alle Flugzeuge vom Typ DC 10 wurden weltweit zeitweilig außer Betrieb gesetzt. Die Befürchtung ging dahin, daß die Konstruktion der DC 10 nicht den Vorschriften der FAA Bestimmungen entspräche, »bis dieser Flugzeugtyp den Zulassungsbestimmungen entspricht«, wurde das Flugtauglichkeitszeugnis entzogen. Weltweit flogen 41 Fluggesellschaften die DC 10 mit 270 Flugzeugen, sie alle waren von den Maßnahmen betroffen, und auch die im Langstreckenbereich operierenden Flugzeuge der Serie DC 10-30 standen am Boden, obwohl sich bei ihnen niemals Fehler dieser Art gezeigt hatten. McDonnell Douglas und mehrere Fluggesellschaften, die diese Version der DC 10 flogen, protestierten lautstark gegen die Verfügung der FAA. Einen Monat nach dem Absturz in Chicago und nach zweiwöchiger Außerdienstsetzung, hoben die Behörden außerhalb der Vereinigten Staaten nach eingehender Prüfung der Wartungsverfahren ohne Zustimmung der Amerikaner den »Bann« auf. Die FAA, erzürnt über die Eigenmächtigkeit, legte ihr Veto ein und beharrte auf den Abschluß ihrer Untersuchungsergebnisse. Am 26. Juni veröffentlichte die FAA ein »Pamphlet«, wonach Flugzeuge des Typs DC 10, den amerikanischen Luftraum nicht mehr berühren durften. Erst fünf Wochen darauf, nachdem alle Flugzeuge des Typs DC 10, die eine Registrierung der Vereinigten Staaten trugen, am Boden geblieben waren, gab die FAA grünes Licht. Nun, nachdem die enger gefaßten Inspektions- und Wartungsmethoden von den Fluggesellschaften akzeptiert worden waren, durften die DC 10 wieder fliegen – abgesegnet von der FAA.

Das Unglück vom Mount Erebus

In den Jahren 1839 bis 1843 segelte eine britische Expedition unter Führung von Kapitän James Clark Ross um die Antarktis und entdeckte die entlegenen Regionen dieses fernen und eisigen Kontinents. In einem nun seinen Namen tragenden fast genau südlich von Neuseeland gelegenen Gebiet drang Ross durch das Packeis bis zum südlichen Pazifik vor. Er segelte auf dem Ross-Meer nahe der Küste von Viktorialand und überquerte zwischen der Ross-Insel und dem Festland die Spitze des McMurdo-Sunds. Hier endete seine Entdeckungsreise. Das Ross-Eisschelf, eine unpassierbare Eisbarriere etwa der Größe Frankreichs entsprechend, versperrte ihm den Weg. Direkt nördlich vom Ross-Eisschelf entdeckte der Forscher auf der Ross-Insel zwei aufragende Vulkane, denen er zu Ehren seiner staatlichen Schiffe die Namen »Terror« und »Erebus« gab. Mt. Terror, der kleinere erloschene Vulkan, war etwa 3250 m hoch, während der noch aktive und Dampfwolken in die eisige Atmosphäre speiende Mt. Erebus eine Höhe von etwa 4150 m besaß. Erebus, aus dem Griechischen für »Dunkelheit« entlehnt, bedeutete für die Menschen der Antike die dunkle Region zwischen Erde und Hades. Seinen Namen hatte der Vulkan nicht zu Unrecht erhalten. Nahezu 140 Jahre nach Ross' ersten Entdeckungsreisen in die Antarktis warf Mt. Erebus seine schwarzen Schatten auf eine renommierte internationale Fluggesellschaft, eine ganze Nation, und der größte Teil des Erdballs bekamen seine Unberechenbarkeit zu spüren.

In Ross' Fußspuren traten andere große Männer wie Shackleton, Amundsen, Scott und Byrd – Namen, die für immer in die Geschichte der Antarktis eingegangen sind. Shackleton bezwang den Erebus am 10. März 1908 als erster – nur wenige Monate, bevor er am Südpol scheiterte. Drei Jahre später, am 14. Dezember 1911, erreichte Amundson den Südpol, unmittelbar gefolgt von Scott, dessen letztes Basislager nahe der Ross-Insel im ewigen Eis der Nachwelt bis zum heutigen Tage erhalten geblieben ist: an der Stelle, an der der große Treck zum Südpol so tragisch endete. Als erster Mensch flog Byrd 1929 von einer Basis an der Bay of Whales (Walfischbucht) über den Südpol. Heute ist dieses Land an der Ross-See als »Ross-Schutzgebiet« bekannt und wird von Neuseeland verwaltet. 1961 unterzeichneten die Nationen, die Anspruch auf das antarktische Territorium erhoben, einen Vertrag, der die gesamte Region südlich des 60. Breitengrades zum internationalen Schutzgebiet für die wissenschaftliche Zusammenarbeit und Forschung erklärte. Die beiden Forschungsstationen, Scott Base – verwaltet von Australien und Neuseeland – und McMurdo Station – verwaltet von den Vereinigten Staaten – liegen etwa 3,5 km an gegenüberliegenden Küsten der langgestreckten engen Halbinsel voneinander entfernt; beide haben die südwestliche Ecke der Ross-Insel mit dem ewigen Eisschelf gemeinsam. Südöstlich beider Basen liegt das Williams Field, ein von den Amerikanern genutzter Flughafen im ewigen Eis. Hier landen und starten die Flugzeuge der US-Marine, der RNZAF und der RAAF, um ihre Forschungsbasen zu versorgen (RNZAF = Royal New Zealand Air Force, RAAF = Royal Australian Air Force). Der gesamte Flugverkehr in diesem Gebiet untersteht amerikanischen Marinelotsen.

182

Die Antarktis ist ein wildes, zerklüftetes Bergland mit einer der spektakulärsten Landschaften dieser Erde. Das Eis erreicht Tiefen von 2000 m, wodurch die Antarktis zum höchsten kontinentalen Plateau der Erde wird. Der Südpol hingegen erreicht eine Tiefe von 3000 m. Ganz anders als die flache eintönige gefrorene See der nördlichen Arktis erstreckt sich dieser vereiste Kontinent fernab aller Luftfahrtwege und Seerouten. Nur wenige Menschen, vor allem Forscher, Entdecker und Militärs haben bislang einen Blick auf diesen Landstrich der Erde geworfen und ihn überhaupt betreten. Nachdem preiswerte und schnelle Flugverbindungen mit modernen Jets auch zu den entferntesten Plätzen der Welt aufgenommen worden waren, erwachte das öffentliche Interesse, und die Fluggesellschaften beeilten sich hieraus Nutzen zu ziehen. So hatte die Air New Zealand als erste Fluggesellschaft bereits im Jahre 1968 Entdeckungsflüge in die Antarktis in ihre Planungen einbezogen, wenn sich die Verantwortlichen auch mit dem Gedanken, Flugzeuge vom Typ DC 8 auf der Piste von Williams Field landen zu lassen, nicht so recht anfreunden konnten. Das Interesse lebte erst im Jahre 1976 wieder auf, als die Fluggesellschaft davon erfuhr, daß Flüge der Fluggesellschaft Quantas von Sydney in die Antarktis geplant waren. So griff man die seinerzeitigen Pläne, zwei gecharterte DC 10 im Februar 1977 einzusetzen, wieder auf, und die erforderliche Lizenz wurde bei der zuständigen Abteilung für den Zivilflugverkehr (CAD) eingeholt. Ursprünglich beabsichtigte man den südmagnetischen Pol zu überfliegen, doch wurde dieser Gedanke sehr bald zugunsten des interessanteren McMurdo-Sunds mit seinem zauberhaften Ausblick auf den noch immer aktiven Mt. Erebus und die Gletscher des Viktorialandes revidiert. Die Flüge wurden für den Antarktiksommer geplant, wenn sich im Schein der Mitternachtssonne überwältigende Naturschönheiten bieten würden. Sollte eine zu niedrige Wolkendecke auftreten, böte sich der magnetische Südpol als Alternative an.

Aber trotz ihrer Schönheit ist die Antarktis ein unberechenbares Land voller Gefahren, denn auch im Sommer können die Wetterbedingungen ungünstig sein. Flüge in das ewige Eis bedürfen daher einer peinlich genauen Planung, und alle widrigen Möglichkeiten müssen in Betracht gezogen werden. Für einen Jet von der Größe der DC 10 verbietet sich dort eine Landung überhaupt, und der Flug von Auckland (Neuseeland) über den McMurdo-Sund und zurück nach Christchurch würde für die Flugzeugbesatzungen eine Zerreißprobe von elf Stunden bedeuten. Es könnte natürlich genügend Treibstoff für den Fall geladen werden, daß irgendwelche Probleme mit dem Drucksystem auftreten. Der zusätzliche Treibstoff würde dann für einen Rückflug in niedriger Höhe lebensrettend sein. Eine »Sightseeing«-Tour um den McMurdo-Sund wäre nur mit hoher Geschwindigkeit zu bewerkstelligen, denn ein Ausfahren der Klappen zur Geschwindigkeitsverringerung würde bei den niedrigen Temperaturen zu Problemen führen. Ließen sich nämlich die Klappen wegen Vereisung nicht wieder einfahren, wäre die Situation bedrohlich. Das Flugzeug könnte weder auf dem Eis landen, noch zum Heimathafen zurückkehren. Flöge man jedoch mit ausgefahrenen Klappen langsamer, würde der Treibstoffverbrauch immens ansteigen, und die Reserven wären schnell verbraucht. So wurde bei der Planung der Streckenführung, den minimalen Sicherheitshöhen im Bereich von McMurdo, den »Sightseeing«-Bedürfnissen der Passagiere, dem Sprechfunk, dem Phänomen der Schneeblendung und der Grid-Navigation besondere Aufmerksamkeit gewidmet. In den Polgebieten ist eine herkömmliche Navigation unmöglich, und nahe dem magnetischen Pol versagt der Magnetkompaß. Aufgrund der schnell konvergierenden Meridiane ist eine Ausrichtung auf rechtweisend Nord so gut wie

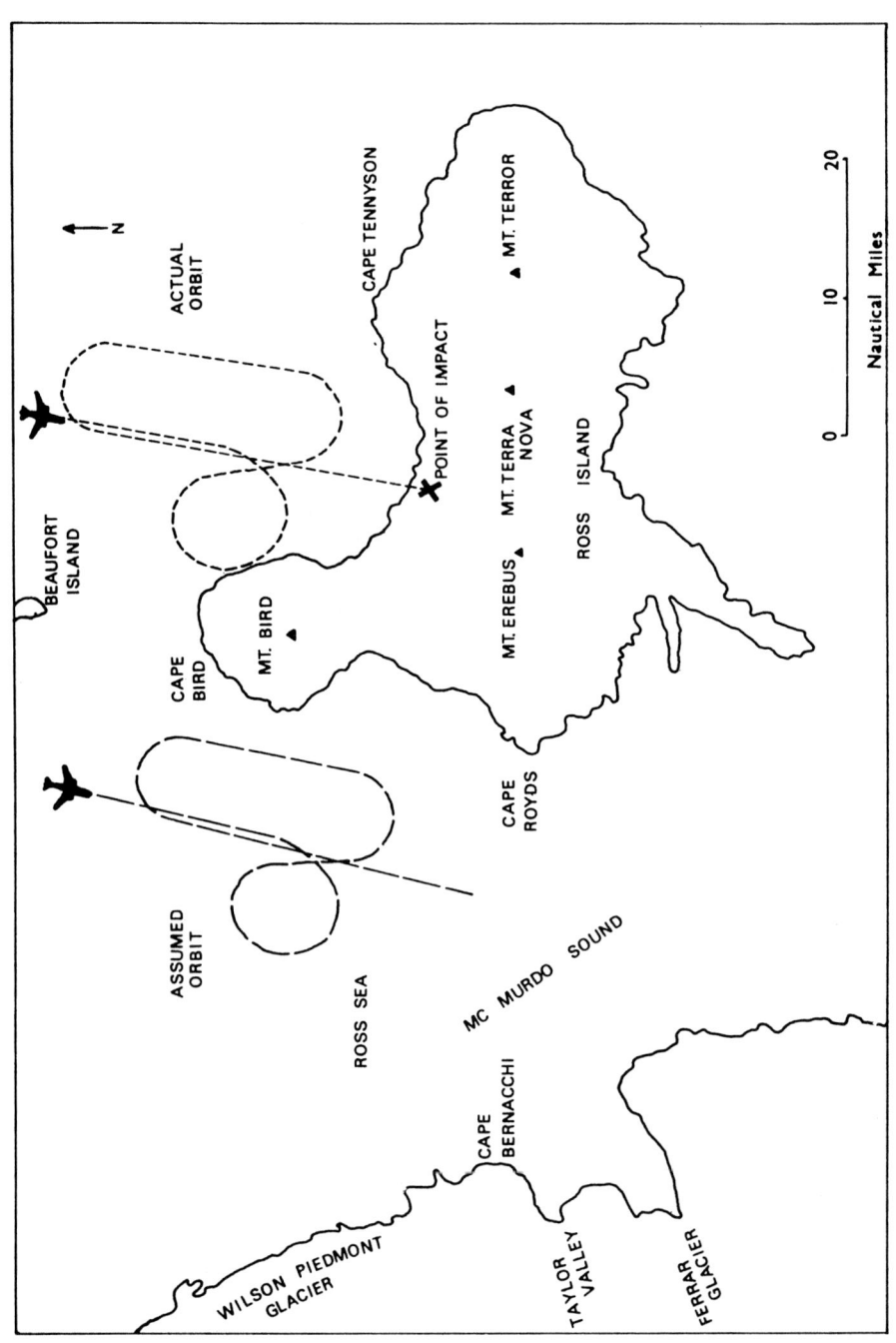

Antarktis, beabsichtigter und tatsächlicher Flugweg.

unmöglich. Deshalb wird in diesem Falle die Grid-Navigation (auch Gitternavigation genannt) verwendet. Ein mit dem Greenwich Meridian ausgerichtetes Gitter wird über die Navigationskarte gelegt, und alle Navigationsrichtungen beziehen sich auf dieses Gitter. Diese Praxis mag den Uneingeweihten verwirren, wenn rechtweisend Süd »Grid Nord« wird, aber über dem gesamten Polargebiet bedient man sich der Nordrichtung. Das grundlegende Prinzip läßt sich dadurch verdeutlichen, daß die Schnittstelle über dem Äquator und dem Greenwich-Meridian auf eine antarktische Netzkarte übertragen wird. Ohne eine solche Karte würde ein über den Pol fliegendes Flugzeug einen unmittelbaren Übergang des Kurses von Süd nach Nord oder umgekehrt erfahren, obgleich es in derselben Richtung weiterfliegt.

Die erste DC 10 der Air New Zealand begab sich am 15. Februar 1977 von Auckland in die Antarktis. Die neugierige Öffentlichkeit nahm diese einmalige Gelegenheit zur Besichtigung dieser spektakulären Landschaft des südlichen Kontinents mit Begeisterung auf; von Anbeginn an genossen diese Flüge Popularität und waren von Erfolg gekrönt. Der zweite Flug in diesem Monat startete etwas später, und schon wurden Pläne für weitere Flüge zu Beginn des nächsten antarktischen Sommers geschmiedet. Die ersten Flüge wurden von Kapitän I. Gemmel, Chefpilot, und Kapitän P. Grundy, Flugbetriebsleiter, unternommen. Beide waren während ihrer aktiven Karriere bereits zuvor in der Antarktis geflogen, sowohl mit zivilen als militärischen Aufträgen. Auf dem ersten Flug wurde Kapitän Gemmel von dem für die Streckenführung der Gesellschaft verantwortlichen Kapitän A. Lawson als Copilot begleitet. Sein Auftrag war, seine eigenen Erfahrungen zukünftigen Besatzungen zu vermitteln und sie auf der Strecke einzuweisen. Das »briefing« (Einweisungsbesprechung) wurde aufgrund der im Oktober 1977 wieder aufgenommenen Besichtigungsflüge ordnungsgemäß durchgeführt. Die Zivilluftfahrtbehörde hatte zugestimmt, daß die Fluggesellschaft Erfahrungsberichte über bereits stattgefundene Antarktisflüge einholt. Aber die darauffolgenden Flüge wurden von Kapitänen und Copiloten ohne Antarktiserfahrung durchgeführt.

Bei den ersten Flügen lag der letzte Streckenabschnitt direkt bei Kap Hallett auf ein ungerichtetes Funkfeuer zu, das nahe dem Williams Field, der vereisten Startbahn von McMurdo, installiert war. An Bord befand sich ein Trägheitsnavigationssystem (AINS), das zu genauen Positionsbestimmung auf das Funkfeuer zusteuerte, bevor der Besichtigungsflug im McMurdo-Sund begann. Bei dem vorgesehen Flugplan mußte das Flugzeug jedoch direkt über den Mt. Erebus fliegen, und so war eine minimale Sicherheitshöhe von 16 000 Fuß unerläßlich.

Zu Beginn des darauffolgenden antarktischen Sommers fanden zusätzliche Flüge im Oktober und November 1977 statt. Um den Schaulustigen gerecht zu werden, hatte man sich auf eine minimale Sicherheitshöhe von 6 000 Fuß im McMurdo-Sund geeinigt. Sollten Wolken auftreten, war es den Flugzeugbesatzungen gestattet, in einem umgrenzten Gebiet südlich des William Fields auf diese niedrige Höhe zu sinken. Durch ein festgelegtes Sinkflugverfahren war es möglich, die Wolkendecke zu durchbrechen. Hier spielte das Funkfeuer eine entscheidende Rolle. Diese Vorschrift blieb bis zum Oktober 1979 in Kraft; dann wurde das Funkfeuer außer Betrieb gesetzt. Bei diesem Sinkflug betrug die akzeptierbare Wolkenuntergrenze 7000 Fuß, wobei der Sinkflug von 16000 auf 6000 Fuß unter Radarüberwachung stand. Aber eine Radarüberwachung auf dem von der Fluggesellschaft gewährten Streckenabschnitt in dieser Höhe war problematisch und ließ sich wegen der veralteten Ausrüstung kaum bewerkstelligen. Dies war auch für die Fluglotsen von McMurdo nicht zumutbar.

Abstieg auf 6000 Fuß zum Eintritt in die Wolken bei McMurdo, 23. Oktober 1979.
Es wurde die Freigabe zum Sinkflug auf 6000 Fuß QNH unter VMC Bedingungen
gegeben oder unter Zuhilfenahme des erlaubten NDB-Verfahrens unter IMC Bedingungen, vorausgesetzt, daß:

a) die Wolkenuntergrenze bei 7000 Fuß oder darüber liegt;
b) die Sicht 20 km oder mehr beträgt;
c) ASR verfügbar ist und den Flug unter Flugfläche 160 überwacht;
d) in dem Gebiet keine Schneeschauer auftreten.

Die für die Antarktisflüge ausgewählten Piloten werden eine umfassende Einwei-
sung im Simulator, einschließlich Sinkflug- und Steigflugverfahren erhalten, wobei
auf die Verwendung der Grid-Navigation besonderes Augenmerk gerichtet werden
wird.

Flüge unter FL 160 im McMurdo-Gebiet werden auf einen Bogen entsprechend
einer Funkpeilung von 120°G bis 360°G zu 270°G vom NDB innerhalb von 20 km
beschränkt, um den Mt. Erebus im sicheren Abstand zu umfliegen.

In der Praxis erwiesen sich die Wetterbedingungen jedoch durchaus zufriedenstellend, und in der noch nicht umweltverseuchten Atmosphäre war die Sicht ausgezeichnet. Auf allen diesen Flügen herrschte Freizügigkeit, die Flugzeuge konnten vom vorgegebene Kurs abweichen, und auf entsprechende Bitte hin erteilte
McMurdo in den meisten Fällen die Erlaubnis hierzu, um den Passagieren die best-
mögliche Aussicht zu verschaffen. Die minimale Sicherheitshöhe von 6000 Fuß
innerhalb des McMurdo-Sunds bezog sich auf den Mt. Aurora, einen fast 1200 m
hohen Berg südlich des Sunds außerhalb der Eispiste des Williams Fields. Wichtig
bei derartigen Sinkfügen war nur, daß die Flugzeuge genügend Abstand von Bodenerhebungen hielten. Beim Landeanflug waren die Flugzeuge – natürlich auch der
Militärverkehr zum Williams Field – verpflichtet, sich wegen des Anflugverfahrens
mit den Fluglotsen in Verbindung zu setzen. Häufig wurde sogar die Sinkflugerlaub-
nis bis auf 1500 Fuß hinunter erteilt, was der eigentlich dem Militär vorbehaltenen
Flughöhe beim Landeanflug entsprach. In McMurdo stand auch Radar mit einer
Reichweite von 70 km zur Verfügung, um den aufkommenden Flugverkehr zu koordinieren.

Passagiere, die an derartigen Besichtigungsflügen teilgenommen hatten, waren
hell begeistert. Die Neuseeländischen Nachrichten brachten Reportagen, und sogar
die Hauszeitung von New Zealand Air veröffentlichte einen euphorisch klingenden
Beitrag. Die Sigthseeing-Flüge in die Antarktis wurden zum Ereignis des November,
sie wurden bis ins Jahr 1978 fortgesetzt. Dann trat eine Veränderung ein. Im August
1978 wurde der von der Fluggesellschaft neu erworbene Bodencomputer mit den
Streckenführungen der Fluggesellschaft programmiert. Die Flugstrecke wurde von
einem nicht gerichteten Funkfeuer (NDB) am Williams Field über die Dailcy-
Inseln, einer keinen Inselgruppe am südlichen Ende des Sunds, zum eigentlichen
Zielpunkt verlegt. Diese Endposition bekam einfach die Bezeichnung McMurdo.
Durch diese neue, eigentlich unbeabsichtigte Streckenführung wurde ein Überfliegen des immer noch aktiven Mt. Erebus vermieden. Doch von Anfang an hatte sich
diese Streckenführung als wenig weise erwiesen, wenn auch die Lotsen in McMurdo
ein Abweichen von dieser Route rechtzeitig genehmigten. Es hatte sich dennoch ein
kleiner, wenn auch – wie sich später herausstellen sollte – gravierender Fehler eingeschlichen. Eine einzige Zahl war vom Flugplan verkehrt in den Computer übertragen

Die McMurdo-Route. Die Besatzung vermutete, daß ihr Flugweg den McMurdo-Sund hinunter führte, was durch ein während des Briefings vorgeführtes Dia bestätigt schien. Dieses Diapositiv zeigte ein schematisches Diagramm einer Streckenführung in den McMurdo-Sund unter Umfliegen des Mt. Erebus. Obwohl eine frühere Version existierte, war dieses Dia anhand einer von Kapitän Wilson erstellten Graphik gefertigt worden, der die Besatzung für den Antarktisflug einwies.

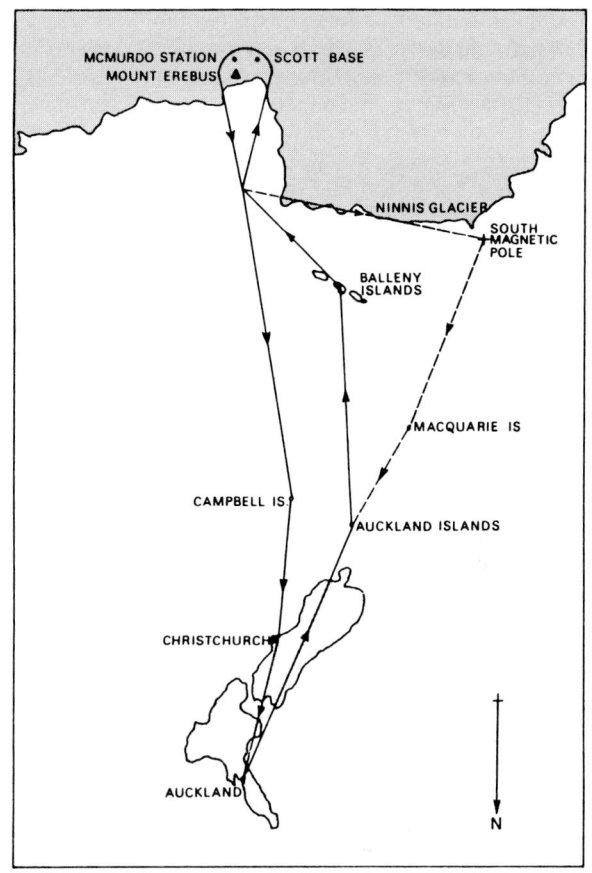

worden. Anstelle der Koordination des NDB (Williams Field) 77° 53.0′ Süd; 166° 48.0′ Ost hatte man 77° 53.0′ Süd 164° 48.0′ Ost eingetippt. Nur ein kleiner Zahlendreher, der dennoch verheerende Folgen haben sollte, denn nun führte der Flugweg etwa 45 km weiter westlich. Trotz aller Kontrollen blieb diese Verwechslung unbemerkt, und nun druckte der Computer zwar logisch erscheinende, dennoch völlig falsche Routen aus. Diese neue Streckenführung von Cape Hallett zur Position über den Dailey-Inseln, gekennzeichnet als McMurdo, brachte Air New Zealand auf einen Kurs durch die Mitte des rund 68 km breiten McMurdo Sunds. Die Flüge tangierten die bekannte Militärroute zum Byrd-Pflichtmeldepunkt, den die Air Force-Flugzeuge beim Landeanflug passieren mußten.

Am 9. November 1979 fand für die Kapitäne der letzten beiden Flüge im November eine Vorbesprechung statt, der auch andere Besatzungsmitglieder beiwohnten. Für den Flug am 14. November waren Kapitän Simpson, Copilot Gabriell und Flugingenieur Irvine und für denjenigen am 28. November Kapitän Collins und sein Copilot Cassin eingeteilt worden. Das »Briefing« leitete Kapitän J. Wilson, der für die Streckenführung zuständige Inspektor, ein sehr erfahrener Pilot, der nach seiner aktiven

Pilotenlaufbahn diese Aufgabe wahrnahm. Verfügbare topographische Karten wurden während dieses Briefings ausgebreitet, jedoch befand sich auf keiner die vorgesehene Streckenführung. Normalerweise führen die Besatzungsmitglieder auf Routineflügen Karten mit, auf denen die Streckenführung bereits aufgedruckt ist, aber derartige Karten standen in dieser recht ungewöhnlichen Situation überhaupt nicht zur Verfügung. Es waren nur Kopien einer Reihe weiterer Karten für das Eigenstudium vorhanden, auf denen klar und deutlich die Streckenführung der Militärflugzeuge durch die Mitte des McMurdo-Sunds zum Byrd-Pflichtmeldepunkt aufgetragen waren. In irgendeinem Winkel fand sich noch ein bereits zwei Tage alter Flugplan der gleichen Strecke. Auf diesem Plan waren die Breiten-und Längengrade der einzelnen Positionen entlang der Strecke, auch bekannt als Wegepunkte (Waypoints) aufgetippt, und diese Daten wurden nun am Abflugtag in den an Bord befindlichen Navigationscomputer eingespeichert. Mangels einwandfreier Karten für die Streckenführung lag der letzte »Waypoint« bei McMurdo im Dunkeln. Dennoch beschäftigten sich die Besatzungsmitglieder in ihrer Freizeit mit den Notizen und trafen ihre eigenen Vorbereitungen. Kapitän Collins besaß ein kleines Ringbuch, das er sein »Gedächtnis« nannte. In diesem Buch vermerkte er sich wichtige Daten. Auch waren der Besatzung für den vorgesehenen Flug Dias über die geographischen Gegebenheiten weiter südlich vorgeführt worden. Auf einem dieser Dias war linkerhand deutlich der Mt. Erebus beim Anflug auf den McMurdo-Sund zu erkennen. Ein Hinweis besagte: »Wir nähern uns nun dem Erebus auf der kleinsten Sektorhöhe von 1600 Fuß.«

Natürlich hatte man sich auch Gedanken darüber gemacht, wie Sicherheitsflughöhen zwar einzuhalten, sie aber dennoch so zu wählen, daß den Passagieren die beste Aussicht geboten wurde. Kapitän Wilson hatte seine Genehmigung erteilt, daß die Flugzeuge vom Flugweg abweichen und auf jede Höhe sinken können, soweit die Fluglotsen in McMurdo mitspielten. Es wurde ein NOTAM (Nachrichten an Luftfahrer) folgenden Inhalts verfaßt:

McMurdo NDB nicht verfügbar 8.11.79
1. Sicht 20 km plus;
2. keine Schneeschauer im Gebiet;
3. meiden Sie das Mt. Erebus-Gebiet – fliegen Sie eine Kurve von 120° Grid bis 360° Grid nach 270° Grid vom McMurdo-Feld, innerhalb von 20 km der TACAN CH 29 operieren;
4. Sinken Sie in Koordination mit der örtlichen Radarkontrolle, die möglicherweise noch weiteren Verkehr zu überwachen hat.

Das »Briefing« war mit einer Ausnahme reine Routinesache, es wurde bekanntgegeben, daß das Funkfeuer am Williams Field nicht mehr bestehe. Ein Durchbrechen der Wolken mit anschließendem Sinkflug würde mit Hilfe eines weiter entfernt liegenden Funkfeuers nicht möglich sein, und alle Sinkflüge hätten somit unter Sichtflugbedingungen, nämlich frei von Wolken, zu erfolgen. Diese Sichtflugbedingungen unter minimalen Wetterbedingungen sind eindeutig festgelegt und als VMC (Meteorologische Sichtflugbedingungen) allseits bekannt. Liegen keine VMC-Bedingungen vor, erfolgen die Flüge nach den Meteorologischen Instrumentenflugbedingungen (IMC); und hier gelten die Instrumentenflugregeln (IFR), die bestimmte Flugverfahren vorschreiben. So müssen beispielsweise alle Flugzeuge den Anweisungen der Luftverkehrskontrolle (ATC) folgen. Nachtflüge und Flüge im kontrollierten

Luftraum unterliegen ebenfalls ungeachtet der Wetterbedingungen den Instrumenten-Flugregeln. Liegen jedoch günstige Wetterbedingungen vor, können Flüge auch nach VFR durchgeführt werden. VFR besagt, daß die Besatzungen mehr oder weniger für das Flugzeug eigenverantwortlich sind, wenn auch in der Praxis eine Zusammenarbeit mit den Fluglotsen unerläßlich ist. Die grundlegenden Faktoren bei VMC sind ausreichende Sicht und Abstand von den Wolken. Als zusätzliche Vorsichtsmaßnahme legte Air New Zealand die minimalen Sichterfordernisse für Antarktisflüge auf 20 km fest und machte zur Voraussetzung, daß bei einem VMC-Sinkflug in dem betreffenden Gebiet keine Schneeschauer auftraten. Eine Schneeblendung in fallendem Schnee ist ein wohlbekanntes Phänomen, das besonders in niedriger Höhe und bei der Landung eine Gefahr darstellt. Sonnenlicht, durch Eiskristalle gebrochen, läßt Himmel und Erdoberfläche weiß in weiß erscheinen, und Umrisse sind nicht mehr zu erkennen. Poetisch verglichen, fallen Menschen nach oben, weil sie nicht wissen, welcher Weg nach oben führt.

Bei Antarktisflügen hatte bisherige Erfahrungen gezeigt, daß VMC-Bedingungen überwogen, also meist klare Sicht herrschte, so daß die Besichtigungsflüge im McMurdo-Gebiet nach Ermessen der Piloten – wenn auch unter Radarüberwachung – unter VFR-Bedingungen durchgeführt werden konnten. Nachdem nun aber das Funkfeuer nicht mehr bestand, traten beim Sinkflug unter VMC-Bedingungen einige Probleme auf. Lagen diese Bedingungen jedoch nicht vor, mußten die Flüge zu einem zweitrangigen Aussichtsgebiet zum magnetischen Südpol hin ausweichen. Nach dem Mittagessen begaben sich die Piloten zum Simulator. Hier wurden unter Leitung von Kapitän R. Johnson, Flugdirektor für den Linienbetrieb der DC 10/DC 8, die Techniken der Gitternavigation diskutiert und der Sinkflug unter VMC praktisch geprobt.

Am 14. November 1979 startete Kapitän Leslie Simpson in die Antarktis. Das Wetter war gut, so daß den Passagieren ein beeindruckendes Panorama dargeboten wurde. Das Flugzeug verließ seinen Flugweg sehr zeitig und flog hinter den Gletschern der Küste des Viktorialandes entlang, ehe es eine Kurve machte, um den Sinkflug auf 2000 Fuß über dem Sund auf die McMurdo-Station einzuleiten. Obgleich das NDB am Williams Field nun außer Betrieb war, stand eine andere, vom Militär benutzte Funknavigationshilfe, die TACAN (UHF taktische Flugnavigationsanlage) zur Verfugung. TACAN sendet sowohl Peil- als auch Reichweitendaten, jedoch wird für Zivilflugzeuge nur die Angabe der Reichweite zum Sender ausgestrahlt, und auch nur diese wird vom Flugzeug empfangen. Beim Passieren des programmierten Flugwegs entlang des McMurdo-Sunds bemerkte Kapitän Simpson auf seinem Entfernungsmesser (DME), daß die Entfernung zur TACAN größer als erwartet war. Er vermutete einen Navigationsfehler des Computers und überflog zur erneuten Prüfung die TACAN, jedoch zeigte sich nicht Bedenkliches. Die Entfernung von der TACAN zum letzten Waypoint am McMurdo-Sund wurde mit 50 km angezeigt, als Kapitän Simpson sie auf etwa 18,5 km schätzte. Als er zurückgekehrt war, rief er Kapitän Johnson an und machte ihn darauf aufmerksam, daß die Besatzungen hierüber in Kenntnis gesetzt werden sollten. Möglicherweise würden sie eine solche Abweichung vom TACAN einem Computerfehler zuschreiben. Kapitän Johnson, dem nichts über die ungenaue Routenführung zum McMurdo-Waypoint über die Dailey Inseln bekannt war, vermutete immer noch, daß der Flugweg am ursprünglichen Waypoint über dem NDB am Williams Field endete. Er mißverstand den Hinweis von Kapitän Simpson, weil er mutmaßte, daß Simpson sich auf die Verlegung des letzten Waypoints von dem demontierten NDB zum in Betrieb befindlichen TACAN bezog, eine Entfernung von kaum 3,8 km. Und diese Information gab Kapitän Johnson ordnungsgemäß an die Navigationsabteilung zur Auswertung weiter. Der Amtsschimmel der Fluggesellschaft ritt langsam. Am 21. November startete bereits der nächste Flug unter dem Kommando von Kapitän White. Geschehen war jedoch bisher nichts. Erst in der darauffolgenden Woche wurde die Verlegung des letzten Waypoint verfügt.

Am Abend des 27. November saß Kapitän Jim Collins an seinem Eßzimmertisch, um das zusammengetragene Informationsmaterial und die 19 Tage zuvor beim Antarktis-Briefing gemachten Notizen zu studieren. Er zeichnete sodann die Koordinaten der auf dem Flugplan festgelegten Wegepunkte auf eine große topographische Antarktiskarte, die er selbst gekauft hatte. Wenn dies auch nicht unbedingt zu seinen Aufgaben gehörte, wollte der gewissenhafte Collins über die Streckenführung Gewißheit haben. Als er in die Arbeit vertieft war, kamen seine beiden älteren Töchter neugierig hinzu. Er breitete die Karte auf dem Fußboden aus und erläuterte ihnen den für den nächsten Tag geplanten Flug. Nach zwei Stunden intensiven Studiums unterbrach Collins die Arbeit, um die 20 Uhr-Nachrichten im Fernsehen zu verfolgen. An diesem Abend begab sich Collins zeitig zu Bett. Während er schlief, bereitete die Navigationsabteilung der Fluggesellschaft das erforderliche Kartenmaterial vor.
Der Dienstag Abend war der Tag der Woche, an dem die gespeicherten Computerinformationen auf den letzten Stand gebracht wurden. Mr. L. Lawton, Leiter der Navigationsabteilung, und Mr. B. Hewlitt, Chefnavigator, prüften die Navigationsdaten erneut unter Einbeziehung der Endkoordinaten für die Antarktis-Flüge. Verhängnisvoller Weise diente hierzu eine Kopie des ursprünglichen Flugplans der direkten Route von Cape Hallett zum NDB am Williams Field. Es ergaben sich deshalb keine Schwierigkeiten, die im Computer gespeicherten Daten auf die Koordinaten der TACAN (77° 52.7′ S – 166° 58.0′ E) umzustellen. Weitere Gedanken verschwendeten die Männer in der Navigationsabteilung hieran nicht. Außerdem wurde dieser Änderung keinerlei Bedeutung beigemessen. Tatsache war jedoch, daß der letzte Waypoint bei McMurdo um 50 km östlich zur TACAN nahe dem Williams Field verlegt wurde. Dies führte dazu, daß der Flugweg nun direkt über den Gipfel des Mt. Erebus führte. Durch Unaufmerksamkeit war so in den letzten drei Jahren der letzte Waypoint vom Längengrad 166° 48.0′ E, nämlich dem NDB, auf 164° 48.0′ E verschoben worden. In den Jahren 1977/78 waren sieben Flüge direkt über den Mt. Erebus erfolgt. Sieben weitere Flüge folgten im Jahr 1978/79 zur Mitte des McMurdo-Sunds entlang der Militärroute. Durch ein reines Mißverständnis wurde nun am frühen Morgen des 28. November 1979 durch Einspeichern der Koordinaten 166° 58.0′ E (die TACAN nahe dem NDB) der geplante Flugweg erneut über den Mt. Erebus festgelegt. Über diese Neufestlegung sollten sowohl der Kapitän als auch die Fluglotsen in McMurdo unterrichtet werden.
Am Morgen des 28. November 1979 stand Kapitän Collins zeitig und gut ausgeschlafen auf, um sich für den bevorstehenden langen Tag auf den Weg zu begeben. Am Flughafen versammelte sich die Besatzung beim Dispatcher (Flugberatungsbüro), studierte die Wettervorhersagen, prüfte die Treibstofferfordernisse, die Flugpapiere, ATC-Freigaben und alle für den Flug erforderlichen Notizen. Der üblichen Besatzung aus Kapitän, Copilot und Flugingenieur waren noch zwei Kollegen beigeordnet worden, denn für derartig lange Flüge schrieb das Gesetz einen zusätzlichen Copiloten und Flugingenieur vor. Mit Kapitän Collins waren Copilot Greg Cas-

```
                CENTRE LANDING GEAR IS EXTENDED FOR TAKE OFF        ZKNZP ON GATE 2. CLG DOWN FOR DEPARTURE.
OPS FLASH                                                          OPS FLASH
NZN NZAA-NZCH RT HO      /      CAPT DALZIELL       RADIO LOG       NZP NZAA-NZCH RT HO       CAPT COLLINS        K=276 LOG
06/11/79-1900Z  TRK.T  W/V  G/S  DIST ZEET FUELRM STN              27/11/79-1900Z  TRK.T  W/V  G/S  DIST ZEET FUELRM STN
M82 TE 901/67  TRK.M DDUUU FL    ZATA ZETA RUFUEL GMT              M82 TE 901/28  TRK.M DDUUU FL    ZATA ZETA RUFUEL GMT

NZAA  AUCKLAND                              .  FREQ P              NZAA  AUCKLAND                              .  FREQ P
3700.6S17446.9E                   S/H .... 101.4     S             3700.6S17446.9E                   S/H .... 108.9     S

NP  NEWPLATH  193.6       400   123   21                           NP  NEWPLATH  193.6       425   123   20
3900.2S17410.9E 174.3     CLB  .... ....   XX.X                    3900.2S17410.9E 174.3     CLB  .... ....   XX.X

NS   NELSON   199.3 23037 448   146   22    .                      NS   NELSON   199.3 30027 486   146   21    .
4117.8S17308.0E 179.3     FL31 .... ....   91.3                    4117.8S17308.0E 179.3     FL31 .... ....   91.0

RY   MT MARY  216.2 24037 444   208   20    .                      RY   MT MARY  216.2 31027 481   208   26    .
4408.2S17016.8E 195.2     FL31 .... ....   86.5                    4408.2S17016.8E 195.2     FL31 .... ....   86.5

NU  INVRCRGL  211.8 27037 457   163   21    .                      NU  INVRCRGL  211.8 31029 485   163   20    .
4624.8S16819.1E 189.2     FL31 .... ....   83.1                    4624.8S16819.1E 189.2     FL31 .... ....   83.3

AUKIS AKLND IS 198.4 29078 478   271   34    .                     AUKIS AKLND IS 198.4 32029 495   271   33    .
5042.0S16610.0E 173.4     FL29 .... ....   77.5                    5042.0S16610.0E 173.4     FL29 .... ....   77.9

55S  55S      185.7 29098 497   259   32    .                      55S  55S      185.7 31033 498   259   31    .
5500.0S16527.2E 156.2     FL29 .... ....   72.5                    5500.0S16527.2E 156.2     FL29 .... ....   72.9

60S  60S      185.7 31060 504   302   36    .                      60S  60S      185.7 30034 487   302   37    .
6000.0S16431.1E 150.2     FL33 .... ....   66.8                    6000.0S16431.1E 150.2     FL33 .... ....   66.9

DLYIS DALENYIS 185.7 31053 504  407   48    .                      DLYIS DALENYIS 185.7 29026 481  407   51    .
6645.0S16300.0E 349.5     FL31 .... ....   59.6                    6645.0S16300.0E 349.5     FL31 .... ....   59.3

CPHLT C MALLET 155.8 31063 532  367   41    .                      CPHLT C MALLET 155.8 29021 490  367   45    .
7220.0S17013.0E 322.4     FL31 .... ....   53.6                    7220.0S17013.0E 322.4     FL31 .... ....   52.8

MCMDO MCMURDO 188.9 34054 517   337   40    .                      MCMDO MCMURDO 188.5 24015 463   336   43    .
7753.0S16448.0E 357.4     FL35 .... ....   47.9                    7752.7S16658.0E 357.0     FL35 .... ....   46.5

CPHLT C MALLET 008.9 34054 425  337   47    .                      CPHLT C MALLET 008.5 24015 483  336   42    .
7220.0S17013.0E 177.4     FL33 .... ....   41.5                    7220.0S17013.0E 177.0     FL33 .... ....   46.8

70S  70S      358.8 33060 420   139   20    .                      70S  70S      358.8 29024 465   139   18    .
7000.0S17003.6E 168.9     FL33 .... ....   38.8                    7000.0S17003.6E 168.9     FL33 .... ....   38.4

65S  65S      358.8 31068 425   300   42    .                      65S  65S      358.8 29024 465   300   39    .
6500.0S16946.6E 168.7     FL33 .... ....   33.2                    6500.0S16946.6E 168.7     FL33 .... ....   33.3
```

Der Flugplan – links der beim Briefing von Kapitän Collins erstellte; rechts der geänderte Flugplan, wie er der Besatzung am Morgen des Abflugs ausgehändigt wurde.

191

sins und Graham »Brick« Lucas sowie die Flugingenieure Gordon Brooks und Nick Maloney erschienen. Obwohl sie alle ihr Handwerk verstanden, war keiner der Piloten je in der Antarktis geflogen. Nur Flugingenieur Brooks war früher schon einmal dabeigewesen. Zur Kabinenbesatzung gehörten unter der Führung von Chefsteward Roy McPherson fünfzehn Personen. Nach Abschluß des Briefing wurden die Papiere eingesammelt, und die Besatzung begab sich an Bord der DC 10 mit dem Rufzeichen ZK-NZP, die am Gate 2 von Aucklands internationalem Flughafen parkte. Es war natürlich kein Wort über die lebenswichtige Verlegung der letzten Waypoint-Koordinaten oder gar über den Wechsel der Streckenführung gefallen. Nicht einmal eine »grell markierte« Warnung befand sich auf dem Flugplan. Das System schien zusammengebrochen zu sein.

Flug 901 der Air New Zealand in die Antarktis sollte an diesem Tag der letzte der Saison sein, ein Jubiläumsflug zum 50. Jahrestag des Pionierfluges von Richard Byrd über den Südpol. An Bord befanden sich 237 Passagiere, unter ihnen Peter Mulgrew, ein angesehener neuseeländischer Bergsteiger und Polarforscher. Man hatte ihn extra eingeladen, damit er vom Cockpit aus die Sehenswürdigkeiten dieser Region fachkundig kommentieren konnte. Einige Jahre zuvor hatte er beim Besteigen des Himalaya beide Unterschenkel durch Erfrierungen verloren und bewegte sich nun auf Prothesen fort. Es war nicht sein erster Antarktisflug, und er war mit der Gegend auf das Beste vertraut. Die Passagiere waren größtenteils Neuseeländer, jedoch befanden sich auch Gäste aus zahlreichen anderen Ländern an Bord, die diesen Flug aus verschiedensten Motiven gebucht hatten. Da war z. B. der Polizist aus New Plymouth, der die Flugscheine auf einer Tombola gewonnen hatte. Als die erwartungsvollen Passagiere an Bord gingen, war die Besatzung im Cockpit mit dem Lesen der Checklisten vor dem Abflug (preflight checks) vollauf beschäftigt. Die Koordinaten der Strecke wurden sorgfältig in die drei an Bord befindlichen AINS-Systeme eingespeichert; es handelt sich beim AINS um völlig voneinander unabhängige Computer-Navigationseinheiten. Das AINS wurde von der Raumfahrt übernommen und kann mit dem Autopiloten gekoppelt werden, um mit extremer Genauigkeit ohne Hilfe von Bodenstationen über tausende von Kilometern zu navigieren. Die in das AINS eingegebenen Waypoint-Daten wurden von den Piloten sorgfältig auf ihre Genauigkeit hin mit den Flugplandaten verglichen. (Die Prüfung der vom Computer ausgedruckten Einzelheiten gehört nicht zum Aufgabenbereich der Besatzung.) Man verließ sich auch darauf, daß der Computer jeder Zeit eine Kopie des gespeicherten Plans ausdrucken würde. Auch wäre die Änderung von lediglich vier Zahlen bei der Vielzahl der Daten gar nicht bemerkt worden. Keinem der Piloten war aufgefallen, daß das AINS nun aufgrund einer Reihe heimtückischer Fehler so programmiert worden war, daß der Flugweg direkt auf den Mt. Erebus zuging. Die Besatzung hatte alle Hände voll mit den Flugvorbereitungen, den Landkarten, den Flugplänen zu tun. Kapitän Collins nahm seine eigenen Aufzeichnungen zur Hand, die den tatsächlichen Flugweg durch die Mitte des 68 km breiten McMurdo-Sunds wiedergaben.

Vor dem Abflug war dem Militärpersonal in der McMurdo-Station der vollständige Flugplan übermittelt worden. Zu Beginn jedes südlichen Sommers war es den Lotsen zur Gewohnheit geworden, den Flugweg des Fluges 901 auf ihren eigenen Karten einzuzeichnen. Natürlich hätten sie bei sorgfältiger Prüfung der Änderung gewahr werden müssen. Aber noch ein weiterer Fehler hatte sich eingeschlichen. Der von der Fluggesellschaft nach McMurdo übermittelte Flugplan enthielt nicht die Koordinaten der TACAN, sondern lediglich das Wort »McMurdo«. Von der

Annahme ausgehend, daß der Flugweg unverändert sei, nahmen die Fluglotsen in der McMurdo-Station Flug 901 zur Mitte des Sunds an. Die Wettervorhersage war für diesen Tag gut mit nur wenigen Wolkenfetzen und guter Sicht. Sollten sich wider Erwarten Wolken aufbauen, würde der Flug auf der minimalen Sicherheitshöhe von 16 000 Fuß verlaufen. Bei klarer Sicht könnte die Besatzung ohne weiteres einen Sinkflug einleiten, denn sie würde die Berge vor sich sehen.

Um 8.17 Uhr Neuseelandzeit (19.17 GMT Dienstag – Neuseelands Ortszeit plus 13 Stunden zuzüglich einer Stunde Sommerzeit) wurde Zulu Papa vom Gate zurückgeschoben und hob zu einem fünfstündigen Flug nach Süden gen McMurdo ab. Das Flugzeug startete nahezu mit seinem zulässigen Gesamtgewicht von 250 Tonnen, davon allein 109 Tonnen Treibstoff für die lange Reise. Flug 901 stieg gemächlich auf 35 000 Fuß und überflog die Südalpen der neuseeländischen Südinsel mit Kurs Invergargill an der Küste. Sodann überquerte das Flugzeug die rund 800 km von der Südküste Neuseelands entfernten Auckland-Inseln. Von hier aus lag der Kurs fast genau südlich zu den Balleney Inseln, die etwa 2000 km entfernt waren. Während des Fluges stellte Kapitän Collins seinen Passagieren über das Kabinentelefon seine Besatzung vor und erläuterte den vorgesehenen Flugverlauf; er forderte alle am Fenster sitzenden Passagiere auf mit ihren Nachbarn die Plätze zu tauschen, so daß jeder Passagier die Aussicht genießen und Fotos schießen konnte. Von Ocean Control (ozeanische Flugverkehrskontrolle) in Auckland wurden die letzten Wettermeldungen für McMurdo gefunkt, die Gutes versprachen. Diese Neuigkeit gab Kapitän Collins sofort an die Passagiere weiter. An Bord herrschte eine gelockerte, heitere Atmosphäre, die Reservecrew mischte sich unter die Passagiere, während das Cockpit von Schaulustigen umlagert war. Die Stewardessen verteilten kostenlos Broschüren über die Geschichte der Antarktis, und nach einem Champagner-Frühstück lief ein Dokumentarfilm »DAS GROSSE EIS« über die Bildschirme.

Dennoch konnte dieser festliche Rahmen nicht über die mit derartigen Antarktisflügen verbundenen Risiken hinwegtäuschen. Erst wenige Wochen zuvor hatte die 10. antarktische Vertragskommission in Washington daran erinnert, daß diese »Sightseeingflüge« in einer besonders feindlichen Umwelt stattfänden, und »die bestehenden Kapazitäten von ATC, Kommunikation, Such- und Rettungsmannschaften« bei weitem überfordern würden. An Bord des Fluges 901 befand sich beispielsweise keine Polarausrüstung, die zu einem Überleben im Eis unerläßlich war. Die Fluggesellschaft erachtete dies als überflüssig, da ja keine Landung im Eis eingeplant war.

Als das Flugzeug 60° Süd erreichte, bereitete sich die Cockpitbesatzung auf eine Gitternavigation vor und richtete den Kreiselkompaß mit dem Gitter (Grid) aus. Mit einer Flugwegführung fast rechtweisend Nord hatte sie nun einen Kurs Grid-Nord ermittelt. Sodann griff der Copilot zum Mikrophon und nahm Kontakt mit den amerikanischen Marine-Fluglotsen im McMurdo-Verkehrskontrollzentrum (ATCC) – kurz »Mac Center« genannt – auf. Die Lotsen teilten mit, daß das Wetter in diesem Gebiet zu wünschen übrig ließ. Die Wolkendecke über der Ross-Insel und dem McMurdo-Gebiet lag bei 3000 Fuß, jedoch sollte die Sicht unter der Wolkendecke bis zu 70 km reichen. Kapitän Collins mußte sich über den Balleny-Inseln entscheiden, ob er weiterfliegen oder aber in Richtung des magnetischen Südpols ausweichen wollte. Es bestanden keine Zweifel, daß sich die Besatzung mit Peter Mulgrew über den Kurs beriet. Kapitän Collins war sicherlich im Zwiespalt, denn er allein trug den Passagieren gegenüber die Verantwortung. Nach eingehender Beurteilung der Lage entschied sich Collins weiterzufliegen.

Plötzlich tauchte unten die Aussicht verhüllendes Seeis in zwei lebhaft schillernden Farben auf, tiefes Blau und brilliantes Weiß; gelegentlich nur unterbrochen vom Schwarz der zutage tretenden Felsen oder einem Bruch im Packeis. Bei den Balleny-Inseln, rittlings auf dem Polarkreis gelegen (auf den Karten wird dies durch eine unterbrochene Linie wiedergegeben, die den Bereich der Mitternachtssonne im südlichen Sommer kennzeichnet) lenkte der Computer das Flugzeug auf Cape Hallett zu. Die Inseln lagen direkt unter dem Flugzeug, was die Genauigkeit des AINS bestätigte.

Die DC 10 flog auf das Kap zu und kurvte sodann auf einen Kurs zum 700 km entfernen McMurdo-Sund. Als die Entfernung zum Sund nur noch 360 km betrug, teilte Kapitän Collins den Passagieren mit, daß er nunmehr den Sinkflug einleiten werde. Das Flugzeug würde kurz vor dem McMurdo-Sund durch die Wolken brechen. Aber zunächst beratschlagte Kapitän Collins seine Absicht sorgfältig mit den übrigen Besatzungsmitgliedern. Er hatte vor, dem eingespeicherten Computerweg in das Gebiet bei McMurdo unter den Wolken zu folgen. Sodann konnte das »Sightseeing«-Spektakel beginnen. Sollten es die Wetterbedingungen im Sund zulassen, würde Collins über dem Byrd-Meldepunkt in etwa 40 km etwas steigen, um den letzten Waypoint zu erreichen. Zu dieser Zeit herrschte klare Sicht, die Gletscher des Viktorialandes lagen zur Rechten. Der vorausliegende Mt. Erebus und die übrigen Gipfel der Ross-Insel waren in einer Höhe von 15 000 Fuß durch Wolken verhangen.

Um 12.17 Uhr antarktische Zeit des Ross-Schutzgebietes (12 Stunden vor GMT – zum besseren Verständnis soll hier nur die antarktische Zeit [LMT] wiedergegeben werden) waren alle Anflugchecks gelesen. Nur die Höhenmesser mußten noch auf örtliche Druckhöhe gestellt werden. 270 km nördlich von McMurdo fiel die Entscheidung, in Kürze mit dem Abstieg zu beginnen.

12.17:13 Kapitän Collins: »Ich glaube, wir sollten hier zeitig runtergehen.«
Copilot Cassin: »Okay, ich versuche sie auf VHF zu kriegen.«

Bisher war der Sprechfunkverkehr auf Kurzwelle (HF) abgewickelt worden, doch nun befand sich Flug 901 innerhalb der 200 Meilenzone des Ultrakurzwellenbereichs (VHF). HF-Funkverkehr ist statischen Störungen unterworfen, und so kann der Funkverkehr innerhalb dieses Frequenzbandes hin und wieder auf Schwierigkeiten stoßen. Meldungen müssen daher kurz und knapp abgesetzt werden. VHF andererseits ist frei von statischen Störungen, und der Funkverkehr gestaltet sich einfacher. Versuche, einen VHF-Kontakt herzustellen, schlugen jedoch fehl. Aber dies war kein Alarmzeichen. Vielleicht arbeitete der Bodensender mit geringerer Leistung, oder die Signale wurden durch atmosphärische Störungen in der Antarktis beeinflußt. »Mc Center« in McMurdo rief auf HF zurück und gab die letzte Wettermeldung durch.

12.18:05 Mac Center HF F/T: »Wir haben im Gebiet eine niedrige Wolkendecke, etwa in 2 000 Fuß und gerade eben beginnt es zu schneien; die Sicht beträgt aber immer noch etwa 70 km. Wenn Sie wollen, kann ich Ihnen laufend über Wolkenbildung über dem örtlichen Gebiet berichten.«
12.18:29 Copilot Cassin F/T: »Ja, 901, das wäre nett. Wir möchten auf Flugfläche 160 sinken.«
12.18:41 Mac Center HF F/T: »Kiwi 901, Mac Center, sinken Sie und bleiben Sie auf Flugfläche 180.«
12.18:52 Mac Center HF F/T: »901, hier ist wieder die Wettervorhersage. Es sieht so aus, als lägen die klaren Gebiete um McMurdo etwa zwischen 130 und 185 km nord-

westlich von uns, aber zur Zeit haben wir über McMurdo eine ziemlich ausgedehnte Wolkendecke, kommen.«

12.19:14 Copilot Cassin HF F/T: »Verstanden, New Zealand 901, danke.«

Voraus lag eine die Küstenlinie des McMurdo-Sunds markierende Wolkendecke.

12.19:22 Flugingenieur Maloney: »Das müßte so ungefähr um Kap Bird sein, nicht wahr?«

Copilot Cassin: »richtig, richtig!«

12.19:39 Flugingenieur Maloney: »Das ist aber ziemlich zugezogen über McMurdo.«

Kapitän Collins: »Hört sich nicht gerade sehr vielversprechend an, nicht wahr?«

12.19:56 Mac Center HF F/T: »Wir haben Radar innerhalb einer Reichweite von 75 km von McMurdo. Wenn Sie wollen, können wir Sie auf 1500 Fuß auf den Radarvektoren herunterführen, kommen.«

12.20:07 Copilot Cassin HF F/T: »Verstanden, New Zealand 901, das nehmen wir gerne an.«

Kapitän Collins: »Das wars, was wir hören wollten.«

Collins zog die drei Schubhebel des großen Jet zurück, und die Nase senkte sich gemächlich zum Abstieg auf Flugfläche 180. Zwischenzeitlich hatte Kapitän Collins erneut zum Kabinenmikrophon gegriffen und informierte die Passagiere erneut über seine Absichten, wobei er im Hinblick auf das schnell wechselnde Wetter hinzufügte: »Wir hoffen, Ihnen heute einen Ausblick auf McMurdo bieten zu können.« Die auf dem AINS angezeigte Entfernung betrug immer noch rund 200 km; auf dem DME hatte sich jedoch noch keine Information hinsichtlich der Reichweite bis zur TACAN gezeigt. Die Besatzung tappte im Dunkeln.

Während des Sinkflugs war der Autopilot noch mit dem AINS gekoppelt, und wie ein Bodensichtkontakt bestätigte, arbeiteten beide Systeme zuverlässig. Wenn überhaupt, würde sich bestenfalls eine Abweichung von 5,5 km ergeben. Unten sahen Passagiere und Besatzung das Packeis und einige verstreute Wolken, während Flug 901 seine Bahnen oben durch die klare Luft zog. Vor den Piloten lag ein vollkommen wolkenfreies Gebiet. Just zu diesem Zeitpunkt tauschten Flugingenieur Maloney und Flugingenieur Brooks die Plätze, jedoch blieb Maloney im Cockpit. Copilot Lucas ließ sich hingegen die ganze Zeit über nicht im Cockpit blicken, sondern betrachtete die Szenerie von einem Kabinenfenster aus. Auf VHF versuchten die Piloten weiterhin Kontakt mit »Ice Tower« auf dem Williams Field aufzunehmen, jedoch waren alle ihre Bemühungen vergeblich. In 1500 Fuß überprüfte der Flugingenieur das geschätzte Fluggewicht von 119,5 Tonnen und gab seine Zustimmung zur kleinsten erforderlichen Geschwindigkeit von 252 Knoten. Eine angezeigte Geschwindigkeit von etwa 260 Knoten wäre für den Flug innerhalb des McMurdo-Bereichs optimal.

Um 12.24:51 ging das Flugzeug auf FL 180 in den Reiseflug über. Die Besatzung bestätigte die Flugwegwahl im AINS und die vom Autopiloten automatisch aufgefangene Höhe. Auf HF nahm Mac Center erneut Kontakt auf und schlug vor, einen weiteren VHF Kontakt in 148 km zu versuchen. Gleichzeitig teilte Mac Center mit, daß sich möglicherweise mit dem dortigen Sender Probleme ergeben könnten. Als auf der AINS-Anzeige die genannte Entfernung erschien, bemühte sich Cassin auf VHF um einen weiteren Funkkontakt, aber wiederum vergeblich. Auch die gemeinsamen Bemühungen von Collins und Cassin auf den Frequenzen 134.1 MHz und 126.2 MHz Kontakt zu bekommen, schlugen fehl. Das Problem lag jedoch nicht in der Ausrüstung, sondern am umliegenden Gelände. VHF-Übertragungen,

TACAN-Signale und Radarimpulse sind »Sichtlinien«; sie gehen zwar durch Gebäude und Strukturen hindurch, nicht jedoch durch Berg oder über den Horizont. Der im AINS gespeicherte Flugweg führte Flug 901 unweigerlich auf den zwischen Sender und Flugzeug liegenden Mt. Erebus zu, so daß keine Signale empfangen werden konnten. HF-Signale andererseits werden von der Ionosphäre reflektiert und zur Erde zurückgeworfen, so daß sie nicht vom Gelände beeinflußt werden.

Es schien unter den Gegebenheiten wenig sinnvoll, den Flug auf Fläche 180 zum McMurdo-Sund fortzusetzen. Wolken hüllten den Mt. Erebus und die Ross-Insel bis hinunter auf eine Untergrenze von 2000 Fuß über dem Williams Field ein. Natürlich war unter diesen Bedingungen ein Abstieg südlich der TACAN ins McMurdo-Gebiet nicht ratsam, abgesehen davon, daß die Fluglotsen von McMurdo dies aufgrund ihrer Radarprobleme nicht einmal in Betracht ziehen würden. Der Sund war größtenteils frei von Wolken, aber die die Ross-Insel verhüllenden Wolkenberge könnten die VMC Erfordernisse zunichte machen. Die Sicht könnte auf unter 20 km sinken. Über dem Williams Field rieselten Schneeschauer. Aber ein Sichtabstieg von Flug 901 hätte nur eine Koordination mit der Radarkontrolle, nicht jedoch eine Radarführung erfordert. Doch auch hier traten Schwierigkeiten auf. Die Besatzung hatte nur über HF Funkkontakt mit Mac Center. Die Radarlotsen saßen jedoch im »Ice Tower« am Williams Field etwa 3,5 km südlich von McMurdo und hatten zudem nur VHF verfügbar. Um einen Kontakt mit ihnen aufzunehmen, hätte man sich zunächst über die Mac Center-Leute auf HF verständigen müssen, die dann die jeweiligen Meldungen über ihre eigene Verbindung an »Ice Tower« hätten weiterleiten müssen. Dies war natürlich viel zu kompliziert. Auch stand kein Peilsignal zum Prüfen des AINS zur Verfügung. Zivilflugzeuge hatten keine Geräte an Bord, um eine TACAN anzupeilen, und das einstmals vorhandene NDB war den Angaben zufolge nicht mehr in Betrieb. Diese Information erwies sich allerdings im Nachhinein als unwahr, denn das Funkfeuer war nach wie vor in Funktion. Die Amerikaner hatte ihre ursprüngliche Entscheidung widerrufen und das NDB bis zum selbständigen Versagen weiter senden lassen. Hiervon wußte die Besatzung jedoch nichts. Warum sollte sie also ein Funkfeuer anpeilen, das doch vorgeblich gar nicht mehr vorhanden war?

Als das AINS etwa 110 km nördlich von McMurdo anzeigte, löste sich die in 10000 Fuß liegende dünne Wolkendecke auf und es wurden unten weite Gebiete klar sichtbar. Ein Abstieg in diese offenen Räume auf der Ross-Insel – Abstand von den Wolken haltend – erschien der Besatzung als die beste Lösung. Anschließend könnte das Flugzeug in den Sund einfliegen und hätte in etwa 70 km Radarkontakt. Beim Landeanflug verfuhr man ebenso. Es war die übliche Gepflogenheit auf dem Williams Field, daß landende Militärflugzeuge mit dem INS in den McMurdo-Sund einflogen, bevor sie vom Radar erfaßt wurden. Im Gegensatz zu ihren Kollegen von New Zealand Air war es den Militärbesatzungen jedoch gestattet, unter IMC-Bedingungen und mit Radarführung den Sinkflug einzuleiten.

12.31:01 Kapitän Collins: »Ich denke, ich werde hier einen Vollkreis fliegen.« Und nach links hinausschauend, prüfte Collins das Gelände.

12.31:08 Kapitän Collins: »Hier draußen ist es klar, wenn wir absteigen.«

Flugingenieur Brooks: »Hier rechts ist es aber gar nicht klar.«

Copilot Cassin: »Nein, ganz und gar nicht.«

12.31:20 Kapitän Collins: »Wenn Sie HF-Kontakt kriegen, sagen Sie ihm, daß wir weiter sinken möchten. Wir haben Bodensicht und können gegebenenfalls im Kreis sinken.«

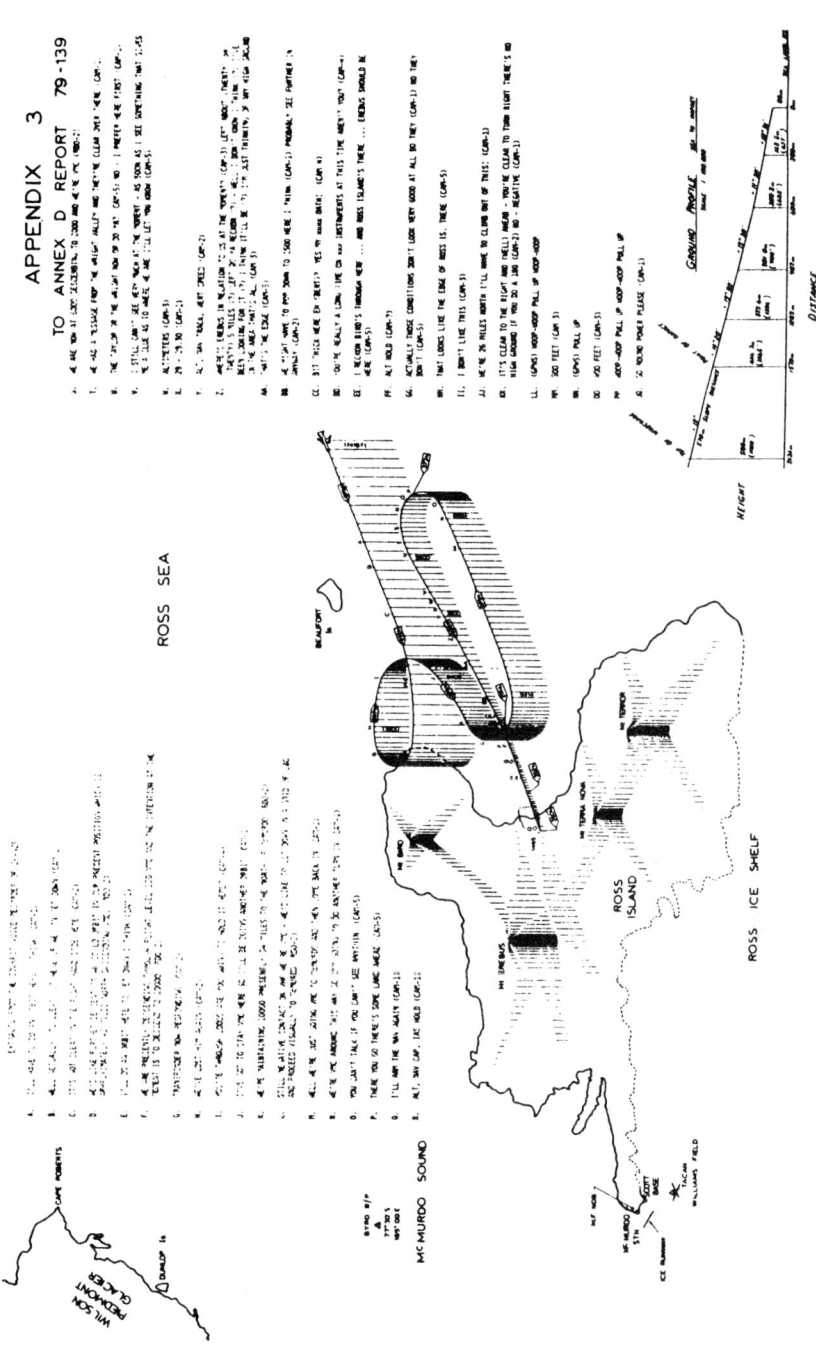

Die letzten Minuten von TH 901.

12.32:07 Copilot Cassin HF F/T: »Wir möchten weiter sinken und würden in unserer derzeitigen Position kreisen, wir sind etwa 75 km nördlich. Sinken VMC.«

12.32:08 Mac Center HF F/T: »Verstanden, Kiwi New Zealand 901, VMC Sinkflug genehmigt und halten Sie Mac Center über Ihre Höhe auf dem Laufenden.«

12.32:10 Copilot Cassin HF F/T: »Verstanden. New Zealand 901, wir gehen aus 180 runter. Geben Fläche bekannt.«

Als sich die Flugzeugnase zum Abstieg senkte, herrschten ringsherum klare Sichtverhältnisse. Kapitän Collins schaltete den Autopiloten vom AINS und stellte den Kurssteuerknopf auf einen Rechtskreis ein. Flug 901 operierte nun unter Sichtflugbedingungen, obwohl mit Mac Center Verbindung bestand.

12.34:21 Kapitän Collins über Kabinentelefon: »Hier spricht wieder Ihr Kapitän, meine Damen und Herren. Wir fliegen jetzt in einer Warteschleife und kreisen in dieser Position. Wir werden unter die Wolken sinken und sodann den McMurdo-Sund anfliegen.«

Zur gleichen Zeit entdeckte der nach vorne gebeugte Brooks auf der rechten Seite den Wilson Piedmont Gletscher.

12.34:21 Flugingenieur Brooks: »Da ist Wilson!«

In der Kabine klickten die auf die schwarzen Spalten im ewigen Eis und die Küsten des fernen Landes gerichteten Kameras.

12.35:15 Copilot Cassin: »Der Transponder spricht jetzt an.«

Halbwegs in der Kurve befand sich das Flugzeug gerade ausreichend westlich vom Erebus, um »Sichtlinien«-Signale zu empfangen. Das auf dem Transponder aufleuchtende Licht zeigte an, daß das Flugzeug vom 70 km entfernten Radar erfaßt worden war. Wieder einmal hatte sich die Präzision des AINS erwiesen. Maloney kommentierte dies vom hinteren Teil des Cockpit aus.

12.35:20 Flugingenieur Maloney: »Ist die Frequenz immer noch so miserabel?«
Copilot Cassin: »Nein.«

Endlich hatten seine Bemühungen auf VHF Erfolg.

12.35:36 Copilot Cassin VHF F/T: »Verstanden 901, Sie sind jetzt laut und deutlich zu verstehen. Wir sinken im Augenblick durch Flugfläche 130 VMC und beabsichtigen momentan auf 10 000 Fuß zu sinken.«

Über dem Flugweg erstreckte sich südlich eine gebrochene Wolkendecke, eine geschlossene Wolkendecke, so schien es, lag über der Ross-Insel. Als das Flugzeug über das gefrorene Meer flog, war es überwiegend klar. Nachdem Kapitän Collins eine weitere rechtsseitige Warteschleife eingeleitet hatte, wurden die VHF-Übertragungen erneut durch den Mt. Erebus unterbrochen. Sechsmal versuchte »Ice Tower« zu der DC 10 Kontakt aufzunehmen.

12.36:32 Copilot Cassin: »Nun haben wir sie wieder verloren.«

Als auf dem Autopilot die Höhe mit 10 000 Fuß angezeigt wurde, ging die DC 10 in den Horizontalflug über. Der kurzlebige Radarkontakt war ausreichend gewesen, um der Besatzung eine Positionsbestimmung zu ermöglichen. Aber »Ice Tower« hatte die Cockpitbesatzung niemals auf die drohende Gefahr hingewiesen, wahrscheinlich war der Kontakt zu flüchtig gewesen, um die Lotsen zu alarmieren. Oder vermuteten sie, daß Flug 901 seinen Sigthseeing-Flug schon begonnen hatte? Aber das Flugzeug flog nun über Sichtflugbedingungen. Die Besatzung war auf sich selbst gestellt.

Copilot Cassin: »Ich versuchs noch mal auf HF, Jim.«
Kapitän Collins: »Ich muß hier unter VMC bleiben. Wird wohl noch ein weiterer Kreis werden.«

12.38:38 Copilot Cassin HF F/T: »901, wir hatten kürzlich Kontakt auf 1341, den wir wieder verloren haben. Wir bleiben auf 10000, sind zur Zeit etwa 60 km nördlich von McMurdo.«

Cassin mühte sich weiter auf VHF ab, versuchte dann einen Funkkontakt auf der Wachfrequenz 121.5 MHz herzustellen. Die Funkgeräte wurde noch einmal geprüft und die Feinabstimmung nachjustiert. Alles schien in Ordnung.

Kapitän Collins wandte sich Cassin zu: »Sag ihm, wir können einen Sichtabstieg auf dem Gitter von 180 und einen Sichtanflug auf McMurdo machen.«

Collins beabsichtigte in einem sogenannten Rennbahnmuster durch eine Linkskurve einige Kilometer auf rechtweisend Nord zu sinken, bevor er mit einer weiteren Linkskurve auf den McMurdo-Sund Kurs nehmen würde.

12.42:01 Copilot Cassin HF F/T: »901, Kontakt auf VHF immer noch negativ. Wir fliegen unter VMC und möchten auf einem Gitter von 180 runter, dann Sichtflug auf McMurdo.«

12.42:05 Mac Center HF F/T: »New Zealand 901, bleiben Sie unter VMC. Geben Sie Ihre Höhe durch, wenn Sie McMurdo erreichen.«

Mac Center erbat ebenfalls 20 km vor McMurdo eine Meldung. Der Jumbo neigte sich in einer Linkskurve in den Sinkflug, steuerte rechtweisend Nord und sank auf 2000 Fuß. Der Autopilot war in Funktion getreten, die Geschwindigkeit wurde beibehalten. Auf der rechten Seite glaubte die Besatzung den Steilhang des Mt. Bird ausgemacht zu haben. Während des Sinkflugs bauten sich die Randausläufer der Wolkenschichten auf, doch die Sicht betrug immer noch 70 km.

12.42:49 Kapitän Collins: Wir sind auf dem Weg unter VMC, fliegen noch eine weitere Kurve.«

Collins steuerte das Flugzeug in eine linke Schräglage, um auf den weiter südlich gelegenen Kurs nach McMurdo einzuschwenken. Gerade in diesem Augenblick kam Peter Mulgrew ins Cockpit zurück und erklomm seinen Sitz.

12.42:50 Kapitän Collins: »Tut mir leid, daß wir keine Zeit zum Reden haben, aber . . .«

Mulgrew: »Schon gut, kannst ja später reden, wenn Du wieder klarer siehst.«

Kapitän Collins wandte sich Mulgrew zu und gab zu Bedenken, daß nach immerhin 90 km immer noch kein VHF-Kontakt zustandegekommen sei. Ohne Sichtlinien-Signalempfang auf VHF, TACAN oder Radarkontakt hätten eigentlich die Alarmglocken schrillen müssen. Da aber kurz zuvor die Transponderlampe kurz aufgeleuchtet hatte, glaubte die Besatzung, daß sie vom Radar erfaßt worden war. Dennoch hegte die Bestzung Zweifel an der Richtigkeit des Transponders. Collins und Cassin beschäftigten sich erneut mit ihren Funkgeräten, prüften die Frequenzen nach, auch die des TACAN, sollte sie vielleicht nicht stimmen? Die Passagiere nahmen während der Linkskurve große schwarze Spalten im Eis wahr, konnte es vielleicht eine Insel sein? Oder gar Land, dann wäre es die Dunlop-Insel an der Küste des Viktorialandes. Aber im Cockpit schaute die Besatzung nur geradeaus, sonst wäre sie sich des Verderbens bewußt geworden, dem sie nun entgegenflog. Auch Peter Mulgrew hatte sich verspätet, sonst wäre ihm wahrscheinlich etwas Ungewöhnliches aufgefallen. Das Gelände, das sich rechterhand von Cockpit aus darbot, war nicht mehr überschaubar.

12.43:27 Mulgrew: »Da geh' hin, da ist etwas Land voraus!« Es sah wie Kap Bernacchi aus.

Kapitän Collins: »Ich werde wieder auf ›Nav‹ schalten.« (Navigationsmode auf dem Autopiloten).

Collins brachte das AINS wieder in Betrieb, koppelte es mit dem Autopiloten und nun flog 901 wieder automatisch. Die Rundumsicht betrug etwa 70 km, und vor den Blicken der Cockpitbesatzung erstreckte sich die eisbedeckte See bis zum Horizont. Mac Center wurde wieder lebendig und bat um Wolkenzustände auf HF.

12.44:47 Copilot Cassin HF F/T: »Verstanden, New Zealand 901, 90 km nördlich liegt die Wolkenuntergrenze bei etwa 1000 Fuß. Wir sind jetzt auf 6000 und gehen unter VMC runter auf 2000.«

Jim Collins wechselte einige Worte mit dem hinter ihm sitzenden Mulgrew.

12.45:26 Kapitän Collins: »Wir haben hier eine Meldung aus Wright Valley, dort ist es klar.«

Mulgrew: »Oh, das sieht sehr gut aus.«

12.45:31 Kapitän Collins: »Wenn Du uns über diesen Weg rausbringen kannst ...?«

Mulgrew: »Kein Problem.«

12.45:36 Mulgrew: »Taylor jetzt zur Rechten.«

In der Ferne sah er einen Landflecken, der genau wie die Ecke vom Taylor Valley südlich von Kap Bernacchi erschien. Die Passagiere in der Kabine konnten immer noch nichts sehen. Mulgrew über Kabinentelefon an die Passagiere: »Hier spricht wieder Peter Mulgrew, Leute. Ich kann im Augenblick nicht viel sehen. Werde mich melden, sobald ich irgendetwas entdecke, was darauf hindeutet, wo wir gerade sind. Wir werden jetzt weiter sinken und dann werdet ihr ein bezauberndes Panorama vor Euch sehen.«

Im Cockpit raschelten die Landkarten, als das Flugzeug durch 3000 Fuß stieß. Die Besatzung wollte wissen, welche Landspitzen nun zu beiden Seiten des Flugzeugs sichtbar wurden. Ganz offensichtlich näherte man sich nun der Mitte des McMurdo-Sunds. Hätte man aber im Cockpit zu dieser Zeit die angezeigten Längen-und Breitengrade verglichen, wäre die Besatzung nicht mehr so arglos gewesen, sie hätte ihre tatsächliche Position erkannt. Dennoch traten noch keine Zweifel an der Richtigkeit des Flugwegs auf, denn auf der Karte waren keine entsprechenden Zahlenwerte aufgetragen, und Flug 901 flog nach Sicht.

12.46:39 Flugingenieur Brooks: »Wo ist der Erebus eigentlich zu unserer Position?«

Mulgrew: »Links, etwa 37 bis 45 km entfernt.«

Copilot Cassin: »Aha, aha wie interessant.«

12.46:48 Flugingenieur Brooks: »Ich mache mir gerade Gedanken über irgendwelche Bodenerhebungen in dieser Gegend, aber das war's schon.«

Mulgrew vertiefte sich in eine Karte und versuchte die Position auszumachen.

Mulgrew: »Ich glaube der ist links.«

Flugingenieur Maloney: »Ja, ich vermute etwa hier«, er tippte mit dem Zeigefinger auf die vor ihm liegende Karte.

Mulgrew. »Ja ... nein, nein, das weiß ich nicht so genau.«

Dann schaute Mulgrew hinaus, zeigte nach links auf die Klippen an der Küste und sah sich in seiner Vermutung bestätigt.

12.47:02 Mulgrew: »Das ist die Ecke!«

In 2000 Fuß ging die DC 10 erneut in den Horizontalflug über, während das AINS sich an die gespeicherten Daten hielt. Die Wolken im Vordergrund wurden stärker und erstreckten sich nun bis auf einen Untergrenze von 2000 Fuß.

12.47:43 Kapitän Collins: »Wir müssen vielleicht auf 1500 Fuß runter hüpfen.«

Copilot Cassin: »Ja, okay. Wahrscheinlich sehen wir dann etwas mehr.«

Behutsam senkte sich die schwere DC 10 in den Sinkflug.

12.47:49 Copilot Cassin: »Das sieht gar nicht einmal so schlecht aus.«

Mulgrew beugte sich nach vorne, verglich auf den Karten die Küstenlinie, die nun zu beiden Seiten des Flugzeugs klar sichtbar war. Er wies mit der linken Hand nach hinten.

Mulgrew: »Ich schätze Bird etwa hier und Ross Insel dort. Erebus müßte hier sein.«

In 1500 Fuß fing der Autopilot die Höhe auf, und die DC 10 beschleunigte hoch über der vereisten See auf 260 Knoten. Im Cockpit hatte man noch Probleme mit der TACAN. Die Blicke der Cockpitcrew hefteten sich nach vorne, nach unten, dort müßte in wenigen Sekunden McMurdo auftauchen. Die Eiswüste, von der die Besatzung annahm, es wäre der McMurdo-Sund erstreckte sich bis zum fernen Horizont, es konnte nur das Ross-Schelfeis sein. Dann verschwanden die zu beiden Seiten des Flugzeugs vorbeiziehenden Landspitzen, der vorausliegende Horizont verschmolz.

12.48:46 Kapitän Collins: »Tatsächlich sieht das alles nicht sehr schön aus, stimmt's?«

Mulgrew: »Ja, stimmt schon.«

Der Funkkontakt war nun schon für einige Zeit unterbrochen, dennoch schien sich an Bord niemand Gedanken zu machen. Vielmehr bat Collins seinen Copiloten Cassin, es noch einmal zu versuchen.

12.49:08 Mulgrew: »Das dort sieht wie die Spitze der Ross-Insel aus.«

Es war aber nicht die Ross-Insel. Vielmehr flog die DC 10 in die Lewis Bay, deren Küstenstriche zu beiden Seiten eine bemerkenswerte Ähnlichkeit mit denjenigen am Anfang des McMurdo-Sunds hatten. Direkt im Flugweg von New Zealand 901 lag, der Sicht durch eine Laune der Natur entzogen, der gigantische Mt. Erebus. Trotz genauer Navigation und aller Bemühungen der Besatzung befand sich das Flugzeug ganz wo anders, als es die Besatzung und auch die Fluglotsen in McMurdo wähnten. Flugingenieur Brooks, knapp hinter den beiden Piloten sitzend, konnte sich mit der Landschaft nicht anfreunden.

12.49:24 Flugingenieur Brooks: »Ich mag das alles nicht!« Aber die Sicht betrug immer noch 70 km, und in der Kabine klickten nach wie vor die Kameras, die Passagiere waren zufrieden, durch die Kabine flutete das Sonnenlicht.

12.49:25 Kapitän Collins: »Hast du irgendetwas von ihm gehört?«

Copilot Cassin: »Nein.«

Immer noch herrschte Funkstille im Äther.

12.49:30 Kapitän Collins: »Wir sind 48 km nördlich. Wir müssen da raussteigen.«

Es blieb kein anderer Weg als die Umkehr. Cassin beruhigte seinen Kapitän, daß rechts alles klar sei, falls er diese Richtung wählen sollte. Collins und Mulgrew blickten zum linken Fenster hinaus. Collins beschloß, in seiner Blickrichtung umzukehren.

12.49:35 Mulgrew: »Kannst Du die Ross-Insel sehen? Fein.«

12.49:38 Copilot Cassin: »Du kannst nach rechts kurven. Es gibt keine Bodenerhebungen, wenn Du einen 18 machst.« Collins jedoch zog eine Linkskurve vor.

Kapitän Collins: »Nein . . . negativ.«

Collins griff zum Kurswahlknopf, um das AINS auszuschalten. Die DC 10 glich sich geringfügig an, als sie auf den im Kursanzeiger gewählten Steuerkurs ging. Collins bereitete sich auf eine Linkskurve vor. Da plötzlich brach im Cockpit die Hölle aus. Das Bodenannäherungs-Warnsystem (GPWS) tönte mit monotoner Computerstimme: »Whoop, whoop.« (Hochziehen). »Whoop, whoop« ertönte erneut die elektronisch blecherne Stimme. Das kann doch nicht möglich sein, schoß es Collins durch den Kopf, wir befinden uns inmitten des McMurdo-Sunds, da ist kein Hindernis im Weg. Aber dennoch forderten die Vorschriften, daß jede Warnung beachtet werden wuß, und so wendete sich die Besatzung unverzüglich den vorgeschriebenen Notverfahren zu. Kapitän Collins schaltete den Autopiloten aus und zog die Steuersäule mit der linken Hand zurück, die Flugzeugnase hob sich um etwa 15°. Gleichzeitig schob Collins die Schubhebel auf volle Leistung, während der Flugingenieur die auf dem Funkhöhenmesser angezeigte Höhe ausrief.

12.49:48 Flugingenieur Brooks: »fünfhundert Fuß«.

GPWS: »Ziehen, ziehen!«

Flugingenieur Brooks: »Vierhundert Fuß«.

GPWS: »Whoop, whoop, ziehen, whoop, whoop, ziehen.«

Bestimmt, aber immer noch ruhig, forderte Collins vom Flugingenieur exakte Leistung auf die Triebwerke zu geben.

Kapitän Collins: »Durchstartleistung, bitte.« **GPWS:** Ziehen, ziehen, ziehen, whoop, whoop, whoop!«

Die DC 10 der New Zealand Airline, Flugnummer 901, zerschellte am Fuße des Mt. Erebus und brach in tausende von Stücken. Das Flugzeug pflügte eine 4 m tiefe Schneise in das Eis und den Schnee, als die beiden Tragflächentriebwerke in die Bergflanke donnerten. Im Bruchteil einer Sekunde war das Leben von 257 Menschen ausgelöscht. Es breitete sich sofort ein gewaltiger Feuerball aus. Das Hecktriebwerk lief noch einige Sekunden und katapultierte die Seitenflosse und Teile der Kabine den Hang hinauf. Das Inferno wütete und ließ das Eis darunter schmelzen und schwärzte das Wrack. Als die Flammen erloschen waren, führte eine 600 m lange schwarze Rinne durch unberührten Schnee.

In Auckland wuchs am späten Nachmittag die Sorge als bekannt wurde, daß der Funkverkehr abgerissen war. Radio- und Fernsehstationen informierten wieder und wieder über das Drama. Neuseeland hatte zuvor niemals eine spektakulären Flugzeugabsturz erlebt, nun befürchtete man im Land das Schlimmste. In den 20-Uhr-Nachrichten (neuseeländische Zeit) gab der Sprecher bekannt, daß nunmehr der Treibstoff des Flugzeugs verbraucht wäre. Man mußte die DC 10 als verschollen erachten. Oder war sie vielleicht auf dem vereisten Meer notgelandet? Im Schein der Mitternachtssonne wurde die Suche in der Antarktis nach dem vermißten Flugzeug bis in die späten Abendstunden fortgesetzt. Endlich um 1 Uhr neuseeländischer Zeit entdeckte eine Hercules der US-Marine die schwarze Spur des Wracks. Die Morgenzeitungen brachten erste Berichte über die Tragödie, eine ganze Nation war erschüttert. Neuseeland ist dünn besiedelt, mit eng verknüpften Gemeinden, und nahezu jeder Mensch schien irgendeines der Opfer zu kennen. Der Absturz am Mt. Erebus war seinerzeit die viertschlimmste Katastrophe in der Luftfahrtgeschichte.

Es wurden sofort Maßnahmen zur Bergung der Toten und Untersuchung der Absturzstelle eingeleitet. Am Abend des 29. November startete eine Maschine vom Typ »Hercules« mit mehreren Polizeibeamten, Verantwortlichen der New Zealand Air, Journalisten und Beauftragten der Unfalluntersuchungsabteilung an Bord von Christchurch in die Antarktis. Einer der Beauftragten war Ron Chippendale, Chefinspektor für Unfallfragen. Amerikanische Unfallexperten und Repräsentanten der Herstellerfirma reisten aus den Vereinigten Staaten nach McMurdo. Innerhalb weniger Tage hatten die Bergungsarbeiten begonnen, und bald hatten die Männer den Flugschreiber und das Cockpitgesprächs-Aufzeichnungsgerät gefunden. Mitte Dezember waren die Auswertungen analysiert, ein technischer Defekt am Flugzeug schaltete aus. Die Leute der Herstellerfirma McDonnell Douglas beeilten sich, einen

Seufzer der Erleichterung gen Himmel schickend, eine Stellungnahme mit dem Hinweis abzugeben, daß die DC 10 nicht für den Absturz verantwortlich war.

Bald kam das Gerücht über eine zu niedrige Flughöhe in den Wolken auf, und innerhalb der Air New Zealand und in Zeitungsberichten wurde über einen Pilotenfehler getuschelt. Aber auch von einem Computerfehler im Zusammenhang mit dem Flugplan war die Rede. Chefdirektor Morrie Davis verbot den Angestellten der Fluggesellschaft Presseinterviews zu geben. Air New Zealand legte eine Akte mit allen relevanten Unterlagen über den Absturz an. Alle überzähligen Papiere, die nichts mit dem Unfall zu tun hatten, sollten vernichtet werden.

Die Entscheidung, welche Unterlagen vernichtet oder aufbewahrt werden, lag bei den wenigen Angestellten der Gesellschaft, die in das Unglück verwickelt werden könnten. Viele Papiere verschwanden einfach. Angestellte der Fluggesellschaft riefen bei den Hinterbliebenen der Piloten an und forderten sämtliche mit dem Flug zusammenhängende Aufzeichnungen an. Kapitän Collins hatte sein Kartenmaterial und das Ringbuch mitgenommen, aber Copilot Cassins Notizen wurden ausgehändigt. Diese Notizen gab die Fluggesellschaft später mit einigen fehlenden Seiten zurück, die für immer verschwunden blieben. Am 19. Februar 1980 wies Air New Zealand öffentlich Vermutungen zurück, daß bei dem Flug falsche Navigationsdaten verwendet worden seien. Die Stellungnahme stimmte aber nur insoweit, als der nach Flugplan ursprünglich beabsichtigte Flugweg benutzt worden war, andererseits war sie jedoch höchst irreführend. An Bord hatten sich wenigstens zweihundert Kameras befunden; viele konnten unversehrt aus dem Schnee geborgen werden. Eine Vielzahl Fotografien wurden entwickelt, die deutlich zu beiden Seiten des Flugzeugs Land zeigten. Viel zu viel für die Theorie des »Fliegens in den Wolken.«

Anfang März legte Chefinspektor Chippendale seinen Unfallzwischenbericht dem Minster für die Zivilluftfahrt vor. Kurze Zeit darauf wurde angekündigt, daß eine Untersuchungskommission zur Ermittlung der Absturzursache eingesetzt würde, allerdings nicht bevor Chippendale seinen Abschlußbericht erstellt hatte. Da der Zwischenbericht eindeutig menschliches Versagen für den Unfall verantwortlich machte, bestand kaum ein Zweifel, daß die Piloten für schuldig befunden werden würden. Aber wie war das möglich? Jim Collins war in der Fluggesellschaft als verantwortungsbewußter und fähiger Kapitän geachtet. Wie konnte ein im Vollbesitz seiner geistigen Kräfte befindlicher Pilot mit der Reputation eines Collins in 1500 Fuß auf einen wolkenverhangenen Mt. Erebus zufliegen, wohlwissend, daß ihn sein Flugweg in dieser Höhe niemals über den Gipfel, sondern in die Flanke des Berges führen würde. Dies entbehrte jeglicher Logik. Einer der zahlreichen Piloten, Kapitän Gordon Vette, setzte seine Karriere und Zukunft aufs Spiel, um für den guten Ruf seiner Kollegen zu kämpfen. Er war ein guter Freund von Jim Collins und ein enger Freund von Gordon Brooks. Vettes überzeugendes Beweismaterial wurde schließlich dem Untersuchungsausschuß vorgelegt und führte zur vollständigen Klärung der Katastrophe. Später führte diese Studie zu dem Buch »Impact Erebus«, und auch eine Videokassette wurde gedreht. Beide Werke sind der Flugsicherung gewidmet, und der Erlös wurde einem von Vette gegründeten Forschungstrust zur Flugsicherung zur Verfügung gestellt.

In Auckland waren mittlerweile die »Schlachtgrenzen« zwischen zwei verschiedenen Antagonistengruppen gezogen worden: Auf der einen Seite standen das veraltete Management der Air New Zealand und die Schreibtischpiloten, bereit, eine Besatzung der Anklage eines Pilotenirrtums zu opfern, um den Namen der Fluggesellschaft zu retten; auf der anderen Seite standen die Kollegen der getöteten Besatzung und die neuseeländische Pilotenvereinigung (NZALPA). Die Auseinandersetzung nahm so heftige Formen an, daß sich schließlich der britische Kronrat damit beschäftigte.

In der Mitte des neuseeländischen Winters, am 20. Juni, hatte der Chefinspektor seinen Report abgeschlossen, der nun als Beweismaterial in der für Juli angesetzten Gerichtsverhandlung dienen sollte. Es gab keine Veranlassung, Einzelheiten bekanntzugeben, aber unter dem Protest der Öffentlichkeit wurde der Bericht schließlich veröffentlicht. Die an Air New Zealand beteiligte Regierung maß der Drucklegung des Berichts höchste Priorität bei. Aber das Ergebnis war eine vorweggenomme Schlußfolgerung: »Die wahrscheinliche Unfallursache war die Entscheidung des Kapitäns, den Flug in niedriger Höhe in einem Gebiet undefinierbarer Bodenstruktur fortzusetzen, obwohl sich die Besatzung über ihre Position nicht im klaren war und zudem das den Flugweg schneidende, ansteigende Gelände nicht erkannte.« Diese Erkenntnis basierte auf fünf Thesen:

1. Die im Computer geänderte Streckenführung vom McMurdo-Sund zur Lewis-Bay hat die Besatzung nicht irreführen können;
2. Der Absturz erfolgte, weil die Piloten entgegen den Weisungen der Fluggesellschaft unter 16000 Fuß sanken.
3. Die Besatzung war sich ihrer Position nicht sicher.
4. Das Bodenradar im Flugzeug hatte das vorausliegende bergige Land angezeigt.
5. Der Kapitän steuerte das Flugzeug auf wolkenverhangenes Bergland, das im durch Schneeblendung weiß in weiß erschienen war.

Die königliche Untersuchungskommission unter Vorsitz von Richter Peter Mahon eröffnete die Verhandlung am 7. Juli 1980, die sich bis ins darauffolgende Jahr hinzog. Das von der Fluggesellschaft unterbreitete Beweismaterial entsprach Chippendales Bericht: Die Besatzung hätte während des Fluges die geänderten Koordinaten erkennen müssen, die zur Änderung des Flugweges führten. Auch lag keine Genehmigung der Fluggesellschaft zum Abstieg unter 16000 Fuß am Mt. Erebus vor. Die Tatsache, daß sich Kapitän Collins über die Anweisung hinweggesetzt hatte, wurde zur Hauptunfallursache erklärt. In diesem Punkt war Air New Zealand unerbittlich. Niemand vom Management oder gar der Schreibtischpiloten ließ sich von dieser Meinung abbringen; obgleich Zeugen anschließend eine ganz andere Darstellung des Geschehens gaben. Es trat zutage, daß bei Beginn der Flüge, der für den Flugbetrieb zuständige Direktor der Gesellschaft, zu jener Zeit Kapitän Keesing, bei der Zivilluftfahrtbehörde (Civil Aviation Division [CAD]) die Genehmigung beantragt hatte, »soweit sinken zu können, daß wenigstens 2000 Fuß Bodenfreiheit beibehalten werden«. Später schrieb Kapitän Gemmel, der Kommandant des ersten Fluges, ohne Wissen Keesings an die CAD und erklärte, daß als geringste Höhe im McMurdo-Gebiet 16000 Fuß empfehlenswert sein würden. Vielleicht wurde dies dann später auf 6000 Fuß im Sund geändert. Kapitän Keesing jedenfalls hat nie erfahren, daß sein Vorschlag inzwischen überholt war. Als Zeuge sagte der für die Streckenfreigabe verantwortliche Berater, Kapitän Wilson, aus, daß für das entsprechende Gebiet geringste Sicherheitsflughöhen von 16000 und 6000 Fuß festgelegt worden waren. Er mußte aber einräumen, daß er selbst Besatzungen ermutigt hatte, bei klarer Sicht nicht nur von der Route abzuweichen, sondern auch auf jede zumutbare Höhe zu sinken, soweit die ATC in McMurdo die Freigabe erteilt. Auf diese Empfehlung Wilsons gingen die Besatzungen in dem guten Glauben ein, daß dies mit Zustimmung der Gesellschaft geschah. Alle Flugbesatzungen der Flüge vom Oktober 1977 an hatten sich an diese Empfehlung gehalten und waren auf 1500 bis 3000 Fuß abgestiegen. Zahlreiche Berichte, unter ihnen einer in der Hauszeitung von Air New Zealand, waren voll des Lobes über diese Besichtigungsfüge, und es kam darin auch deutlich zum Ausdruck, daß die Flugzeuge auf Höhen um 2000 Fuß gesunken waren. Dennoch behaupteten alle Schreibtischpiloten, nie einen dieser Berichte zu Gesicht bekommen zu haben.

Die von der Fluggesellschaft angelegte Akte mit den relevanten Unfallunterlagen war erstaunlich dünn; ja sie schien nur das Material zu enthalten, das Air New Zealands und Chippendales Argumentation untermauerte. Wesentliche Papiere schienen vernichtet worden zu sein. So wurde unter anderem Kapitän Collins' Ringbuch, das man an der Unglücksstelle gefunden hatte, seiner Witwe unvollständig übergeben; mehrere Seiten fehlten. Fast wurde es zur Gewißheit, daß sich in diesem Büchlein Notizen über das »Briefing« (Flugberatung) und die Streckenführung befanden. Erst lange nach der Verhandlung räumten zwei Polizeibeamte ein, daß sie das Notizbuch an der Unfallstelle gefunden hätten und es zu diesem Zeitpunkt noch vollständig war. Wo die fehlenden Aufzeichnungen blieben, ließ sich nie mehr aufklären. Aber eine weitere überraschende Tatsache kam zu Tage. Zum Zeitpunkt der Veröffentlichung des Unfallberichts durch Chippendale im vergangenen Jahr hatte ein mysteriöser Einbrecher das Haus von Frau Collins heimgesucht. Nur eine Akte wurde entwendet, der Schriftwechsel zwischen ihr und ihren Anwälten.

Im Verlaufe der Verhandlung wurde nicht nur der Chippendale-Bericht, sondern auch die Haltung der Air New Zealand heftig kritisiert. Das Fluginformationsmaterial der Gesellschaft war nicht nur wenig informativ, sondern es wurde eine Reihe Fehler aufgedeckt. Dort war nur die Rede von Schneeblendung in Schneeschauern, eine Warnung von diesem Phänomen fand sich nicht. Auch unter klaren Sichtbedingungen ist Schneeblendung kein ungewöhnliches Phänomen in der Antarktis, sondern eine natürliche Gegebenheit. Aber davon erfuhren die Besatzungen nichts. Als Flug 901 südlich auf den Mt. Erebus zuflog, hatten die Piloten nicht nur eine niedrige Wolkendecke vor sich, sondern auch schneebedeckten Boden, und die Sonne stand im Norden hinter dem Flugzeug. Fatalerweise war zu diesem Zeitpunkt der einzige Bezugspunkt, nämlich die untere Kliff-Fläche durch eine Nebelwand verdeckt, so war der Täuschungseffekt letztlich unvermeidbar. Auf einem einen Tag nach der Katastrophe aufgenommenen Film war diese Nebelwand deutlich erkennbar. Das auf den schneebedeckten Hang auffallende Licht wurde nach oben von den Eiskristallen reflektiert und fiel sodann von der Wolkenuntergrenze zurück. Ein solch diffuses Licht täuscht das menschliche Auge, das vor sich eine unbegrenzte Sicht und einen fernen Horizont wähnt.

Niemals waren die Besatzungsmitglieder vor dieser gefährlichen Tatsache gewarnt worden. Als sich Richter Mahon selbst ins Unfallgebiet begab, bestätigte er das gleiche Phänomen. Beim Anflug auf die Absturzstelle in einem Hubschrauber ragte der Gipfel des Mt. Erebus aus einer niedrigen Wolkenschicht. Näherte man sich aber, dann verschwand der Berg aus dem Blickfeld und hinterließ den Eindruck eines fernen Horizonts. Die optische Täuschung wurde durch die verblüffende Ähnlichkeit zwischen dem Eingang zur Lewis-Bucht und dem Ende des McMurdo-Sunds verstärkt. Durch eine bemerkenswerte Schlußfolgerung demonstrierte Kapitän Vette, wie die Besatzung und Peter Mulgrew überlistet worden waren. Die Klippen von Kap Bird zur Rechten der Lewis-Bucht lagen beispielsweise ähnlich ausgerichtet wie die Klippen am Kap Bernacchi zur Rechten des McMurdo-Sunds. Wenn auch die Klippen von Kap Bird um ein Drittel kleiner als die von Kap Bernacchi waren, erweckten sie dennoch aufgrund der Entfernung der DC 10 auf ihrem Flugzeug den Eindruck gleicher Größe.

Es wurde Kritik laut, daß Kapitäne für Antarktisflüge keine Streckeneinweisung erhielten. In McMurdo befragte Militärbesatzungen drückten ihr Erstaunen darüber aus, daß Collins niemals zuvor in diesem Gebiet geflogen war. Als nämlich die DC 10 in eine linke Sinkflugkurve schwenkte, um auf den südlichen Flugweg zurückzukehren, hatten die Passagiere die Beaufort-Insel auf der rechten Seite photographiert. Hätte Collins mehr Erfahrung gehabt und Mulgrew einige Minuten früher seinen Platz im Cockpit eingenommen, hätten beide die unverwechselbaren Konturen der Inseln erkannt.

Natürlich hatte sich auch die Kommunikation zwischen Air New Zealands Flug 901 und der amerikanischen ATC in McMurdo als unzureichend erwiesen. Die von der Gesellschaft vorgeschriebene Sinkfläche im engen 36 km-Band südlich des Williams Fields befand sich für eine Radarüberwachung viel zu nahe an der Antenne. Nachdem das Funkfeuer nicht mehr in Betrieb sein sollte, was nicht den Tatsachen entsprach, war eine Radarüberwachung bis herunter auf 6000 Fuß in diesem Gebiet ohnehin nicht durchführbar. Zur Überwachung von Flügen oberhalb dieser Höhe innerhalb der etwa 70 km hätte die Radarantenne verlängert werden müssen, weil sonst eine Flugüberwachung während des Landeanflugs unter 6000 Fuß nicht hätte erfolgen können.

Aufgrund dieser Gegebenheiten war bislang von der amerikanischen ATC ein Sinkflug innerhalb dieses Sektors niemals gestattet worden. Ein amerikanischer Zeuge bezeichnete diese Tatsache als absurd. Denn immer noch war es Vorschrift, Sinkflüge mit den Fluglotsen zu koordinieren. Die Verwirrung rührte letztlich daher, daß die Piloten davon ausgingen, daß eine Radarüberwachung über 6000 Fuß nirgendwo möglich war.

Die Auswertung des »Cockpit Voice Recorders« (CVR) durch den ersten Unfallinspektor ließ zu wünschen übrig. Chippendale selbst hatte den Wortlaut redigiert und einige wichtige Kommentare weggelassen. Unverständliche Phrasen, die Experten in Washington hatten unter den Tisch fallen lassen, wurden von Chippendale nach einem Besuch in Farnborough, England, wieder ins Protokoll aufgenommen: »Bit thick here, eh Bert« (bißchen dicke Luft hier, was Bert?) war als Unentschlossenheit der Besatzung zum Handeln ausgelegt worden. Aber kein Besatzungsmitglied hieß Bert!

Die Kommission verwarf Chippendales Kritik an den Piloten, das Wetterradar zum Vermeiden einer Bodenberührung nicht ausgewertet zu haben, denn die Besatzung war ausschließlich unter Sichtflugbedingungen geflogen, was sich anhand zahlreicher Fotografien der Passagiere beweisen ließ. Es bestanden auch Zweifel, ob das Wetterradar überhaupt angeschaltet war. Sollte es tatsächlich in Betrieb gewesen sein, so bestenfalls in der Wetter-Mode. Erklärungen mehrerer Experten attestierten jedoch, daß unter den extrem trockenen Bedingungen der Antarktis (trockener noch als in der Wüste Sahara) Radarbilder von schnee- und eisbedeckten Landstrichen ungenauer seien. Die Radarausrüstung konnte somit unter keinen Umständen, in welcher Mode sie auch immer geschaltet sein mochte, eine Bodenberührung verhindern.

Die Fluggesellschaft handelte sich auch deswegen Kritik ein, weil sie keine Karten mit der eingezeichneten tatsächlichen Streckenführung herausgegeben hatte. Mangels einer zuverlässigen Karte hatte sich Kapitän Collins seine eigene Route mit den sich daraus ergebenden fatalen Folgen aufgezeichnet. Als Hauptunfallursache wurde dann auch die Programmierung der Navigationsabteilung festgestellt, die Fehlerquote belief sich auf insgesamt fünfzig.

Der Bericht der königlichen Kommission wurde im April 1981 veröffentlicht und sprach die Besatzung von jeglicher Schuld frei. »Nach meiner Auffassung«, schrieb Richter Mahon, »haben weder Kapitän Collins, noch Copilot Cassin, noch die Flugingenieure sich irgendwelcher Säumnisse schuldig gemacht, die zu dieser Katastrophe beitrugen. Deshalb sind sie nicht zur Rechenschaft zu ziehen.«

Zehn wesentliche Punkte, die vor dem Unfall bekannt geworden waren, bildeten die Grundlage für das Urteil: das Fehlen jeglicher Karten, auf denen die genaue Streckenführung vermerkt war; die Änderung der Koordinaten ohne Wissen der Besatzung und die gebietsweise Schneeblendung, beredt von Mahon als »ein schlechter Trick des Nordlichts« beschrieben. »Der Hauptgrund für das Desaster«, schloß der Bericht, »war die Verhaltensweise der Fluggesellschaft, die den Flugweg im Computer revidierte, ohne die Besatzung davon in Kenntnis zu setzen.«

Die Beaufort-Insel, aufgenommen von einer aus dem abgestürzten Flugzeug geborgenen Kamera. Die Photographie zeigt, wie leicht man die düstere Insel mit einer offenen Stelle im Meer verwechseln kann.

Das Wrack am Mount Erebus.

Das Management der Air New Zealand legte eine dem Urteil widersprechende Haltung an den Tag, und Mahon sprach von einer vorbereiteten, organisierten Konspiration, einer Abkehr vom Wege der Wahrheit. Dies veranlaßte den Richter zu schreiben: »Ich sehe mich genötigt zögernd zu sagen, daß ich einer orchestermäßigen Litanei von Lügen zuzuhören hatte.« Air New Zealands Direktor, Morrie Davis, der die Absicht seiner Gesellschaft vertreten hatte, trat zurück und protestierte gegen den Bericht des neuseeländischen Berufungsgerichts. Im Dezember 1981 bestätigte jedoch das Gericht mit einer Mehrheit von drei gegen zwei Richter Mahons Urteil hinsichtlich der Unfallursache; wies jedoch Mahons Behauptungen »des vorsätzlichen Verheimlichens und einer erfundenen Geschichte« zurück.

Mahon, über dieses Urteil bestürzt, erklärte seinen Rücktritt vom höchsten Gericht Neuseelands, um seinerseits Beschwerde beim Kronrat in London einzulegen. Fünf führende Lords befaßten sich erneut mit dem Fall. Sie kamen zu der Erkenntis, daß Mahons Bericht eine »brilliante und fleißige Untersuchungsarbeit« sei. Seine Anschuldigungen, daß gewisse Leute bei Air New Zealand wissentlich falsch ausgesagt hätten, wurden bestätigt. Die Richter schlossen sich seinem Urteil vollinhaltlich an, »fühlten sich aber sehr zögernd gezwungen festzustellen«, daß er in seiner Beschuldigung hinsichtlich einer Konspiration weit über den Rahmen hinausgegangen sei. Im Zuge der Ermittlungen wurden die zugunsten der Fluggesellschaft aussagenden Zeugen niemals der Konspiration bezichtigt. Ein solches Argument später einzubringen, sei unfair, und nur aus diesem einzigen Grund verwarf der Kronrat Richter Mahons Beschwerde.

Der Abschuß der koreanischen 747

Der große Jet der Korean Airlines zog seine Bahn durch die Nacht nach Seoul in Südkorea. Im Cockpit traf der Navigator letzte Vorbereitungen für die schwierige Navigation auf der Nordpolroute, denn in Polregionen ist der Magnetkompaß unwirksam, und Funkfeuer sind dort nicht installiert.

Beim Überfliegen eines bestimmten Breitengrades mußte der Kompaß auf Gyro-Mode (Art und Weise; Wirkungsart) zum Kompensieren der Erdrotation eingestellt werden. Sodann richtete der Navigator auf Grid aus, die entsprechenden Gitterlinien waren auf den Navigationskarten aufgedruckt. Auch bediente man sich der Sternnavigation, und ein Periskop-Sextant wurde durch eine Luke in der Cockpitdecke geschoben und entsprechend ausgerichtet. Der Navigator verglich die Höhe dreier Sternengruppen in Intervallen mit den vorher berechneten Werten, und aus all diesen Ablesungen und Beobachtungen trug der Navigator sodann die Standorte präzise auf der Navigationskarte ein. Dies war ein zeitraubendes Unterfangen, denn nur alle 40 Minuten war eine Sternbestimmung möglich. Das Ausrichten des Kompasses mit Gitter-Nord und das Vorbereiten des Sextanten zum Sternanschießen erforderten von dem Navigator ausdauernde Konzentration, um jeden Fehler auszuschließen, der sich insbesondere durch die Nachtarbeit in ungewohnter Zeitzone einschleichen konnte.

Kapitän Kim Chang Kyu stellte seine Instrumente gemäß den Berechnungen des Navigators ein und hielt sich an dessen Anweisungen. Da Kim auf diesem Flug keine Funkfeuer zur Verfügung standen, verließ er sich völlig auf seinen Navigator. Die anfängliche nördliche Streckenführung lag über dem Eismeer, um den sowjetischen Luftraum zu umfliegen. Zunächst verlief der Flug durchaus normal. Nach einiger Zeit ergab sich jedoch, daß aufgrund einer Fehlberechnung durch den Navigator eine Kursabweichung von etwa 1 700 km erfolgt war. Im ersten Dämmerlicht gewahrte der Copilot aus dem Augenwinkel heraus eine Bewegung, und als er den Kopf wendete, bemerkte er eine Kampfflugzeug-Formation an der Steuerbordseite des Jet. Auf der Heckfläche der Abfangjäger leuchtete der rote Stern der Sowjetunion. Der Abfangjäger entfernte sich jedoch, ehe der Kapitän überhaupt einen Blick nach draußen werfen konnte, dennoch bestätigte er sofort durch Lichtsignale, daß das Flugzeug abgefangen worden war. Wiederholt funkte er auf der Notfrequenz, um mit seinem Verfolger Kontakt aufzunehmen, jedoch vergebens. Das sowjetische Kampfflugzeug fiel hinter der unverdächtigen koreanischen Boeing 707 zurück, und für einen Augenblick schien der Himmel klar. Doch ganz plötzlich ohne weitere Vorwarnung feuerte der Pilot des Abfangjägers mehrere Salven aus seinen Bordkanonen auf das unbewaffnete Zivilflugzeug ab. Die Geschoße rissen etwa 4,5 m der äußeren Tragflächenspitze der Boeing 707 ab, und Explosionssplitter verursachten ein Loch im vorderen Flugzeugrumpf. Zwei Passagiere wurden getötet, dreizehn weitere verletzt. Der Kabinendruck sank augenblicklich, und Kapitän Kim leitete sofort einen Notabstieg aus etwa 35.000 Fuß auf eine niedrigere Flughöhe ein, um die Sauerstoffversorgung der Passagiere sicherzustellen. Verzweifelt hielt die Cockpitbesatzung nach einem geeigneten Landeplatz Ausschau, dann landete er mit eingefahrenem Fahrwerk auf einem zugefrorenen See nahe der Stadt Kem etwa 1600 km südlich der Stadt Murmansk. Durch diese wagemutige Leistung der Besatzung waren keine weiteren Menschenleben zu beklagen.

Die Antwort der Russen auf internationale Proteste wegen des Beschusses einer unbewaffneten Boeing 707 war natürlich voraussagbar. Die Russen behaupteten, das ohne Genehmigung über die stark befestigte Kola-Halbinsel fliegende koreanische Flugzeug hätte einen Spionageauftrag gehabt. Sie nahmen weiterhin für sich in Anspruch, das Flugzeug bereits seit mehr als zwei Stunden geortet zu haben, ihre Kampfflugzeuge hätten die 707 mehrmals umkreist, und es wären auch zunächst Warnschüsse abgefeuert worden, ohne eine merkliche Reaktion der Flugzeugbesatzung. Die Vermutung lag nahe, daß es die koreanische Besatzung versäumt hatte, auf entsprechende Signale zu antworten und sodann der Befehl erging, den Eindringling zur Landung zu zwingen. Eine nachfolgende Untersuchung des Wracks und eine Befragung der Besatzung ergaben rein gar nichts, was auf einen Spionageflug hätte hindeuten können. Zweifelsfrei wurde festgestellt, daß der Flug der 707 auf der direkten Strecke von Paris nach Seoul aufgrund eines Navigationsfehlers unbeabsichtigt sowjetischen Luftraum verletzt hatte. Innerhalb weniger Stunden kehrten die Passagiere und Besatzungsmitglieder nach Südkorea zurück. Eine interne Vernehmung bei Korean Airlines führte zur Freisprechung des Kapitäns, und schon bald flog er wieder auf einer 707. Die Sowjetunion jedoch beharrte auf ihrer Behauptung. Sie ließ unmißverständlich wissen, daß jedes Flugeug, das zukünftig ihren Luftraum verletzen würde, ohne Rücksichtnahme auf Menschenleben beschossen werden würde. So unantastbar sind die Grenzen der Sowjetunion!

Zu jener Zeit waren jedoch bedauerlicherweise die Sowjets nicht die einzigen, die ihre Grenzen in so drastischer Weise zu verteidigen hatten. 1970 war eine DC 8 der Alitalia von Raketen getroffen worden, die von einem syrischen Kampfflugzeug nahe Damaskus abgeschossen worden waren, aber dennoch gelang den Piloten eine sichere Landung. Im Jahre 1973 verirrte sich eine libysche Boeing 727 über dem besetzten Sinai und wurde, von israelischen Aufklärern beschossen, zur Landung gezwungen. Das Flugzeug zerschellte am Boden, die 106 Personen an Bord fanden den Tod. Wie die Sowjets behaupteten auch die Israelis, daß das Zivilflugzeug die Signale des Aufklärers nicht zur Kenntnis genommen habe. Diese Zwischenfälle ließen bei Zivilpiloten kaum einen Zweifel, daß das unbeabsichtigte Eindringen in gesperrte Lufträume tödliche Folgen haben könne. Man hatte erkannt, daß jede künftige Luftraumverletzung ein Desaster zur Folge haben würde.

An einem schwülen, windigen Sommerabend begann auf dem New Yorker Kennedy Flughafen das Einschecken der Passagiere für den Dienstagnachtflug KE 007 nach Seouls Kimpo Airport über Anchorage. Man schrieb den 30. August 1983. Flüge von Korean Airlines wurden in New York üblicher Weise von American Airlines abgewickelt, die auch ihr Abfertigungsgebäude für den Flug KE 007 zur Verfügung gestellt hatte. Den auf den Abflug des Fluges Nr. KE 007 – eine Boeing 747-200B mit der Registriernummer HL 7442 – wartenden Passagieren stand eine lange und ermüdende Reise bevor. Der planmäßige Abflug kurz vor Mitternacht von Kennedy Airport würde durch die Dunkelheit mit einer Ankunftszeit am nächsten Morgen in Anchorage führen. Dort war ein kurzer Aufenthalt vorgesehen, ehe die Boeing 747 sodann in Richtung Seoul starten und nach einem achtstündigen Flug am nächsten Morgen landen würde. Die gemäß eingereichtem Flugplan Streckenführung würde den sowjetischen Luftraum nicht berühren, der an der äußersten östlichen Grenze verlief.

Auf dem Streckenabschnitt Anchorage – Seoul lag die internationale Datumsgrenze. Für den Flug der Korean 747 von New York (Ortszeit GMT –4) zum Zwischenstop in Anchorage (–8) und weiter nach Seoul (+9) war die kürzeste Strecke über den Pol vorgesehen, ein Kurs, der eng benachbart dem Großkreis folgte, der Linie, die die kürzeste Entfernung auf dem Globus vom Abflughafen zum Anflughafen markierte. Ein so weit nördlich gelegener Kurs verläuft zwangsläufig über mehrere Zeitzonen. Diese Zeitverschiebungen bedingten, daß beide Abschnitte sowohl in der Dunkelheit geflogen wurden, also jeder längere Streckenabschnitt zu später Nacht begann. Das brachte nicht nur für die Passagiere, sondern auch für die Besatzungsmitglieder erhebliche körperliche Belastungen mit sich.

Flug KE 007 startete auf dem Kennedy Airport um etwa 00.20 Uhr New Yorker Ortszeit (4.20 GMT) mit 30 Minuten Verspätung und landete in Anchorage, Alaska, um 3.30 Ortszeit (11.30 GMT). Planmäßig sollte der Weiterflug nach Seoul um 4.20 Ortszeit (12.20 GMT) erfolgen. Die Passagiere strömten in die große Transithalle, vertraten sich zunächst die Beine und schauten sich die vielfältigen Auslagen in den Geschäften an. Während dieser Zeit ging die Reinigungskolonne an Bord des Jumbo, räumte Zeitungen, Pappbecher und anderen Unrat fort, leerte die Aschenbecher, rückte Kissen und Decken zurecht. Ein Tankwagen nahte, betankte das Flugzeug, zusätzliche Fracht wurde geladen. Die aus New York kommende Besatzung hatte das Flugzeug zur wohlverdienten Ruhepause in Anchorage verlassen, in der Transitlounge stand bereits die neue Besatzung mit drei Cockpitmitgliedern und 20 Mann Kabinenpersonal, darunter sieben Stewards und dreizehn Stewardessen zur Übernahme des Flugs bereit.

Etwa 15 Minuten nach Ankunft des Fluges KE 007 erreichte ein anderes Flugzeug der Korean Airline, Flug KE 015 aus Los Angeles kommend, auf dem Weg nach Seoul die Parkposition. Auch die Passagiere dieses Fluges eilten in den Transitraum und trafen dort auf ihre Landsleute vom Flug KE 007.

Das Kommando des Fluges KE 007 unterstand nun dem Kommando von Kapitän Chun Byung In. Er begab sich zunächst mit seinem Copiloten Sohn Dong Hui und Flugingenieur Kim Eui Dong zur Flugberatung, sichtete die Flugpapiere, ehe er sodann an Bord ging. Continental Airlines hatte die Papiere erstellt, der Flugplan war bereits per Telex aus Los Angeles durchgegeben worden. Die Informationen wurden geprüft und miteinander abgestimmt. Kapitän Chun bestätigte die zu ladende Treibstoffmenge. Eigentlich war nur eine Mitteilung an Luftfahrer (Notams) von Bedeutung, sie befaßte sich mit dem außer Betrieb gesetzten VOR-Funkfeuer bei Anchorage. Aber auch die vorgesehene Flugzeit forderte einige Beachtung, die planmäßig von Anchorage nach Kimpo 8 Stunden und 20 Minuten betragen sollte. Der Computer hatte jedoch aufgrund günstiger Windbedingungen eine Flugzeit von 7 Stunden und 35 Minuten errechnet. Das könnte Probleme mit dem Landeverbot in der Nacht bedingen. Aber eine schnell über den Daumen gepeilte Berechnung löste das Problem. Bei einem Start vom Gate um 4.20 Uhr Alaska-Zeit und Abheben um 4.30 dieser Zeit, plus acht Stunden Flugzeit würde man in Seoul etwa um 5.30 Uhr koreanischer Zeit landen. Dreißig Minuten früher als geplant. Denn in Südkorea wie in Japan und Australien, ebenso in Europa herrschten Nachtflugverbot, so würde Kimpo seine Landebahn erst um 6 Uhr morgens freigeben. Nach Beratung entschloß man sich, den Abflug der KE 007 um 30 Minuten zu verzögern, dann wäre das Problem aus der Welt geschafft.

Inzwischen waren Kapitän Chun und seine Besatzung an Bord gegangen und hatten mit den Vorabflug-Checks begonnen. Zu den Aufgaben der Besatzung gehörte das Programmieren des Trägheitsnavigationssystems (INS), das die Boeing 747 auf der kürzesten Streckenführung nach Seouls Flughafen Kimpo navigieren würde. In den letzten zehn Jahren hatten die zivilen Luftfahrtgesellschaften den Navigator brotlos gemacht, und alle wichtigen interkontinentalen Strecken wurden mit Hilfe derartiger elektronischer Navigationshilfen oder ähnlicher Ausrüstung geflogen. INS ist ein Nebenprodukt der amerikanischen Raumfahrtprojekte, das nach dem Start eine selbständig arbeitende Einheit bildet, die von jeglichen Bodennavigationshilfen völlig unabhängig ist. Das System besteht aus einer kreiselstabilisierten Plattform, auf der Beschleunigungsmesser angeordnet sind, die die Bewegung des Flugzeugs in allen Richtungen überwachen. Diese Bewegungen werden von einem Computer verarbeitet, der sodann alle Navigationswerte anzeigt. Da das Trägheitsnavigationssystem stets den genauen Standort ermittelt und die Computerprogramme Einzelheiten über die Erdgestaltung und ihre Bewegung enthalten und auf Nord ausgerichtet sind, gibt das System kontinuierlich die aktuelle Position des Flugzeugs im Flugverlauf wieder; es navigiert das Flugzeug zu einem entfernten Punkt. Andere Navigationsdaten wie Geschwindigkeit, Entfernung, Kurs und Wind können ebenfalls abgerufen werden. Darüber hinaus liefert das INS zuverlässige Bezugsdaten für bestimmte Fluginstrumente und für den Autopiloten. Ist der Autopilot angeschaltet, wählen die Piloten die INS Mode für ein automatisches Steuern des Flugzeugs.

Bei der Ankunft des Fluges KE 007 in Anchorage war die eingespeicherte Position des Flugzeugs am Ankunftsgebäude im INS, und sogar die Erdbewegung während der Zwischenlandung vom Computer angepaßt worden. Nach langen Flügen können sich jedoch kleine Abweichungen einschleichen, und so exakt das System auch sein mag, könnte der Computer „denken", daß er 2 oder 3 km von der tatsächlichen Position entfernt ist. Dieses Problem wird durch Wählen der „Anpaßmode" am INS gelöst, um die exakte derzeitige Position des Flugzeugs zu speichern. Dem Computer werden die genauen Längen- und Breitengrade der Position des Flugzeugs, wie man sie auf ein Zehntel einer Winkelminute genau dem Handbuch für den Flughafen Anchorage entnimmt (beispielsweise Anchorage: Nord 61° 10.7', West 149° 59.2'), über eine mit Zahlen versehene Tastatur eingegeben. Das INS vergleicht sodann die tatsächliche vom Piloten eingegebene Position mit derjenigen, an der er „glaubt" zu sein und nimmt eine entsprechende Korrektur vor. Das System arbeitet aber auch entgegengesetzt und kann eine vom Piloten falsch eingegebene Rampenposition erkennen – im Flugwesen als »Mißgriff« bekannt – und gibt sofort ein rotes Warnlicht ab. Sollte der Fehler gravierender sein, kann der Pilot seine Zahlenwerte erneut überprüfen und die korrekte Position eingeben. Bei der »Anpaß-Mode« überrechnet der Computer durch einfaches Abtasten der Erdrotation rechtweisend Nord die korrigierte Position und schaltet den vorangegangenen Fehler in dem Versuch aus, ihn auf dem nächsten Flugabschnitt auszugleichen. Dieser Anpassungsprozeß kann bis zu 13 Minuten in Anspruch nehmen, und während dieser Zeitspanne darf das Flugzeug nicht bewegt werden. Ein grünes »bereit«-Licht zeigt den Abschluß der Anpassung an, und die Piloten stellen den Wahlschalter sodann auf Navigationsmode um, bevor das Flugzeug überhaupt die Rampe verläßt. Das Überprüfen und Einstellen des INS zur Anpassung und das Eingeben der Rampenposition obliegt gewöhnlich dem Copiloten. Auf allen Großraumflugzeugen wie der Boeing 747 sind gewöhnlich drei völlig voneinander unabhängig arbeitende Trägheitsnavigations-Systeme (INS) installiert, so daß die Eingabe der Rampenposition für das Anpassen dreimal erfolgt. Befinden sich nur zwei INS-Systeme an Bord und ein System versagt, kann man schwerlich voraussagen, welches von beiden einwandfrei arbeitet. Bei drei Systemen kann man ziemlich sicher sein, daß bei Übereinstimmung zweier das dritte versagt haben muß. Während der Navigation sind alle drei Systeme elektronisch miteinander gekoppelt, um eine klare Aussage zu erhalten, die sich von dem mittleren Längen- und mittleren Breitengrad aller drei INS-Systeme ableitet. Durch eine derartige Anordnung beeinträchtigt ein Versagen eines Systems die beiden anderen nicht.

Einmal auf Navigations-Mode eingestellt, kann das INS über den mit ihm zusammengeschalteten Autopiloten den Flug automatisch in jeder gewünschten Richtung steuern, muß jedoch zuerst mit den einzelnen Wegpunkten (Waypoints) der Strecke programmiert werden. Die Piloten geben in den Computer die genauen Koordinaten der Breiten- und Längengrade entlang der Flugroute ein. Bis zu neun derartiger »Waypoints« können gleichzeitig eingetastet werden, deren Reihenfolge während des Fluges auf den letzten Stand gebracht wird. Am INS System steht den Piloten ein Fernsteuerknopf zur Verfügung, um so eine Speicherung der Waypoints in allen drei Systemen zur gleichen Zeit zu erreichen. Ein INS »Waypoint« mag ein Funkfeuer oder ein Pflichtmeldepunkt mit festgelegten Breiten- und Längengraden sein, über dem Ozean einfach eine leicht erkennbare imaginäre Kennzeichnung auf der Streckenkarte.

Der erste wichtige »Waypoint« des Fluges KE 007 war die Position des VOR-Funkfeuers beim Dorf Bethel an der Mündung des Kuskokwin Flusses an der Westküste Alaskas, 345 nautische Meilen von Anchorage entfernt. Im Betrieb hatte sich das INS-System als höchst zuverlässig erwiesen, und eine amerikanische Studie hatte zu dem Ergebnis geführt, daß Probleme aufgrund von Fehleingaben durch Piloten bei 19 600 Flügen nur ein einziges Mal aufgetreten waren. Auch gab es bislang keine Berichte über ein gleichzeitiges Versagen aller drei Systeme.

Als die Vorabflugchecks beendet und das Flugzeug vom Catering Service versorgt worden war, wurden die Passagiere in der Transitlounge zu dem geringfügig verspäteten Abflug nach Seoul aufgerufen. Nachdem alle Passagiere ihre Plätze wieder eingenommen hatten, erbat die Cockpitcrew die »Startfreigabe« auf der Funkfrequenz für die vorgesehene Abflugroute. KE 007 erhielt die Freigabe von der Startbahn 32, und die Besatzung entnahm dem Flug-Handbuch die erforderlichen Daten: Steigen so schnell wie möglich auf 400 Fuß der Startbahn folgend, dann Linkskurve auf 300° Kurs (magnetisch). »Erwarten Sie sodann Streckenzuweisung oder festgelegte Positionsbestimmung«, gab der Lotse eine weitere Anweisung. Sodann sollte KE 007 schnellstens auf 3 000 Fuß (3 000 F = ca. 1 000 m) steigen. Die anfängliche Streckenführung würde Flug 007 auf die Luftstraße Victor 319/Jet 501 nach Bethel oder zu einem durch die Radarkontrolle zugewiesenen Punkt auf der Strecke führen; sodann auf der Strecke Romeo 20 (R 20) über die Bering See entlang der Küste der Aleuten. Weiter würde die Route über den Nordpazifik und südlich des Ochotskischen Meeres knapp außerhalb der Spitze des durch die sowjetischen Kontrollzentren bei Tilichiki und Petropawlowsk auf der Kamtschatka-Halbinsel kontrollierten Luftraums verlaufen. Dann wäre das nordjapanische Luftnetz erreicht, und der Jumbo würde über das Gelbe Meer nach Südkorea fliegen. Die gesamte Entfernung von Anchorage nach Seoul betrug 3 566 nautische Meilen, was etwa 6604 km entspricht.

An Bord machten es sich die 246 Passagiere, überwiegend Koreaner, Taiwanesen, Japaner und eine koreanische Flugzeugbesatzung, die zum Einsatzort zurückflog, für die bevorstehende lange Reise bequem. Unter den übrigen Passagieren unterschiedlicher Nationalitäten, darunter Amerikaner, Kanadier und Briten, befand sich ein gewichtiger Herr, der Kongreßabgeordnete Lawrence McDonnald, Vorsitzender des rechten Flügels der konservativen John Birch Society. Fast alle Passagiere hatten die Reise in New York begonnen. Mit der 23köpfigen Besatzung befanden sich insgesamt 269 Personen an Bord der Boeing 747 mit der Flugnummer KE 007. Nachdem alle Passagiere an Bord waren, wurden die Türen geschlossen und die Triebwerke der Reihe nach gestartet. KE 007 erhielt die Freigabe zum Zurückschieben von der Rampe und zum Rollen auf die Startbahn 32. Nachdem alle Startschecks abgeschlossen waren, begab sich das Flugzeug auf den Weg.

Der große Jet startete von der Startbahn 32 in die Nacht hinein. Es war genau 5 Uhr Ortszeit in Anchorage (13.00 GMT – diese Bezeichnung wird zum besseren Verständnis weiter benutzt) und kurvte nach links auf den zugewiesenen Steuerkurs von 300°. Die 747 war gerade eine Minute in der Luft und stieg gemäß den Anweisungen schnell. Copilot Sohn schaltete das Funkgerät von »Tower« auf 118.6 MHz um und rief die Abflugkontrolle. Der Radarlotse gab weitere Anweisungen.

13:01:12 Abflugkontrolle F/T: »Korean Air 007, schwer, Anchorage Abflugkontrolle, radaridentifiziert. Steigen Sie auf Flugfläche drei eins null und behalten Sie die Höhe bei. Drehen Sie nach links, Steuerkurs zwei zwei null.«

Co Sohn F/T: »Verstanden, zwei zwei null, steigen und bleiben auf Flugfläche drei eins null.«

Kapitän Chun flog das Flugzeug mit einem Steuerkurs von 220°, und der Jumbo sprach mit einer Neigung nach links an. Die erneut bestätigte Flugfläche von 31 000 Fuß wurde im Fenster des Autopiloten eingestellt. In einer Höhe von 3 000 Fuß beschleunigte das Flugzeug, um die Klappen einzufahren, die Geschwindigkeit wurde auf normale Steigrate erhöht. Sodann schaltete Chun den Autopiloten auf Kursmode und setzte den Kurszeiger auf dem Magnetkompaß auf 220°.

Abflugkontrolle F/T: »Korean Air 007 ›heavy‹, fliegen Sie wenn möglich direkt Bethel.«

Copilot Sohn F/T: »Verstanden, uff, direkt Bethel, verstanden.«

Abflugkontrolle F/T: »Korean Air 007 ›heavy‹ setzen Sie sich mit Anchorage Flugkontrolle auf 125.7 in Verbindung. Guten Tag!«

Copilot Sohn F/T: »Guten Tag.«

Bethel liegt mehr als 500 km westlich, so daß KE 007 außerhalb des 370 km Bereichs der VOR-Station blieb. Das INS mußte nur auf die direkte Route programmiert werden. Kapitän Chun tippte auf die Null (die gerade erreichte Position) und die Koordinaten für Bethel auf der Tastatur, sodann drückte er den Eingabeknopf. Die direkte Routenführung nach Bethel war hergestellt. Chun kurvte den Jumbo in Richtung auf Bethel und betätigte den Kurssteuerknopf am Autopiloten, sodann schaltete er wohl – das wurde später vermutet – den Autopiloten-Auswahlschalter von Kursmode auf INS um. Das Navigationssystem würde KE 007 nun unter Berücksichtigung der Windkomponente auf direktem Kurs nach Bethel fliegen.

Copilot Sohn stellte Kontakt auf 125.7 MHz mit dem Streckenlotsen von Anchorage her, der nun für den Weiterflug von KE 007 über die südwestlich von Anchorage gelegene Radarstation Kenai verantwortlich war. Kenai Radar verfolgte die koreanische 747 im Steigflug nördlich auf der Flugstraße Jet 501 bis sie Flugfläche 310 erreicht hatte. Das Flugzeug passierte sodann etwa 11 km nördlich das Sparrevohn VOR – eine Abweichung, die sich ein Fluglotse einer auf Direktkurs freigegebenen Maschine durchaus gestatten durfte; dann flog der Jumbo aus dem 175 Meilenbereich (311 km) heraus. KE 007 flog auf Bethel zu und verschwand in der nächtlichen Dunkelheit westwärts, fern von der aufgehenden Sonne.

Über Bethel setzte Copilot Sohn seine Positionsmeldung als »überflogen« ab und gab gleichzeitig die geschätzte Überflugzeit für Nabie, dem ersten imaginären Meldepunkt über der Bering-See bekannt. Weitere Meldepunkte über dem Ozean waren Neeva, Nippi und Nokka kurz vor der japanischen Küste.

Das INS kann ein Flugzeug natürlich genau über die einzelnen Positionen führen, nicht jedoch immer mit der Präzision, daß das Flugzeug ein Funkfeuer direkt überfliegt. Auf den Kursanzeigern fallen deshalb die auf ein Funkfeuer weisenden magnetischen Nadeln während des Überfliegens nach links oder rechts ab. Als KE 007 Bethel überflog, neigten sich die Nadeln nach links, jedoch nicht so schnell wie es beim Überfliegen einer VOR-Station üblich ist. Hieraus war zu schließen, daß sich das Flugzeug einige Kilometer nördlich von Bethel befand. Dies konnte natürlich der zu dieser Zeit stark in Anspruch genommenen Besatzung entgangen sein. Zu dieser Zeit stand KE 007 nicht mehr unter ziviler Radarkontrolle. Dennoch hatte eine amerikanische Radarstation bei King Salmon, 400 km südwestlich von Anchorage, die 747 etwa 22 km nördlich von Bethel ausgemacht. Bei King Salmon gab es mehrere Radarstationen zur Überwachung von Flügen nach Alaska aus östlicher Richtung, die jedoch nicht für Flugzeuge in westlicher Richtung zuständig waren. Zum damaligen Zeitpunkt arbeiteten Zivil- und Militärluftfahrt weitgehend unabhängig voneinander. Das Militärradar hat aus Sicherheitsgründen seine eigenen Gesetze und Vorschriften. KE 007, das war allen militärischen Beobachtern bei King Salmon bekannt, flog nach den Regeln der Zivilluftfahrt.

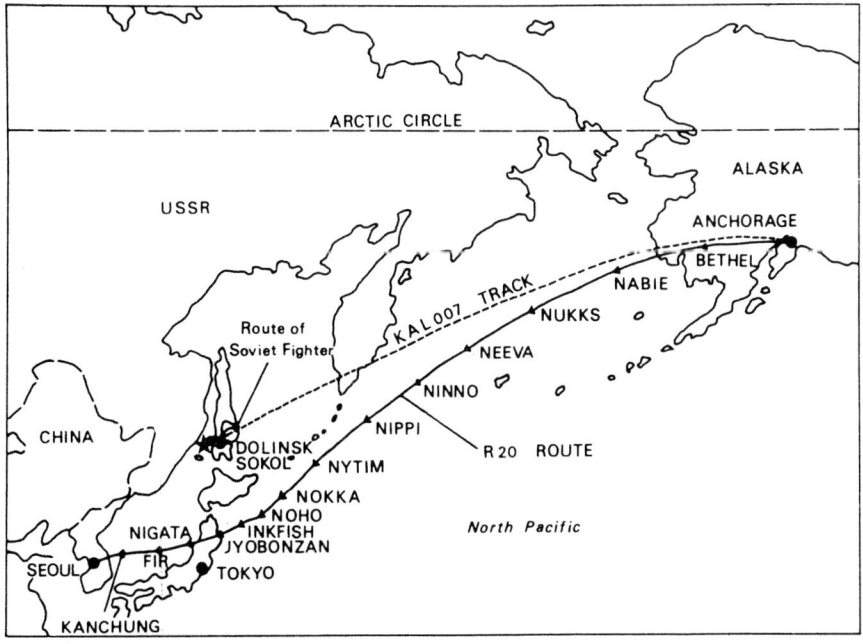

Die vorgesehene Flugroute R 20 und der von KAL 007 tatsächlich geflogene Weg.

Im Cockpit der 747 wähnte man sich auf dem richtigen Kurs, das INS steuerte ja automatisch das Flugzeug entlang dem eingetippten Kurs von 239° magnetisch. Als nächsten Waypoint würde man Nabie, rund 570 km westlich gelegen, überfliegen. Aber der Schein trügte, die Wirklichkeit war anders. Die 747 hatte nicht nur Bethel um etwa 22 km nördlich verfehlt, sie geriet vielmehr weiter vom Kurs ab. Denn tatsächlich führte der Kurs auf Romeo 20 nach Norden, eine gefährliche Strecke, die über die bestbewachte und höchst sensible Kamtschatka-Halbinsel in der Sowjetunion verläuft. Das Gebiet wurde rund um die Uhr vom sowjetischen Militärradar überwacht, und diese Nacht sollte für die Sowjets zur Herausforderung werden.

Die koreanische Besatzung schien über ihre mißliche Lage nichts zu wissen, sie überwachte den Flugverlauf und setzte routinemäßig Positionsmeldungen ab. Vor dem Erreichen jedes »Waypoint« leuchtete ein orangefarbiges »Achtung«-Lämpchen am INS auf (dies erfolgt übrigens auch, wenn ein Funkfeuer in einer Entfernung von ca. 375 km überflogen wird), um die Besatzung auf den Überflug der nächsten Position hinzuweisen. Das INS kann auf der Strecke immer noch einmal überprüft werden, bevor es den nächsten Streckenabschnitt fliegt, und diese Übertragungszeiten werden an die Flugüberwachung gefunkt. Um etwa 14.30 GMT passierte KE 007 das Funkfeuer von Nabie, und Copilot Sohn versuchte auf der VHF-Frequenz Kontakt mit Anchorage aufzunehmen. Obwohl sich das Flugzeug bereits außerhalb des VHF-Bereichs befand, übermittelte eine automatische VHF-Station auf den Aleuten den Anruf. Flug 007 der Korean Airlines hatte jedoch keineswegs Nabie überflogen, sondern war um etwa 75 km nördlich vom Kurs abgekommen und außerhalb des VHF-Bereichs der nächsten südlich gelegenen Station. Wie durch ein Wunder wurde der Funkspruch jedoch vom Flug KE 015 aufgefangen, der koreanischen Maschine, die sich auf dem Weg von Los Angeles nach Seoul befand, die 20 Minuten später in Anchorage gestartet war. Die geschätzte Ankunftszeit über Neeva wurde von KE 007 mit 16.00 Uhr durchgefunkt. Es lagen keine Anzeichen für irgendwelche Probleme vor, und man ging allgemein davon aus, daß sich das Flugzeug auf der Luftstraße Romeo 20 befand. Zur Nachprüfung hatte KE 007 um 14.44 Uhr eine HF-Langwellenbereichs-Verbindung nach Anchorage hergestellt, und um 15.58 Uhr gab Copilot Sohn auf VHF über Neeva, vermittelt durch Flug KE 15, erneut eine Positionsmeldung ab. Die geschätzte Ankunftszeit über Nippi, noch etwa 1040 km entfernt, wurde mit 17.08 Uhr angegeben. Bei Nippi wechselte die Flugverkehrskontrolle von Anchorage nach Tokio, das nun näher lag. Sohn erhielt Anweisung, sich mit Tokio zum geeigneten Zeitpunkt in Verbindung zu setzen. Aber beim Überflug von Neeva war KE 007 bereits nahezu 280 km vom Kurs abgewichen.

Um 16.06 Uhr erbat Copilot Sohn Steigfreigabe auf 33 000 Fuß. (11 000 m). Anchorage zögerte nicht lange mit der positiven Antwort. Der große Jet stieg um 2000 Fuß und flog auf Flugfläche 330 dem Unheil entgegen. Hätte die Besatzung auch nur die leiseste Ahnung von ihrer Position gehabt, wäre sie kaum so entspannt gewesen, denn nur weniger als 120 km trennte das Flugzeug von der feindlichen Küste Kamschatkas. Ohne vorherige Genehmigung flog der koreanische Jumbo ahnungslos in ein von sowjetischen Zivillotsen streng bewachtes Gebiet ein, wenn es auch noch außerhalb des sowjetischen Luftraums lag. Aber es war zu spät, die sowjetischen Militärbeobachter hatten KE 007 längst auf ihren Radarschirmen erspäht und verfolgten das Objekt mit Argwohn.

Kapitän Chun wird sich sicherlich seines Wetterradars bedient haben. Um vereinzelte Gewitterwolken aufzuspüren, wird der Abtaster am Gerät um 1° nach unten geschwenkt. Im Südosten war gerade der fast halbvolle Mond aufgegangen und erhellte den Himmel zumindest soweit, daß Kapitän Chun Wolkenbildungen hätte sehen können. Der Wetter-Radarschirm müßte ebenfalls einige Bodenabstrahlungen wiedergeben müssen, das heißt die Gestaltung der Erdoberfläche hätte sich schwach dargestellt. Da aber auf der Strecke eine niedrige Wolkendecke vorausgesagt war, mag das Bild verzerrt gewesen sein. Hätte Kapitän Chun die Kartographie-Mode gewählt, hätte er zweifellos die Umrisse der Kamtschatka-Halbinsel und damit seine mißliche Lage sofort erkannt. Eine Kurskorrektur hätte ihn auf den richtigen Weg zurückgeführt.

Etwa 140 km vor der Boeing 747 tauchte nun auf den Schirmen der sowjetischen Radarlotsen ein weiteres nicht identifiziertes Ziel auf. Wahrscheinlich, so vermuteten die Sowjets, handele es sich um eine US Air Force RC-135, eine umgebaute Boeing 707 auf einem Spionageflug. Das Auftauchen dieser RC-135 Flugzeuge in diesem Gebiet war keineswegs ungewöhnlich, denn die Amerikaner sondierten dieses Gebiet bis zu zwanzig Tagen im Monat. Das Verhalten der RC-135 beunruhigte die Sowjets nicht, aber durch den Anflug der nicht identifizierten koreanischen 747 waren sie alarmiert. Copilot Sohns Funksprüche mögen eine ruhige Atmosphäre im Cockpit der KE 007 wiedergespiegelt haben, am Boden jedoch herrschte beträchtliche Verwirrung. Als die Boeing 747 die Kamtschatka-Halbinsel mit ihrem Frühwarn-Radarsystem, Raketenversuchsrampen und der Hafeneinrichtung von Petropavlowsk, eine Basis für Kernwaffen-Unterseeboote, anflog, gerieten die sowjetischen Lotsen in Panik. Es wurden sechs MIG-23 Allwetter-Kampfflugzeuge zusammengetrommelt, nebenbei liefen die Telefone heiß. Der koreanische Jumbo brauchte zum Überfliegen der Kamtschatka-Halbinsel 24 Minuten, und die MIGs jagten in wilder Verfolgungsjagd hinterher. Trotz Radarführung war es den Angreifern jedoch unmöglich, ihr Opfer zu lokalisieren. Als die Boeing 747 den sowjetischen Luftraum über dem Ochotskischen Meer verließ, brachen die MIGs die Verfolgung ab und kehrten unverrichteter Dinge zu ihren Stützpunkten zurück. Es war allgemein bekannt, daß das sowjetische Abwehrsystem nicht lückenlos funktionierte.

KE 007 überflog das Funkfeuer Nippi um 17.07 GMT und hätte in diesem Augenblick japanisch kontrollierten Luftraum erreichen müssen. Tatsächlich aber befand sich das Flugzeug etwa 340 km vom vorgesehenen Kurs entfernt. Copilot Sohn setzte seine Positionsmeldung an Tokio auf der HF-Frequenz ab und meldete den Überflug von Nippi. Er teilte die geschätzte Ankunftszeit für Nikka mit, ein weiterer imaginärer Meldepunkt, der etwa 1220 km entfernt 185 km südlich der Kurilen lag.
17.09 Copilot Sohn HF F/T: »Korean Air 007 über Nippi 17.07, Flugfläche 330, schätzen Nikka um 18.26.«

Die Korean 747 hatte über dem Ochotskischen Meer den internationalen Luftraum wieder erreicht, behielt jedoch einen Kurs auf die Südspitze Sachalins hin bei. Diese Insel war für die Sowjets ein weiterer »Hot Spot«. Von hier aus kontrollierten sie alle Bewegungen ins Japanische Meer, und außerdem befand sich auf dieser Insel der bedeutende Kriegshafen von Wladiwostok. An der Südküste Sachalins, an der Soja- oder La Péruse Straße, liegt zudem der strategisch wichtige Flottenhafen von Koraskow, umgeben von einer Reihe Bomber- und Kampfflugzeugbasen und einer größeren Raketenstation. Dies war ein höchst sensibles Gebiet für die Sowjets. Vorrang nahm nur noch die Unterseeboot-Basis bei Petropawlowsk ein.

Die Empörung des sowjetischen Oberbefehlshabers der Streitkräfte über das Unvermögen seiner MIGs, ein unidentifiziertes Flugzeug abzufangen, gestattete kein Pardon. Er befahl sofort alles in die Wege zu leiten, um den Eindringling am Entkommen zu hindern. Die Sowjets vermuteten, daß es sich um eine US RC-135 handelte, obgleich die Geschwindigkeit des Flugzeugs hierfür zu hoch erschien. Wahrscheinlich, so mutmaßten sie, war es ein umgebautes Spionageflugzeug der Typen Boeing 747 E4A oder E4B. Natürlich konnte es sich auch um ein Zivilflugzeug handeln, das eine Kursabweichung vortäuschte. Mit ihren eigenen Flugzeugen der sowjetischen Fluggesellschaft Aeroflot waren die Sowjets durchaus nicht pingelig, wenn es um Kursabweichungen ging. Unter solchen Umständen erwarteten sie jedoch Nachsicht von den betroffenen Nationen.

Was auch immer dort oben herumflog, es konnte nur Spionage im Spiel sein. Das Flugzeug mußte abgefangen und zur Landung gezwungen werden. Auf der Kurilen-Insel wurden sowjetische Kampfflugzeuge zusammengezogen, um jeglichen Ausbruchsversuch auf der südlichen Route zu verhindern. Japanische und amerikanische Geheimdienstoffiziere, die das Spektakel verfolgten und die tatsächliche Situation verkannten, vermuteten, daß die Sowjets eine Luftabwehrübung veranstalteten. Auf dem Luftwaffen-Stützpunkt Dolinsk-Soko auf Sachalin erhielten Flugbesatzungen Instruktionen, und weitere Kampfflugzeuge wurden in Alarmbereitschaft versetzt. Als die Boeing 747 unbeirrt ihrem Kurs folgte, stieg die geflügelte Armada zum Kesseltreiben auf.

Die Zeit rannte den Sowjets mittlerweile davon. Die Südspitze Sachalins ist an ihrer breitesten Stelle nur 10 km lang, und die Boeing 747 würde zum Überqueren des sowjetischen Luftraums nur 10 Minuten benötigen. Nur wenige Kilometer südwestlich von Sachalin lag an der äußersten Seite der La Péruse Straße die nördlichste japanische Insel Hokkaido. Diesen Luftraum hatten die Japaner zum Sperrgebiet erklärt. Sobald KE 007 jenseits der Küsten von Sachalin fliegen würde, wäre eine Verfolgung ausgeschlossen. Dies durfte den Sowjets einfach nicht passieren, der Jumbo mußte noch im sowjetischen Luftraum gestellt werden.

Sowjetische Kampfflugzeuge stiegen im steilen Winkel von ihrem Stützpunkt auf Sachalin auf eine Höhe von 33 000 Fuß und flogen unter Radarführung hinaus auf das Ochotskische Meer. Sie setzten sich hinter den Jumbo und bezogen am Heck Stellung. Japanische Militär-Radarstationen beobachteten das Spiel und nahmen an, daß ein sowjetisches Transportflugzeug von einigen Kampfflugzeugen eskortiert wird. Auch elektronische Abhöreinrichtungen lauschten dem Luft-Boden-Funkverkehr zwischen den Kampfflugzeugen und ihren Bodenstationen und zeichneten die Gespräche auf. Offensichtlich handelte es sich um drei Kampfflugzeuge mit den Rufzeichen 805, 163 und 121, die Funkverbindung mit den Bodenstationen Code Deputat, Karnaval und Trikotazh aufrechterhielten. Wahrscheinlich war auch der Funkverkehr dieser Bodenstationen mit den Angreifern aufgezeichnet worden, eine Verlautbarung hierzu war jedoch niemals zu erhalten. Das Flugzeug mit dem Rufzeichen 805, identifiziert als eine Sukhoi Su-15 und die Bodenstation Deputat spielten bei den sich nun anbahnenden Ereignissen die Hauptrolle.

Nachdem sich die Sukhoi 805 unter Radarführung an das Heck des Eindringlings geheftet hatte, erfaßte das Radar der 805 die Boeing 747, und das Kampfflugzeug schob sich zur Identifizierung näher heran. KE 007 befand sich auf einem Kurs von 240° in einer Höhe von 33 000 Fuß mit einer Geschwindigkeit über Grund von etwa 500 Knoten. Kurz vor 18.06. GMT, als die Su-15 die Lücke zwischen sich und der Boeing 747 geschlossen hatte, brach der Pilot in einem Funkspruch an seine Bodenstation in Jubel aus.

18.05:56 805 F/T: »Ich sehe es!«
Deputat antwortete mit weiteren Weisungen, denen der Su-15 Pilot folgte.

18.08:00: »805, verstanden, kapiert, ich fliege hinterher.«

18.08:06: »805, auf Kurs 260, verstanden.«

Das Kampfflugzeug legte sich in eine leichte Rechtskurve und hängte sich in einiger Entfernung direkt an die rechte Seite des Jumbo. Irrtümlich hatte man vermutet, daß KE 007 den Kurs geändert hatte.

18.09:00: »805, ja es kurvt. Das Ziel befindet sich 80° zu meiner Linken.«

18.10:35: »805, Kurs 220.«

18.11:20: »805, 8000 m, verstanden.«

18.12:10: »805, ich sehe es mit eigenen Augen und auf dem Radar.«

Noch stand der abnehmende Mond am Himmel, der genug Licht spendete, um dem Piloten eine klare Identifizierung des koreanischen Jumbos zu ermöglichen. Zumindest jetzt stand fest, daß es sich keinesfalls um eine RC-135 handeln konnte, bestenfalls könnte es eine umgebaute 747 E4B sein. Hatte jedoch der Su-Pilot KE 007 als Zivilflugzeug erkannt? Eine entsprechende Information funkte er jedenfalls nicht zu seiner Bodenstation. Natürlich lag es nicht im Aufgabenbereich der 805 ein Ziel zu identifizieren; der Pilot hatte lediglich seine Befehle auszuführen. Mittlerweile begann die 805 mit dem Identifizierungsverfahren, bekannt als IFF – Freund oder Feind Identifizierung, doch ein greifbares Ergebnis blieb aus. Sowjetische Systeme sind mit moderner westlicher Technik nicht vergleichbar.

18.13:26: »805, das Ziel antwortet nicht auf IFF.«

Im Cockpit der 747 hatte die koreanische Besatzung von dem Wirbel um sie herum anscheinend nichts bemerkt, sie war vielmehr bestrebt, auf die nächste geeignete Flugfläche zu steigen. Der Copilot erbat auf der HF-Frequenz von Tokio die Freigabe.

Copilot Sohn HF F/T: »Korean Air 007, erbitte 350.«

Tokio HF F/T: »Verstanden, warten Sie, ich rufe zurück.« Zwischenzeitlich funkte die Su-15 weiter.

18.15:08: »805, Der Kurs des Ziels ist noch der gleiche . . . 240.«

18.18:07: »805, ich sehe ihn.«

18.18:34: »805, die ANOs brennen. Die Lichter flackern.«

Der Su-15 Pilot bestätigte damit, daß die Navigationslichter (wie in der »Air Navigation Order« festgelegt) angeschaltet waren und daß das ständig blinkende rote Zusamenstoß-Warnlicht in Betrieb war.

18,19:02: »805, ich nähere mich dem Ziel.«

18.19:08: »805, sie sehen mich nicht.«

18.20:08: »805, Quatsch, ich gehe, ich meine mein Z.G. leuchtet auf.« Damit bestätigte die Su-15, daß die Z.G.-Anzeige aufleuchtete und anzeigte, daß die radargesteuerten Raketen auf das Ziel ausgerichtet waren. Der Pilot ließ die Raketen für wenige Minuten in dieser Stellung und rief dann erneut die Bodenstelle, wahrscheinlich weitere Anweisungen folgend.

18.20:30: »805, ich schalte Richtsystem ab und fliege näher ans Ziel heran.«

Fast im gleichen Augenblick erhielt KE 007 einen Ruf von Tokio mit der Steigfreigabe.

Tokio HF F/T: »Korean 007, hier kommt Ihre Freigabe. Tokio ATC erteilt KE 007 Steigfreigabe und behalten Sie Flugfläche 350 bei.«

Copilot Sohn HF F/T: »Verstanden, Korean Air 007, steigen auf Flugfläche 350 und behalten sie bei. Verlassen gerade 330.«

Es ergaben sich keinerlei Anhaltspunkte für irgendwelche außergewöhnlichen Ereignisse, wenn auch die Boeing 747 zu diesem Zeitpunkt bereits um mehr als etwa

675 km vom Kurs abgewichen war. Kapitän Chun wählte auf dem Autopiloten die Steig-Mode und leitete den Steigflug auf 35 000 Fuß ein. Die Geschwindigkeit des Jumbo sank leicht ab. Gerade als die Steigfreigabe erfolgte, gab der Su-15 Pilot 120 Schüsse aus seinen Rohren in vier Feuerstößen ab, offensichtlich als Warnung an KE 007. Sollten schon zu diesem Zeitpunkt Geschoßteile das Flugzeug getroffen haben? Berichte hierüber lagen nicht vor. Die intensiv mit dem Steigverfahren beschäftigte koreanische Besatzung dürfte wohl kaum etwas von der Absicht der ihnen folgenden 805 bemerkt haben.

18.01:35: »805, die Lichter des Ziels blinken. Ich habe mich dem Ziel auf etwa 2 km genähert.«

Der Su-15 Pilot beschleunigte sein Flugzeug, um näher an sein Ziel zu kommen. Das plötzliche Steigmanöver der Boeing 747 hatte ihn aus dem Konzept gebracht.

18.22:02: »805, das Ziel verringert die Geschwindigkeit.« Die Su-15 hatte das Ziel scheinbar unbeabsichtigt hinter sich gelassen.

18.22:17: »805, ich umfliege es. Ich bin gerade vor dem Ziel.«

18.22:23: »805, erhöhe Geschwindigkeit.«

18.22:29: »805, nein, jetzt verringert es die Geschwindigkeit.«

18.22:42: »805, hätte es früher tun sollen. Wie kann ich es kriegen. Ich bin genau über dem Ziel.«

18.22:55: »805, ich muß einfach ein bißchen hinter das Ziel gehen.«

Und just in diesem Augenblick rief KE 007 Tokio und meldete, daß 35 000 Fuß erreicht seien.

Copilot Sohn HF F/T: »Tokio Radio, Korean Air 007, Flughöhe 350.«

Der Su-15 Pilot bekam weitere Anweisungen von Deputat, die er sogleich beantwortete.

18.23:18: »805, von mir aus gesehen befindet es sich 70° links.«

18.23:37: »805, ich falle zurück. Ich werde es jetzt mit Raketen versuchen.«

18.24:22: »805, verstanden, ich klinke aus.«

18.25:11: »805, ich nähere mich dem Ziel. Ich klinke aus, Entfernung zum Ziel 8 Kilometer.«

18.25:46: »805 Z.G . . .«

Der Sukhoi Su-15 Pilot feuerte seine Raketen ab.

18.26:20: »805, habe Angriff beendet.«

Die beiden AA-3-Anab-Raketen schossen auf die Boeing 747 zu, und nur wenige Minuten später wurde das Heck des Jumbo und mit größter Wahrscheinlichkeit auch ein Innentriebwerk getroffen. Der große Jet brach in Sekundenschnelle auseinander, die Einzelteile rasten spiralförmig der Erde entgegen. Der Abfangpilot beobachtete bar jeder Gefühlsregung die Explosion seines Opfers dann funkte er an Deputat.

18.26:22: »805, das Ziel ist zerstört.«

18.26:27: »805, ich breche Angriff ab.«

Im Cockpit der 747 wurde die Besatzung von diesem ersten Anschlag, den sie überlebte, völlig überrascht. Verzweifelt versuchte Copilot Sohn an die Verkehrskontrolle in Tokio zu funken. Seine Worte kamen verstümmelt aus dem Äther.

18.27 Copilot Sohn HF F/T: »Korean Air 007 . . . alle Triebwerke . . . rapider Druckabfall . . . 101 . . . zwei Delta . . .«

Das waren die letzten Worte, die die Besatzung des Fluges KE 007 zur Erde funkte, dann herrschte Stille. Es war 18.28 GMT am 31. August 1983 (3.28 Ortszeit), in Japan und Korea dämmerte der 1. September herauf. Die japanischen Militär-Radarlotsen wurden Zeugen der Tragödie. Auf ihren Radarschirmen beobachteten sie wie die Boeing 747 um 18.30 Uhr spiralförmig vom Himmel taumelte und sahen wenig später wie das getroffene Ziel vor der Westküste Sachalins im Meer versank. Alle 269 Passagiere an Bord des koreanischen Jumbo fanden den Tod.

Der Abschuß schockierte die Welt, Empörung und weltweite Proteste erhoben sich. Die Führer der Freien Welt verurteilten die Sowjetunion und forderten Vergeltungsmaßnahmen. Die Kanadier waren die ersten, die Flüge von Aeroflot in ihrem Land untersagten, weitere Nationen schlossen sich an. Präsident Reagan verfügte die Schließung der Aeroflot-Büros in New York und Washington, und ein weltweiter Sechstagebann wurde über alle Flüge in die Sowjetunion verhängt. Die sowjetische Reaktion hierauf war kalkulierbar. Zunächst bestritt Moskau die Tatsachen. Dann räumten die Verantwortlichen einige Tage später ein, man hätte die KE 007 versehentlich abgeschossen in dem Glauben, es habe sich um eine Spionagemission einer RC-135 gehandelt. Die Sowjets starteten eine beeindruckende Propaganda-Aktion, um ihren Irrtum zu rechtfertigen. Moskau behauptete nun, Flug KE 007 habe einen Spionageauftrag gehabt, und deshalb sei der Abschuß unerläßlich gewesen. Die Vereinigten Staaten wurden in aller Öffentlichkeit beschuldigt, diese Provokation vorsätzlich geplant zu haben. Mit einer beispiellosen Flucht nach vorne gab der sowjetische Verteidigungsminister Marschall Nikolai Ogarkov in Moskau eine Pressekonferenz. Auf einer riesigen Landkarte erläuterte er, wie nach sowjetischer Ansicht die koreanische Boeing 747 eine Begegnung mit der US RC-135 hatte, bevor sie vorsätzlich den sowjetischen Luftraum verletzte. Marschall Ogarkov, der noch einmal kurz auf den Abschuß der 707 Korean Airline-Maschine im Jahre 1978 südlich von Murmansk einging, behauptete, die Boeing 747 wäre mehrere Stunden durch sowjetisches Radar überwacht worden, hätte keine Positionslichter gesetzt, die Besatzung hätte jede Kontaktaufnahme ignoriert und die Warnschüsse unbeantwortet gelassen. »Es bestand kein Zweifel, daß es sich um ein Aufklärungsflugzeug gehandelt hat«, und »daß die Zerstörung des Flugzeugs und somit die Todesopfer einzig und allein den Vereinigten Staaten anzulasten sind.« Nach den Worten der New York Times hatte Marschall Ogarkov einen »brillianten Auftritt«. Dieser Zwischenfall führte zu einer Verschlechterung der Beziehungen zwischen den Vereinigten Staaten und der Sowjetunion und warf die Entspannungspolitik zurück. Aber schon ein Jahr später hatten sich beide Seiten eines Besseren besonnen: Washington sprach nicht mehr von Vorsätzlichkeit, und Moskau gab unumwunden zu, daß hier ein bedauerlicher Irrtum unterlaufen sei.

Aber warum war Flug KE 007 soweit vom Kurs abgewichen? Hatte das Flugzeug tatsächlich einen Spionageauftrag? Die Sowjets behaupteten, KE 007 hätte hochentwickelte Abhörgeräte an Bord gehabt. Aber diese These erscheint zu weit hergeholt. Immerhin war das Flugzeug auf seinem langen Weg auf verschiedenen Flughäfen von Mechanikern anderer Fluggesellschaften gewartet worden, denen Spionagegerätschaft an Bord nicht verborgen geblieben wäre. Schon die hierzu nötigen zusätzlichen Antennen wären ins Auge gesprungen. Auch die These des »Rendevous« vermochte nicht zu überzeugen. Zum damaligen Zeitpunkt befanden sich Flugzeuge vom Typ RC-135 nahezu täglich in diesem Gebiet, und niemals hatten sich Flugzeuge auf weniger als 140 km genähert. Auch war die RC-135 auf ihren Stützpunkt am Rande der Aleutenkette Shemya etwa eine Stunde vor dem Abschuß der Boeing 747 zurückgekehrt. Von westlicher Seite argwöhnte man, ob die Sowjets wohl in dieser Nacht den Test einer neuen Waffe vorbereitet hatten. Aber warum sollte ein Passa-

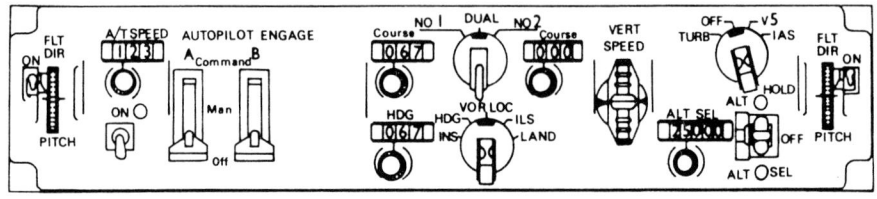

Schalter Autopilot-Flugrichtungsmodus.

gierflugzeug, besetzt mit ahnungslosen Fluggästen, das Risiko auf sich nehmen, wenn Spionageflugzeuge in sicherer Entfernung wirksamer operieren und Nachrichtensatelliten aus dem Weltall alle Informationen bis ins kleinste Detail zusammentragen konnten?

Der Gerüchte kursierten viele, meist kamen sie von westlicher Seite. Eines vermutete in der Luftraumverletzung durch die Boeing 747 einen gleichermaßen finsteren Zweck; nämlich, daß die Sowjetunion ausgetestet werden sollte. Man vertrat die Auffassung daß der verspätete Abflug der KE 007 in Anchorage deshalb vorprogrammiert worden war, um die VHF-Reichweite zur KE 015 aufrechtzuerhalten, die fingierte Funksprüche abgesetzt habe, daß ein Rendezvous mit der RC-135 stattfinden würde. Weiterhin machte das Gerücht die Runde, daß die Luftraumverletzung zeitlich mit dem Überfliegen des US-Ferret-Spionagesatelliten und der Raumfähre Challenger zusammentreffen sollte, die tags zuvor gestartet war. Es besteht kein Zweifel, daß die sich nach dem Abschuß der koreanischen 747 ergebenden sowjetischen Aktivitäten für den USA-Geheimdienst einen Gewinn brachten, aber die Vermutung, daß die Luftraumverletzung sorgfältig vorausgeplant war, entbehrt jeder Grundlage. Auch war nicht davon auszugehen, daß die Sowjets nicht eingreifen würden, denn kaum fünf Jahre zuvor hatten sie deutlich gemacht, was Luftraumverletzer erwarten würde, als die koreanische 707 zur Landung gezwungen wurde.

Aber eine neue Spekulation erhielt Nahrung. Viele Piloten verkürzen gelegentlich den Weg um Betriebsstoff zu sparen; sie folgen der Mittellinie einer krummverlaufenden Luftstraße. Hatte vielleicht Kapitän Chun zugunsten der Treibstoffersparnis eine solche Wegverkürzung ins Auge gefaßt? Aber seine ungewöhnliche Kursabweichung sprach keineswegs für diese Vermutung. Selbst wenn Chun vorsätzlich die kürzeste Entfernung längs des Großkreises von Anchorage nach Seoul geflogen und den sowjetischen Häschern entkommen wäre, warum sollte er die japanischen Lotsen genarrt haben? »Frisierte« Positionsmeldungen auf HF über weite Entfernungen zu funken, ist eine Sache, aber den gleichen Trick auf VHF über einem verstopften, radarkontrollierten Luftstraßensystem zu versuchen, eine andere. Vielfach werden Positionsmeldungen überhaupt nicht abgesetzt, weil sie überflüssig wären, und nach der ersten Kontaktaufnahme mit dem Lotsen wird der Flugverlauf ohnehin durch Radar überwacht. Flug KE 007 befand sich auf der nördlichen Route nach Japan und war somit außerhalb der VHF-Reichweite des etwa 650 km weiter südlich stationierten, für diesen Luftabschnitt zuständigen Lotsen. Weshalb aber sollte ein Lotse von einem Flugzeug Positionsmeldungen entgegennehmen, das gar nicht seiner Radarkontrolle unterstand? Aber auch die Japaner hätten natürlich auf ein nicht identifiziertes Flugobjekt ihre Abwehr angesetzt. Warum aber hatten die Japaner beim Ver-

747 der Korea Airlines.

INS-Steuer-/Darstel-
lungseinheit.

Cockpit der 747.

schwinden von KE007 von ihren Radarschirmen nicht sofort ihre Such- und Rettungsdienste in Alarmbereitschaft versetzt?

Hätte Kapitän Chun tatsächlich die Absicht gehabt, das japanische Verteidigungssystem zu überlisten, hätte er still und heimlich eine nach Norden verlaufende Luftstraße passieren, ein hochgelegenes Sperrgebiet überfliegen und die koreanische Luftkennungsgrenze vor Erreichen vom Kimpo Airport durchbrechen müssen.

Alle Spekulationen blieben ungereimt, es fand sich keine plausible Lösung.

Simulierte Flüge sowohl auf der Luftstraße Romeo 20 als auch den Großkreisstrecken hatten ergeben, daß bei einem Direktflug auf dieser Strecke nur 330 km eingespart worden wären und sich die Flugzeit um nur 20 Minuten verringert hätte. Da sich aber der Abflug in Anchorage ohnehin um 30 Minuten verzögert hatte, um die Ankunft des Fluges KE007 mit der Öffnungszeit vom Kimpo Airport zu koordinieren, nämlich um 6 Uhr morgens Ortszeit, machte ein Zeitgewinn keinen Sinn. Chun hätte über Kimpo in der Warteschleife kurven müssen und hätte mehr Treibstoff verbraucht, als er durch eine Abkürzung hätte sparen können. Wie aber war es zu diesem schrecklichen Unglück gekommen? Ein Grund ließ sich einfach nicht finden.

Aber eine andere Überlegung kam noch ins Gespräch. Sollte der Abschuß der KE007 einfach auf einem fehlerhaften INS, gekoppelt mit dem Autopiloten beruhen? Hatte es Kapitän Chun einfach versäumt, beim Einkurven auf Bethel den Steuerkursknopf des Autopiloten einzustellen, so daß sich das INS System in der magnetischen Kurs-Mode befand? Denn beim Einstellen des INS muß ein Autopilotschalter – entgegengesetzt der Uhrzeigerrichtung um ein Grad verschoben – vom Steuerkurs auf INS geschaltet werden. Vor beiden Piloten leuchten sodann grüne Lämpchen auf, die anzeigen, daß vom Flugmode-Gerät der Navigationskurs eingerastet wurde. Aber, daß Kapitän Chun vergaß, diesen Wahlschalter um eine Stelle zu drehen, erscheint unglaubhaft, denn es ist eine Routinesache, wenn auch schon mehrmals Pannen aufgetreten waren. Erst im November 1985 kam eine Boeing 747 der Japan Airlines auf der Route von Tokio nach Moskau um etwas mehr als 100 km vom Kurs aufgrund eines Pilotenfehlers ab und überflog fast das gleiche Gebiet über Sachalin, das für Flug KE007 zum tödlichen Verhängnis wurde. Der Kapitän dieses Fluges hatte vom INS auf den magnetischen Steuerkurs umgeschaltet, um einer Gewitterwolke auszuweichen, vergaß dann jedoch die INS-Mode erneut zu wählen, nachdem sich das Wetter gebessert hatte. Starke Winde hatten die Boeing 747 nach Westen abdriften lassen. Die Besatzung hatte jedoch ihren Irrtum bei der routinemäßigen Überprüfung des INS-Meldepunktes bemerkt und sich sofort, wenn auch vergeblich, bemüht mit der Flugverkehrskontrolle in Chabarowsk Kontakt aufzunehmen. Aber schon waren zwei MIG-Jäger alarmiert worden. Im letzten Augenblick konnte die Situation geklärt werden, die MIGs verschwanden, und die Boeing 747 setzte ihren Flug ohne Zwischenfall fort.

Wie aber war es zu der ungewöhnlichen Kursabweichung der koreanischen 747 gekommen? Es wurden Stimmen laut, daß Kapitän Chun nach Erreichen der Mittellinie der Luftstraße direkt von Anchorage nach Bethel vergessen hatte, auf dem Autopiloten die INS-Mode zu wählen und stattdessen in der magnetischen Steuerkurs-Mode weiterflog. Der zum fraglichen Zeitpunkt herrschende Wind führt nur zu einer Abdrift nach links von 1°, so daß ein magnetischer Steuerkurs von 246° (entsprechend dem ursprünglichen magnetischen Luftstraßenkurs) das Flugzeug nahe an Bethel heranführte. Folgte das Flugzeug sodann der Verlängerung der direkten Luftstraße von Anchorage nach Bethel mit diesem magnetischen Steuerkurs von 246°, ergab sich, daß der von KE007 geflogene Kurs, natürlich unter Berücksichtigung des Windes und der magnetischen Abweichung (die Differenz zwischen recht-weisend und magnetisch Nord) direkt zur Abschußstelle über der Insel Sachalin führte. Ein weiteres überzeugendes Argument resultierte aus dem von dem Su-15-Kampfflugzeug angegebenen Kurs von 240°, der mit demjenigen des Fluges KE 007 übereinstimmte. Der in dieser Höhe auftretende Wind bewirkt eine Linksdrift um 5°, und bei einem Steuerkurs von 246° wäre die Boeing 747 somit einem Kurs von 241° gefolgt. Dies würde allerdings voraussetzen, daß die Cockpitbesatzung tatsäch-lich fünf Stunden lang mit der Kurswahl-Mode geflogen war, kein grünes Navigations-licht aufleuchtete oder kein Cockpitmitglied darauf achtete. Außerdem wäre in diesem Fall keine Überwachung der INS-Wahl an den einzelnen Meldepunkten erfolgt. Sollte eine gesamte Cockpitbesatzung so gewissenlos gewesen sein? Auch diese Theorie schien wenig überzeugend, denn alle Anzeichen sprachen dafür, daß die Computer des INS einwandfrei gespeichert waren.

In Anchorage hatte Flug KE 007 die Freigabe zum Direktflug nach Bethel erhal-ten mit dem Zusatz »soweit möglich«. Diese Anweisung bedeutete jedoch nicht, wie später behauptet, daß die Boeing 747 auf eine direkte Streckenführung von Ancho-rage nach Bethel freigegeben worden war. Denn diese Anweisung besagte, daß der Flug vom derzeitigen Standort des Flugzeugs direkt zum zugewiesenen Pflichtmel-depunkt freigegeben war. Für Korean Air Lines bestand somit keine Notwendigkeit dieser Luftstraße zu folgen. Der Zusatz »wenn möglich« trifft meist nur auf Flug-zeuge ohne INS zu, die nur innerhalb des Signalbereichs ein entferntes VOR-Funk-feuer ansteuern können. Viele solcher Flugzeuge tummeln sich am Himmel über Alaska, und die Bemerkung des Lotsen »wenn möglich« war eine reine Routine-sache, da ja eine Boeing 747 ohnehin auf Knopfdruck am INS direkt auf das Funk-feuer zufliegt. Vielleicht hatte der Lotse diesen Zusatz aber auch gewählt, weil sich nördlich und westlich Berge erstrecken, die Kapitän Chun auf der Strecke nach Bethel umfliegen sollte. Als die Anweisung zum Direktflug nach Bethel erfolgte, befand sich Flug KE 007 südöstlich über der tiefliegenden Küste und hoch über der sich etwa 50 km nordwestlich erstreckenden Bergkette in einer Höhe von 5 500 Fuß. Diese Bergkette trägt den Namen »Sleeping Lady«. Westlich stieg das Bergland auf 5 000 Fuß an und lag in einer Entfernung von etwa 85 km. Ein Direktflug nach Bethel hätte die minimal vorgeschriebenen Sicherheitshöhen nicht tangiert. Ohne Zuhilfe-nahme des INS würde die Boeing 747 von ihrer jetzigen Position nicht zum VOR-Funkfeuer Bethel gelangen, da es außer Reichweite nördlich der Luftstraße lag. Es bestand kein Zweifel, daß Kapitän Chun das INS und den Autopiloten entsprechend mit den Koordinaten von Bethel gespeichert hatte.

Sollte eine falsche Programmierung erfolgt sein oder gar das INS versagt haben, mußte das Problem bereits vor dem Abflug oder ganz kurz danach aufgetreten sein, so daß das Flugzeug von vornherein auf einen falschen Kurs zusteuerte. Alle »Way-points« konnten einfach nicht gleichzeitig falsch eingetippt worden sein. Vielleicht war die anfängliche Ausgangsposition an der Rampe in Anchorage fehlerhaft einge-geben worden. Eine Analyse zeigte, daß eine Verwechslung um nur 10° östlicher Länge, d. h. N 61° 10.7′ W 139° 59.2′, anstelle von N 61° 10.7′ W 149° 49.2′ den Flug-weg ebenfalls zur Abschußstelle hin geführt hätte. Auch der von dem Su-15-Piloten genannte Kurs von 240° mußte in die Überlegungen einbezogen werden. Obgleich die INS-Position über der Erdoberfläche ungenau war, wären jedoch die Richtungen der Streckenpunkte relativ zueinander genau im INS-Speicher beibehalten worden. Der Kurs zwischen Nippi und Nokka betrug 229°, und unter Berücksichtigung der für dieses Gebiet gängigen magnetischen Abweichung von 9° West, hätte sich ein magnetischer Kurs von 238° ergeben. Sollte bereits an der Rampe ein Tippfehler aufgetreten sein, hätte jedoch der Pilot den Längengrad in jeden der drei voneinander unabhängigen INS-Speicher eintasten müssen. Aber es war kaum vorstellbar, daß dreimal die »4« anstatt einer »3« getippt worden war. Ein Zahlendreher um zwei Zahlen erscheint plausibler, d. h. 159° 49.2′ West anstatt 149° 59.2′ W. Diese Kombination wäre auf der Anzeige kaum aufgefallen. Dennoch hätte eine solche Verwechslung zu einer Verschiebung in westlicher Richtung um 10° (genau 9,8°) geführt, und sofort hätten drei rote Warnlampen Alarm geschlagen. Die Piloten wären aufgeschreckt worden und hätten die Rampenposition sofort korrigiert. Beim INS erfolgt eine Gegenüberprüfung der eingegebener Breitengrade automatisch, nicht aber bezüglich der Längengrade. Eine zweite Eingabe überlagert die bereits gespeicherten Daten. Wenn auch die Rampenposition von jedem Besatzungsmitglied unabhängig zu einem späteren Zeitpunkt erneut überprüft wird, besteht durchaus die Möglichkeit, daß der Zahlendreher übersehen wurde. Bewegt sich das Flugzeug von der Rampe fort, läßt sich die eingegebene Rampenposition nicht mehr prüfen. Wenn auch selten, so hat es solche Verwechslungen in der Vergangenheit durchaus gegeben. Aber Kapitän Chun und seine Besatzung gingen in Anchorage ausgeruht an Bord, obgleich »ausgeruht« auf dieser Strecke mit ihren erheblichen Zeitverschiebungen nur relativ zu betrachten ist. Die Besatzung war nicht in Eile, schien durch nichts alarmiert zu sein, und so schien eine derartige Fehlerfolge ausgeschlossen.

Sollte also das INS versagt haben? Ein gleichzeitiges Versagen aller drei Systeme war bisher nicht bekannt geworden. Zwar waren schon einmal zwei Systeme zur gleichen Zeit ausgefallen, und auch sonst wußte die Statistik von Fehlerquellen zu berichten. Hatte eine heimtückische Aufeinanderfolge von Zufällen zur Kursabweichung der Boeing 747 geführt? Auch bei dem Unfall in Chicago 1979 war eine unglückliche Verkettung im Spiel, und wenn in der Luftfahrt etwas passieren soll, sei es auch noch so unmöglich, es passiert! Viele aufgetretene INS-Fehler waren gar nicht eingehend untersucht worden, und so war man auf Vermutungen angewiesen. Vielleicht hatte das erste INS bereits sofort nach dem Start versagt. Da Kapitän Chun das Flugzeug flog, wäre dieses INS mit dem Autopiloten zum Navigieren des Flugzeugs gekoppelt gewesen. Vermutet wurde weiterhin, daß vor Nabie, wo die erste Überprüfung unabhängig von Bodenfunkhilfen erfolgte, auch das zweite INS vollständig ausfiel. Zwischenfälle dieser Art hatte es gegeben. Ein Schalter auf dem INS-Modewähler wird auf Fluglage gestellt, um den Instrumenten des Copiloten einen konstanten Bezug zu vermitteln. Der Flug verläuft in diesem Zustand einwandfrei, obgleich von dem zweiten INS keine Navigationsdaten verfügbar sind. So geht ein Positionsvergleich am INS verloren, und der Kapitän befindet sich in der Lage des Mannes mit den zwei Armbanduhren, die verschiedene Zeiten anzeigen. Die Frage ist: welche Uhr geht richtig? Wenn zudem noch das dritte INS versagt, wird es mit zwei fehlerhaft arbeitenden Einheiten ohne Vergleichsmöglichkeit nicht lange dauern, bis der Pilot unbeabsichtigt vom Kurs abweicht. Spekulationen, Vermutungen, Thesen ohne Beweise. Aber Unfälle sind nun einmal meist das Ergebnis des Zusammentreffens unglücklicher Umstände. Andererseits hat sich das Trägheitsnavigationssystem über die Jahre hin als höchst zuverlässiges Instrument im Flugwesen erwiesen.

Was also war die Ursache dieser Katastrophe? Der Cockpit Voice Recorder und der Flugdatenschreiber wurden niemals aus der Tiefe des Meeres gehoben. So wird dieses Unglück, das so viele Menschenleben forderte, für immer in Finsternis gehüllt bleiben.

Inzwischen haben die Verantwortlichen die Lehre aus dieser Tragödie gezogen. Die Kommunikation zwischen Militär- und Zivillotsen wurde verbessert, und Flugzeuge können nun mit den Flugverkehrs-Kontrollzentren in Anchorage, Chabarowsk und Tokio telefonisch in Verbindung treten.

Sukhoi Su-15.

KAL 007-Mahnmal in Südkorea.

Die Abstürze der 747-Jumbos

Die 747 der Air India »Kanishka«, benannt nach Kaiser Kanishka, der im zweiten Jahrhundert einen indischen Staat regierte, befand sich über dem mittleren Atlantik in einer Höhe von 31 000 Fuß mit Kurs auf London-Heathrow. Das Flugzeug mit der Registriernummer VT-EFO bediente den Flug Nr. 182 auf der nach Osten führenden Route auf einem Umlauf zwischen Indien und Kanada. Flug 181 kam aus Indien und hatte auf der westlichen Routenführung nach Toronto in Frankfurt eine Zwischenlandung gemacht, bevor es weiter nach Montreal flog. Dort wechselte die Flugnummer auf AI 182 für den Rückflug nach London, Neu Delhi und Bombay. Auf dem Abschnitt des Fluges 181 von Toronto nach Montreal befanden sich einige aus Indien nach Montreal fliegende Passagiere an Bord, während andere von Toronto auf dem Weg nach Indien waren.

Air India beflog die Strecke nach Kanada einmal wöchentlich, und so konnte die 22 köpfige Besatzung unter Flugkapitän Hanse Singh Narendra einen sechstägigen angenehmen Aufenthalt in Toronto verbringen, ehe der Rückflug erfolgte. Der Copilot, Satninder Singh Bhinder, war ebenfalls Kapitän, saß jedoch nun im rechten Sitz, und weiter mit an Bord war Flugingenieur Dara Dumasia, der nach diesem Flug in den Ruhestand treten würde. Das Kommando über die 19 Flugbegleiter hatte Purser Sampath Lazer.

Viele indische Emigranten hatten sich in Kanada niedergelassen, und Flug 182 war zu mehr als einem Drittel mit 307 Passagieren ausgelastet, von denen der überwiegende Teil zu einem Besuch nach Indien aus vieler Herren Länder zurückkehrte. Da zusätzliche Besatzungsmitglieder an Bord waren, erhöhte sich die Gesamtzahl auf 329 Personen. Man schrieb Sonntag, den 23. Juni 1985, es war 6 Uhr GMT, etwa 2½ Stunden vor der geplanten Ankunftszeit in Heathrow um 8.33 Uhr. Der Flug hatte 1¾ Stunden Verspätung, da in Toronto ein Ersatztriebwerk (»fifth pod«) montiert werden mußte.

Am 8. Juni hatte ein Flugzeug der Air India nach dem Start ein Triebwerk verloren, war nach Toronto zurückgekehrt, und man lieh von der Air Canada ein Triebwerk für den Rückflug aus. Das Triebwerk war eine Woche später an die Air Canada zurückgegeben worden, und »Kanishka« flog nun mit dem beschädigen Triebwerk zur Reparatur nach Indien. Die Halterung für ein Ersatztriebwerk, das unter der linken Tragfläche zwischen Innentriebwerk und Rumpf angebracht wird, ist herkömmliche Technik und ein bequemer Weg, sperrige Gegenstände außerhalb des Flugzeugs zu transportieren. Das Triebwerk ist mit einer Verkleidung umgeben, um den Strömungswiderstand zu reduzieren, und die Besatzung trimmt die Maschine entsprechend aus, um einen gleichmäßigen Flugzustand zu gewährleisten. Beim Transport eines fünften Triebwerks wird lediglich die maximal angezeigte Eigengeschwindigkeit erhöht, ansonsten sind die Flugeigenschaften ganz normal. Kapitän Narendra hatte auf dem Nordatlantikkurs eine reduzierte Reise- Machzahl von 0.81 anstelle der normalen 0.84 Mach gewählt, um den Geschwindigkeitsbedingungen Rechnung zu tragen.

747 der Air India.

Bergungsmannschaften suchen im Wrack der Japan Airlines nach Überlebenden.

Die berechnete Flugzeit von Montreal nach London betrug 6¼ Stunden. Gleich nach dem Start wurden den Passagieren Getränke und eine Mahlzeit angeboten. Für die Wachgebliebenen flimmerte ein Hindu-Film über den Schirm. Doch die meisten Passagiere dösten auf dem ruhigen Flug vor sich hin. Die Außentemperatur betrug –47°C. Vom Cockpit aus blickte man auf einen sternklaren Himmel, und als die Sonne über dem östlichen Horizont aufging, lag unten nur eine niedrige Wolkendecke. Abgesehen von der Verspätung, bedingt durch das Verankern des fünften Triebwerks, verlief der Flug routinemäßig.

10 000 km entfernt auf der anderen Seite des Globus mit einer anderen Zeitzone entluden Bodenangestellte auf Narita in Tokio Gepäckcontainer eines Fluges der Canadian Pacific, Flug 003, der gerade aus Vancouver kommend, gelandet war. Bei günstigem Wind hatte die 747 auf dem 10 stündigen Flug Zeit aufgeholt und war zehn Minuten vor der planmäßigen Ankunftszeit um 14.45 japanische Ortszeit (GMT +9 Stunden) gelandet. Trecker brachten die Container zum Untergeschoß des Terminal, und dort luden Gepäckträger die Koffer um, damit die Passagiere sie am Gepäckband in Empfang nehmen konnten. Narita war auch an diesem Tage wie immer laut und hektisch. Aber all dies sollte sich schlagartig ändern. Als das Gepäck um 15.20 Ortszeit (06.20 GMT) aus den Containern ausgeladen wurde, explodierte ein Gepäckstück, die Schockwelle erschütterte das gesamte Flughafengebäude. In den Betonboden wurde ein Loch gerissen, und der Entladebereich erheblich in Mitleidenschaft gezogen. Zwei japanische Flughafenangestellte fanden den Tod, ein anderer Bediensteter erlitt schwere Verletzungen. CP Air 747, Flug 003 aus Vancouver, war mit insgesamt 390 Personen an Bord gerade gelandet. Hätte sich das Flugzeug nur um eine halbe Stunde verspätet, wäre eine schreckliche Katastrophe unabwendbar gewesen. Die Gewalt der Explosion hätte den Jumbo ohne Zweifel zermalmt.

Über dem Atlantik setzte Air India Flug Nr. 182 seinen Weg in Richtung London fort, nichtsahnend, was Besatzung und Passagieren bevorstand. Natürlich sind alle Fluggesellschaften für Sabotage anfällig, eine mehr, andere weniger, aber die meisten Gesellschaften verfügen heutzutage über ein ausgefeiltes Sicherheits-System, auch Air India machte hier keine Ausnahme. Im nördlichen Bundesstaat Punjab hatte eine Extremistengruppe Unruhen ausgelöst, die für einen eigenständigen Staat Khalistan eintrat. Die Gewalttätigkeiten erreichten ihren Höhepunkt im Juni 1984 in Amritsar, als die indische Armee den Goldenen Tempel, das höchste Heiligtum der Sikhs' stürmte. Es kam zu einen verheerenden Blutbad. Angehörige der Sikh Sekte überall in der Welt waren über diese Tat erregt. Als Vergeltung wurde die indische Premierministerin, Indira Gandhi, von ihrer eigenen Leibwache, die dem Stamm der Sikhs angehörte, ermordet. Ihr Tod erschütterte die Welt, und aufgebrachte Hindus metzelten in den Straßen Neu Delhis Sikh Anhänger nieder.

Indira Gandhis Nachfolger, ihr Sohn Rajiv Gandhi, hatte kein geringeres Risiko zu erwarten. Anläßlich seines geplanten Besuchs in Washington im Frühsommer 1985 hatte das FBI von einem Ermordungskomplott durch Sikh-Terroristen erfahren und dieses vereitelt. Zwei Verdächtige, Lal Singh und Ammand Singh, entgingen der Gefangennahme. Die Verbreitung des Namens Singh, zu Deutsch »Löwe«, mag das Problem der Feststellung kompliziert haben, da nahezu alle männlichen Sikhs diesen Namen tragen.

Die Auseinandersetzungen in Indien hatten der indischen Regierung genügend Feinde eingetragen, und die Sikh-Extremisten stellten eine außergewöhnliche Bedrohung dar. Air India, als langer Arm der Nation, war gegenüber Terroristenangriffen besonders verletzbar, und die Verantwortlichen waren sich dieses Risikos durchaus bewußt. Die größten Sikh-Kolonien außerhalb Indiens befanden sich in Großbritannien und Kanada, und so wurden spezielle Sicherheitsvorkehrungen getroffen. Air India hatte ein ausgeklügeltes Sicherheitssystem eingeführt, und die Passagiere des Fluges 181/2 waren sowohl in Toronto als auch in Monteal vor dem Borden strengsten Sicherheitsmaßnahmen unterzogen worden. Air India hatte vor Ort Sicherheitsfirmen engagiert, die gemeinsam mit den eigenen Agenten der Fluggesellschaft und der »Royal Canadian Mounted Police« (RCMP) die Fluggäste einer doppelten Sicherheitsüberprüfung unterzogen hatten. Mit Metalldetektoren wurde nach Waffen geforscht, jedes Handgepäckstück sorgfältig durchleuchtet. Die Koffer liefen Stück für Stück durch die Röntgenkontrolle, weiterhin verwendete man einen tragbaren »Bomben-Schnüffler« zum Feststellen eventuell im Gepäck verborgener Explosivstoffe. Drei Gepäckstücke zweifelhaften Inhalts waren in Montreal zurückgelassen worden; eine spätere Inspektion ergab, daß sie harmlos waren. Es wurde nur ein Bügeleisen, ein Radio und ein Haartrockner gefunden. Air Canada fungierte als Abfertigungsagent für Air India und benutzte ein erprobtes Passgiernummer-Vergabesystem, das sicherstellte, daß auch alle eingecheckten Passagiere an Bord gingen, auch schien das von Indian Airlines eingeführte Sicherheitssystem allen Risiken gerecht zu werden.

Um 07.05 GMT passierte Air India Flug 182 die Position 51 Nord; 15 West und gab die Streckenmeldung nach Shannon durch. Das Flugzeug war gerade im VHF-Funkbereich und gab die Positionsmeldung auf 135,6 MHz an die Flugverkehrskontrolle durch, eine Frequenz, die zuvor dem HF Funk zugeteilt war. Tatsächlich war diese Frequenz auch fälschlich zugeordnet worden, und so wurde Flug AI 182 angewiesen, Shannon auf 131,15 MHz zu rufen. Während des Frequenzwechsels gab es ein Stimmengewirr, da mehrere Flugzeuge die gleiche Frequenz benutzten. Erst um 07.08:28 gelang es Kapitän Bhinder, der die Aufgaben des Copiloten wahrnahm, Kontakt herzustellen.

Kapt. Bhinder Funktelefonie (F/T): »Air India 182, guten Morgen.«
Shannon Kontrolle F/T: »Air India 182, Guten Morgen. Squawk zwei null null fünf und bitte kommen.«
Kapt. Bhinder F/T: »Drei null null fünf eingestellt, und Air India befindet sich 51 Nord und 15 West um null sieben null fünf, Fläche drei eins null, geschätzt FIR (Fluginformationsgcbiet) 51 Nord, 18 West um null sieben drei fünf, dann Bunty.«
Shannon Kontrolle F/T: »Air India, Shannon, verstanden. Freigabe London über 51 Nord, 18 West, Bunty obere Blau 40 bis Merley, obere Rot 37 bis Ibsley, Flugfläche drei eins null.« Kapt. Bhinder wiederholte die Anweisung, sodann bestätigte Shannon die Radaridentifizierung mit 2005.
Kapt. Bhinder F/T: »Richtig, Sir. Haben zwei null null fünf eingestellt, 182.«
Es war gerade 07.10 und bei leichtem Westwind flog »Kanishka« mit einer Geschwindigkeit über Grund von 519 Knoten und einem magnetischen Steuerkurs 098° auf die nächste Position 51N 18W zu, die etwa 80 km südlich von Cork in Irland lag. Flug 182 würde sodann die Mündung des Bristol Kanals aufwärts und über das westliche Land zum VOR-Funkfeuer Ibsley und weiter nach London fliegen.

Im Cockpit war mit dem Purser eine Diskussion wegen der Versiegelung der Bar entbrannt, die gemäß den einschlägigen Zollbestimmungen vor der Landung zu versiegeln war. Flugingenieur Dumasia bat Kapitän Bhinder sich diesbezüglich über Funk mit London in Verbindung zu setzen. Zwischenzeitlich saßen im Flugverkehrskontrollzentrum (ATCC) von Shannon die Lotsen M. Quinn und T. Lane vor ihren

Bildschirmen und überwachten den Flugverlauf der Air India, sowie weiteres Flugaufkommen in der Umgebung. Plötzlich klickte es in ihren Kopfhörern, sie blickten auf die Schirme und trauten ihren Augen nicht, der Blip der Air India war verschwunden. Die Uhr zeigte 07.14:01 GMT. Die Lotsen ahnten nicht, daß Flug 182 »Kanishka« soeben in der Luft in Stücke zerfallen war. Der Schwanzabschnitt hinter den Tragflächen brach ab, und als das Flugzeug hinunter in den Ozean stürzte, lösten sich die Tragflächen und die Triebwerke und fielen als Regen aus verbogenem Metall ins Meer. Es hatte nur eines Moments gebraucht, und Kansihka hatte sich in ein Nichts aufgelöst. Weder eine Warnung, noch einen Notruf hatte es gegeben. Flug 182 war verschollen.

Als der Kontakt unterbrochen, der Blip auf dem Radarschirm verschwunden war, nahmen die alarmierten Lotsen mit anderen Flugzeugen im Gebiet Kontakt auf, um die Air India aufzuspüren. Doch jeder Versuch schlug fehl. Nachdem man um 07.30 Uhr erkannte, daß sich eine Katastrophe angebahnt hatte, wurden die Rettungsmannschaften alarmiert. Auch Schiffe, die sich im Gebiet von 51 Nord, 15 West befanden, wurden verständigt. Das irische Marineschiff »Le Aisling« sowie im Gebiet operierende Frachtschiffe, unter ihnen die »Laurentian Forest«, »Ali Baba«, »Königstein« und »West Atlantic« fuhren zur Absturzstelle. Um 9.13 Uhr ging ein

Absturzstelle der Air India.

Funkspruch von der »Laurentian Forest« ein, der die schlimmsten Befürchtungen bestätigte, die Besatzung hatte Wrackteile und Leichen auf der Meeresoberfläche schwimmend, gesichtet. Es gab keine Überlebenden – alle 329 Menschen an Bord hatten den Tod gefunden. Der Unfall war der schlimmste auf See, und ging zu diesem Zeitpunkt als drittschlimmste Katastrophe in die Geschichte der Zivilluftfahrt ein. Aber wer konnte zu diesem Zeitpunkt ahnen, daß vor Ende des Jahres dieses furchtbare Geschehen »nur noch den vierten Platz« einnehmen würde?

In Cork wurde unverzüglich ein Unfall-Koordinationszentrum eingerichtet, schwimmende Wrackteile und Leichen wurden aus dem Meer gefischt und in den Hafen gebracht. Am Tag nach dem Absturz waren etwa 5 Prozent der gesamten Flugzeugkonstruktion geborgen, 131 Opfer an Land gebracht. Ein Pathologenteam war rund um die Uhr mit Autopsien beschäftigt. Unbürokratisch wurden Verwandte zur Identifizierung von Familienmitgliedern eingeflogen. Das mit hochentwickelter Sonarausrüstung ausgestattete britische Schiff »Gardline Locator« und der französische Kabelleger »Leon Thevenin« mit seinem Roboter-Mini-U-Boot »Scarab« beteiligten sich an der Bergung des Flugschreibers (FDR) und des Cockpit Voice Recorders (CVR). Die Batterien für die akustischen Funksignale dieser Aufzeichnungsgeräte würden maximal nur 30 Tage funktionieren. Die beiden Boxen lagen tief auf dem Grund, so war Eile zur Bergung geboten. Am 4. Juli hatten die Geräte der »Gardline Locator« Signale vom Meeresboden aufgefangen, und am 9. Juli wurde der CVR lokalisiert und durch »Scarab« an die Oberfläche befördert. Am nächsten Tag fand man auch den FDR und hob ihn an die Meeresoberfläche. Es war eine bewundernswerte Leistung. Die beiden Boxen wurden an Land gebracht und zur Analyse nach Indien gesandt.

Die übrigen Wrackteile des Fluges 182 lagen in einer Tiefe von 2300 m auf dem Meeresboden und ihre Bergung würde äußerst schwierig, wenn nicht sogar unmöglich sein. In Vorbereitung einer möglichen Bergung begann das kanadische Küstenwachschiff »John Cabot«, das Gebiet abzusuchen, machte Videoaufnahmen von den Trümmern auf dem Meeresgrund und schoß tausende von Fotos. Der gesamte Monat Juli erwies sich als wetterbeständig, und so gelang es vermittels eines komplizierten Kartographierverfahrens die Trümmerverteilung zu orten. Dennoch dauerte es noch mehrere Wochen, bis die Arbeiten abgeschlossen waren.

Am 16. Juli wurden die CVR und FDR-Boxen in Bombay geöffnet, die Aufzeichnungen in Gegenwart internationaler Sicherheitsexperten analysiert. Die Ergebnisse waren bestürzend. Genau um 07.14:01, als der Funkverkehr abrupt abbrach, endeten die Aufzeichnungen. Flug 182 existierte nicht mehr, alle elektrischen und der energieversorgung dienenden Elemente waren zerstört. Der abrupt aufgetretene Energieverlust bestätigte die Aufzeichnungen von Shannon ATCC und das unmittelbare Verschwinden des Radar-Blips. Was immer auch draußen über dem Atlantik, in 31000 Fuß passiert sein mochte, es geschah plötzlich und mit katastrophaler Folge.

Inzwischen waren in Kanada und Japan umfangreiche Untersuchungen wegen des Air India Absturzes, der Explosion auf Narita durch die RCMP und die japanische Polizei eingeleitet worden. Zunächst deutete nichts auf einen Zusammenhang der beiden Unfälle hin, obgleich es schien, daß die Drähte nach Kanada liefen. Wenn »Kanishka« durch eine Bombe zerstört worden sein sollte, konnte die Antwort in Toronto oder Montreal zu finden sein, denn diese beiden Städte waren der Ausgangspunkt des Fluges 181/2 der Air India. Oder sollte es etwa Vancouver sein, dort landete Canadian Pacific 003? Die Juliwochen verstrichen, doch der Verdacht der

Polizei erhärtete sich. Eine Durchsicht der Passagierlisten und Computeraufzeichnungen hatte nämlich ergeben, daß ein Passagier namens L. Singh in Vancouver eingecheckt hatte, jedoch niemals an Bord des CP Air Fluges 003 nach Tokios Narita gegangen war. L. Singh war auch auf dem Air India Flug 301 von Narita nach Bangkok gebucht. Ein anderer Passagier, M. Singh, hatte sich auf dem CP Flug 060 in Vancouver nach Toronto eingecheckt und war ebenfalls nicht erschienen. In beiden Fällen war ihr Gepäck verladen worden, M. Singh hatte wegen Überbuchung auf Flug 182 keine Reservierung mehr erhalten, sondern war vielmehr auf die Warteliste gesetzt worden. Allerdings durften Passagiere auf Warteliste den Sicherheitsbestimmung entsprechend überhaupt kein Gepäckstück aufgeben. Was aber wurde aus M. Singh und seinem Gepäck? Und wo war L. Singh geblieben? Die kanadische Untersuchungskommission sah sich einer verwirrenden Buchungsfolge gegenüber. Verschiedene Singhs, unter ihnen ein A. Singh hatten kurz vor der Katastrophe Flüge gebucht. Man schöpfte Verdacht, wenn auch der größte Teil der Sikhs in Vancouver durchaus honorige, arbeitsame und gesetzestreue Bürger waren. Dennoch ließ die Verschwörung zur Ermordung Rajiv Gandhis in den Vereinigten Staaten den Schluß zu, daß in gewissen Gemeinden extremistische Elemente existieren. Tatsächlich stimmten die Namen zweier auf den Flügen gebuchten Sikhs mit denjenigen auf der Fahndungsliste des FBI überein. Dennoch konnte niemand voraussagen, welche Zufälle oder Absichten im Spiel waren. Auch die Hintergründe des Absturzes lagen zunächst im Dunkeln, keine Extremistengruppe hatte die Verantwortung übernommen.

Aber konnte es nicht auch andere Absturzursachen geben? Doch die verschiedenen Untersuchungskommissionen kamen zu keinem Ergebnis, die Antwort lag auf dem Grund des Atlantik. Mit dem fünften Triebwerk konnte es keine Probleme gegeben haben, das war einfach Routinesache. Aber ein anderer Grund wurde in Betracht gezogen, erschreckend, wenn man bedenkt, daß sechshundert Jumbos täglich den Erdball umrunden: Materialermüdung? Sollte dieser Beweis erbracht werden, würde auch für andere Jumbos weltweit ein ernsthaftes Risiko bestehen.

Aber zurück nach Japan. Am Montag, den 12. August drängelten sich auf Hánedas Flughafen im Abfluggebäude die Menschen. Es war ein heißer Abend mit hoher Luftfeuchtigkeit, aber es war der Vorabend zum dreitägigen »Bon«-Fest, vergleichbar Silvester und Neujahr, das am nächsten Tag begann. Viele Japaner hatten sich am Vorabend dieses Tages zu Verwandtenbesuchen aufgemacht. Flug 123 der Japan Airlines (JAL), der um 18.00 Uhr Ortszeit nach Osaka starten sollte, war für den einstündigen Flug völlig ausgebucht. Das Flugzeug, eine 747 SR (Kurzstreckenbereich), Registriernummer JA 8119, war von Boeing speziell für den innerjapanischen Markt konstruiert und so gebaut worden, daß das Flugzeug den Belastungen häufiger Starts und Landungen widerstand.

Als Flug JA 8119 vom Gate 18 wegrollte, waren 524 Menschen an Bord. Die meisten Passagiere waren Japaner, unter ihnen 21 Ausländer, sowie 15 Besatzungsmitglieder unter dem Kommando von Kapitän Masami Takahama. Takahama war seit drei Jahren Ausbildungskapitän, und auf diesem Flug sollte sein Copilot unter seiner Aufsicht sein Ausbildungsprogramm zum Aufstieg als Kapitän absolvieren. Deshalb hatte man die Plätze getauscht, und der Copilot flog auf dem linken Sitz. Takahama würde ihn vom rechten Sitz aus beobachten. Nach Flugplan verlief der Flug JA 8119 von Haneda über Mihara, Hakone, Seaperch, Luftstraße W 27 nach Kushimnoto,

Luftstraße V 55 nach Shinota und sodann nach Osaka. Die vorgesehene Flugfläche war 240. Die geschätzte Flugzeit betrug 54 Minuten.

Flug 123 hob um 18.12 Ortszeit von der Startbahn 15 L ab, Start und Steigflug auf 2400 Fuß verliefen normal. Der große Jet flog südwestlich über die Samami Bucht, drehte dann fast genau westlich über der Oshima-Insel ab und begab sich auf eine direkte Route nach Seaperch. JA 8119 ging 18.24 Uhr in den Reiseflug über. Aber genau zu diesem Zeitpunkt schien mit dem Flugzeug etwas nicht zu stimmen. Als sich Flug 123 der östlichen Küste der Izu-Halbinsel näherte, gab es einen ohrenbetäubenden Knall am Heck des Flugzeugs. Unmittelbar darauf zeigte das Warnhorn für den Kabinendruck durch ein Piepen einen Druckabfall an, doch dann hörte der Pfeifton unvermittelt auf.

18.24:34 Flugingenieur (F/T): »Nein!«

Kapt. Takahama: »Haben Sie etwas gefunden? Kümmern Sie sich um das Fahrwerk.«

Im hinteren Teil der Kabine war man hellhörig geworden, und Yumi Ochiai, eine 26jährige JAL-Stewardeß, die dienstfrei mitflog, hatte etwas bemerkt.

»Es gab plötzlich einen Knall im hinteren oberen Heckteil, meine Ohren schmerzten. Die Kabine füllte sich mit weißem Nebel.«

Ein Leck im Heckteil führte zum Abfall des Kabinendrucks.

»Man konnte kein Explosionsgeräusch vernehmen,« fuhr sie fort. »Aber die Decke über der hinteren Toilette war herausgedrückt.«

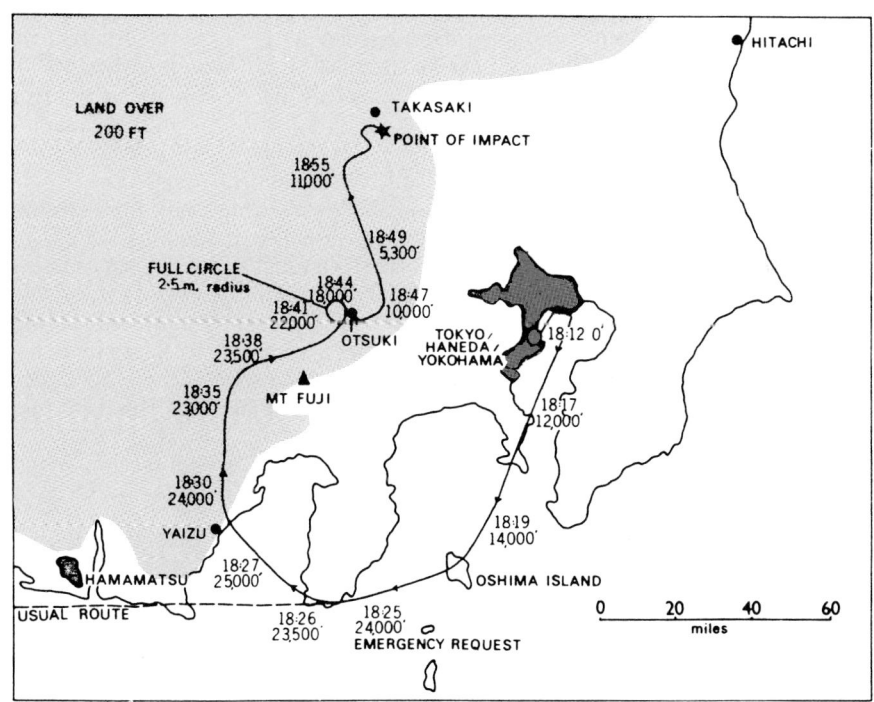

JAL 123-Flugweg.

Sofort fielen die Sauerstoffmasken herunter, und aus den Laustsprechern gab eine automatische Ansage Anweisungen zu ihrer Benutzung. Die Passagiere waren aufgeschreckt. Auch im Cockpit herrschte Aufregung, denn es bestand kein Zweifel, daß sich ein böser Notfall anbahnte. Der Kapitän schaltete den Transponder auf die Notfrequenz 7700.

18.24:46 F/I: »Hydraulikdruck sinkt ... oranges Licht an ...«

Das Kabinendruck-Warnhorn piepte erneut. Kapitän Takahama rief nach einer Rechtskurve, aber die Steuerorgane schienen kaum anzusprechen.

»Rechtskurve«, schrie er erneut.

Der Copilot betätigte die Steuersäule und die Seitenruder, sie sprachen nicht mehr an.

»Ich hab«, antwortete er.

Um welche Beschädigung am Heck es sich auch immer handeln mochte, es schien, daß alle vier Hydraulikleitungen gebrochen waren.

Sämtliche Steuerorgane waren ausgefallen.

18.25:20 Kapt. Takahama F/T: »Ah, Tokio, JAL 123. Erbitte sofor...e...Schwierigkeit. Muß nach Haneda zurück ... Sinke und bleibe auf zwei zwei null. Kommen.«

Tokio Kontrolle F/T: »Verstanden, sind mit Ihrer Bitte einverstanden.«

Kapt. Takahama F/T: »Radarvektor nach Oshima bitte.«

Die Flugsteuerorgane waren vollends außer Kontrolle geraten, das Flugzeug begann sich steuerlos zu drehen, gierte und rollte und senkte die Nase. Dieser Flugzustand ist als »Dutch roll« (holländische Rolle) bekannt und stellt ein höchst unangenehmes Flugmanöver für alle an Bord befindlichen Personen dar. Das Flugzeug verlor an Höhe, sank zunächst und stieg dann wieder.

18.26:25 Kapt. Takahama: Hydro ... alles schlecht.«

18.28:30 Tokio Kontrolle F/T: »Fliegen Sie Steuerkurs null neun null, Radarvektor Oshima.«

Kapt. Takahama F/T: »Aber unkontrolliert.«

18.28:39 Tokio Kontrolle F/T: »Unkontrolliert, verstanden, ich verstehe.«

Das Flugzeug flog über die Suruga-Bucht, als die Warnleuchte für die fünfte rechte Tür aufleuchtete, die anzeigte, daß diese Tür nicht verschlossen war. Flug 123 kurvte sodann nordwärts in Richtung auf den Mt. Fuji zu. Ein Flugbegleiter berichtete dem Flugingenieur über den Schaden im hinteren Teil des Flugzeugs.

F/I Bordsprechanlage: »Ja, was ist es? Weiter hinten? He, was ist gebrochen? Wo, ah, ah, ah. Es ist im Gepäckraum, ist das so? Es ist hinten, ganz hinten? Ja, ich verstehe. Der Gepäckraum ... der Gepäckraumbereich ist zusammengebrochen. Ist es das fünfte rechte Türfenster? Ich verstehe.« Der Flugingenieur legte den Hörer auf und wandte sich ernst dreinblickend an seinen Kapitän.

18.33:33: »Captain, fünftes rechtes Türfenster. Notabstig wäre wohl ratsam. Sollen wir auch die Sauerstoffmasken nehmen?«

Kapt. Takahama: »Ja, das ist besser.«

Toko Kontrolle F/T: »Sie sind jetzt 24 km von Nagoya entfernt; können Sie in Nagoya landen?«

Kapt. Takahama: »Möchte nach Haneda zurückkehren.«

Nachdem alle Steuerorgane und Hydrauliksysteme ausgefallen waren, befand sich das Flugzeug in einer hoffnungslosen Lage. Während die Piloten noch darum kämpften, die Kontrolle über das Flugzeug zurückzugewinnen, versuchte der Kapitän mit Anweisungen zu koordinieren. Die Triebwerke liefen noch einwandfrei. Das Flugzeug konnte nur noch mit der Triebwerksleistung geflogen werden, was ein recht einfaches Unterfangen ist. Das Flugzeug vollführte aber immer noch »Dutch rolls« am Himmel. Mit der Triebwerkleistung jonglierend, gelang es den Piloten auf einen östlichen Kurs einzuschwenken, sie passierten den Mt. Fuji nördlich und bemühten sich verzweifelt den Sinkflug einzuleiten. Aber die Geschwindigkeit war zu hoch. Takahama ließ das Fahrgestell ausfahren. Da die gesamte hydraulische Leistung verlorengegangen war, nahm der Copilot das Hilfssystem zur Hand, alle Verriegelungen wurden elektrisch gelöst, um das Fahrgestell durch die Schwerkrafteinwirkung abzusenken.

Das ausgefahrene Fahrgestell schien die Bewegung des Flugzeugs ein wenig zu dämpfen, und Flug 123 ging in den Sinkflug über. In etwa 1200 Fuß verlor jedoch Kapitän Takahama augenblicklich die Kontrolle, das Flugzeug legte sich scharf auf die Seite und machte innerhalb von drei Minuten einen Vollkreis über der Stadt Otsuki, bevor es wieder auf einen östlichen Kurs zurollte. Beim Durchflug durch 1000 Fuß drehte JA 8119 wieder nach Norden in Richtung auf das bergige Gelände ab.

18.47:15: Tokio Kontrolle F/T: »Haben Sie jetzt die Kontrolle wieder?«

Kapt. Takahama F/T: »nicht steuerbar«

Die Besatzung sah die Berge näherkommen und war verzweifelt.

18.47:28 Kapt. Takahama: »He, da ist ein Berg.«

18.47:45 Kapt. Takahama: »Rechtskurve! Hochziehen! Wir krachen in den Berg.«

Als Takahama zum Stoppen des Sinkflugs vollen Schub gab, rotierte das Flugzeug wild herum, senkte und hob sich, die Geschwindigkeit nahm schnell zu, dann wieder ab. Die Cockpit-Crew versuchte verzweifelt, die Steuerorgane in den Griff zu bekommen, aber es gelang ihr nicht. Die Geschwindigkeit fiel plötzlich schnell ab.

18.48:49 F/I: »Soll ich's auf Touren bringen?«

Kapt. Takahama: »Auf Touren, auf Touren!«

»Oh, nein, überzogen.«

Die Geschwindigkeit fiel auf 108 Knoten zurück.

Kapt. Takahama: »maximale Leistung.«

F/I: »Wir gewinnen an Geschwindigkeit.«

Kapt. Takahama: »Versuchen Sie es weiter.«

Erst nahm die Geschwindigkeit zu, dann viel sie wieder ab und pendelte sich bei 200 Knoten ein.

18.50:55 Kapt. Takahama: »Die Geschwindigkeit beträgt 200 Knoten.«

Trotz verzweifelter Bemühungen der Besatzung, das Flugzeug unter Kontrolle zu bringen, sank das Flugzeug weiter. Vermittels des elektrischen Hilfsystems fuhr die Besatzung die Klappen auf 5° aus, um den Flugzustand zu normalisieren. Das Ausfahren der Klappen dauerte fast 4 Minuten. Dennoch blieb der Erfolg nicht aus; mit verringerter Geschwindigkeit begann das Flugzeug zu steigen. Um etwa 18.53 waren 11000 Fuß erreicht, die Besatzung ging erneut in den Sinkflug über. Kapitän Takahama wechselte auf die Frequenz der Tokioer Anflugkontrolle und bestätigte nochmals, daß das Flugzeug außer Kontrolle geraten sei. Er erkundigte sich sodann nach seiner Position.

Tokio Anflugkontrolle F/T: »Jal 123, ihre Position ist fünf, ah fünf ah, 15 km nordwestlich von Haneda.«

Kapt. Takahama F/T: »Nordwest von Haneda. Eh . . . wie . . . wieviele Kilometer?«

Tokio Anflugkontrolle F/T: »Ja, das ist richtig. Nach unserem Radar sind es 18 km nordwestlich, eh, 8 km westlich von Kumagaya. Verstanden, ich werde jetzt Japanisch sprechen. Wir warten jeder Zeit auf ihren Anflug. Sie können auch auf Yokota landen. Geben Sie uns Ihre Entscheidung bekannt.«

Das Flugzeug sank nun mit einer Geschwindigkeit von 450 m pro Minute, und die Berge kamen gefährlich näher. Mit ausgefahrenen Klappen und gesteigerter Leistung versuchte die Besatzung verzweifelt, die Kontrolle über das angeschlagene Flugzeug zurückzugewinnen. Es war tatsächlich überraschend, daß sich das Flugzeug so lange in der Luft gehalten hatte, aber es war zweifelhaft, ob das noch einige Zeit gelingen würde.

18.55:04 Kapt. Takahama: »Klappen ausgefahren?«

Copilot: »Ja, Klappen 10°.«

18.55:15 Kapt. Takahama: »Ziehen, ziehen, ziehen!«

18.55:42 Kapt. Takahama: »He, halt die Klap ... ah, laß die Klappen nicht so weit runter. Klappen rein, Klappen rein, Klappen rein!«

18.55:55 Kapt. Takahama: »Leistung, Leistung ... Klappen?«

Copilot: »Sind oben.«

18.56:05 Kapt. Takahama: »Ziehen, ziehen, Leistung!

Um 18.56:15 nahm das Flugzeug seinen letzten Anlauf erdwärts, und das Bodenannäherungs-Warnsystem (GPWS) warnte die Besatzung vor dem nahen Gebirge.

GPWS: »Ziehen, ziehen, zieh, zie ...«

Doch es war keine Rettung möglich. In dieser Situation war die Besatzung hilflos, und um 18.56:20 stürzte das Flugzeug aus einer Höhe von 1590 m in die Flanke des Mt. Osutaka, etwa 120 km nordwestlich von Tokio im Gumma Bezirk. Beim Aufschlag wurde JA 8119 in Stücke zerfetzt und ging in Flammen auf, als die Treibstofftanks explodierten. Es war ein grausiges Geschehen.

Flug 123 war in einem entlegenen Bergwaldgebiet abgestürzt, in einem Gebiet, in dem nicht einmal Hubschrauber sicher landen können. Bei eintretender Dunkelheit schlugen japanische Luftverteidigungskräfte Pfade zu der Absturzstelle. Aber als sie das Wrack erreichten, gab es kein Anzeichen für Überlebende. Eine Gruppe ortsansässiger Feuerwehrleute machte sich während der regnerischen Nacht auf, um den schwierigen Aufstieg zur Absturzstelle zu wagen. In einem Bergdorf wurde eine Verbindungsstelle eingerichtet, um die Rettungsbemühungen zu koordinieren. Erst 14 Stunden nach dem Absturz, etwa gegen neun Uhr morgens Ortszeit, erreichten die Feuerwehrleute die Unglücksstelle. Sie wurden von Fallschirmspringern unterstützt, die aus Hubschraubern über der Absturzstelle abgeseilt wurden. Das Flugzeug war an einem schmalen Kamm zerschellt. Flugzeugteile waren in Schluchten auf der anderen Seite des Berges katapultiert worden. Aber ein Feuerwehrmann, der durch ein Loch im verbogenen Metall blickte, nahm eine Bewegung war. Zu seinem Erstaunen erblickte er die Stewardeß Yumi Ochiai. Sie war im Wrack eingeklemmt und lebte. Drei andere Passagiere waren ebenfalls dem Tod entronnen: die zwölfjährige Keiko Kawakami, Hiroko Yoshizaki und ihre achtjährige Tochter Mikiko. Es war kaum faßbar, daß es überhaupt Überlebende gab. Außer diesen vier Menschen, die zusammen in der mittleren Reihe 56 gesessen hatten, gab es keine Überlebenden, 520 Menschen hatten den Tod gefunden. Dieser Unfall war der schlimmste Einzelunfall in der Luftfahrtgeschichte und der zweitschwerste im Vergleich zu der Katastrophe auf Teneriffa im Jahre 1977. Bei der Bergung der Leichen aus dem Wrack fand man Abschiedsbriefe, die den Schrecken und die Angst der Passagiere während der letzten 30 Minuten des Fluges wiederspiegelten.

Die japanische Nation war aufgerüttelt. Der Präsident der Fluggesellschaft JAL, Yasumoto Takagi, stellte seinen Posten zur Verfügung. Er fühlte sich schuldig und übernahm die volle Verantwortung für den Absturz. Im Angesicht der vielen Opfer verübte ein Wartungsingenieur in Haneda Selbstmord, um sich für das Unglück »zu entschuldigen«.

Dieser Sommer des Jahres 1985 sollte als schwärzester in die Geschichte der Flugzeugunfälle eingehen. Nur zwei Monate lagen zwischen den Unfällen zweier 747 Jumbos, die ganz offensichtlich auf Materialermüdung zurückzuführen waren. 849 Menschen hatten ihr Leben gelassen. Man konnte fast vermuten, daß sich die Geschichte der tragischen Comet-Abstürze im größeren Maßstab zu wiederholen schien. Sollte Materialermüdung im Spiel gewesen sein, wäre dringende Abhilfe geboten. Die Fluggesellschaften und auch die Herstellerfirma Boeing waren zutiefst besorgt.

Am Tage nach dem Absturz des Fluges 123 der Japanischen Fluggesellschaft wurden erste Vermutungen über den Absturz laut, als Teile der Seitenflosse und des Seitenruders in der Sagami Bucht schwimmend, gefunden und von einem japanischen Zerstörer geborgen wurden. Paneele des hinteren Flugzeugkörpers und Leitungen des Bodenaggregats wurden ebenfalls aufgefischt. Es wurde festgestellt, daß zumindest die halbe Seitenflosse im Flug abgebrochen war. Die Beteiligten staunten, daß sich das Flugzeug überhaupt noch so lange in der Luft gehalten hatte. Die anfängliche Vermutung, daß die fünfte Tür rechts Ursache für den Unfall gewesen sein könnte, erwies sich alsbald als unbegründet. Sie wurde am Unfallort völlig intakt gefunden. Eine nähere Prüfung ergab jedoch, daß im Juni 1978 am Heckteil ein Bruch aufgetreten war, als JA 8119 mit stark nach oben gezogener Nase in Osaka landen mußte. Das hintere Druckschott, ein regenschirmartiges Gebilde aus Aluminiumlegierung, das die Endteile der Druckkabine zusammenhält, war beschädigt und dann in Japan durch Ingenieure der Boeing-Werke repariert worden. Ließ sich hieraus ein Schluß ziehen? Während die Untersuchungskommission in diesen Augustwochen noch mit den beiden Jumboabstürzen befaßt war und Experten in Japan und Indien die Daten auswerteten, hielt die Luftfahrtwelt noch einmal den Atem an. Bei allen Jumbos der Serie 747 wurden die Seitenflossen und die hinteren Druckschotts eingehend überprüft. Photographien des Heckabschnitts der auf dem Meeresgrund ruhenden Air India Maschine wurden auf Anzeichen einer Beschädigung sorgfältig betrachtet. Vielleicht ließ sich hier eine Verbindung zu den Abstürzen herstellen. Aber alle Befürchtungen erwiesen sich als unbegründet. Das Heckteil hatte den Absturz unbeschadet überstanden.

Die Untersuchungen im Atlantik wurden über den August und September hin fortgesetzt. Die Verteilung der Trümmer des Air India-Fluges auf dem Meeresgrund wurde lokalisiert und katalogisiert. An der Absturzstelle bildet der Atlantik einen flachen Winkel ohne jegliche Hindernisse. Abgerissene Flugzeugteile lagen innerhalb eines Radius von etwa 8,5 bis 10 km im weichen Schlick, der einem Strand ähnelte. Der Bug lag kopfüber am Anfang der von dem Wrack gerissenen Schneise und war stark zerstört, während Zellenstücke hinter den Tragflächen über einen 8,5 km langen Weg verstreut waren. Die vordere Ladetür war abgerissen, verbogen und stark demoliert. Die Tragflächen lagen nahe beieinander, die eine flach, die andere nahezu senkrecht, während sich alle Triebwerke von der Flugzeugzelle gelöst hatten. Nachdem Experten eine detaillierte Karte über die Lage und den Zustand des Wracks erstellt hatten, markierten sie die Flugzeugteile, die sie für die für Oktober vorgesehene Bergung als wesentlich erachteten. Sie hofften, durch diese aus der Tiefe geborgenen Wrackteile neues Licht in die Absturzursache zu bringen. Bisher lag noch kein eindeutiger Beweis für den Unfall vor. Die Verteilung der Trümmer auf dem Meeresgrund ließ den Schluß zu, daß, sollte sich eine Bombenexplosion ereignet haben, diese im hinteren Frachtraum stattgefunden haben müsse. Die Identifizierung der Toten und die pathologischen Befunde in Cork zeigten jedoch, daß die aus dem Meer geborgenen Leichen aus dem hinteren Teil der Kabine geschleudert worden waren. Keine Leiche wies hingegen Anzeichen einer Explosionseinwirkung auf. Der plötzliche Ausfall der Elektrizität und die Photos des vorderen Rumpfabschnitts mit der Beschädigung der abgerissen vorderen Ladetür sprachen eher für eine Explosion im vorderen Laderaum. Die übrigen Ladetüren waren intakt und befanden sich noch am Rumpf verankert. Wissenschaftler, die die CVR-Bänder analysierten, waren sich ebenfalls hinsichtlich der letzten Millisendungen der Gesprächsaufzeichnungen uneins. Einige kamen zu dem Schluß, daß eine Explosion im vorderen Teil des Flugzeugs stattgefunden hat, während andere diese Meinung verwarfen. Die Aufzeichnung, so die Ansicht der Andersdenkenden, ginge folgerichtiger auf einen explosiven Druckabfall durch das Herausbrechen einer Ladetür anstatt auf eine Bombe zurück.

Inzwischen begann die Arbeit der RCMP in Kanada Früchte zu tragen. Die verwirrende Anzahl der Buchungen auf den Namen Singh in den wenigen Tagen vor dem Absturz am 23. Juni war entwirrt worden, und die Umstände und kriminaltechnischen Schlüsse sprachen eindeutig für die Bombentheorie. Am 16. Juni hatte ein gewisser A. Singh zunächst eine Reservierung in Vancouver für einen Flug am 22. Juni nach Tokio auf CP Air 003 mit einem Anschlußflug auf Air India 301 von Narita nach Bangkok vorgenommen. Der Flugschein wurde jedoch niemals abgeholt. Am 19. Juni erfolgte eine Buchung für den 22. Juni auf CP Air 060 nach Toronto mit Anschluß auf Air India 181/2 nach Neu Delhi auf den Namen Jaswand Singh. Gleichzeitig wurde ein Rückflugticket für den gleichen Tag auf CP Air 003 nach Tokio mit Anschluß auf Air India 301 nach Bangkok auf den Namen Mohinderbel Singh gebucht. Am 20. Juni hatte ein Mann »starken ostindischen Einschlags« die Flugscheine im Büro der CP Air in Vancouver mit 3000 kanadischen Dollar bar bezahlt, nachdem er den Flug für Mohinderbel auf den Namen L. Singh und Jaswands auf M. Singh umgebucht hatte. Er tauschte ebenfalls das Rückflugticket Vancouver-Tokio-Bangkok in ein Einzelticket um. Da der Air India-Flug 181/2 ausgebucht war, konnte die Fluggesellschaft M. Singh für den Flug von Toronto nach Montreal und Delhi nur auf die Warteliste setzen.

Am Morgen des 22. Juni scheckte in Vancouver M. Singh für den Flug CP 060 nach Toronto ein. Am Check-in-Schalter entbrannte eine heftige Diskussion als Singh verlangte, daß sein Gepäck auf den Air India Flug 181/2 durchgecheckt wird, obwohl sich unter seinem Namen keine Buchung für diesen Flug feststellen ließ. Die Bodenstewardeß verweigerte die Annahme des Gepäcks, aber M. Singh beharrte darauf. Er habe soeben mit Air India telefoniert und diesen Flug bestätigt bekommen. Am Schalter hatte sich inzwischen eine lange Warteschlange gebildet. Da die Bodenstewardeß diese vorgebliche Bestätigung nicht in ihrem Computer überprüfen konnte, gab sie schließlich nach und nahm den Koffer für Flug Air India 181/2 an. Um 16.18 GMT startete Flug CP 060 in Toronto, M. Singh war nicht an Bord. Einige Zeit später scheckte L. Singh auf Flug CP 003 ein, und sein Koffer wurde gleich zum Weiterflug auf Air India 301 angenommen. CP 003 flog um 20.37 GMT ohne L. Singh nach Tokio ab. Fünf Minuten später landete Flug CP 060 in Toronto, und die Gepäckstücke wurden auf den Flug AI 181/2 umgeladen. Gerade als das Gepäck vor dem Verladen durchleuchtet werden sollte, brach der Röntgenapparat zusammen, und die Sicherheitsbeamten mußten sich der PD-4-Handdetektoren auf der Suche nach Bomben bedienen. Die an diesem Tag diensttuenden Sicherheitsbeamten machten später geltend, daß sie keine ausreichenden Anweisungen zur Handhabung der Ausrüstung bekommen hätten. Ein Angestellter der Air India demonstrierte die Handhabung, indem er ein Streichholz an den Detektor hielt und ein lautes Pfeifgeräusch ertönte. Beim Überprüfen des Gepäcks für den Air India Flug 181/2 gab der PD-4-Detektor einen leichten Piepton von sich, als ihn der Beamte über das Schloß eines Koffers führte. Der Ton hatte jedoch mit demjenigen während der Demonstration keinerlei Ähnlichkeit. Die unkundigen Sicherheitsbeamten machten nicht den Versuch, den Koffer zusammenzudrücken, um Luft austreten zu lassen, was das »Schnüffeln« erleichtert hätte. Dieser Koffer schien mit einem von M. Singh von Vancouver aufgegebenen Koffer identisch. Die für Toronto-Delhi bestimmten Gepäckstücke wurden auf Paletten verladen, die auf die Laderäume im Flugzeug verteilt wurden. Einige Gepäckstücke wurden aber auch lose im Massengüterladeraum im Heck verstaut. Zwei Gepäckcontainer wurden in den vorderen Laderaum gleich hinter den elektrischen Anlagen gehievt. Für die Sicherheitsvorkehrungen bei der Passagierabfertigung der Air India war in Toronto die Air Canada zuständig. Da die Angestellten jedoch keine Transitpassagiere kontrollierten, blieb M. Singhs Abwesenheit unbemerkt.

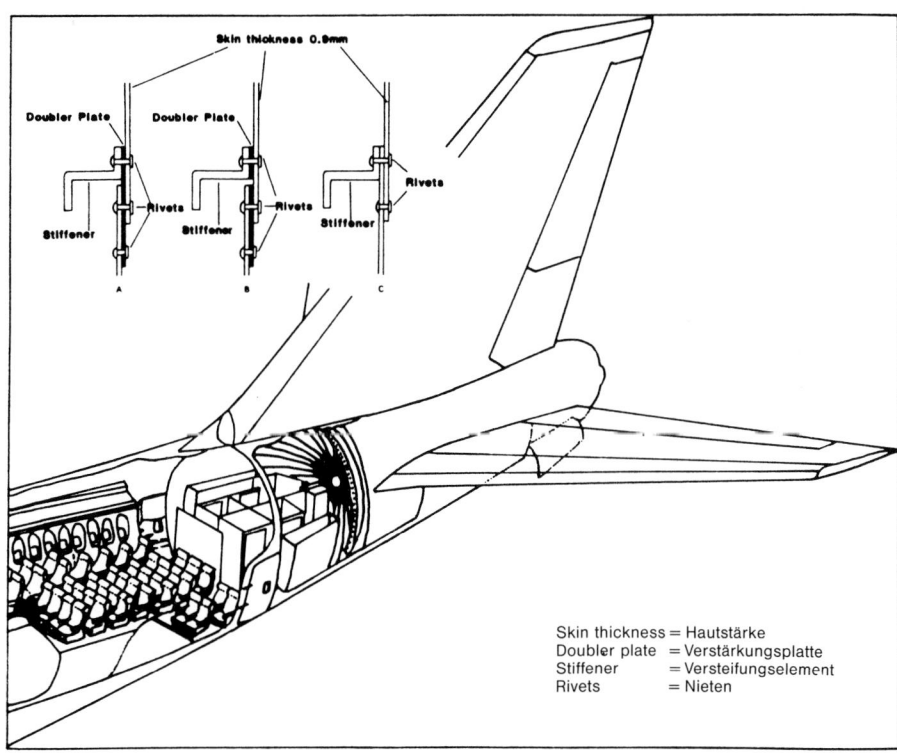

Skin thickness = Hautstärke
Doubler plate = Verstärkungsplatte
Stiffener = Versteifungselement
Rivets = Nieten

Ausschnitte der Einrichtung der 747 und des Druckspants zeigen (A) den ordnungsgemäß reparierten Abschnitt, (B) den schlecht reparierten Abschnitt (zu beachten die Lücke in der Verstärkungsplatte zwischen den beiden oberen Nieten) und (C) den Spant im Originalzustand.

AI 181 startete in Toronto um 00.15 GMT am 23. Juni und landete auf Montreals Mirabel-Airport um 01.00. Der Zwischenstop zog sich etwa eine Stunde hin, und um 02.18 startete das Flugzeug mit der Flugnummer 182 nach London. Als AI 182 gerade eine Atlantiküberquerung begann, landete um 05.41 in Tokio Flug CP 003. Um 6.19 explodierte im Erdgeschoß des Ankuftsgebäudes ein Gepäckcontainer. Kaum eine Stunde später um 7.14 GMT brach Air Indias Flugzeug VT-EFO auseinander und verschwand von den Radarschirmen. Die Bombe in Tokio war im Gehäuse eines AM/FM-Stereoradios verborgen, und japanischen Gerichtsexperten war es nicht nur gelungen, den Hersteller als Sanyo zu identifizieren. Sie hatten auch die Modellnummer FMT 611K herausgefunden. Im Jahre 1979 waren insgesamt 2 000 dieser Geräte hergestellt und nach Vancouver ausgeliefert worden. Das Gerät war von größerer Abmessung als diejenigen der vorhergehenden Serie, so konnte es mühelos den Explosivstoff und Zeitzünder aufnehmen. Die RCMP machte sich auf die Suche und entdeckte schließlich den Laden, der das veraltete Modell an zwei Sikhs nur drei Wochen zuvor verkauft hatte. Leider fand sich nur ein einziger Kaufbeleg. Natürlich konnte das andere Radio im Haus eines dieser Verbrecher sein und die Idee zum Anschlag geliefert haben.

Eine Nachprüfung der Flugpläne der Gesellschaften ließ den Schluß zu, daß die Sikh-Terroristen wahrscheinlich die Absicht hatten, die Bomben gleichzeitig detonieren zu lassen, während die Flugzeuge in Tokio und London am Boden standen. Da die Flugpläne jedoch Ankuftszeit und Abflug in Ortszeit angeben, war wohl der Zeitzünder der Bombe in Tokio um eine Stunde verschoben eingestellt worden. Kanada und Großbritannien haben die Sommerzeit, Japan hingegen nicht. So mußte sich eine einstündige Diskrepanz beim Synchronisieren der Zeitzünder ergeben haben. Der Tag der Verbrechen fiel fast auf den ersten Jahrestag der Erstürmung des Goldenen Tempels im Juni 1984. Dies schien ein plausibles Motiv für die Freveltaten. Wäre der Zeitzünder der Bombe in Tokio auf eine halbe Stunde später eingestellt worden und hätte sich Flug AI 182 nicht um 1¾ Stunden durch die Montage des Ersatztriebwerks verzögert, hätten die Terroristen ihr Ziel ohne Zweifel erreicht. Es wäre für die indische Regierung eine unheilverkündende und gut durchdachte Warnung gewesen, daß Sikh-Extremistenorganisationen ihren Willen in der ganzen Welt, wo und wann immer sie wollen, durchsetzen können. Das Komplott schien jedoch zu laienhaft, und die Pläne gingen gründlich daneben. Es überrascht nicht, daß keine Gruppe die Verantwortung für die sinnlose Abschlachtung von 329 unschuldigen Opfern an Bord des Fluges übernehmen wollte, schon gar nicht für die Tötung der Bodenangestellten auf Narita.

In Japan setzten die Experten die Untersuchung für die Ursache des JAL-Absturzes fort und kam Ende September zu einem befriedigenden Abschluß. Die Boeing Werke räumten in bewundernswerter Offenheit ein, daß das hintere Druckschott der JA 8119, das 1978 in Osaka durch den Rammunfall des Hecks beschädigt worden war, von ihren Ingenieuren nicht ordnungsgemäß repariert worden war. Beim Abflug aus Haneda im August war das Druckschott gerissen, und in die Bruchstelle einströmende Luft hatte die Seitenflosse unter Druck gesetzt, wodurch diese und das untere Seitenruder abbrachen. Hierbei waren die vier Sätze hydraulischer Leitungen, die durch das Druckschott zu den Leitwerksteuerungen verliefen, durchtrennt worden. Als die Flüssigkeit aus den Leitungen austrat, hatte dies den Ausfall sämtlicher Hydrauliksysteme zur Folge. Innerhalb von 30 Sekunden sprachen die Flugsteuerorgane nicht mehr an. Boeing und JAL stellten einen gemeinsamen Fonds auf einer 50:50 Basis zur Verfügung, um die Opfer des Unfalls zu entschädigen, eine Haf-

242

tungsanerkennung gegenüber den Hinterbliebenen übernahm allerdings keine der Gesellschaften. Das Untersuchungsergebnis machte alle Vermutungen zunichte, so daß die Integrität der 747 Flotte in ihrer Gesamtheit keinen Schaden nahm. Zwischenzeitlich hatte JAL mit einer gründlichen Untersuchung aller strukturellen Elemente der gesamten 747-Flotte begonnen. Die Mühe sollte sich für die Fluggesellschaft lohnen.

Als sich bei Air India die Vermutung eines Attentats zu bestätigen schien, wurde im Oktober mit der Hebung des Wracks vom Meeresboden begonnen. In einer sich über zwei Monate hinziehenden, beachtlichen Bergungsaktion brachten die John Cabot und das Mini-U-Boot Scarab, unterstützt von der Kreuztrum, ein vor der Küste Irlands operierendes kanadisches Versorgungsschiff, zwanzig wichtige Teile, darunter einige größere Einzelteile aus der Tiefe des Ozeans an die Oberfläche. Die schwer beschädigte vordere Ladetür wurde gehoben. Als sie bereits am Tau hing, wurde sie von einer Windböe abgerissen und nicht mehr wieder gefunden. Durchlöcherungen in Teilen des Wracks schienen die Bombentheorie zu bestätigen, bei näherer Betrachtung konnten sich die Wissenschaftler allerdings nicht mehr festlegen. Denn eine Beschädigung durch einen Sprengsatz mit anschließendem Druckabfall gleicht durchaus einer Deformation, verursacht durch Materialermüdung. Die chemische Analyse ergab keinen Hinweis auf ein Bombenattentat. Eine eingehende Untersuchung der Trümmer brachte jedoch Brandstellen unter den Sitzkissen zutage, Fußstützen waren verbogen, und ein Kabinenbodenabschnitt in einem Schrank war domförmig deformiert. Die kanadische Luftsicherheitsbehörde (CASR) veröffentlichte im Januar 1986 einen Bericht, der sich zwar auf die Bombentheorie stützte, aber die Behörde wollte sich letztendlich hierauf nicht mit letzter Sicherheit festlegen. »Es gibt genügend Beweise anhand der Umstände«, führte der Bericht aus, »die aufzeigen, daß das Unglück durch eine Explosion im vorderen Laderaum seinen Anfang nahm. Aber dieser Beweis ist nicht schlüssig nachgewiesen und er läßt auch keine andere Schlußfolgerung zu.« In Indien wurde die Verhandlung zur Klärung des Absturzes Mitte November 1985 unter dem Vorsitz von Richter Bhupinder Kirpal eröffnet. Zwischenberichte, die während der Sitzungsperiode veröffentlicht wurden, stützten sich ebenfalls auf die Bombentheorie. Aber bevor das abschließende Urteil 1986 veröffentlicht werden konnte, war die Konstruktion der 747-Jumbos durch weitere Enthüllungen erneut in Mißkredit geraten. In Tokio entdeckten Ingenieure der Fluggesellschaft JAL, die sich immer noch mit dem Absturz am Mt. Osutaka beschäftigten, angeknackte und gebrochene Rippen im Rahmen des vorderen Teils einiger 747-Rümpfe. Dies war ein weiterer Schlag gegen das Prestige der 747. Waren doch die Abstürze des Jahres 1985 gerade in den Hintergrund gerückt. Die 747 war so konstruiert worden, daß sich das Cockpit oben auf dem Rumpf befand, um auch in der Nase darunter Platz für Frachtcontainer zu schaffen; dies bedingte einen birnenförmigen vorderen Querschnitt, der recht ungewöhnlich war. Die Risse rührten von Ermüdungserscheinungen her, bedingt durch Belastungen beim Unterdrucksetzen der Kabine, die durch diesen ungewöhnlichen Aufbau erhöht wurden. Die FAA gab eine Notanweisung heraus, eine weltweite Inspektion der 747-Flotte war die Folge. Zu dieser Zeit flogen 69 Fluggesellschaften nicht weniger als 610 Jumbos der Serie 747. Alle Flugzeuge, die 10–14000 Flüge absolviert hatten, mußten nach 50 Landungen zur Inspektion in den Hangar; und Flugzeuge mit 14000 Flügen und darüber sogar nach 25 Landungen. Die FAA unterstrich die Wichtigkeit ihrer Anweisung mit den Worten: »Fehlstellen an benachbarten Spanten können zu einem schnellen Druckabfall führen und möglicherweise den Verlust des Flugzeugs zur Folge haben.« Aufgeschreckt durch diese Mitteilung, wurden von anderen Fluggesellschaften weitere Nasenspanntenbrüche bei den 747-Jumbos lokalisiert. Zwei Wochen später gaben auch die Boeing-Werke ein Wartungsbulletin heraus und empfahlen besondere Vorkehrungen.

Das Auffinden von Brüchen in den vorderen Spanten warf bezüglich des Air India-Absturzes weitere Fragen auf. Es wurde der Vorschlag laut, den auf dem Meeresgrund liegenden Nasenabschnitt der VT-EFO zu heben, um jeden Zweifel auszuschließen. Doch das Heben eines so großen Wrackteils stieß auf Schwierigkeiten. Die Experten kamen zu dem Schluß, daß Brüche im Nasenrahmen mit anschließendem explosionsartigem Druckabfall bei einem so jungen Flugzeug wie der Air India Boeing 747, die erst sieben Jahre im Dienst stand und auf 7522 Flügen nur 23 634 Stunden geflogen war, »äußerst ungewöhnlich erschienen«. Die Kurzstreckenjumbos der JAL hatten vergleichsweise hierzu mehr als doppelt soviele Flüge auf den »Schwingen«. Der JAL Jumbo 8119 war beispielsweise bereits elf Jahre als und hatte auf 18 830 Flügen immerhin 25 025 Stunden zurückgelegt.

Gründlichere Inspektionen und sofortige Reparaturen führten zur Lösung des Haarrißproblems. Auch war ein neuartiges Überwachungssystem eingeführt worden und hatte sich bewährt, durch das Brüche und Haarrisse im Nasenrahmen frühzeitig erkannt wurden. In Kanada setzte die RCMP indes ihre Untersuchungen fort, und verdächtige Sikh-Extremisten wurden ins Gefängnis gebracht. Aber der Ring des vermuteten Attentats auf die Air India-Maschine VT-EFO schloß sich nicht. Keine der zahlreichen Sikh-Organisationen war bereit, die Verantwortung zu übernehmen. Dennoch ging man behördlicherseits davon aus, daß nur eine Bombe den Jet zerfetzt haben konnte. Der Absturz des Flugzeugs der japanischen Fluggesellschaft ging eindeutig auf einen Wartungsfehler zurück. Nach jahrelangen Schwierigkeiten war das Problem überwunden. Die Boeing 747 erlangte ihre anfängliche Reputation zurück; sie wird noch viele Jahre am Himmel ihre Bahn ziehen.

Nachwort

Dieses Buch handelt von einer Reihe der schwersten Flugzeugkatastrophen in der Geschichte der Luftfahrt. Aus diesen Tragödien haben die Verantwortlichen in der Vergangenheit gelernt und große Anstrengungen unternommen, um das Fliegen sicherer zu machen.

Am 5. Oktober 1930 war das »Luftschiff R 101« ohne ausreichende vorherige Vorbereitung auf eine gefährliche Reise geschickt, bekannte Persönlichkeiten waren an Bord einem hohen Risiko ausgesetzt worden. Als gegensätzliches Beispiel hierzu steht die Entwicklung der »Concorde«, die vor ihrer Indienststellung unzähligen Tests und Probeflügen unterworfen wurde. Nach nunmehr zehn Betriebsjahren ist nicht ein einziger Passagier zu Schaden gekommen. Die Verhandlung nach dem Absturz des R 101 mag für damalige Verhältnisse ausgereicht haben, doch heutzutage bedient man sich wesentlich ausgefeilterer Unfall-Untersuchungsverfahren, die über die Jahre hin ständig verbessert wurden und sich zu einer Wissenschaft entwickelt haben. Am 31. Oktober 1950 (dieser Unfall findet sich nicht in diesem Buch) stürzte eine »Vickers Viking« im Nebel am Londoner Flughafen ab und forderte 28 Menschenleben. Nach diesem Unfall wurden weltweit unterste Sichtbedingungen und Wolkenuntergrenzen festgelegt; war das Minimum unterschritten, durften Flugzeuge nicht mehr landen. Im gleichen Jahr wurde auch der erste Flugschreiber (FDR) entwickelt und in Australien erprobt. Die Abstürze der »Comets« in den Jahren 1953/54 machten die Gefahren durch eine Metallermüdung deutlich. Es wurden verbesserte Methoden bei der Flugzeugkonstruktion eingeführt. Die Wissenschaftler entwickelten neue Verfahren und Gerätschaften zum frühzeitigen Auffinden von Ermüdungs- und Korrosionsschäden. Und heutzutage können nicht nur von dem weißgekleideten Inspektor mit der Taschenlampe, sondern durch Geräte und Computer örtliche Bruchstellen, sogar die feinsten Haarrisse aufgefunden werden, die eine Verzerrung der Wirbelstromwellen messen; Flugzeugteile werden geröntgt, und Tiefenanalysen mit Ultraschall an lebenswichtigen Flugzeugelementen führen zur frühzeitigen Erkennung von Rissen. Die Tragödie von München am 6. Februar 1958 deckte erstmals die gefährlichen Probleme angehäuften Matsches auf der Start-Landebahn auf. Die Behörden verfügten strikte Beschränkungen beim Starten und Landen unter derartigen Bedingungen. Das Haus in München, knapp 30 Meter hinter dem Ende der Startbahn, das die »Ambassador« streifte, würde an jener Stelle niemals mehr gebaut werden dürfen. Hindernisfreie Zonen am Endbereich von Startbahnen sind zur Selbstverständlichkeit geworden. Aber dennoch lauerten Gefahren. Am 7. Oktober 1979 landete eine DC 8 im heftigen Regen weit draußen auf der Landebahn 15 L auf dem Athener Flughafen. Die Landebahn war ölverschmiert, Gummireste waren durch den Regen glitschig geworden. Es war der erste heftige Regenschauer nach einem langen trockenen Sommer. Das Flugzeug schoß über die Landebahn und glitt einen vier Meter tiefen Abhang hinunter. Die Überrollrampe wurde trotz siebenjähriger Proteste der griechischen Pilotenvereinigung nicht geebnet. Wegen dieses Versäumnisses starben 14 Personen. Wäre die Überrollfläche eben gewesen, hätte nicht einmal das Flugzeug einen Kratzer abbekommen. Aber anstatt diese Gefahr unverzüglich zu beseitigen, wurden die Piloten von den Behörden wegen vorsätzlicher Tötung ins Gefängnis geschickt! Glücklicherweise gingen die Piloten erfolgreich in die Revision.

Im Jahre 1965 (auch dieser Unfall ist nicht in diesem Buch verzeichnet) stürzte eine »Vanguard« beim Durchstartversuch auf dem Londoner Flughafen ab. Dieses Flugzeug hatte den ersten in England hergestellten Flugschreiber (FDR) an Bord, der höchste Qualität besaß. Der Flugschreiber machte sich bezahlt. Er gab hervorragende Einzelheiten über den Flugverlauf wieder, erst hierdurch wurde eine gründliche Untersuchung des Unfalls ermöglicht. Zum ersten Mal in der Geschichte erkannte die britische Gerichtsbarkeit diesen Flugschreiber als legales Beweismittel an. Flugschreiber sind nun längst nicht mehr aus Verkehrsflugzeugen wegzudenken. Der »Trident«-Absturz am 18. Juni 1972 bei Staines hatte den zwangsweisen Einbau des Cockpit Voice Recorder (CVR) zunächst in britischen Flugzeugen zur Folge, bald hatte er sich schon in der ganzen Welt durchgesetzt. Der Absturz der DC 10 am 3. März 1974 bewirkte eine Verstärkung des Bodens in Großraumflugzeugen, um der zu einem Druckabfall führenden Auswirkung eines 1,85 Quadratmeter großen Lochs im Rumpf zu widerstehen. Der Zusammenstoß von BEA/Inex Adria am 10. September 1976 im Luftraum über Zagreb veranlaßte die Verantwortlichen, die Flugverkehrskontrollen (ATC)-Koordinationsverfahren einem grundlegenden Wandel zu unterziehen. Es wurden Zusammenstoß-Verhütungsmaßnahmen getroffen. Ein weiterer Fortschritt ergab sich in der Radarüberwachung durch die Einführung eines in der S-Mode arbeitenden Rundsichtradars, das es ermöglicht, daß mehr Flugzeuge gleichzeitig mit erhöhtem Sicherheitsfaktor geführt werden können. Antikollisionssysteme im Flug wurden eingebaut, um Flugzeugen mit ähnlicher Ausstattung oder mit Transponder ausgerüsteten Flugzeugen größtmögliche Sicherheit zu garantieren. Dieses System kann auch in Gebieten hoher Luftdichte eingesetzt werden, ohne daß es den ATC-Betrieb störend beeinflußt. Damit die Piloten ihnen begegnende Flugzeuge schneller erkennen können, werden Flugzeuge neueren Datums mit stark flackernden, weißen Antikollisionsblitzen ausgerüstet, die auch bei Tageslicht sichtbar sind.

Nach der Kollision der beiden Jumbos auf Teneriffa am 27. März 1977 wurden Richtlinien für einen qualifizierteren Funksprechverkehr, insbesondere während der Startphase, herausgegeben. Um Zwischenfälle am Boden auszuschließen – wie sie stattgefunden hatten, druckten die Behörden Rollanweisungen auf den Flugplatzkarten, um das Rollverfahren zu erleichtern, insbesondere unter schlechten Sichtbedingungen. Immer wieder suchte man nach neuen Wegen zur Sicherheit, und es wurde der Vorschlag laut, auf Flughäfen mit Nebelrisiko Bodenradar einzuführen. Aber die Ausrüstung ist teuer, und die Installation geht sehr langsam voran.

Der DC 10-Absturz am 25. Mai 1979 in Chicago wurde erneut analysiert, und am 28. November des gleichen Jahres wurden die immer schon umstrittenen Antarktisflüge nach dem Absturz der DC 10 am Mt. Erebus für immer eingestellt. Aber auch die unter Sichtflugbedingungen fliegenden Piloten waren wachsamer geworden. Der Absturz am Mt. Erebus brachte die Wissenschaftler auf die Idee, das Trägheitsnavigationssystem (INS) zu entwickeln. Hierbei handelt es sich um ein Gerät, das die in einen Computer eingetasteten Koordinaten auf der Strecke überwacht und sofort Alarm schlägt, sollte sich nur ein Zahlendreher eingeschlichen haben. Eine Sicherheitseinrichtung, die diese DC 10 und andere Flugzeuge vor einem Absturz bewahrt hätte, das Bodenannäherungs-Warnsystem, befindet sich ebenfalls in der Entwicklung. Das Cockpit Voice Recorder-Tonband war mit einer Laufzeit von 30 Minuten unzureichend, so daß wertvolle Informationen verlorengingen. Aus diesem Grunde blieb vieles beim Absturz der 747 in Japan ungereimt. Vielleicht aber bringen die gewonnenen Erkenntnisse auch hier eine Wandlung, beispielsweise ein Tonband mit einer Laufdauer von einer Stunde zu verwenden. Denkbar wäre auch der Einbau einer Videokamera mit entsprechendem Aufzeichnungsgerät im Cockpit. Der Absturz der Boeing 747 über der Sachalin-Halbinsel hatte eine bessere Zusammenarbeit zwischen Militär- und Zivilluftfahrt zur Folge. Inzwischen besteht ein direkter »heißer Draht« zwischen den Verkehrskontrollzentren der Vereinigten Staaten, der Sowjetunion und Japan.

Der Verlust der Boeing 747 am 23. Juni 1985 vor der Küste Irlands löste schärfere Sicherheitsmaßnahmen auf gefährdeten Flughäfen aus, und als Folge des Absturzes der Boeing 747 am 12. August des gleichen Jahres verfaßten die Fluggesellschaften strengere Wartungspläne. Im Februar 1986 wurden nach einer eingehenden Inspektion durch die japanische Fluggesellschaft Risse im Nasenabschnitt einer Boeing 747 festgestellt. Auch andere Fluggesellschaften, nun alarmiert, trafen auf Risse bei Flugzeugen dieses Typs, eine Welle von Reparaturarbeiten schloß sich an.

Um die Sicherheit im Flugverkehr sind jedoch nicht nur die Herstellerwerke, sondern vor allem die Fluggesellschaften bemüht. Die Anstrengungen auf dem Gebiet der Weiterentwicklung und Erforschung von Risikofaktoren dauern ununterbrochen an. Besondere Sorge bereitete das Problem eines Feuers an Bord. Um Feuer zu verhindern und die Passagiere vor den tödlichen Rauchschwaden zu bewahren, wurde ein neuer Treibstoffzusatz erprobt, der das Risiko eines Brandes im Falle eines Platzens eines Treibstofftanks verringern würde. Im Dezember 1984 wurde eine alte Boeing 720 mit diesem Zusatzmittel betankt, sodann wurde sie ferngesteuert zum Absturz gebracht. Der Absturz war Höhepunkt einer fünfjährigen Planung, brachte hingegen nur einen Teilerfolg. Die Forschung nach einem geeigneten Zusatzstoff hält unvermindert an. Für die Ausstattung der Kabine werden heutzutage feuerbeständige, wenig Rauch entwickelnde Polstermaterialien verwendet, und zum Schutz der Passagiere bauten die Hersteller Rauchabzüge an Bord ein. In der Kabine wurden Notbeleuchtungen gleich über dem Boden an den Sitzreihen installiert, um Bedrohten in der rauchgefüllten Kabine den Weg zum Notausgang zu weisen. Es sind inzwischen auch Notrutschen mit Aluminiumüberzügen in der Entwicklung, die diese Rutschen länger gegen ein Inbrandgeraten schützen. Schon mehrere Fluggesellschaften lassen ihre Sicherheitsansagen illustriert über den Videoschirm flimmern, was sicher dazu beitrug, daß die Passagiere ihnen mehr Aufmerksamkeit schenkten. Denn auch die Passagiere können ihr Scherflein für die Sicherheit an Bord beitragen. Feuer an Bord eines in der Luft befindlichen Flugzeugs ist eine der größten Gefahren überhaupt. Deshalb haben die Fluggesellschaften einschlägige Bestimmungen für den Transport leicht entzündlicher Gegenstände und gefährlicher Güter erlassen, die auch Beschränkungen hinsichtlich des an Bord gestatteten Handgepäcks beinhalten.

Auch Alkohol stellt ohne Zweifel eine Brandgefahr dar, und so ist der Autor der Ansicht, die Fluggesellschaften mögen den Verkauf zollfreien Alkohols an Bord abschaffen oder zumindest auf ein Minimum beschränken. Auf den Flughäfen von Singapur, Sydney und Kairo ist ein zollfreier Einkauf noch nach der Ankunft möglich. Auch könnten die Überlebenschancen dadurch erhöht werden, daß die Sitzreihen in umgekehrter Richtung aufgestellt werden, wie es bei den Transportmaschinen der Royal Air Force gängig ist. Hiervon haben die Fluggesellschaften bisher jedoch abgesehen, weil Untersuchungen zu dem Ergebnis führten, daß die Passagiere lieber nach vorne schauen.

In der Luftfahrt sind die Menschen – ob auf dem Boden oder in der Luft – das schwächste Glied in der Kette, und mehr wird getan werden müssen, um diese Situation zu verbessern. Piloten werden trotz der überhandnehmenden Elektronik im Cockpit noch lange ihren Sitz einnehmen, denn kreatives Denken in diesem Beruf kann kein Computer und keine Elektronik ersetzen. Die Forschung wird sich fortsetzen, doch dürfen die Wissenschaftler nicht die Augen vor den sich häufenden Materialermüdungserscheinungen und Flugzeitverkürzung für Besatzungen verschließen. Die Einführung des Zweimann-Cockpits auf Langstreckenflügen bringt ohne Zweifel Probleme mit sich. Auch an die Bewerber für einen Platz im Cockpit müssen in der Zukunft strengere Maßstäbe gelten. So mancher Flieger mag technisch versiert sein, doch es fehlen ihm die charakterliche Voraussetzungen für Toleranz auf engstem Raum im Cockpit. Bislang wurde das Auswahlverfahren von Piloten von psychologischer Sicht aus äußerst großzügig gehandhabt, nur wenige wurden ausgesiebt. Und wer als Copilot den rechten Sitz einnimmt, kann für die nächsten Jahre eine Beförderung zum Kapitän auf dem linken Sitz erst einmal in Vergessenheit geraten lassen. Doch die Sicherheit kann in Frage gestellt werden, wenn unverträgliche Individualisten nebeneinander im Cockpit sitzen; denn sind sie erst einmal eingestellt, kann sich die Fluggesellschaft ihrer später durch eine Kündigung kaum entledigen.

Mit fortschreitender Automatisierung des Flugzeugs, sind neue Wege im Zusammenspiel zwischen Pilot und Maschine unerläßlich. Die neue Flugzeuggeneration wird von Computern geflogen, den Piloten bleibt die Überwachungsfunktion, ein Faktor, der dem menschlichen Wesen durchaus nicht entgegenkommt. Es besteht die Gefahr, daß die Automatisierung weiterschreiten und voll Besitz vom Flugzeug ergreifen wird. Obwohl die Automatik höchst zuverlässig arbeitet, kann sie dennoch versagen. Von ihr in Abhängigkeit zu geraten, kann zur höchsten Gefahr werden, die von so manchem Piloten nicht erkannt wird. Größere, nicht geringere Wachsamkeit ist vonnöten. In der Entwicklung befindet sich ein »elektronisches Gespinstkonzept«, bei dem zwar die Piloten das Sagen haben, der Computer sie jedoch überwacht. Wäre dies vielleicht die optimalste Lösung?

Der Luftverkehr nimmt stetig zu, die Luftfahrtforschung schreitet in punkto Sicherheit mit Riesenschritten voran. Viele Projekte sind heute schon in der Entwicklung, die den Sicherheitsfaktor schon im Jahre 1990 auf seinen höchsten Stand gebracht haben werden.

Bibliographie

1930: Die Katastrophe des Luftschiffs R 101

Sir Peter Masefield, To Ride the Storm: Die Geschichte des Luftschiffs R 101, Kimber, 1982.
Geoffrey Chamberlain, Airships: Cardington, Dalton 1984.
»Report on the R 101 Inquiry«, HMSO 1931.
Public Records Office, Kew. Bezug: AIR 5/902–906, 909–913 und 916–920.

1953-1954: Die Abstürze der »Comet«

»Report on Comet Accident Investigation«, RAE, Farnboruogh, 1954.
UK Civil Aircraft Accident Reports: VAP 112 (Kalkutta), HMSO, 1954; CAP 127 (Elba und Neapel), HMSO 1955.
Oliver Stewart, Danger in the Air, Routledge, 1958.
Andre Launey, Historic Air Disasters, Ian Allan, 1967.
Stephen Borley, The Search for Air Safety, Morrow 1970.
Michael Hardwick, The World's Greatest Air Mysteries, Odhams, 1970.

1958: Die Tragödie von München

Stanley Williamson, The Munich Air Disaster: Captain Thain's Ordeal, Cassiser, 1970.
Frank Taylor, The Day a Team Died, Souvenir Press, 1983.
UK Civil Aircraft Accident Reports, CAP 153, 167, 292, 318, HMSO (britische Staatsdruckerei).
»Application of the Results of Slush Drag Tests on the Ambassador to the Accident at Munich«, RAE Farnboruogh.

1972: Das »Trident«-Desaster

John Godson, Papa India: The Trident Tragedy, Compton Press, 1974.
UK Civil Aircraft Accident Report: 4/73, HMSO, 1973.

1974: Der Absturz einer DC 10 bei Paris

John Godson, The Rise and Fall of the DC 10, New English Library, 1975.
The Sunday Times Insider Team (Paul Eddy, Elaine Potter und Bruce Page), Destination Disaster, Hart Davies, McGibbon, 1976.
Amerikanischer NTSB Report: AAR-73-2 (Der Windsor-Zwischenfall), 1973.
UK Civil Aircraft Accicent Report: 8/76 (Übersetzung aus dem Französischen), HMSO, 1976.

1976: Luftzusammenstoß der BEA mit Inex Air

Richard Weston und Ronald Hurst, Zagreb 14: Cleared to Collide, Granada, 1982.
UK Civil Aircraft Accident Report: 5/77 (nicht veröffentlicht) 9/82, HMSO, 1982.

1977: Die Katastrophe von Teneriffa

Spanischer »Subsecretaria de Aviacion Civil« Unfallbericht 1978 (ICAO Zirkular 153-AN/56).
American Airline Pilots' Association (ALPA) Unfallbericht, 1978.

1979: Absturz einer DC 10 in Chicago

William Norris, The Unsafe Sky, Arrow, 1981.
Amerikanischer NTSB Bericht: AAR-79-17, 1979.

1979: Das Unglück von Mount Erebus

Kenneth Hickson, Flight 901 to Erebus, Whitcouls, 1980.
Gordon Vette mit John Macdonald, Impact Erebus, Hodder & Stoughton, 1983.
Peter Mahon; Verdict on Erebus, Fontana, 1985.
Right Vision Ltd., Impact Erebus Video, Auckland, Neuseeland, 1985.
New Zealand Aircraft Accident Report: AAR-79-139 (Chippendale Bericht), 1980.
Royal Commission of Inquiry Report, Richter Peter Mahon, 1981.

1983: Der Abschuß der koreanischen 747

Richard Rohmer, Massacre 007, Coronet Books, 1984.
Murray Sayle, The Sunday Times Review, The Sunday Times, 20. und 27. Mai 1984.
ICAO Bericht (nicht veröffentlicht).

1985: Die Abstürze der 747-Jumbos

Salim Jiwa, The Death of Air-India Flight 182, W.H. Allen, 1986.
ICAO Bericht: 1985-5 (Air India)
Canadian Aviation Safety Board, Januar 1986 (Air India).
Indian Aircraft Accident Inquiry Report: 1986.
ICAO Bericht 1985-6 (Japan Air Lines).
Japanischer Civil Aircraft Accident Interim Report, August 1985.

Register

Die deutsche Luftfahrt

Die Entwicklungsgeschichte der deutschen Luftfahrttechnik von den Anfängen bis heute in über 25 Bänden

»Ein Standardwerk war fällig, und nun wird es Band für Band herausgebracht… Es sind Dokumentationen, die sich durch eine Fülle meist ausgezeichneter Illustrationen auszeichnen.« *Norddeutscher Rundfunk*

»Damit ist wertvolle Information aus erster Hand gewährleistet. Die Ausstattung… ist außerdem vorzüglich.« *Neue Züricher Zeitung*

»Ob technisch interessierter Laie oder begeisterter Flugzeugexperte, wer immer sich mit der Fliegerei beschäftigt, findet über dieses Spezialgebiet in der Anthologie »Die deutsche Luftfahrt« eine bisher nicht veröffentlichte Fülle an Informationen.« *Kölner Stadtanzeiger*

»Da wächst ein Standardwerk heran…« *Frankfurter Allgemeine*

Band 1   Wolfgang Wagner, Kurt Tank – Konstrukteur und Testpilot bei Focke-Wulf
Band 2   Kyrill von Gersdorff/Kurt Grasmann, Flugmotoren und Strahltriebwerke
Band 3   Kyrill von Gersdorff/Kurt Knobling, Hubschrauber und Tragschrauber
Band 4   Rüdiger Kosin, Die Entwicklung der deutschen Jagdflugzeuge
Band 5   H. Dieter Köhler, Ernst Heinkel – Pionier der Schnellflugzeuge
Band 6   Otto E. Pabst, Kurzstarter und Senkrechtstarter
Band 7   Fritz Trenkle, Bordfunkgeräte – Vom Funkensender zum Bordradar
Band 8   Werner Schwipps, Schwerer als Luft – Die Frühzeit der Flugtechnik in Deutschland
Band 9   Bruno Lange, Typenhandbuch der deutschen Luftfahrttechnik
Band 10   Theodor Benecke/Karl-Heinz Hedwig/Joachim Hermann, Flugkörper und Lenkraketen
Band 11   Wolfgang Wagner, Der deutsche Luftverkehr – Die Pionierjahre 1919–1925
Band 12   Kyrill von Gersdorff, Ludwig Bölkow und sein Werk – Ottobrunner Innovationen
Band 13   Siegfried Ruff/Martin Ruck/Gerhard Sedlmayr, Sicherheit und Rettung in der Luftfahrt
Band 14   Wolfgang Wagner, Die ersten Strahlflugzeuge der Welt
Band 15   Roderich Cescotti, Kampfflugzeuge und Aufklärer – Von 1935 bis heute
Band 16   Jean Roeder, Bombenflugzeuge und Aufklärer – Von den Anfängen bis 1935

Alle Bände haben einen Umfang von ca. 250–400 Seiten und sind reich ausgestattet mit Fotos, Zeichnungen und Skizzen.

Weitere Bände sind in Vorbereitung.

Fordern Sie bitte weitere Informationen beim Verlag an.

Bernard & Graefe Verlag · Karl-Mand-Straße 2
D-5400 Koblenz · Telefon (0261) 80706-0

Luftfahrtbücher für Kenner und Liebhaber

Hermann Neuber
Mayday – Mayday ...
SAR-Hubschrauber im Rettungseinsatz auf See
336 Seiten und 24 Bildtafeln, 53 Fotos, 45 Skizzen und Karten. Gebunden.
ISBN 3-7637-5844-5
Der Autor, selbst 13 Jahre lang Pilot eines Rettungshubschraubers, erzählt die über 30jährige Geschichte des Such- und Rettungsdienstes der Bundesmarine. Seine authentischen Berichte sind an Dramatik oft kaum zu überbieten.

Heinz J. Nowarra
Focke-Wulf Fw 200 Condor
Die Geschichte des ersten modernen Langstreckenflugzeuges der Welt
155 Seiten, 181 Fotos, 88 Zeichnungen und Skizzen. Bildbandformat. Gebunden.
ISBN 3-7637-5855-9
Vor 50 Jahren legte eine Fw 200 den ersten Direktflug Berlin – New York nonstop zurück. Damit brach eine neue Ära in der Luftfahrt an. Dieser Band ruft die Erinnerung an eine hervorragende deutsche Pionierarbeit im internationalen Flugverkehr wach – an den Wegbereiter des Transatlantikfluges.

Werner Schwipps
Der Mensch fliegt
Lilienthals Flugversuche in historischen Aufnahmen
238 Seiten, 244 Abbildungen (Fotos und Zeichnungen). Bildbandformat. Leinen.
ISBN 3-7637-5838-0
Eine komplette Dokumentation aller erhaltenen Konstruktionszeichnungen Lilienthals und größtenteils unbekannten Originalaufnahmen seiner Flugversuche 1891–1896.

Peter Meyer
Luftschiffe
Die Geschichte der deutschen Zeppeline
172 Seiten und 4 Farbtafeln, 175 Fotos, 5 Farbreproduktionen, 2 Kartenabbildungen, 7 Skizzen. Bildbandformat. Gebunden.
ISBN 3-8033-0302-8
Eine lückenlose Biographie aller Luftschiffe und ein lebendiger Rückblick auf die Jahrzehnte erfolgreicher deutscher Luftschifffahrtgeschichte.

Klassiker der Lüfte
Berühmte Oldtimer 1913–1935
255 Seiten, 247 Farb- und 155 Schwarzweißfotos, zahlreiche Zeichnungen. Bildbandformat. Gebunden.
ISBN 3-7637-5902-6
»Der großartige Bildband...ist ein kenntnis- und anekdotenreicher Streifzug durch einen wichtigen Abschnitt der Historie.«
Welt am Sonntag

Fluggesellschaften und Linienflugzeuge
256 Seiten, 297 Farbfotos, 260 Zeichnungen. Bildbandformat. Gebunden.
ISBN 3-7637-5900-X
»Jeder Luftfahrtbegeisterte wird sich an dieser Publikation erfreuen.«
Der Tagesspiegel (Berlin)

Flugzeuge von A bis Z
Herausgegeben von Peter Alles-Fernandez
3 Bände. Bildbandformat. Gebunden.
ISBN 3-7637-5093-4 (Gesamtwerk)

Band 1
Aamsa Quail – Consolidated P2Y
432 Seiten, 1765 Farb- und Schwarzweißabbildungen (Fotos, Zeichnungen, Skizzen).
ISBN 3-7637-5904-2

Band 2
Consolidated PBY – Koolhoven FK 55
432 Seiten, 1620 Farb- und Schwarzweißabbildungen (Fotos, Zeichnungen, Skizzen).
ISBN 3-7637-5905-0

Band 3
Koolhoven FK 56 – Zmaj
432 Seiten, 1700 Farb- und Schwarzweißabbildungen (Fotos, Zeichnungen, Skizzen).
ISBN 3-7637-5906-9
Die umfassende Enzyklopädie aller historischen und aktuellen Zivil- und Militärflugzeuge der Welt.

Unsere Bücher sind jederzeit über den Buchhandel zu beziehen.

Weitere Titel finden Sie in unserem Luftfahrt-Prospekt. Bitte unverbindlich anfordern.

Bernard & Graefe Verlag · Karl-Mand-Straße 2 · D-5400 Koblenz · Tel.: (0261) 80706-0